객체지향
자바스크립트 3/e

객체지향 자바스크립트 3/e

객체지향 프로그래밍의 기초부터 함수, 객체, 프로토타입까지

베드 안타니 · 스토얀 스테파노프 지음

류영선 옮김

Packt> i!i 에이콘

지은이 소개

베드 안타니 Ved Antani

2005년부터 자바스크립트와 GO, 자바를 사용해 확장 가능한 서버와 모바일 플랫폼을 구축해 왔다. 민트라 Myntra의 부사장으로 재직 중이며 이전에는 일렉트로닉아츠 Electronic Arts와 오라클 Oracle에서 근무했다. 다양한 주제에 대한 저자이자 열렬한 독자이기도 하다. 컴퓨터 과학을 전공했으며 인도 방갈로 Bangalore에 거주하고 있다. 그는 클래식 음악에 열정적이며 아들과 함께 시간을 보내는 것을 좋아한다.

> 이 책을 쓰는데 많은 시간을 투자했다. 내가 보이지 않았던 이 긴 시간 동안 나를 격려해주고 지지를 보내준 부모님과 가족에게 감사를 드린다.

스토얀 스테파노프 Stoyan Stefanov

페이스북 엔지니어이며 저자 및 연사로 활동하고 있다. 또한 컨퍼런스와 그의 블로그 (www.phpied.com)에서 웹 개발 주제에 대해 정기적으로 발표하고 있다. 자바스크립트 패턴을 연구하는 JSPatterns.com을 비롯한 여러 사이트도 운영하고 있다. 야후에서 근무할 때 YSlow 2.0을 설계했으며 이미지 최적화 도구인 Smush.it의 창시자이기도 하다.

불가리아에서 태어나 자랐지만, 캐나다 시민권자이며 현재 캘리포니아주 로스엔젤레스에 거주하고 있다. 오프라인시에는 기타를 연주하거나 비행 수업을 즐기며 가족과 함께 산타 모니카 해변에서 시간을 보내고 있다.

이 책을 아내 에바와 두 딸들, 즐라티나와 나탈리에게 바치고 싶다. 그들의 인내심과 격려에 감사를 전한다.

| 기술 감수자 소개 |

모하메드 사나울라 Mohamed Sanaulla

엔터프라이즈 애플리케이션 개발과 전자상거래 애플리케이션용 자바 기반 백엔드 솔루션 개발 분야에서 7년 이상의 경력을 쌓은 소프트웨어 개발자다.

관심 분야는 엔터프라이즈 소프트웨어 개발과 애플리케이션 리팩토링 및 재설계, RESTful 웹 서비스 설계 및 구현, 성능 문제에 대한 자바 애플리케이션 문제 해결 및 TDD다.

그는 자바 기반 애플리케이션 개발, ADF(JSF 기반 JavaEE 웹 프레임워크), SQL, PL/SQL, JUnit, RESTful 서비스 설계, 스프링, Struts, ElasticSearch 및 몽고DB에 대한 전문가다. 또한 자바6 플랫폼의 Sun 인증 자바 프로그래머이기도 하며 JavaRanch.com의 중재자다. 개인 블로그(http://sanaulla.info)에서 자신이 발견한 지식들을 공유하는 것을 좋아한다.

| 옮긴이 소개 |

류영선(youngsun.ryu@gmail.com)

소프트웨어 엔지니어로서 오랫동안 웹 브라우저와 웹 서버를 개발했다. 그 경험을 바탕으로 현재는 W3C 및 다양한 국제 표준화 단체에서 웹과 관련된 표준화 업무를 담당하고 있다. 최근에는 웹 기술을 PC에서 벗어나 모바일이나 DTV, 디지털 사이니지Digital Signage, 웨어러블Wearable, 오토모티브Automotive 등 다양한 IoT 디바이스에 접목하는 오픈 웹 플랫폼Open Web Platform에 관심을 가지고 관련 기술을 계속 연구 중이다. 아울러 워크숍이나 세미나 강연 및 학술 기고를 통해 오픈 웹 플랫폼과 웹 기술의 전파에 힘쓰고 있다. 옮긴 책으로 에이콘출판사에서 펴낸 『반응형 웹 디자인』(2012)과 『실전 예제로 배우는 반응형 웹 디자인』(2014), 『HTML5 웹소켓 프로그래밍』(2014), 『WebRTC 프로그래밍』(2015), 『Three.js로 3D 그래픽 만들기』(2016), 『자바스크립트 디자인 패턴』(2016), 『자바스크립트 JSON 쿡북』(2017)등이 있다.

| 옮긴이의 말 |

웹 애플리케이션 개발자라면 자바스크립트에 대해 한번쯤은 들어봤을 것이다. 웹 페이지를 콘텐츠(HTML)와 프리젠테이션(CSS), 동작(자바스크립트)의 세 부분으로 구성하는 최신 패러다임에 따라 개발자뿐만 아니라 웹 디자이너들도 기본적인 자바스크립트의 구조와 동작 매커니즘에 대해 이해할 필요성이 커지고 있다.

그런 면에서 이 책은 많은 개발자들과 디자이너들에게 자바스크립트에 대해, 나아가 객체지향 프로그래밍에 대해 이해하는 데 큰 도움이 될 것으로 기대된다. 시중에 이미 자바스크립트와 객체지향 프로그래밍을 다루는 책들이 많이 나와 있고 인터넷상에 수많은 자료들이 존재하고 있지만, 이 책은 자바스크립트 객체지향 프로그래밍의 기초부터 시작해 함수, 객체, 프로토타입을 한 단계씩 다룸으로써 자바스크립트에 대한 사전 지식이 없는 사람들도 이 책 한 권으로 충분히 따라할 수 있게 해주는 좋은 가이드다. 또한 자바스크립트의 기초를 다시 한 번 다지고 새로운 자바스크립트 언어인 ES6에 대한 유용한 입문서 역할도 충실히 할 것으로 기대된다.

꽤 많은 노력을 기울여 작업했지만, 저자의 의도를 충분히 전달하지 못하거나 잘못 번역된 부분이 있을 수 있다. 잘못된 부분이나 책의 내용과 관련된 어떤 의견이라도 보내주시면 소중히 다루도록 하겠다.

끝으로 항상 나를 지지해주고 지원을 아끼지 않으며 지친 나에게 휴식을 선사해주는 사랑하는 아내 지은과 딸 예서에게 감사의 말을 전한다. 특히 번역한 원고를 타이핑해준 예서의 도움이 이 책을 작업하는 데 아주 큰 도움이 되었다. 이 책의 공동 역자라 해도 과언이 아닐 것이다. 예서가 코흘리개 시절 첫 작업을 시작했던 것이 엊그제 같은데 벌써 이렇게 커서 아빠의 작업을 도와주게 되었다니 감회가 새롭다. 흘러가는 시간은 사람의 힘으로는 어쩔 수 없나 보다.

| 차례 |

11장 코딩과 디자인 패턴 485

자바스크립트는 가장 강력하고 다재다능한 프로그래밍 언어 중 하나로 부각되고 있다. 최신 자바스크립트는 오랜 시간 검증을 거친 최첨단 기능을 갖추고 있다. 이런 기능들은 서서히 차세대 웹과 서버 플랫폼에 형성되고 있다. ES6는 프라미스와 클래스, 화살표 함수 등 아주 중요한 언어 구조를 도입했다. 이 책은 이런 언어 구조와 실제 사용에 대해 자세히 살펴본다. 이 책은 자바스크립트에 대한 사전 지식을 필요로 하지 않으며, 기초부터 시작해 언어에 대한 철저한 이해를 돕기 위해 노력했다. 자바스크립트 언어에 대해 이미 알고 있는 사람들도 매우 유익한 정보들을 얻을 수 있을 것이다. 자바스크립트와 ES5 구문에 익숙한 사람들에게는 ES6 기능에 대한 아주 유용한 입문서가 될 것이다.

▌ 이 책의 구성

1장. 객체지향 자바스크립트에서는 자바스크립트의 역사, 현재와 미래에 대해 간략하게 설명한 다음, 전반적인 객체지향 프로그래밍(OOP)의 기본을 알아본다. 그런 다음 책의 예제를 기본으로 사용해 본격적으로 언어를 탐구하기 위해 연습 환경(파이어버그)을 설정하는 방법을 배운다.

2장. 원시 데이터 형식, 배열, 루프 및 조건에서는 변수, 데이터 유형, 원시 데이터 유형, 배열, 루프와 조건 같은 언어의 기본에 대해 설명한다.

3장. 함수에서는 자바스크립트에서 사용하는 함수에 대해 설명하고, 여기에서 함수에 대한 모든 것을 마스터한다. 또한 변수의 범위와 자바스크립트의 내장 함수에 대해서도 배운다. 흥미롭지만 종종 잘못 이해되는 언어의 특징인 클로저도 이 장의 마지막 부분에서 다룬다.

4장. 객체에서는 객체에 대해 알아본다. 속성과 메소드로 작업하는 방법, 그리고 객체를 생성하는 다양한 방법을 설명한다. 이 장에서는 Array, Function, Boolean, Number, String 같은 내장 객체에 대해서도 설명한다.

5장. ES6 이터레이터와 제너레이터에서는 ES6에서 가장 기대되는 기능인 이터레이터와 제너레이터를 소개한다. 이 지식을 바탕으로 향상된 컬렉션 구조를 자세히 살펴볼 것이다.

6장. 프로토타입에서는 자바스크립트의 프로토타입에 대한 중요한 개념을 다룬다. 프로토타입 체인이 동작하는 방식과 hasOwnProperty(), 프로토타입의 이해에 대해서도 설명한다.

7장. 상속에서는 상속이 어떻게 동작하는지 설명한다. 이 장에서는 다른 고전 언어에서처럼 하위 클래스를 상속하는 방법에 대해서도 알아본다.

8장. 클래스와 모듈에서는 ES6에서 고전적인 객체지향 프로그래밍 구조를 쉽게 작성할 수 있도록 해주는 중요한 구문적 기능을 소개한다. ES6 클래스 구문은 ES5의 다소 복잡한 구문을 래핑한다. ES6는 또한 모듈에 대한 완전한 지원을 제공한다. 이 장에서는 ES6에 도입된 클래스와 모듈 구조에 대해 자세히 설명한다.

9장. 프라미스와 프록시에서는 자바스크립트가 비동기 프로그래밍을 강력하게 지원하는 언어임을 설명한다. ES5까지는 비동기 프로그램을 작성하려면 콜백에 의존해야 했기 때문에 때로는 콜백 지옥이 생겼다. ES6 프라미스는 자바스크립트 언어에서 기다려왔던 특징 중 하나다. 프라미스는 ES6에서 비동기 프로그램을 작성하는 훨씬 더 깔끔한 방법을 제공한다. 프록시는 기본 연산 중 일부에 사용자정의 동작을 정의하는 데 사용된다. 이 장에서는 ES6에서의 프라미스와 프록시의 실제 사용을 살펴본다.

10장. 브라우저 환경에서는 브라우저에 전념한다. 이 장에서는 BOM(브라우저 객체 모델)과 DOM(W3C의 문서 객체 모델), 브라우저 이벤트, AJAX에 대해서도 다룬다.

11장. 코딩과 디자인 패턴에서는 소프트웨어 디자인 패턴에서 가장 영향력 있는 GoF 책에서 자바스크립트로 전환된 몇 가지 언어독립적인 디자인 패턴과 함께 고유한 자바스크립트 코딩 패턴에 대해 설명한다. 이 장에서는 JSON에 대해서도 설명한다.

12장. 테스트와 디버깅에서는 현재 자바스크립트에 테스트 주도 개발과 행동 주도 개발을 지원하는 도구를 사용하는 방법을 설명한다. 자스민은 현재 가장 많이 사용되는 도구 중 하나다. 이 장에서는 자스민을 프레임워크로 사용하는 TDD 및 BDD에 대해 알아본다.

13장. 리액티브 프로그래밍과 리액트에서는 ES6의 등장으로 구체화되고 있는 여러 가지 혁신적인 아이디어에 대해 설명한다. 리액티브 프로그래밍은 데이터 흐름을 사용해 상태 변경을 관리하는 방법과 매우 다른 접근 방식을 취한다. 리액트는 MVC의 뷰에 중점을 둔 프레임워크다. 이 장에서는 이 두 가지 아이디어를 소개한다.

부록A. 예약어에서는 자바스크립트의 예약어 목록을 정리했다.

부록B. 내장 함수에서는 내장 자바스크립트 함수를 샘플과 함께 제공한다.

부록C. 내장 객체에서는 자바스크립트에서 모든 내장 객체의 모든 메소드와 속성을 사용하는 방법에 대한 세부 정보와 예제를 제공하는 레퍼런스다.

부록D. 정규 표현식에서는 정규 표현식 패턴의 레퍼런스다.

부록E. 연습문제 해답에서는 각 장의 끝에서 제시한 연습문제의 해답을 제공한다.

▌ 준비 사항

최신 브라우저가 필요하다. 구글 크롬이나 파이어폭스를 추천하고 선택적으로 Node.js가 설치돼 있으면 좋다. 이 책의 대부분의 코드는 http://babeljs.io/repl/ 또는 http://jsbin.com/에서 실행 가능하다. 자바스크립트를 편집하기 위해 선호하는 텍스트 편집기를 사용하면 된다.

▌ 이 책의 대상 독자

이 책은 자바스크립트를 배우기 시작한 사람이나 자바스크립트를 알고 있지만 객체지향에 익숙하지 않은 사람들을 대상으로 한다. ES5 기능에 이미 익숙한 사용자라면 ES6에 대한 유용한 입문서가 될 것이다.

▌ 편집 규약

이 책에서는 독자의 이해를 돕고자 다루는 정보에 따라 다음과 같이 글꼴 스타일을 다르게 적용했다.

문장 중에 사용된 코드, 데이터베이스 테이블 이름, 폴더명, 파일명, 파일 확장자, 경로, 더미 URL, 사용자 입력, 트위터 핸들은 다음과 같이 표기한다.

"Triangle 생성자는 3개의 점 객체를 가져와서 this.points에 할당한다(자신의 점의 모음).."

코드 블록은 다음과 같이 표기한다.

```
function sum(a, b) {
var c = a + b;
return c;
}
```

명령줄의 입력 내용이나 결과는 다음과 같이 나타낸다.

```
mkdir babel_test
cd babel_test && npm init
npm install --save-dev babel-cli
```

새로운 용어와 중요한 단어는 굵은 글씨로 표시한다. 메뉴나 대화 상자처럼 화면에 표시되는 단어는 다음과 같이 표기한다. "크롬 또는 사파리에서 콘솔을 표시하려면 페이지의 아무 곳에서나 마우스 오른쪽 버튼을 클릭하고 **검사**Inspect Element를 선택한다. 표시되는 추가 창은 웹 인스펙터Web Inspector 기능이다. **콘솔**Console 탭을 선택하면 바로 사용할 수 있다."

 경고나 중요한 노트는 이 박스로 표기한다.

 팁과 요령은 이 박스로 표기한다.

▌ 독자 의견

이 책에 대한 독자의 의견은 언제나 환영이다. 좋은 점 또는 고쳐야 할 점에 대한 솔직한 의견은 앞으로 더 좋은 책을 발행하는 데 큰 도움이 된다. 독자 의견을 보낼 때는 이메일 제목란에 구입한 책 제목을 적은 후, feedback@packtpub.com으로 전송하면 된다. 만약 독자가 특정 분야의 전문가로서 저자가 되고 싶다면 www.packtpub.com/authors에서 저자 가이드를 참조하기 바란다.

▌ 고객 지원

이제 팩트 책의 자랑스런 독자이므로 책을 최대한 활용할 수 있도록 다양한 지원을 제공한다.

오탈자

내용을 정확하게 전달하기 위해 최선을 다했지만, 실수가 있을 수 있다. 책에서 텍스트나 코드상의 문제를 발견해서 알려준다면 매우 감사할 것이다. 독자의 참여를 통해 다른 독자에게 도움을 주고, 다음 버전에서 더 완성도 있는 책을 만들 수 있다. 오탈자를 발견하면 http://www.packtpub.com/submit-errata에서, 책을 선택하고 Errata Submission Form에 오탈자를 신고해 주기 바란다. 내용이 확인되면 웹사이트에 그 내용이 올라가거나, 해당 책의 정오표 섹션에 그 내용이 추가될 것이다.

https://www.packtpub.com/books/content/support에서 해당 책 제목을 선택하면 지금까지의 정오표를 확인할 수 있다. 필요한 정보가 Errata 섹션에 표시된다. 한국어판은 에이콘출판사 도서정보 페이지 https://www.acornpub.co.kr/book/object-oriented-javascript에서 찾아볼 수 있다.

저작권 침해

인터넷을 통한 저작권 침해 행위는 모든 매체가 골머리를 앓고 있는 심각한 문제다. 팩트출판사 또한 저작권과 사용권 문제를 매우 심각하게 생각한다. 인터넷에서 어떤 형태로든 팩트 책의 불법 복제물을 발견한다면, 적절한 조치를 취할 수 있게 주소나 사이트명을 알려주길 부탁 드린다.

의심되는 불법 복제물의 링크를 copyright@packtpub.com으로 보내주기 바란다.

더 좋은 책을 만들기 위한 팩트출판사와 저자들의 노력을 배려하는 마음에 깊은 감사의 뜻을 전한다.

질문

이 책에 대한 질문이 있다면 questions@packtpub.com을 통해 문의하기 바란다. 최선을 다해 질문에 답할 것이다. 한국어판에 관한 질문은 이 책의 옮긴이나 에이콘출판사 편집팀(editor@acornpub.co.kr)로 문의할 수 있다.

01

객체지향 자바스크립트

최초 웹이 시작된 이후로 보다 역동적이고 반응이 빠른 인터페이스가 필요해졌다. 텍스트로 된 정적인 HTML을 읽는 것만으로도 좋았지만, 텍스트가 CSS를 사용해 아름답게 표현된 경우, 이메일이나 캘린더, 뱅킹, 쇼핑, 그리기, 게임, 텍스트 편집 같은 브라우저의 애플리케이션을 사용하는 것이 훨씬 재미있어진다. 이 모든 것이 웹 프로그래밍 언어인 자바스크립트 덕분에 가능해졌다. 자바스크립트는 HTML에 내장된 간단한 한 줄로 시작됐으나 이제는 훨씬 더 정교한 방식으로 사용되고 있다. 개발자는 언어의 객체지향 특성을 활용하여 재사용 가능한 조각으로 구성된 확장성 있는 코드 아키텍처를 구축할 수 있다.

웹 개발에 있어서 과거와 현재의 유행어를 살펴보면, DHTML, Ajax, Web2.0, HTML5가 있다. 이는 기본적으로 HTML과 CSS, 자바스크립트를 의미한다. HTML은 콘텐츠이고 CSS는 표현을 나타내며 자바스크립트는 동작을 나타낸다. 다시 말해, 자바스크립트는 리치 웹 애플리케이션 구축에 필요한 모든 것들을 연결하는 도구다.

그러나 이것이 전부는 아니다. 자바스크립트는 웹 이상으로 사용될 수 있다.

자바스크립트 프로그램은 호스트 환경에서 실행된다. 웹 브라우저가 가장 일반적인 환경이긴 하지만, 유일한 것은 아니다. 앞으로 조금씩 살펴보게 되겠지만 자바스크립트로 모든 종류의 위젯, 애플리케이션 확장 및 여러 소프트웨어를 작성할 수 있다. 자바스크립트를 배우는 데 시간을 쓰는 것은 현명한 투자다. 언어 하나를 배워 모바일 및 서버 측 응용 프로그램을 비롯한 여러 플랫폼에서 실행되는 다양한 종류의 애플리케이션을 작성할 수 있다.

이 책은 제로부터 시작하기 때문에, HTML에 대한 기본적인 이해 외에 다른 프로그램 사전 지식을 필요로 하지 않는다. 웹 브라우저 환경에 대한 장이 하나 있지만, 이 책의 나머지 부분은 일반적인 자바스크립트에 관한 내용이므로 모든 환경에 적용할 수 있다.

다음 주제부터 시작해 보자.

- 자바스크립트 비하인드 스토리 소개
- 객체지향 프로그램의 기본 개념

▌ 간단한 역사

초기에 웹은 하이퍼 링크로 연결된 정적 HTML 문서 형식의 과학 출판물 그 이상이 아니었다. 믿을지 모르겠지만 페이지에 이미지를 넣을 방법이 없던 때도 있었다. 하지만 곧 모든 것이 바뀌었다. 웹이 점점 인기를 끌고 크기도 커지면서 HTML 페이지를 작성하는 웹 마스터는 더 많은 것이 필요함을 깨달았다. 그들은 풍부한 사용자 상호작용을 제공하면서 폼 유효성 검사 같은 작업에 서버 라운드 트립$^{round\ trip}$을 줄일 수 있는 방법을 원했다. 두 가지 방법이 등장했다. 자바 애플릿과 라이브스크립트^{LiveScript}는 1995년 넷스케이프^{Netscape}의 브렌덴 아이크^{Brendan Eich}가 고안한 언어로 나중에 넷스케이프 2.0 브라우저에 자바스크립트라는 이름으로 내장됐다.

애플릿은 얼마 지나지 않아 사라졌지만, 자바스크립트는 그렇지 않았다. HTML 문서에 삽입된 짧은 코드 조각으로 웹 페이지의 정적 요소를 변경하는 기능은 웹 마스터 커뮤니티에 의해 적극적으로 수용됐다. 곧 브라우저 경쟁 업체인 마이크로소프트는 **인터넷 익스플로러**(IE) 3.0에 JScript를 탑재했다. Jscript는 자바스크립트의 리버스^{reverse} 엔지니어링 버전에 일부 IE 관련 기능을 추가한 것이다. 결국 언어의 다양한 구현을 표준화하려는 노력이 있었고, 이것이 ECMAScript가 탄생하게 된 계기였다. ECMA^{European Computer Manufacturers Association}는 브라우저 및 웹 페이지에 종속적이지 않은 자바스크립트 프로그래밍 언어의 핵심 부분인 ECMA-262라는 표준을 만들었다.

자바스크립트는 다음 세 가지를 포함하는 용어로 생각할 수 있다.

- **ECMAScript**: 핵심 언어로 변수, 함수, 루프^{loop} 등을 포함한다. 이 부분은 브라우저와 독립적이며, 이 언어는 다른 여러 환경에서 사용될 수 있다.
- **DOM**(문서 객체 모델^{Document Object Model}): HTML 및 XML 문서와 동작할 수 있는 방법을 제공한다. 처음에는 자바스크립트가 페이지의 스크립팅 가능한 항목인 폼, 링크 및 이미지에만 제한적인 접근만 제공됐다. 나중에 모든 엘리먼트가 스크립팅 가능하도록 확장됐다. 이로 인해 구조화된 문서를 조작하는 언어 독립적인 (더 이상 자바스크립트에 종속적이 아닌) W3C^{World Wide Consortium}의 DOM 표준이 만들어졌다.
- **브라우저 객체 모델**^{BOM; Browser Object Model}: 브라우저 환경과 관련된 객체의 집합이다. 여러 브라우저에서 공통적으로 존재하는 객체 일부가 HTML5로 표준화되기 전까지는 어떤 표준에도 포함되지 않았다.

이 책에서는 한 장을 할애해 브라우저 및 DOM과 BOM에 대해 설명하고 있지만, 이 책의 나머지 대부분은 핵심 언어를 설명하고 자바스크립트 프로그램이 실행되는 모든 환경에서 사용할 수 있는 기술을 가르친다.

브라우저 전쟁과 르네상스

역설적이게도 자바스크립트의 폭발적인 인기는 제1차 브라우저 전쟁(대략 1996년부터 2001년 사이) 기간 동안 일어났다. 초기 인터넷 붐을 일으켰던 시기는 두 개의 주요 브라우저 벤더인 넷스케이프Netscape와 마이크로소프트Microsoft가 시장 점유율을 놓고 경쟁하던 때였다. 두 브라우저 모두 각자 브라우저와 자바스크립트, DOM, BOM에 더 많은 기능을 추가했고 이는 자연스럽게 브라우저간 불일치를 유발했다. 기능이 추가될수록, 브라우저 벤더들은 적절한 개발 및 디버깅 도구와 문서를 제공하는 데 어려움을 겪게 됐다. 종종 개발은 고통을 유발한다. 하나의 브라우저에서만 테스트하여 개발을 끝내면, 다른 브라우저에서 테스트할 때 스크립트가 명백한 이유 없이 실패하고 동작 중단operation aborted 같은 모호한 오류 메시지만 받을 수 있을 뿐이었다.

일관성 없는 구현과 누락된 문서, 적절한 도구의 부재는 많은 프로그래머들이 자바스크립트 사용을 거부하게 만들었다.

반면에 자바스크립트로 새로운 실험을 시도한 개발자들은 약간의 성과를 거두었다. 최종 결과가 얼마나 유용했는지와 상관없이 페이지에 많은 특수 효과를 추가할 수 있었다. 개발자들은 브라우저가 제공할 수 있는 모든 새로운 가능성을 이용하기를 열망했으며, 상태 표시줄의 애니메이션이나 반짝이는 색상, 텍스트 깜빡임, 마우스 커서를 움직이는 객체 같은 기타 실제로는 사용자 경험을 해치는 많은 혁신들로 웹 페이지를 향상시켰다. 자바스크립트를 악용하는 다양한 방법이 이제는 대부분 없어졌지만, 자바스크립트가 나쁜 평판을 얻은 이유 중 하나였다. 많은 진지한 프로그래머들은 자바스크립트를 설계자가 재미로 가지고 노는 장난감으로 생각하고 진지한 프로그램에 적합하지 않은 언어로 여겼다. 자바스크립트 백래시backlash로 인해 일부 웹 프로젝트에서 클라이언트 측 프로그래밍을 완전히 금지하고 예측 가능하고 엄격하게 제어되는 서버만 신뢰했다.

1차 브라우저 전쟁이 끝나고 몇 년 만에 모든 것이 바뀌었다. 많은 사건들이 웹 개발 환경을 긍정적인 방향으로 재구성했다. 그 중 일부는 다음과 같다.

- 마이크로소프트는 그 당시 최고의 브라우저였던 IE6의 도입으로 전쟁에서 승리했고, 오랫동안 인터넷 익스플로러의 개발을 중단했다. 이것은 다른 브라우저가 IE의 기능을 따라 잡을 수 있는 시간을 주었다.
- 웹 표준의 추진은 개발자와 브라우저 벤더 모두에게 받아들여졌다. 당연히 개발자들은 브라우저의 차이점을 극복하기 위해 모든 것을 두 번(또는 그 이상) 코딩하지 않아도 되게 됐다. 따라서 개발자들은 모두가 따라야 할 합의된 표준에 찬성했다.
- 개발자와 기술이 성숙하고 더 많은 사람들이 유용성^{usability}과 점진적 향상$^{progressive\ enhancement}$ 기술, 접근성^{accessibility} 같은 것에 관심을 가지기 시작했다. 파이어버그^{Firebug} 같은 도구를 사용하면 개발자가 생산성을 높이고 개발의 고통을 줄일 수 있다.

이 건강한 환경에서 개발자는 기존의 도구를 사용하는 새롭고 더 나은 방법을 찾기 시작했다. 지메일^{Gmail}과 구글맵 같은 풍부한 클라이언트측 프로그램이 공개된 후에 자바스크립트가 성숙하고 어떤 면으로는 독특한 방식이며, 강력한 프로토타입 객체지향 언어라는 것이 명확해졌다. 재발견의 가장 좋은 예는, 한때는 IE만의 혁신이었다가 나중에 대부분의 브라우저에 구현된 XMLHttpRequest 객체의 광범위한 채택이다. XMLHttpRequest 객체를 사용하면 자바스크립트가 전체 페이지를 다시 로드하지 않고도 새로운 요청을 만들어 서버에서 새로운 컨텐츠를 가져와 페이지의 일부분을 업데이트할 수 있다. XMLHttpRequest 객체의 광범위한 사용으로 인해 Ajax 애플리케이션이라고 불리는 새로운 유형의 데스크톱 애플리케이션과 유사한 웹 애플리케이션이 탄생했다.

현재

자바스크립트에서 흥미로운 것은 항상 호스트 환경에서 실행된다는 점이다. 웹 브라우저는 사용 가능한 호스트 중 하나일 뿐이다. 자바스크립트는 서버, 데스크톱, 모바일 기기에서도 실행될 수 있다. 오늘날 자바스크립트를 사용하면 다음을 모두 수행할 수 있다.

- 풍부하고 강력한 웹 애플리케이션(웹 브라우저에서 실행되는 애플리케이션)을 작성할 수 있다. HTML5 외에 애플리케이션 캐시^{cache}나 클라이언트측 스토리지, 데이터베이스를 추가해 온라인 및 오프라인 애플리케이션 모두에서 브라우저 프로그래밍을 더욱 강력하게 만든다. 크롬 웹킷의 강력한 추가 기능은 서비스 워커$^{service worker}$와 브라우저 푸시 알림$^{push notification}$ 지원을 포함한다.

- Node.js를 사용해 서버측 코드를 작성하고 라이노^{Rhino}(자바로 작성된 자바스크립트 엔진)를 사용하여 실행할 수 있는 코드를 작성한다.

- 모바일 애플리케이션 작성, 즉 폰갭^{PhoneGap} 또는 티타늄^{Titanium}을 사용해 자바스크립트만으로 아이폰, 안드로이드 및 여러 다른 모바일 및 태블릿용 애플리케이션을 작성할 수 있다. 또한 파이어폭스 OS용 앱은 모두 자바스크립트와 HTML, CSS로 제공된다. 페이스북의 리액트^{React} 네이티브는 자바스크립트로 네이티브 iOS와 안드로이드, 윈도우(시험버전) 애플리케이션을 개발하는 흥미로운 새로운 방법이다.

- ECMAScript를 기반으로 하는 액션스크립트^{ActionScript}를 사용하여 플래시^{Flash} 또는 플렉스^{Flex} 같은 리치 미디어 애플리케이션을 작성한다.

- 모든 맥에서 사용할 수 있는 **윈도우 스크립팅 호스트**$^{Windows Scripting Host, WSH}$ 또는 웹킷의 JavaScriptCore를 사용해 데스크톱에서 관리 작업을 자동화하는 명령줄 도구와 스크립트를 작성한다.

- 드림위버와 포토샵, 대부분의 브라우저와 같이 많은 데스크톱 애플리케이션을 위한 확장^{extension} 및 플러그인을 작성한다.

- 모질라의 XULRunner와 **일렉트론**^{Electron}을 사용하여 교차 운영 체제 데스크톱 애플리케이션을 작성한다. 일렉트론은 슬랙^{Slack}과 아톰^{Atom}, 비주얼 스튜디오 코드$^{Visual Studio Code}$와 같은 데스크톱에서 가장 많이 사용되는 애플리케이션을 빌드하는 데 사용된다.

- 한편 **엠스크립튼**^{Emscripten}은 C / C++로 작성된 코드를 asm.js 포맷으로 컴파일하여 브라우저에서 실행할 수 있게 만들 수 있다.

- **팬텀JS**^{PhantomJS} 같은 테스트 프레임워크는 자바스크립트를 사용하여 프로그래밍된다.
- 이게 전부가 아니다. 자바스크립트는 웹 페이지에서 시작되었지만, 오늘날에는 거의 모든 곳에서 사용할 수 있다. 또한 브라우저 벤더들은 이제 속도를 경쟁 우위로 여기고 사용자와 개발자 모두에게 도움이 되는 가장 빠른 자바스크립트 엔진을 만들기 위해 경쟁하고 있으며, 이미지와 오디오, 비디오 프로세싱, 게임 개발 같은 새로운 영역에서 더욱 강력한 자바스크립트를 사용할 수 있는 문을 열고 있다.

미래

웹의 미래가 어떻게 될지 정확히 알 수는 없지만, 자바스크립트가 포함될 것이라는 것은 확실하다. 꽤 오랫동안 자바스크립트는 과소평가되어 많이 사용되지 않았지만(또는 잘못된 방식으로 과도하게 사용되었을 수도 있다), 매일 훨씬 더 흥미롭고 창의적인 방식으로 새로운 애플리케이션이 등장하고 있음을 목격하고 있다. 이 모든 것은 `onclick` 같이 HTML 태그 속성에 포함된 단순한 한 줄 코드에서 시작되었다. 요즘에는 개발자가 정교하고 잘 디자인되고 구조화된 확장 가능한 애플리케이션과 라이브러리를 제공하며, 종종 단일 코드베이스로 여러 플랫폼을 지원하는 경우도 많다. 이제 자바스크립트는 진지하게 받아들여지고 있으며 개발자들은 자바스크립트의 고유한 기능을 재발견하고 이를 즐기기 시작했다.

오늘날 채용 정보에 좋은 일자리가 등록되는 경우, 자바스크립트 관련 지식이 웹 개발자를 채용하는 데 중요한 결정 요인이 되곤 한다. 요즘 자주 들을 수 있는 면접 인터뷰 질문으로는 다음과 같은 것이 있다. '자바스크립트가 객체지향 언어입니까?' 좋다. 그럼 자바스크립트에서 어떻게 상속을 구현하는가? 이 책을 읽은 후에는 자바스크립트 면접 인터뷰에 응답할 준비가 되어 있을 뿐 아니라 어쩌면 면접관이 알지 못했던 몇 가지 정보를 제공해 줄 수도 있을 것이다.

■ ECMAScript 5

ECMAScript 개정 마일스톤^milestone^에서 가장 중요한 이정표는 2009년 12월 공식적으로 승인된 **ECMAScript 5**(ES5)이다. ECMAScript 5 표준은 모든 주요 브라우저 및 서버측 기술에서 구현되고 지원된다.

ES5는 몇 가지 중요한 구문론적 변경과 표준 라이브러리가 추가된 주요 개정판이다. 또한 ES5는 몇 가지 새로운 구조를 도입했다.

예를 들어 ES5는 새로운 객체와 속성, **엄격 모드**^strict mode^를 도입했다. 엄격 모드는 언어의 하위 집합으로 사용되지 않는 기능을 제외한다. 엄격 모드는 옵트인^opt-in^이며 필수는 아니다. 즉, 엄격 모드에서 코드를 실행하려면 다음 문자열을 사용하여 의도를 선언(함수당 한번, 또는 전체 프로그램에 대해 한번)해야 한다.

```
"use strict";
```

이것은 자바스크립트 문자열로, 문자열을 변수에 할당되지 않은 상태로 둘 수 있다. 결과적으로 ES5를 지원하지 않는 구형 브라우저는 이를 무시할 것이므로 이 엄격 모드는 이전 버전과 호환되며 구형 브라우저를 손상시키지 않는다.

이전 버전과의 호환성을 위해 이 책의 모든 예제는 ES3에서 동작하지만 동시에 이 책의 모든 코드는 ES5의 엄격 모드에서 경고 없이 실행되도록 작성됐다. 또한 모든 ES5 특화 부분은 명확하게 구분해 표시한다. '부록 C. 내장 객체^Built-in Objects^'에는 ES5에 새로 추가된 항목이 자세히 나와 있다.

ES6의 엄격 모드

ES5에서는 엄격 모드가 선택사항이지만, 모든 ES6 모듈과 클래스는 엄격 모드가 디폴트다. 곧 보게 되겠지만, ES6에서 작성한 대부분의 코드는 모듈에 있다. 따라서 엄격 모드가 디폴트로 적용된다. 그러나 다른 구조에는 암시적으로 엄격 모드가 적용되지 않는다는 점을 이해하는 것이 중요하다. 화살표^{arrow}나 제너레이터^{generator} 함수 같은 새로운 구조에 엄격 모드를 적용하려는 시도가 있었지만, 그럴 경우 파편화된 언어 규칙 및 코드가 생성될 것이라고 결정됐다.

▌ ECMAScript 6

ECMAScript 6 개정판은 완료까지 오랜 시간이 걸려 2015년 6월17일에야 최종 승인됐다. ES6 기능들은 서서히 주요 브라우저 및 서버 기술의 일부가 되고 있다. 아직 ES6를 지원하지 않는 환경에서도 트랜스파일러^{transpiler}를 사용하여 ES6를 ES5로 컴파일해 코드를 사용할 수 있다(트랜스파일러에 대해서는 뒤에서 자세히 설명한다).

ES6는 자바스크립트를 프로그래밍 언어로 업그레이드했으며 매우 흥미로운 구문 변경과 언어 구조를 제공한다. 이 ECMAScript의 개정에는 크게 다음과 같은 두 가지 기본 변경 사항이 포함된다.

- 기존 기능의 구문 개선과 표준 라이브러리의 수정. 예를 들어 클래스와 프라미스^{promise}
- 새로운 언어 기능. 예를 들어 제너레이터

ES6를 사용하면 코드를 다르게 작성할 수 있다. 새로운 구문 변경을 통해 코드를 더 깔끔하고 쉽게 유지관리할 수 있으며 특별한 트릭이 필요하지 않다. 이제 언어 자체에서 이전에는 서드 파티 모듈을 필요로 했던 몇 가지 구조를 지원한다. ES6에서 도입된 언어 변경은 지금까지 자바스크립트로 코딩하는 방식을 다시 생각하게 만들었다.

명명법에 대한 참고사항 – ECMAScript 6와 ES6, ECMAScript 2015는 동일하며 서로 바꿔서 사용할 수 있다.

브라우저의 ES6 지원

대부분의 브라우저와 서버 프레임워크는 자신만의 방식으로 ES6 기능을 구현하고 있다. http://kangax.github.io/compat-table/es6/를 클릭하면 브라우저와 서버 프레임워크에서 지원하는 기능과 지원하지 않는 기능을 확인할 수 있다.

ES6가 모든 브라우저와 서버 프레임워크에서 완벽하게 지원되지 않지만, **트랜스파일러** transpiler의 도움으로 ES6의 거의 모든 기능을 사용할 수 있다. 트랜스파일러는 소스를 소스로 컴파일하는 컴파일러다. ES6 트랜스파일러는 ES6 구문으로 코드를 작성하고 해당 코드를 ES5 구문으로 컴파일/변환하여 전체 ES6 기능을 지원하지 않는 브라우저에서 실행할 수 있다.

현재 사실상의 ES6 표준 트랜스파일러는 **바벨** Babel이다. 이 책에서는 바벨을 사용해 예제를 작성하고 테스트한다.

바벨

바벨은 거의 모든 ES6 기능을 바로 지원하거나 또는 사용자정의 플러그인을 통해 지원할 수 있다. 바벨은 빌드 시스템, 프레임워크 및 언어에서부터 템플릿 엔진에 이르기까지 광범위하게 사용될 수 있으며, 좋은 명령줄 command line 및 REPL read-eval-print loop을 내장하고 있다.

바벨이 어떻게 ES6 코드를 ES5와 동일한 형태로 변환시키는지에 대해 자세히 알고 싶으면 바벨 REPL(http://babeljs.io/repl/)을 참고한다.

바벨 REPL을 사용하면 ES6의 작은 코드 조작을 빠르게 테스트할 수 있다. 브라우저에서 바벨 REPL을 열면 일부 ES6 코드가 디폴트로 표시된다. 왼쪽 창에서 코드를 제거하고 다음 텍스트를 입력한다.

```
var name = "John", mood = "happy";
```

```
console.log(`Hey ${name}, are you feeling ${mood} today?`)
```

이 코드를 입력하고 왼쪽 창을 클릭하면, REPL이 ES6 코드를 다음 코드와 같이 변환하는 것을 볼 수 있다.

```
"use strict";
var name = "John",
  mood = "happy";
console.log("Hey " + name + ",
  are you feeling " + mood + " today?");
```

이것은 왼쪽 창에 작성한 코드와 동일한 ES5 코드다. 오른쪽 창의 결과 코드가 익숙한 ES5임을 알 수 있다. 앞에서 말했듯이, 바벨 REPL은 다양한 ES6 구조를 시도하고 실험하기에 좋은 도구다. 그러나 ES6 코드를 자동으로 ES5로 변환하려면 바벨이 필요하다. 따라서 바벨을 기존 빌드 시스템이나 프레임워크에 포함시킬 필요가 있다.

먼저 바벨을 명령줄 도구로 설치해 보자. 이를 위해 이미 노드 및 **노드 패키지 관리자**^{Node} ^{Package Manager, npm}에 익숙한 것으로 가정한다. npm을 사용해 바벨을 설치하는 것은 아주 쉽다. 먼저 바벨을 모듈로 설치하고 나머지 소스 코드를 위치하는 디렉토리를 생성한다. 맥에서는 다음 명령으로 babel_test라는 디렉토리를 생성하고, npm init를 사용하여 프로젝트를 초기화한 다음 npm을 사용해 바벨 명령줄을 설치한다.

```
mkdir babel_test
cd babel_test && npm init
npm install --save-dev babel-cli
```

npm에 익숙하다면 바벨을 전역으로 설치하려고 시도할 수 있다. 그러나 바벨을 전역 모듈로 설치하는 것은 그다지 좋은 생각은 아니다. 프로젝트에 바벨을 설치하면, package.json 파일은 다음 코드 블록과 비슷한 모양이 된다.

```
{
  "name": "babel_test",
  "version": "1.0.0",
  "description": "",
  "main": "index.js",
  "scripts": {
    "test": "echo "Error: no test specified" && exit 1"
  },
  "author": "",
  "license": "ISC",
  "devDependencies": {
    "babel-cli": "^6.10.1"
  }
}
```

버전 6.10.1 이상의 바벨을 위해 생성된 개발 의존성^{dependency}을 볼 수 있다. 바벨을 사용해 명령줄 또는 빌드 단계에서 코드를 변환할 수 있다. 간단한 작업이 아닌 경우, 두 번째 방법을 사용해야 할 것이다. 프로젝트 빌드 단계의 일부로 바벨을 호출하려면, package. json 파일의 script 태그 안에 바벨을 호출하는 build 단계를 추가할 수 있다. 예를 들면 다음과 같다.

```
"scripts": {
  "build": "babel src -d lib"
},
```

npm 빌드를 수행하면 바벨이 src 디렉토리에서 호출되고 변환된 코드가 lib 디렉토리에 저장된다. 또는 다음 명령을 작성하여 바벨을 수동으로 실행할 수도 있다.

```
$ ./node_modules/.bin/babel src -d lib
```

이 책의 뒷부분에서는 다양한 바벨 옵션과 플러그인에 대해 알아봄으로써 ES6 탐험을 시작하는 데 필요한 배경지식을 쌓을 것이다.

▌ 객체지향 프로그래밍

자바스크립트를 본격적으로 알아보기 전에, 사람들이 말하는 객체지향이 무엇을 의미하는지, 그리고 이 프로그래밍 스타일의 주요 기능이 무엇인지 잠시 살펴보자. 다음은 객체지향 프로그래밍object-oriented programming, OOP에서 자주 사용되는 개념들의 목록이다.

- 객체와 메소드, 속성
- 클래스
- 캡슐화Encapsulation
- 집합Aggregation
- 재사용성Reusability/상속inheritance
- 다형성Polymorphism

각 개념들을 자세히 살펴보자. 객체지향 프로그래밍에 익숙하지 않다면, 이들 개념은 너무 이론적으로 들릴지도 모른다. 따라서 한번 읽는 것만으로는 파악하거나 기억하는 데 어려움을 겪을 수 있다. 하지만 걱정하지 마라. 조금만 노력해 보면, 이 주제는 개념적 수준에서 조금 지루할 수 있지만, 코드 예제를 많이 살펴보면 실제로는 훨씬 간단하다는 것을 알 수 있다.

객체

객체지향이라는 이름에서 알 수 있듯이 객체가 중요하다. 객체는 사물(누군가 또는 무언가)의 표현이며, 이는 프로그래밍 언어의 도움으로 표현된다. 이 사물은 실생활의 어떤 객체나 또는 복잡한 개념일 수 있다. 예를 들어 고양이 같은 공통 객체를 가정해 보면, 색상, 이름, 무게 등 특정 특성을 가지고 야옹거리기(meow), 잠자기(sleep), 숨기(hide), 도망가기(escape) 같은 일부 동작을 수행할 수 있음을 알 수 있다. OOP에서는 객체의 특성을 속성이라고 하고 동작을 메소드라고 부른다.

구어체에 비유해 보면 다음과 같다.

- 객체는 보통 책과 사람 같은 명사를 사용하여 명명된다.
- 메소드는 읽기, 실행 같은 동사다.
- 속성의 값은 형용사다.

"검은 고양이가 매트 위에서 잔다The black cat sleeps on the mat." 라는 문장을 예를 들어 보자. "The cat"(명사)가 객체이고, "black"(형용사)이 color 속성의 값이고 "sleep"(동사)가 OOP의 동작 또는 메소드다. 한 단계 더 나아가 "on the mat"는 "sleep" 동작에 대해 뭔가를 지정한다고 말할 수 있다. 따라서 sleep 메소드에 전달되는 매개변수로 동작한다.

클래스

실생활에서는 유사한 대상을 몇 가지 기준에 따라 그룹화할 수 있다. 벌새hummingbird와 독수리eagle는 둘 다 새이므로 Birds 클래스에 속하는 것으로 분류할 수 있다. OOP에서 클래스는 객체의 청사진blueprint 또는 레시피recipe다. 객체의 다른 이름은 인스턴스instance다. 따라서 독수리가 일반적인 Birds 클래스의 하나의 구체적인 인스턴스라고 말할 수 있다. 객체가 템플릿을 기반으로 하는 구체적인 인스턴스인 반면 클래스는 단순한 템플릿이므로, 동일한 클래스를 사용하여 다른 객체를 생성할 수 있다.

C++ 및 자바 같은 고전적인 OO 언어와 자바스크립트에는 차이가 있다. 자바스크립트에는 클래스가 없다는 사실을 시작할 때부터 알고 있어야 한다. 자바스크립트에서 모든 것은 객체를 기반으로 한다. 자바스크립트는 객체이기도 한 프로토타입prototype개념을 가지고 있다(자세한 내용은 나중에 설명한다). 고전적인 OO 언어에서는 Person 클래스인 Bob

이라는 새로운 객체를 생성한다고 말한다. 프로토타입 OO 언어에서는 Bob의 아빠라고 불리는 객체를 가지고 Bob이라는 새로운 객체의 프로토타입으로 재사용한다고 말할 수 있다.

캡슐화

캡슐화^{encapsulation}는 객체가 다음을 포함(캡슐화)한다는 사실을 보여주는 또 다른 OOP 관련 개념이다.

- 데이터(속성에 저장됨)
- 데이터로 무엇인가를 수행하는 방법(메소드를 사용)

캡슐화와 함께 사용되는 또 다른 용어는 정보 숨기기$^{information\ hiding}$다. 이것은 다소 광범위한 용어이며 다른 의미로 사용될 수도 있다. OOP의 맥락에서 일반적으로 사람들이 사용하는 의미를 알아보자.

MP3 플레이어와 같은 객체를 상상해 보자. 객체의 사용자인 여러분에게 버튼, 디스플레이 같이 작업할 수 있는 인터페이스가 제공된다. 여러분은 객체가 음악을 재생하는 것과 같은 유용한 동작을 수행하도록 인터페이스를 사용한다. 기기 내부에서 어떻게 동작하는지는 알지 못하며, 대부분은 신경 쓸 필요가 없다. 즉, 인터페이스의 구현은 숨겨져 있다. OOP에서 코드가 메소드를 호출하여 객체를 사용할 때도 마찬가지다. 객체를 직접 코딩 했거나 서드-파티 라이브러리를 사용했는지에 상관없이 매소드가 내부적으로 어떻게 동작하는지 알 필요가 없다. 컴파일된 언어에서는 객체를 만드는 코드를 실제로 읽을 수 없다. 자바스크립트는 인터프리터 언어이기 때문에 소스 코드를 볼 수 있지만 개념은 여전히 동일하다. 구현에 대해 걱정할 필요 없이 객체의 인터페이스로만 작업하면 된다.

정보 숨기기의 또 다른 측면은 메소드와 속성의 가시성^{visibility}이다. 일부 언어에서는 객체가 public, private, protected 메소드와 속성을 가질 수 있다. 이 분류는 객체의 사용자가 갖는 접근 수준을 정의한다. 예를 들어, 누구나 public 메소드에 접근할 수 있는 반면에, 동일한 객체의 메소드만이 private 메소드에 접근할 수 있다. 자바스크립트에서는 모든 메소드와 속성이 public이지만, 객체 내부의 데이터를 보호하고 개인 정보를 보호할 수 있는 방법이 있다.

집합

여러 객체를 새로운 하나의 객체로 결합하는 것을 집합aggregation 또는 컴포지션composition 이라고 한다. 이것은 문제를 더 작고 관리하기 쉬운 부분(분할 점령divide and conque)으로 나누는 강력한 방법이다. 문제 범위가 너무 복잡해서 전체를 세부 수준에서 생각할 수 없는 경우, 문제를 여러 개의 작은 영역으로 분리하면 각각을 더 작은 단위로 분리할 수 있다. 이를 통해 여러 추상화 수준에서 문제를 생각할 수 있다.

개인용 컴퓨터를 예로 들어 보자. PC는 복잡한 객체다. 컴퓨터를 시작할 때 발생할 수 있는 모든 상황을 고려할 수는 없다. 그러나 Computer 객체를 구성하는 모든 객체를 각각 Monitor 객체, Mouse 객체, Keyboard 객체로 초기화해서 문제를 추상화할 수 있다. 그런 다음 각 하위 객체에 대해 자세히 살펴볼 수 있다. 이렇게 하면 재사용 가능한 부분을 조합해 복잡한 객체를 구성할 수 있다.

다른 비유를 들어보면, Book 객체는 하나 이상의 Author 객체와 하나의 Publisher 객체, 여러 Chapter 객체와 하나의 TOCTable of Contents(목차) 등을 포함할 수 있다.

상속

상속inheritance은 기존 코드를 재사용하는 우아한 방법이다. 예를 들어, name과 date_of_birth 같은 속성을 가지며, walk와 talk, sleep, eat 기능을 구현하는 일반 객체인 Person을 가지고 있다고 가정해 보자. 그런 다음 Programmer라는 또 다른 객체가 필요하다는 것을 알게 됐다. Person 객체가 가지고 있는 모든 메소드와 속성을 다시 구현할 수 있지만, Programmer 객체가 Person 객체를 상속받았다고 말하는 것이 더 현명한 방법이고 작업을 줄일 수 있다. Programmer 객체는 Person 객체의 모든 기능을 재사용하고 추가로 writeCode 메소드 같은 특정 기능만 구현하면 된다.

전통적인 OOP에서 클래스는 다른 클래스를 상속하지만, 자바스크립트에서는 클래스가 없으므로 객체는 다른 객체를 상속한다.

객체가 다른 객체에서 상속받으면, 일반적으로 상속된 메소드에 새로운 메소드를 추가해 이전 객체를 확장한다. 다음 문구는 서로 바꿔서 사용할 수 있다. 'B는 A에서 상속받고, B는 A를 확장한다'. 또한 상속된 객체는 하나 이상의 메소드를 선택하고 이를 재정의해서 필요에 맞게 사용자정의하여 사용할 수 있다. 이 방법은 인터페이스가 동일하게 유지되고 메소드 이름도 동일하지만, 새로운 객체에서 호출될 때 메소드가 다르게 동작하게 만들 수 있다. 상속된 메소드의 동작을 재정의하는 방법을 **재정의**overriding라고 한다.

다형성

앞의 예제에서 Programmer 객체는 부모인 Person 객체의 모든 메소드를 상속받았다. 이것은 두 객체가 모두 talk 메소드를 제공한다는 것을 의미한다. 이제 코드 어딘가에 Bob이라는 변수가 있다고 가정해 보자. Bob이 Person 객체인지 Programmer 객체인지는 모르는 상황이다. Bob 객체에서 talk 메소드를 호출할 수 있으며 코드가 잘 동작한다. 서로 다른 객체에서 동일한 메소드를 호출하고 각각이 고유한 방식으로 응답하도록 하는 기능을 다형성polymorphism이라고 한다.

▌ OOP 요약

지금까지 논의한 개념을 요약한 간단한 표는 다음과 같다.

기능	개념 설명
Bob은 사람(man)(객체)이다.	객체
Bob의 생일(birth)은 1980년 6월1일이고 성(gender)은 남성이며 머리(hair)는 검은색이다.	속성
Bob은 먹고(eat), 자고(sleep), 마시고(drink), 꿈꾸고(dream), 말하고(talk) 자신의 나이를 계산(calculate)할 수 있다.	메소드
Bob은 Programmer 클래스의 인스턴스다.	클래스(전통적인 OOP에서)
Bob은 Programmer라는 다른 객체를 기반으로 한다.	프로토타입(프로토타입 OOP에서)
Bob은 birth_date 같은 데이터와 calculateAge( ) 같은 데이터를 처리하는 메소드를 가지고 있다.	캡슐화
계산 메소드가 내부적으로 어떻게 동작하는지 알 필요가 없다. 객체에는 윤년의 2월 일수와 같은 private 데이터가 있을 수 있지만, 여러분은 이에 대해 알지 못하고 알고 싶지도 않다.	정보 숨기기
Bob은 Designer 객체인 Jill과 ProjectManager 객체인 Jack과 함께 WebDevTeam 객체의 일부다.	집합과 컴포지션
Designer와 ProjectManager, Programmer는 모두 객체를 기반으로 확장됐다.	상속
Bob.talk( )와 Jill.talk( ), Jack.talk( ) 메소드를 호출할 수 있으며 다른 결과가 나오더라도 모두 잘 동작한다. Bob은 성능에 대해, Jill은 아름다움, Jack은 마감일에 대해 이야기할 것이다. 각 객체는 Person으로부터 메소드 talk를 상속받아 사용자정의했다.	다형성과 메소드 재정의

▌ 연습 환경 설정

이 책은 여러분 스스로 코드를 작성하는 접근방식을 취하고 있다. 프로그래밍 언어를 배우는 가장 좋은 방법은 코드를 직접 작성하는 것이다. 단순히 다운로드해서 페이지에 붙여넣기할 수 있는 코드는 제공하지 않는다. 직접 코드를 입력하고 어떻게 동작하는지 확인한 다음 코드를 수정한다. 예제 코드를 시험해 볼 때 자바스크립트 콘솔에 코드를 입력하는 것이 좋다. 어떻게 할 수 있는지 살펴보자.

개발자로서 여러분은 이미 시스템에 파이어폭스나 사파리, 크롬, 인터넷 익스플로러 같은 다양한 웹 브라우저를 설치했을 것이다. 최신 브라우저에는 자바스크립트 콘솔 기능을 가지고 있다. 이 기능을 사용하여 언어를 배우고 실험할 수 있다. 구체적으로 이 책은 사파리와 크롬에서 사용할 수 있는 웹킷의 콘솔을 사용하지만, 예제는 어떤 콘솔에서도 잘 동작한다.

웹킷의 웹 인스펙터

이 예제는 콘솔을 사용하여 원하는 이미지로 google.com 홈페이지의 로고를 교체하는 코드를 입력하는 방법을 보여준다. 보다시피 원하는 모든 페이지에서 자바스크립트 코드를 실시간으로 테스트할 수 있다.

크롬 또는 사파리에서 콘솔을 표시하려면 페이지의 아무 곳에서나 마우스 오른쪽 버튼을 클릭하고 **검사**^{Inspect Element}를 선택한다. 표시되는 추가 창은 웹 인스펙터^{Web Inspector} 기능이다. **콘솔**^{Console} 탭을 선택하면 바로 사용할 수 있다.

콘솔에 직접 코드를 입력하고 Enter 키를 누르면 코드가 실행된다. 코드의 반환 값은 콘솔에 출력된다. 코드는 현재 로드된 페이지의 컨텍스트에서 실행된다. 예를 들어 location.href를 입력하면 현재 페이지의 URL이 반환된다.

콘솔에는 자동완성 기능도 있다. 이는 운영체제의 명령줄 프롬프트 또는 본격적인 IDE의 자동완성 기능과 비슷한 방식으로 동작한다. 예를 들어 docu를 입력하고 Tab 키 또는 오른쪽 화살표 키를 누르면 docu가 document로 자동완성 된다. 그런 다음 .(도트 연산자)를 입력하면 document 객체에서 호출할 수 있는 모든 사용 가능한 속성과 메소드 목록이 나타나고 여기서 선택할 수 있다.

위쪽 화살표 키 및 아래쪽 화살표 키를 사용하면 이미 실행된 명령 목록을 보여주고 이를 콘솔로 다시 가져올 수 있다.

콘솔에는 한 줄만 입력할 수 있지만, 여러 자바스크립트 문을 세미콜론으로 구분하여 실행할 수 있다. 줄이 더 필요하면 Shift + Enter를 눌러 결과를 아직 실행하지 않고 새 줄로 이동할 수 있다.

맥의 JavaScriptCore

맥에서는 실제로 브라우저가 필요하지 않다. 명령줄 **터미널**^{Terminal} 애플리케이션에서 자바스크립트를 직접 실행할 수 있다.

터미널을 사용한 적이 없다면, **스팟라이트 검색**^{Spotlight search} 기능으로 간단히 검색할 수 있다. 실행한 다음, 다음 명령을 입력한다.

```
alias jsc='/System/Library/Frameworks/JavaScriptCore.framework/
```

이 명령은 JavaScriptCore의 약자이며 웹킷 엔진의 일부인 jsc 애플리케이션에 대한 별칭을 만든다. JavaScriptCore는 맥 운영체제와 함께 제공된다.

alias 줄을 ~/.profile 파일에 추가하면 jsc가 필요할 때 항상 사용할 수 있도록 할 수 있다.

이제 어떤 디렉토리에서든 jsc를 입력하면 대화형 쉘^{shell}을 시작할 수 있다. 그런 다음 자바스크립트 표현식을 입력할 수 있으며 Enter 키를 누르면 표현식의 결과가 표시된다. 다음 스크린샷을 살펴보자.

```
● ● ●                  Terminal — jsc — 80×24
Last login: Tue May 31 01:07:35 on ttys002
stoyanstefanov:~ stoyanstefanov$ jsc
> 1+1
2
> var a = "hello";
undefined
> a
hello
> var b = "console";
undefined
> b
console
> a + " " + b
hello console
>
```

기타 콘솔

모든 최신 브라우저는 콘솔을 내장하고 있다. 앞에서 크롬/사파리 콘솔을 살펴보았다. 파이어폭스 브라우저에서는 콘솔과 함께 제공되는 파이어버그^{Firebug} 확장을 설치할 수 있다. 또한 최신 파이어폭스 릴리즈에는 콘솔이 내장되어 있으며 **도구**^{Tools} ❯ **웹 개발자**^{Web Developer} ❯ **웹 콘솔**^{Web Console} 메뉴로 접근할 수 있다.

인터넷 익스플로러는 버전 8부터 콘솔을 가진 F12 개발자 도구를 제공한다.

Node.js에 익숙해지는 것도 좋은 생각이며, 콘솔을 사용하는 것으로 시작할 수 있다. http://nodejs.org에서 Node.js를 설치하고 명령 프롬프트(터미널)에서 콘솔을 시작한다.

```
stoyanstefmbp15:~ stoyanstefanov$ node
> var a = 1; var b = 2;
undefined
> a + b;
3
>
(^C again to quit)
>
stoyanstefmbp15:~ stoyanstefanov$ cat test.js
var a = 101;
var b = 202;

console.log(a + b);
stoyanstefmbp15:~ stoyanstefanov$ node test.js
303
stoyanstefmbp15:~ stoyanstefanov$
```

보다시피, `Node.js` 콘솔을 사용해 간단한 예제를 시험해 볼 수 있다. 그러나 더 긴 쉘 스크립트(스크린샷에서 test.js)를 작성하여 `scriptname.js` 노드로 실행할 수도 있다.

노드 REPL은 강력한 개발 도구다. 명령줄에 'node'를 입력하면 REPL이 호출된다. 이 REPL에서 자바스크립트를 시험해 볼 수 있다.

```
node
> console.log("Hellow World");
Hellow World
undefined
> a=10, b=10;
10
> console.log(a*b);
100
undefined
```

▌요약

1장에서는 자바스크립트가 탄생한 배경과 현재에 대해 알아봤다. 또한 객체지향 프로그래밍 개념도 소개하였으며 자바스크립트가 클래스 기반 OO 언어가 아닌 프로토타입 기반 언어라는 것도 배웠다. 마지막으로 연습 환경(자바스크립트 콘솔)을 사용하는 방법을 배웠다. 이제 본격적으로 자바스크립트에 대해 알아보고 강력한 OO 기능을 사용하는 방법을 배울 준비가 됐다. 처음부터 시작해 보자.

2장에서는 자바스크립트의 몇 가지 데이터 형식과 조건^{condition}, 루프, 배열에 대해 알아본다. 이들 주제에 대해 잘 알고 있다고 생각되면 2장을 건너뛰어도 되지만 2장의 끝에 있는 짧은 연습 문제를 완료할 수 있는지 반드시 확인해 보기 바란다.

02

원시 데이터 형식, 배열,
루프 및 조건

자바스크립트의 객체지향 기능에 대해 자세히 알아보기 전에, 먼저 몇 가지 기본 사항을
살펴보자. 2장에서는 다음 주제들을 다룬다.

- 자바스크립트의 원시^{primitive} 데이터 형식(예: 문자열과 숫자)
- 배열
- +와 -, delete, typeof 같은 공통 연산자
- 루프와 if...else 조건 같은 흐름 제어문

▌ 변수

변수는 데이터를 저장하는 데 사용된다. 변수는 구체적인 값을 위한 자리표시자 placeholder다. 프로그램을 작성할 때 3.141592653589793 대신 pi로 작성하는 것이 훨씬 쉽기 때문에 실제 데이터 대신 변수를 사용하는 것이 편리하다. 특히 프로그램내에서 여러 번 사용되는 경우 더 편리하다. 변수에 저장된 데이터는 처음 할당된 후 변경될 수 있으므로 이를 **변수**variable라고 부른다. 연산 결과 값과 같이 코드를 작성할 때는 알려지지 않은 데이터를 저장하는 데도 변수를 사용할 수 있다.

변수를 사용하려면 다음 두 단계가 필요하다.

- 변수 선언
- 변수 초기화, 즉 값을 부여

변수를 선언하려면, 다음 코드와 같은 var 문을 사용한다.

```
var a;
var thisIsAVariable;
var _and_this_too;
var mix12three;
```

변수 이름에는 문자와 숫자, 밑줄 문자 및 달러 기호의 조합을 사용할 수 있다. 그러나 숫자로 시작할 수는 없다. 이는 다음 코드 선언이 유효하지 않음을 의미한다.

```
var 2three4five;
```

변수를 초기화하려면 초기값을 지정해야 한다. 다음 두 가지 방법이 가능하다.

- 변수를 먼저 선언하고, 초기화한다.
- 단일 문으로 변수를 선언하면서 초기화한다.

후자의 예는 다음과 같다.

```
var a = 1;
```

이제 a라는 변수에는 값 1이 들어있다.

하나의 var 문으로 여러 변수를 선언하고 선택적으로 초기화할 수 있다. 다음 코드와 같이 선언을 쉼표로 구분하면 된다.

```
var v1, v2, v3 = 'hello', v4 = 4, v5;
```

가독성을 위해 다음과 같이 한 줄에 하나의 변수만 사용해 작성하는 경우가 많다.

```
var v1,
    v2,
    v3 = 'hello',
    v4 = 4,
    v5;
```

 변수 이름에 있는 $ 문자
$myvar 또는 일반적이진 않지만 my$var와 같이 달러 기호 문자($)가 변수 이름에 사용되는 것을 볼 수 있다. 이 문자는 이전 버전의 ECMA 표준에서는 작성 프로그램에서의 사용을 권하지 않고, 생성된 코드(다른 프로그램에서 작성한 프로그램)에서만 사용해야 한다고 제안했지만 변수 이름의 어느 곳에서나 나타날 수 있다. 이 제안은 자바스크립트 커뮤니티에서 잘 지켜지지 않았고 실제로 $는 일반적으로 함수 이름으로 많이 사용되고 있다.

변수는 대소문자를 구분한다

변수 이름은 대소문자를 구분한다. 자바스크립트 콘솔을 사용해 이를 쉽게 확인할 수 있다. 각 줄에서 Enter 키를 눌러 다음 코드를 입력해 본다.

```
var case_matters = 'lower';
var CASE_MATTERS = 'upper';
case_matters;
CASE_MATTER;
```

세 번째 줄을 입력할 때 키 입력을 줄이려면 case를 입력하고 Tab 키 또는 오른쪽 화살표 키를 누른다. 콘솔은 변수 이름을 case_matters로 자동 완성한다. 마찬가지로 마지막 행의 경우에도 CASE를 입력하고 Tab 키를 누른다. 최종 결과는 다음 그림과 같다.

이 책의 나머지 부분에서는 다음과 같이 스크린샷 대신 예제 코드만 제공한다.

```
> var case_matters = 'lower';
> var CASE_MATTERS = 'upper';
> case_matters;
"lower"
> CASE_MATTERS;
"upper"
```

'>' 기호는 사용자가 입력한 코드를 보여준다. 나머지는 콘솔에 출력된 결과다. 다시 강조하지만, 이들 코드 예제를 직접 입력하는 것이 좋다. 그런 다음 코드를 조금씩 수정해서 실험해 보면 동작하는 방식을 더 잘 이해할 수 있다.

 앞의 스크린샷에서 **콘솔**에 입력한 결과가 **undefined**임을 알 수 있다. 이를 무시할 수도 있지만, 혹시 궁금하다면 입력 값을 평가(실행)할 때 **콘솔**은 반환 값을 출력한다. var a = 1; 과 같은 일부 표현식은 명시적으로 아무 것도 반환하지 않는다. 이 경우, 암시적으로 특별 값인 **undefined**를 반환한다. 표현식이 어떤 값(예를 들어 앞의 예제에서 case_matters나 또는 1 + 1 같은)을 반환하면, 결과 값이 출력된다. 모든 콘솔(예를 들면 파이어버그 콘솔)이 **undefined** 값을 출력하지는 않는다.

█ 연산자

연산자^{Operator}는 하나 또는 두 개의 값(또는 변수)을 받아 연산을 수행하고 값을 반환한다. 용어를 명확히 이해하기 위해 연산자를 사용하는 간단한 예제를 살펴보자.

```
> 1 + 2;
3
```

앞의 코드에서,

- + 기호는 연산자다.
- 연산은 더하기다.
- 입력 값은 1과 2다(피연산자^{operand}라고도 불린다).
- 결과 값은 3이다.
- 전체를 표현식^{expression}이라고 부른다.

표현식에서 값 1과 2를 직접 사용하는 대신 변수를 사용할 수 있다. 다음 예제와 같이 변수를 사용해 연산의 결과를 저장할 수도 있다.

```
> var a = 1;
> var b = 2;
> a + 1;
2
> b + 2;
4
> a + b;
3
> var c = a + b;
> c;
3
```

다음 표는 기본 산술 연산자를 보여준다.

연산자 기호	연산	예제
+	덧셈	> 1 + 2; 3
−	뺄셈	> 99.99 − 11; 88.99
*	곱셈	> 2 * 3; 6

연산자 기호	연산	예제
/	나누기	> 6 / 4; 1.5
%	모듈러(Modulo), 나머지	> 6 % 3; 0 > 5 % 3; 2 가끔은 숫자가 짝수 또는 홀수인지를 테스트하는 것이 유용할 때가 있다. 모듈러 연산자를 사용하면 간단하게 수행할 수 있다. 모든 홀수는 2로 나눌 때 1을 반환하지만, 짝수는 0을 반환한다. 예를 들어 다음과 같다. > 4 % 2; 0 > 5 % 2; 1
++	값을 1씩 증가	후행 증가는 입력 값이 반환된 후 증가한다. 예를 들면 다음과 같다. > var a = 123; > var b = a++; > b; 123 > a; 124 그 반대는 선행 증가다. 입력 값이 1만큼 증가된 후 반환된다. 예를 들면 다음과 같다. > var a = 123; > var b = ++a; > b; 124 > a; 124

연산자 기호	연산	예제
--	값을 1씩 감소	후행 감소: > var a = 123; > var b = a--; > b; 123 > a; 122 선행 감소: > var a = 123; > var b = --a; > b; 122 > a; 122

var a = 1; 또한 연산자다. 간단한 할당^{assignment} 연산이며, =는 **간단한 대입**^{assignment} **연산자**^{operator}다.

또한 대입 연산자와 산술 연산자의 조합인 연산자도 있다. 이것을 **복합**^{compound} **연산자**라고 한다. 이런 연산자로 코드를 더 간결하게 만들 수 있다. 다음 예제를 살펴보자.

```
> var a = 5;
> a += 3;
8
```

이 예제에서 a += 3;는 a = a + 3;를 수행하는 간결한 방법이다. 예를 들어,

```
> a -= 3;
5
```

여기서 a -= 3;는 a = a - 3;와 동일하다.

```
> a *= 2;
10
> a /= 5;
2
> a %= 2;
0
```

앞서 설명한 산술 및 대입 연산자 외에도 다른 여러 유형의 연산자가 있다(이 장의 뒷부분과 다음 장 참조).

 우수 사례

항상 세미콜론으로 표현식을 끝낸다. 자바스크립트에는 세미콜론 삽입 매커니즘이 있다. 이 매커니즘을 사용하면 줄의 마지막에 세미콜론 삽입을 잊어도 세미콜론을 추가해 준다. 그러나 이 또한 오류의 원인이 될 수 있으므로 항상 표현식을 종료하는 위치를 명시적으로 표기해야 한다. 즉, 표현식 > 1 + 1과 > 1 + 1;은 잘 동작하겠지만 이 책에서는 세미콜론으로 끝나는 두 번째 유형을 사용하고 있으니, 이런 습관을 들이도록 하자.

▌ 원시 데이터 유형

자바스크립트에는 다음과 같은 몇 가지 원시^{primitive} 데이터 유형이 있다.

1. **숫자**^{Number}: 부동 소수점 숫자와 정수를 포함한다. 예를 들어 –1, 100, 3.14는 모두 숫자다.

2. **문자열**^{String}: 임의의 개수의 문자로 구성된다. 예를 들어 a, one, one 2 three 모두 문자열이다.

3. **부울**^{Boolean}: true 또는 false가 될 수 있다.

4. **정의되지 않음**^{Undefined}: 존재하지 않는 변수에 접근하려고 할 때 특별한 값인

undefined를 받는다. 변수에 값을 할당하지 않고 변수를 선언할 때도 마찬가지다. 자바스크립트는 undefined로 변수를 초기화한다. 정의되지 않은 데이터 유형은 하나의 값, 즉 특별한 값인 undefined만을 가질 수 있다.

5. Null: 하나의 값, 즉 null 값만 가질 수 있는 또 다른 특별한 데이터 유형이다. 값이 없거나 빈 값임을 의미한다. Undefined와의 차이점은 변수가 null 값을 가지면 여전히 정의돼 있다는 것이다. 이는 값이 아무것도 아닐 때 발생한다. 곧 몇 가지 예를 보게 될 것이다.

여기에 나열된 5개의 원시 유형 중 어느 것에도 속하지 않는 값은 객체[object]다. 실제로는 아무것도 없는 객체를 갖는 것이 다소 어색하긴 하지만, null도 객체로 간주된다. 4장에서 객체에 대해 더 자세히 배우겠지만, 당분간 자바스크립트에서 다음과 같은 데이터 유형을 기억하자.

- 원시 (위에 나열된 5가지 유형)
- 비 원시 (객체)

값 유형 찾기 - typeof 연산자

변수 또는 값의 유형을 알고 싶다면, 특별한 typeof 연산자를 사용할 수 있다. 이 연산자는 데이터 유형을 나타내는 문자열을 반환한다. typeof를 사용했을 때 반환 값은 다음 중 하나다.

- 숫자[number]
- 문자열[string]
- 부울[Boolean]
- 정의되지 않음[undefined]
- 객체[object]
- 함수[function]

다음 몇 개의 섹션에서, 다섯 가지 원시 데이터 유형 각각의 예제를 사용해 typeof의 사용법을 알아볼 것이다.

숫자

가장 간단한 숫자는 정수다. 변수에 1을 대입하고 typeof 연산자를 사용하면 다음과 같이 number 문자열을 반환한다.

```
> var n = 1;
> typeof n;
"number"
> n = 1234;
> typeof n;
"number"
```

앞의 예제에서 두 번째로 변수의 값을 설정할 때 var 문이 필요하지 않음을 알 수 있을 것이다.

숫자에는 부동 소수점도 사용할 수 있다. 예를 들면 다음과 같다.

```
> var n2 = 1.23;
> typeof n;
"number"
```

값을 변수에 먼저 할당하지 않고, 값에 직접 typeof를 호출할 수 있다. 예를 들면 다음과 같다.

```
> typeof 123;
"number"
```

8진수와 16진수

숫자가 **0**으로 시작하면 8진수^{octal number}로 간주된다. 예를 들어 8진수 **0377**는 10진수 255다.

```
> var n3 = 0377;
> typeof n3;
"number"
> n3;
255
```

앞의 예제에서 마지막 줄은 8진수 값을 10진수 표현으로 출력한다.

ES6는 접두사 **0o**(또는 **0O**, 하지만 이는 대부분 모노스페이스^{monospace} 폰트에서 혼동스럽게 보임)를 제공해 8진수를 나타낸다. 예를 들어 다음 코드를 살펴보자.

```
console.log(0o776); //510
```

8진수에 친숙하지 않겠지만, 이미 CSS 스타일시트에서 색상을 정의하는 데 16진수 값을 사용했을 것이다.

CSS에서는 색상을 정의하는 몇 가지 옵션이 있다. 그 중 두 가지는 다음과 같다.

- 10진수 값을 사용해 R(적색), G(녹색), B(파란색)의 양(0에서 255까지)을 지정한다. 예를 들어 rgb(0, 0, 0)는 검정색이며 rgb(255, 0, 0)는 빨간색이다(최대 빨간색으로 녹색과 파란색은 없다).
- 16진수를 사용하고 각 R, G, B 값에 대해 두 개의 문자를 지정한다. 예를 들어 #000000는 검은색이고 #ff0000은 빨간색이다. 이는 ff가 255의 16진수 값이기 때문이다.

자바스크립트에서는 16진수 값 앞에 **0x**를 넣을 수 있다. 예를 들면 다음과 같다.

```
> var n4 = 0x00;
> typeof n4;
"number"
> n4;
0
> var n5 = 0xff;
> typeof n5;
"number"
> n5;
255
```

바이너리 리터럴

ES6 이전까지 정수의 바이너리 표현이 필요하다면 parseInt( ) 함수에 다음과 같이 기수 radix가 2인 문자열로 전달해야 했다.

```
console.log(parseInt('111',2)); //7
```

ES6에서는 0b (또는 0B) 프리픽스prefix를 사용해 다음과 같이 바이너리binary 정수를 나타낼 수 있다.

```
console.log(0b111); //7
```

지수 리터럴

1e1(또는 1e+1이나 1E1, 1E+1라고도 쓴다)은 숫자 1 뒤에 0이 오는 것을 나타낸다. 즉 10이다. 유사하게 2e+3는 숫자 2 뒤에 세 개의 0이 있음을 나타낸다. 즉 2000이다. 예를 들면 다음과 같다.

```
> 1e1;
10
> 1e+1;
10
> 2e+3;
2000
> typeof 2e+3;
"number"
```

2e+3은 숫자 2의 오른쪽으로 소수점 3자리를 이동시키는 것을 의미한다. 2e-3도 있다. 이것은 반대로 숫자 2의 왼쪽으로 소수점 3자리를 이동시킨다. 다음 그림을 살펴보자.

다음은 예제 코드를 보여준다.

```
> 2e-3;
0.002
> 123.456E-3;
0.123456
> typeof 2e-3;
"number"
```

무한대

자바스크립트에는 무한대[Infinity]라는 특별한 값이 있다. 이는 자바스크립트가 처리할 수 없는 너무 큰 숫자를 나타낸다. 무한대는 정말 큰 숫자다. 콘솔에 typeof Infinity를 입력하면 확인할 수 있다. 또한 콘솔에서 308개의 0이 있는 숫자는 가능하지만 309개는 너무 많음을 확인할 수 있다. 정확히 말하면, 자바스크립트에서 처리할 수 있는 가장 큰 수는 1.7976931348623157e+308이고, 가장 작은 수는 5e-324이다. 다음 예제를 살펴보자.

```
> Infinity;
Infinity
> typeof Infinity;
"number"
> 1e309;
Infinity
> 1e308;
1e+308
```

0으로 나누면 무한대가 된다. 예를 들면 다음과 같다.

```
> var a = 6 / 0;
> a;
Infinity
```

Infinity가 가장 큰 숫자(또는 가장 큰 숫자보다 더 큰)다. 가장 작은 숫자는 −Infinity와 같이 무한대 앞에 − 기호를 붙이면 된다. 예를 들면 다음과 같다.

```
> var i = -Infinity;
> i;
-Infinity
> typeof i;
"number"
```

이것이 자바스크립트에서 0에서 무한대까지, 그리고 0에서 마이너스 무한대까지, 정확히 무한대의 두 배 크기를 처리할 수 있음을 의미하는가? 그렇지 않다. Infinity와 −

Infinity를 합하면 0이 아니라 NaN^{Not a Number}(숫자가 아님)이 된다. 예를 들면 다음과
같다.

```
> Infinity - Infinity;
NaN
> -Infinity + Infinity;
NaN
```

Infinity를 피연산자 중 하나로 사용하는 다른 산술 연산은 다음과 같이 Infinity를 제
공한다.

```
> Infinity - 20;
Infinity
> -Infinity * 3;
-Infinity
> Infinity / 2;
Infinity
> Infinity - 99999999999999999;
Infinity
```

값이 무한대인지 여부를 알려주는 isFinite( )라는 덜 알려진 전역 메소드가 있다. ES6
에서는 이를 수행하는 Number.isFinite( ) 메소드가 추가됐다. 왜 다른 메소드를 사용할
까? isFinite( )의 전역 변형^{variant}은 Number(value)를 통해 값을 캐스팅하려고 시도하
지만, Number.isFinite( )는 그렇지 않다. 따라서 더 정확하다.

NaN

이전 예제에서 NaN이 등장했다. 그 이름(숫자가 아닌)에도 불구하고, NaN은 숫자이기도
한 특별한 값이다.

```
> typeof NaN;
"number"
> var a = NaN;
> a;
```

숫자를 가정하고 연산을 수행하면 연산은 실패하고 NaN을 받는다. 예를 들어 10에 문자 "f"를 곱하려고 하면 "f"는 곱셈을 위한 유효한 피연산자가 아니기 때문에 결과는 NaN 이다.

```
> var a = 10 * "f";
> a;
NaN
```

NaN는 전염성이 있어서 산술 연산에 NaN이 하나만 있어도 전체 결과는 NaN이 된다. 예를 들면 다음과 같다.

```
> 1 + 2 + NaN;
NaN
```

Number.isNaN

ES5는 전역 메소드인 isNaN()을 가지고 있다. 이 메소드는 값이 NaN인지 아닌지를 판별한다. ES6는 매우 유사한 메소드인 Number.isNaN()를 제공한다(이 메소드는 전역이 아니다).

isNaN()과 Number.isNaN() 사이의 차이점은, 전역 isNaN()은 숫자가 아닌 값을 NaN으로 평가하기 전에 캐스팅한다는 점이다. 다음 예제를 살펴보자. ES6의 Number.isNaN() 메소드를 사용해 NaN인지 아닌지를 테스트한다.

```
console.log(Number.isNaN('test')); //false : 문자열은 NaN이 아님
console.log(Number.isNaN(123)); //false : 숫자는 NaN이 아님
console.log(Number.isNaN(NaN)); //true : NaNs는 NaN임
console.log(Number.isNaN(123/'abc')); //true : 123/'abc'의 결과는 NaN임
```

ES5의 전역 isNaN() 메소드가 먼저 숫자가 아닌 값을 캐스팅한 다음 비교를 수행하는 것을 확인했다. 다음과 같이 결과가 ES6와 다르다.

```
console.log(isNaN('test')); //true
```

일반적으로 전역 변수에 비해 Number.isNaN()이 더 정확하다. 그러나 둘 다 값이 NaN인지 아닌지만 판단하기 때문에, 숫자인지 아닌지 여부를 판단하는 데는 사용할 수 없다. 사실 여러분은 실제로 값이 숫자인지 여부를 아는 데 더 관심이 있다. 모질라는 다음과 같은 폴리필polyfill 메소드를 제안한다.

```
function isNumber(value) {
  return typeof value==='number' && !Number.isNaN(value);
}
```

Number.isInteger

Number.isInteger는 ES6의 새로운 메소드다. 이 메소드는 숫자가 유한하고 소수점을 포함하지 않으면(정수) true를 반환한다.

```
console.log(Number.isInteger('test')); //false
console.log(Number.isInteger(Infinity)); //false
console.log(Number.isInteger(NaN)); //false
console.log(Number.isInteger(123)); //true
console.log(Number.isInteger(1.23)); //false
```

문자열

문자열은 텍스트를 나타내는 데 사용되는 일련의 문자다. 자바스크립트에서 작은 따옴표나 큰 따옴표 사이에 있는 값은 문자열로 간주된다. 즉, 1은 숫자지만 "1"은 문자열이다. 문자열과 함께 사용하면 typeof는 "string" 문자열을 반환한다. 예를 들면 다음과 같다.

```
> var s = "some characters";
> typeof s;
"string"
> var s = 'some characters and numbers 123 5.87';
> typeof s;
"string"
```

다음은 문자열 컨텍스트에서 사용되는 숫자의 예다.

```
> var s = '1';
> typeof s;
"string"
```

따옴표 안에 아무것도 입력하지 않아도 여전히 문자열(빈 문자열)이다. 예를 들면 다음과 같다.

```
> var s = ""; typeof s;
"string"
```

이미 알고 있듯이 두 숫자에 더하기 기호(+)를 사용하면 산술 덧셈 연산이다. 문자열에 더하기 기호를 사용하면 문자열 연결^{concatenation} 연산이 된다. 즉 두 문자열을 연결해 반환한다.

```
> var s1 = "web";
```

```
> var s2 = "site";
> var s = s1 + s2;
> s;
"website"
> typeof s;
"string"
```

이런 + 연산자의 두 가지 목적은 오류의 원인이 된다. 따라서 문자열을 연결하려는 경우 모든 피연산자가 문자열인지 확인하는 것이 가장 좋다. 덧셈 연산에도 동일하게 적용된다. 숫자를 더할 때 피연산자가 숫자인지 확인한다. 이 책에서 이를 수행할 수 있는 다양한 방법을 배우게 될 것이다.

문자열 변환

산술 연산의 피연산자에 "1"과 같이 숫자 같은 문자열을 사용하면, 백그라운드에서 문자열은 숫자로 변환된다. 이는 모호함 때문에 덧셈을 제외한 모든 산술 연산에 적용된다. 다음 예제를 살펴보자.

```
> var s = '1';
> s = 3 * s;
> typeof s;
"number"
> s;
3
> var s = '1';
> s++;
> typeof s;
"number"
> s;
2
```

숫자 같은 문자열을 숫자로 변환하는 쉬운 방법은 1을 곱하는 것이다(다른 방법은 다음 장에서 볼 수 있듯이 parseInt( )라는 함수를 사용하는 것이다).

```
> var s = "100"; typeof s;
"string"
> s = s * 1;
100
> typeof s;
"number"
```

변환이 실패하면 NaN을 받는다.

```
> var movie = '101 dalmatians';
> movie * 1;
NaN
```

문자열에 1을 곱하면 문자열을 숫자로 변환할 수 있다. 문자열로 변환하는 반대 변환은 다음과 같이 빈 문자열을 연결하면 된다.

```
> var n = 1;
> typeof n;
"number"
> n = "" + n;
"1"
> typeof n;
"string"
```

특수 문자열

다음 표에 나열된 것과 같이 특별한 의미의 문자열도 있다.

문자열	의미	예제
\\ ' "	\는 이스케이프 문자다. 문자열 내에서 따옴표를 사용하려면 이스케이프 처리해서 자바스크립트가 문자열의 끝으로 처리하지 않도록 한다. 문자열에 실제 백 슬래시가 있으면 다른 백 슬래시로 이스케이프 처리한다.	> var s = 'I don\'t know'; : 자바스크립트는 I don 만 문자열로 판단하고 나머지는 무효로 처리하기 때문에 오류다. 다음 코드는 유효하다. > var s = 'I don\'t know'; > var s = "I don't know"; > var s = "I don't know"; > var s = '"Hello", he said.'; > var s = "\"Hello\", he said."; Escaping the escape: > var s = "1\\2"; s; "1\2"
\n	줄의 끝	> var s = '\n1\n2\n3\n'; > s; " 1 2 3 "
\r	캐리지 리턴	다음 예제를 살펴보자. > var s = '1\r2'; > var s = '1\n\r2'; > var s = '1\r\n2'; 결과는 다음과 같다. > s; "1 2"
\t	탭	> var s = "1\t2"; > s; "1 2"
\u	문자 코드 뒤에 \u가 오면 유니코드를 사용할 수 있다.	키릴(Cyrillic) 문자로 작성된 불가리아어로 된 저자의 이름은 다음과 같다. > "\u0421\u0442\u043E\u044F\u043D"; "Стоян"

드물게 사용되는 문자로는 \b (백 스페이스), \v (세로 탭) 및 \f (폼 피드)가 있다.

문자열 템플릿 리터럴

ES6에서는 템플릿 리터럴$^{template\ literal}$을 도입했다. 다른 프로그래밍 언어에 익숙하다면 펄^{Perl}과 파이썬^{Python}은 현재 템플릿 리터럴을 지원하고 있음을 알 것이다. 템플릿 리터럴을 사용하면 일반 문자열 내에 표현식을 포함할 수 있다. ES6는 템플릿 리터럴과 태그된 리터럴$^{tagged\ literal}$이라는 두 종류의 리터럴을 지원하다.

템플릿 리터럴은 표현식이 내장된 단일 또는 다중 행 문자열이다. 예를 들어, 다음과 비슷한 작업을 수행해야 한다.

```
var log_level="debug";
var log_message="meltdown";
console.log("Log level: "+ log_level +
  " - message : " + log_message);
//Log level: debug - message : meltdown
```

템플릿 리터럴을 사용해 다음과 같이 동일하게 수행할 수 있다.

```
console.log(`Log level: ${log_level} - message: ${log_message}`)
```

템플릿 리터럴은 일반적인 큰 따옴표 또는 작은 따옴표 대신 백틱$^{back-tick}$ (``)(악센트 부호) 문자로 묶는다. 템플릿 리터럴 자리표시자$^{place\ holder}$는 달러 기호와 중괄호 (${expression})로 표시된다. 하나의 문자열로 연결되는 것이 디폴트 동작이다. 다음 예제는 약간 복잡한 표현식을 가진 템플릿 리터럴을 보여준다.

```
var a = 10;
var b = 10;
console.log(`Sum is ${a + b} and Multiplication would be ${a * b}.`);
// 합은 20이고 곱은 100이 된다.
```

함수 호출을 내장시키는 것은 어떨까?

```
var a = 10;
var b = 10;
function sum(x,y){
  return x+y
}
function multi(x,y){
  return x*y
}
console.log(`Sum is ${sum(a,b)} and Multiplication
  would be ${multi(a,b)}.`);
```

템플릿 리터럴은 또한 여러줄 문자열 구문을 단순화시킨다. 다음 코드 줄을 작성하는 대신.

```
console.log("This is line one \n" + "and this is line two");
```

다음과 같이 템플릿 리터럴을 사용하여 훨씬 명확한 구문을 작성할 수 있다.

```
console.log(`This is line one and this is line two`);
```

ES6에는 **태그된 템플릿 리터럴**Tagged Template Literal이라는 흥미로운 리터럴 유형이 있다. 태그된 템플릿을 사용하면 함수를 사용하여 템플릿 리터럴의 출력을 수정할 수 있다. 템플릿 리터럴에 표현식을 프리픽스로 사용하면 해당 프리픽스는 호출할 함수로 간주된다. 예를 들어 다음 표현식을 살펴보자.

```
transform`Name is ${lastname}, ${firstname} ${lastname}`
```

앞의 표현식은 함수 호출로 변환된다.

```
transform([["Name is ", ", ", " "],firstname, lastname)
```

태그 함수 'transform'은 두 개의 매개변수 – 'Name is' 같은 템플릿 문자열과 ${}로 정의된 대체^{substitution}를 받는다. 대체는 런타임 시에만 알 수 있다. transform 함수를 확장해 보자.

```
function transform(strings, ...substitutes){
  console.log(strings[0]); //"Name is"
  console.log(substitutes[0]); //Bond
}
var firstname = "James";
var lastname = "Bond"
transform`Name is ${lastname}, ${firstname} ${lastname}`
```

템플릿 문자열(Name is)이 태그 함수에 전달되면, 다음과 같이 각 템플릿 문자열에는 두 개의 폼^{form}이 있다.

- 백 슬래시가 해석되지 않은 원시^{raw} 폼
- 백 슬래시가 특별한 의미는 갖는 처리된 폼

원시 속성을 사용하여 다음 예제와 같이 원시 문자열 양식에 접근할 수 있다.

```
function rawTag(strings,...substitutes){
  console.log(strings.raw[0])
}
rawTag`This is a raw text and \n are not treated differently`
// 이것은 원시 텍스트이며 \n이 다르게 취급되지 않는다
```

부울

부울 데이터 유형에 속하는 값은 두 가지뿐이다. 즉 따옴표 없이 사용된 true 및 false 값이다.

```
> var b = true;
> typeof b;
"boolean"
> var b = false;
> typeof b;
"boolean"
```

true 또는 false에 따옴표를 사용하면 다음 예제와 같이 문자열이 된다.

```
> var b = "true";
> typeof b;
"string"
```

논리 연산자

부울 값을 사용하는 논리 연산자^{logical operator}에는 다음과 같은 세 가지 연산자가 있다.

```
! – 논리 NOT (부정)
&& - 논리 AND
|| - 논리 OR
```

여러분은 true가 아니면 틀림없이 false라는 것을 알고 있을 것이다. 다음은 자바스크립트와 논리 ! 연산자를 사용해 표현하는 방법을 보여준다.

```
> var b = !true;
```

```
> b;
false
```

논리 **NOT**을 두 번 사용하면 다음과 같이 원래 값을 얻게 된다.

```
> var b = !!true;
> b;
true
```

부울이 아닌 값에 논리 연산자를 사용하면 백그라운드에서 값이 다음과 같이 부울로 변환된다.

```
> var b = "one";
> !b;
false
```

앞의 예제의 경우, 문자열 값 "one"은 부울 true로 변환된 다음 부정된다. true를 부정한 결과는 false다. 다음 예제에서 이중 부정이 있으므로 결과는 true다.

```
> var b = "one";
> !!b;
true
```

임의의 값을 이중 부정을 사용해 부울 등식으로 변환할 수 있다. 값이 어떻게 부울로 변환되는지 이해하는 것이 중요하다. false로 변환되는 다음을 제외하고는 대부분의 값은 true로 변환된다.

- 빈 문자열 " "
- null

- undefined
- 숫자 0
- 숫자 NaN
- 부울 false

이들 6개의 값은 false로 참조되지만 나머지는 모두(예를 들어 문자열 "0", " ", "false"을 포함하여) true가 된다.

다른 두 연산자, 즉 논리 AND(&&)와 논리 OR(||)의 몇 가지 예를 살펴 보겠다. &&를 사용하면 모든 피연산자가 true인 경우에만 결과가 true이다. ||를 사용하면 적어도 하나의 피연산자가 true면 결과는 true가 된다.

```
> var b1 = true, b2 = false;
> b1 || b2;
true
> b1 && b2;
false
```

다음은 가능한 연산과 그 결과를 보여준다.

연산	결과
true && true	true
true && false	false
false && true	false
false && false	false
true || true	true
true || false	true
false || true	true
false || false	false

다음과 같이 여러 논리 연산을 차례로 연달아서 사용할 수도 있다.

```
> true && true && false && true;
false
> false || true || false;
true
```

동일 표현식에 &&와 ||를 섞을 수도 있다. 이런 경우 괄호를 사용해 연산의 의도를 명확히 해야 한다. 다음 예제를 살펴보자.

```
> false && false || true && true;
true
> false && (false || true) && true;
false
```

연산자 우선순위

앞의 표현식 (false && false || true && true)이 **true**를 반환한 이유가 무엇일까? 답은 수학에서 알 수 있듯이 연산자 우선순위^{operator precedence}에 있다.

```
> 1 + 2 * 3;
7
```

곱셈이 덧셈보다 우선순위가 높기 때문에 입력 순서 보다 2 * 3이 먼저 계산된다.

```
> 1 + (2 * 3);
7
```

마찬가지로 논리 연산의 경우 !가 가장 높은 우선순위를 가지며, 달리 괄호가 없다면 가장 먼저 계산된다. 그런 다음, 우선순위에 따라 &&와 ||가 계산된다. 즉 다음 두 코드는 동일하다. 첫 번째 코드는 다음과 같다.

```
> false && false || true && true;
true
```

두 번째 코드는 다음과 같다.

```
> (false && false) || (true && true);
true
```

모범 사례
연산자 우선순위 대신에 괄호를 사용해라. 이렇게 하면 코드를 읽고 이해하기가 더 쉬워진다.

ECMAScript 표준은 연산자의 우선순위를 정의한다. 기억력 훈련에는 도움이 될지 모르겠지만, 이 책에서는 이 우선순위를 제공하지 않는다. 첫째, 여러분은 이 순위를 금방 잊을 것이고, 둘째, 기억한다 하더라도 여기에 의지해서는 안 된다. 여러분의 코드를 읽고 유지하는 사람이 혼동을 일으킬 수 있다.

지연 평가

여러 논리연산이 차례로 진행될 경우, 어느 시점이 되면 결과가 명확해지고 마지막 연산이 최종 결과에 영향을 미치지 않기 때문에 마지막 연산은 수행되지 않는다. 다음 예제를 살펴보자.

```
> true || false || true || false || true;
true
```

모두 OR 연산이고 동일한 우선순위를 가지므로 적어도 피연산자 중 하나가 true이면 결과는 true가 된다. 첫 번째 피연산자가 평가된 후에, 뒤에 어떤 값이 나오더라도 결과가 true라는 사실은 명백하다. 따라서 자바스크립트 엔진은 지연 평가$^{lazy\ evaluation}$를 결정하고 최종 결과에 영향을 미치지 않는 코드를 평가하는 불필요한 작업을 피한다. 이 단락$^{short-circuiting}$ 동작은 다음 코드 블록과 같이 콘솔에서 실험하여 확인할 수 있다.

```
> var b = 5;
> true || (b = 6);
true
> b;
5
> true && (b = 6);
6
> b;
6
```

이 예제는 또 다른 흥미로운 동작을 보여준다. 자바스크립트가 논리 연산에서 피연산자로 부울이 아닌 표현식을 발견하면 결과로 부울이 아닌 값이 반환된다.

```
> true || "something";
true
> true && "something";
"something"
> true && "something" && true;
true
```

이 동작은 코드를 이해하기 어렵게 만들기 때문에 의존하지 않는 것이 좋다. 일반적으로 이전에 정의됐는지 확실하지 않은 경우에 이 동작을 사용하여 변수를 정의한다. 다음 예제에서 mynumber 변수가 정의돼 있으면 그 값이 유지되고 그렇지 않으면 값이 10으로 초기화된다.

```
> var mynumber = mynumber || 10;
> mynumber;
10
```

간단하고 우아해 보이지만 완벽하지는 않다. mynumber가 정의돼 있고 0 또는 6개의 false 값 중 하나로 초기화되면, 다음 코드와 같이 이 코드가 예상대로 동작하지 않을 수 있다.

```
> var mynumber = 0;
> var mynumber = mynumber || 10;
> mynumber;
10
```

비교

연산의 결과로 부울 값만 반환하는 또 다른 연산자 집합이 있다. 비교 연산자^{comparison operator}다. 다음 표는 사용 예제와 함께 이들 연산자를 보여준다.

연산자 기호	설명	예제
==	**동등 비교(Equality comparison)**: 두 연산자가 같으면 true를 반환한다. 피연산자는 비교되기 전에 동일한 유형으로 변환된다. 느슨한 비교(loose comparison)라고도 불린다.	> 1 == 1; true > 1 == 2; false > 1 =='1'; true

연산자 기호	설명	예제
===	**동등 및 유형 비교(Equality and type comparison)**: 두 연산자가 같고 동일한 유형이면 true를 반환한다. 백그라운드에서 유형이 변환되지 않기 때문에 이런 방식으로 비교하는 것이 더 좋고 안전하다. 엄격한 비교(strict comparison)라고도 불린다.	> 1 === '1'; false > 1 === 1; true
!=	**비동등 비교(Non-Equality comparison)**: 피연산자가 서로 같지 않으면(유형 변환 후) true를 반환한다.	> 1 != 1; false > 1 != '1'; false > 1 != '2'; true
!==	**유형 변환 없이 비동등 비교(Non-Equality comparison without type conversion)**: 피연산자가 같지 않거나 유형이 다른 경우 true를 반환한다.	> 1 !== 1; false > 1 !== '1'; true
>	왼쪽 피연산자가 오른쪽 피연산자보다 크면 true를 반환한다.	> 1 > 1; false > 33 > 22; true
>=	왼쪽 피연산자가 오른쪽 피연산자보다 크거나 같으면 true를 반환한다.	> 1 >= 1; true
<	왼쪽 피연산자가 오른쪽 피연산자보다 작으면 true를 반환한다.	> 1 < 1; false > 1 < 2; true
<=	왼쪽 피연산자가 오른쪽 피연산자보다 작거나 같으면 true를 반환한다.	> 1 <= 1; true > 1 <= 2; true

NaN은 자기 자신을 포함한 어떤 것과도 같지 않다. 다음 코드를 살펴보자.

```
> NaN == NaN;
false
```

Undefined와 null

존재하지 않는 변수를 사용하려고 하면, 다음과 같은 오류가 발생한다.

```
> foo;
ReferenceError: foo is not defined
```

존재하지 않는 변수에 typeof 연산자를 사용하면 오류가 아니다. 다음과 같이 "undefined" 문자열이 반환된다.

```
> typeof foo;
"undefined"
```

변수에 값을 지정하지 않고 변수를 선언하면, 물론 오류가 아니다. 그러나 typeof는 여전히 "undefined"를 반환한다.

```
> var somevar;
> somevar;
> typeof somevar;
"undefined"
```

이것은 변수를 초기화하지 않고 선언하면 자바스크립트가 다음 코드와 같이 undefined 값으로 변수를 자동으로 초기화하기 때문이다.

```
> var somevar;
> somevar === undefined;
true
```

반면 null 값은 자바스크립트가 백그라운드에서 할당하지 않는다. 다음과 같이 코드에서 직접 할당해야 한다.

```
> var somevar = null;
null
> somevar;
null
> typeof somevar;
"object"
```

null과 undefined의 차이는 작지만 경우에 따라 아주 중요할 수 있다. 예를 들어, 다음과 같이 산술 연산을 시도하면 다른 결과를 얻는다.

```
> var i = 1 + undefined;
> i;
NaN
> var i = 1 + null;
> i;
1
```

이는 null과 undefined가 다른 원시 유형으로 변환되기 때문이다. 다음 예제는 가능한 변환을 보여준다.

- 숫자로 변환

```
> 1 * undefined;
```

- NaN으로 변환

```
> 1 * null;
0
```

- 부울로 변환

```
> !!undefined;
false
> !!null;
False
```

- 문자열로 변환

```
> "value: " + null;
"value: null"
> "value: " + undefined;
"value: undefined"
```

심볼

ES6에는 새로운 원시 유형인 심볼^{symbol}이 도입됐다. 여러 언어에서 비슷한 개념을 가지고 있다. 심볼은 일반 문자열과 매우 유사해 보이지만 완전히 다르다. 이들 심볼이 어떻게 생성되는지 알아보자.

```
var atom = Symbol()
```

심볼을 생성할 때 new 연산자를 사용하지 않는다. new 연산자를 사용하면 오류가 발생한다.

```
var atom = new Symbol() // 심볼은 생성자가 아님
```

또한 Symbol의 설명을 기술할 수도 있다.

```
var atom = Symbol('atomic symbol')
```

심볼을 설명하면 많은 심볼들이 여기저기 흩어져 있는 큰 프로그램을 디버깅할 때 매우 편리하다.

Symbol의 가장 중요한 속성(그리고 그 존재 이유)은 고유하고 불변이라는 점이다.

```
console.log(Symbol() === Symbol()) //false
console.log(Symbol('atom') === Symbol('atom')) // false
```

심볼에 대한 논의를 이 정도에서 멈추고, 심볼이 고유한 식별자가 필요한 곳에서 속성 키로 사용된다는 정도만 이해하자. 심볼에 대해서는 이 책의 뒤에서 자세히 알아볼 것이다.

▎ 원시 데이터 유형 요약

지금까지 알아본 주요 요점을 정리해 보면 다음과 같다.

- 자바스크립트에는 다섯 가지 원시 데이터 유형이 있다.
  - 숫자^{Number}
  - 문자열^{String}
  - 부울^{Boolean}
  - Undefined
  - Null
- 원시 데이터 유형이 아닌 것은 모든 객체다.
  원시 숫자 데이터 유형은 양수 및 음수의 정수, 부동 소수점, 16진수, 8진수, 지수 및 특수 문자인 NaN, Infinity, -Infinity가 될 수 있다.

- 문자열 데이터 유형에는 따옴표로 묶인 문자가 포함된다. 템플릿 리터럴을 사용하면 표현식을 포함시킬 수 있다.
- 부울 데이터 유형의 유일한 값은 true와 false다.
- 널^{null} 데이터 유형의 유일한 값은 null이다.
- 정의되지 않은^{undefined} 데이터 유형의 유일한 값은 undefined이다.
- 다음의 6가지 false 값을 제외한 모든 값은 부울로 변환하면 true가 된다.
  - " "
  - null
  - undefined
  - 0
  - NaN
  - false

▌ 배열

자바스크립트의 원시 데이터 유형에 대해 알았으니 이제 더 강력한 데이터 구조인 배열 ^{array}에 대해 알아보자.

배열이란 무엇인가? 배열은 단순히 값의 목록(시퀀스)일 뿐이다. 하나의 변수를 사용해 하나의 값을 저장하는 대신에, 하나의 배열 변수를 사용하여 배열 요소에 여러 개의 값을 저장할 수 있다.

빈 배열을 포함하는 변수를 선언하려면 대괄호를 사용한다. 다음 코드에 표시된 것처럼 대괄호 사이에는 아무것도 없다.

```
> var a = [];
```

세 개의 요소가 있는 배열을 정의하려면, 다음 코드를 작성한다.

```
> var a = [1, 2, 3];
```

콘솔에 배열의 이름을 입력하면 배열의 내용을 가져올 수 있다.

```
> a;
[1, 2, 3]
```

다음으로 배열 요소에 저장된 값에 접근하는 방법을 알아보자. 배열에 포함된 요소는 0
부터 시작해 연속적인 숫자로 인덱싱된다. 첫 번째 요소의 인덱스(또는 위치)는 0이며, 두
번째 요소의 인덱스는 1이다. 앞의 예제에서 배열의 세 요소는 다음과 같다.

인덱스	값
0	1
1	2
2	3

배열 요소에 접근하려면 대괄호 안에 해당 요소의 인덱스를 지정하면 된다. 따라서 다음
예제와 같이 a[0]는 배열 a의 첫 번째 요소를, a[1]은 두 번째 요소를 나타낸다.

```
> a[0];
1
> a[1];
2
```

배열 요소 추가 / 업데이트

인덱스를 사용해 배열 요소의 값을 업데이트할 수도 있다. 다음 예제는 세 번째 요소(인덱스 2)를 업데이트하고 새 배열의 내용을 출력한다.

```
> a[2] = 'three';
"three"
> a;
[1, 2, "three"]
```

다음 예제 코드와 같이 기존에 존재하지 않는 인덱스를 사용해 새로운 요소를 추가할 수 있다.

```
> a[3] = 'four';
"four"
> a;
[1, 2, "three", "four"]
```

새 요소를 추가했지만 배열에 간격을 두면 해당 요소는 존재하지 않으며 접근할 경우 undefined 값을 반환한다. 다음 예제를 확인한다.

```
> var a=[1,2,3];
> a[6] = "new";
'new'
> a
[ 1, 2, 3, , , , 'new' ]
```

요소 삭제

요소를 삭제하려면 delete 연산자를 사용한다. 그러나 요소를 삭제한 후에도 배열의 길이는 변경되지 않는다. 이런 경우 배열에 구멍이 생길 수 있다.

```
> var a = [1, 2, 3];
> delete a[1];
true
> a;
[1, undefined, 3]
> typeof a[1];
"undefined"
```

배열의 배열

배열은 다른 배열을 포함한 모든 유형의 값을 포함할 수 있다.

```
> var a = [1, "two", false, null, undefined];
> a;
[1, "two", false, null, undefined]
> a[5] = [1, 2, 3];
[1, 2, 3]
> a;
[1, "two", false, null, undefined, Array[3]]
```

결과의 Array[3]은 콘솔에서 클릭할 수 있으며, 클릭하면 배열 값이 확장된다. 두 개의 배열 요소가 모두 다른 배열로 구성된 예제를 살펴보자.

```
> var a = [[1, 2, 3], [4, 5, 6]];
> a;
[Array[3], Array[3]]
```

배열의 첫 번째 요소는 [0]이며, 이것 역시 배열이다.

```
> a[0];
[1, 2, 3]
```

중첩된 배열의 요소에 접근하려면 다음과 같이 다른 대괄호를 사용해 요소의 인덱스를
쓴다.

```
> a[0][0];
1
> a[1][2];
6
```

다음 예제와 같이 배열 표기법을 사용해 문자열 내의 개별 문자에 접근할 수 있다.

```
> var s = 'one';
> s[0];
"o"
> s[1];
"n"
> s[2];
"e"
```

 문자열 배열 접근은 오랫동안 많은 브라우저들(IE 구버전 제외)에서 지원돼 왔지만,
ECMAScript 5에 와서야 공식적으로 인정받았다.

배열을 재미있게 사용하는 방법은 더 많이 있지만(4장에서 좀 더 살펴보겠다), 지금은 이 정
도만 알아보기로 하고, 다음 요점들을 꼭 기억해주기 바란다.

- 배열은 데이터 저장소다.
- 배열은 인덱싱된 요소를 포함한다.

- 인덱스는 0부터 시작하여 배열의 각 요소에 대해 1씩 증가한다.
- 배열 요소에 접근하려면 대괄호 안에 인덱스를 사용한다.
- 배열은 다른 배열을 포함한 모든 유형의 데이터를 포함할 수 있다.

▌ 조건과 루프

조건^{condition}은 간단하지만 코드 실행 흐름을 제어하는 강력한 방법을 제공한다. 루프^{loop}를 사용하면 적은 코드로 반복적인 작업을 수행할 수 있다. 다음을 살펴보자.

- `if` 조건
- `switch` 문
- `while, do...while, for, for...in` 루프

 다음 섹션의 예제에서는 멀티라인 파이어폭스 콘솔로 전환해야 한다. 또는 웹킷 콘솔을 사용하는 경우, Enter 대신 Shift + Enter를 눌러 새 줄을 추가한다.

코드 블록

앞의 예제들을 통해 코드 블록$^{code\ block}$의 사용을 배웠다. 조건문과 루프를 구성할 때 블록을 광범위하게 사용하기 때문에 코드 블록이 무엇인지 명확히 알아보자.

코드 블록은 다음 예제 코드와 같이 중괄호로 묶인 0개 이상의 표현식으로 구성된다.

```
{
  var a = 1;
  var b = 3;
}
```

다음 예제와 같이 블록은 무제한 중첩시킬 수 있다.

```
{
  var a = 1;
  var b = 3;
  var c, d;
  {
    c = a + b;
    {
      d = a - b;
    }
  }
}
```

우수사례 팁

앞에서 설명한 것처럼 줄의 끝에 세미콜론을 사용한다. 한 줄에 하나의 표현식만 있다면 세미콜론은 선택사항이긴 하지만 세미콜론을 사용하는 습관을 들이는 것이 좋다. 가독성을 높이려면 블록 내에 한 줄에 하나의 개별 표현식을 배치하고 세미콜론으로 구분한다.

중괄호 안에 있는 코드는 들여쓰기한다. 들여쓰기에 어떤 사람은 탭을 사용하고 어떤 사람은 4개의 공백 문자 또는 8개의 공백 문자를 사용하기도 한다. 일관성만 유지한다면 어떤 방법도 상관없다. 앞의 예제에서 외부 블록은 두 개의 공백 문자로 들여쓰기 했고, 첫 번째 중첩된 블록은 네 개의 공백 문자로 들여쓰기했으며 가장 안쪽의 블록은 6개의 공백 문자로 들여쓰기했다.

중괄호를 사용한다. 블록이 하나의 표현식으로만 구성돼 있는 경우 중괄호는 선택사항이지만, 가독성과 유지보수성을 위해 중괄호를 항상 사용하는 습관을 가지는 것이 좋다.

if 조건

다음은 if 조건의 간단한 예다.

```
var result = '', a = 3;
if (a > 2) {
  result = 'a is greater than 2';
}
```

if 조건은 다음과 같이 구성된다.

- if 문
- 괄호 안의 조건 (예: 2보다 큰가?)
- 조건이 만족되면 실행되는 { }로 둘러싸인 코드 블록

조건(괄호 안의 부분)은 항상 부울 값을 반환하며, 다음을 포함할 수 있다.

- 논리 연산, ! 또는 &&, ||
- ===, !=, > 등의 비교
- 부울로 변환될 수 있는 모든 값 또는 변수
- 위의 조합

else 절

if 조건에는 else 문을 선택적으로 사용할 수 있다. else 문 다음에는 조건이 false로 평가되면 실행되는 코드 블록이 온다.

```
if (a > 2) {
  result = 'a is greater than 2';
} else {
  result = 'a is NOT greater than 2';
}
```

if 문과 else 문 사이에는 else...if 조건이 무제한으로 올 수 있다. 예제는 다음과 같다.

```
if (a > 2 || a < -2) {
  result = 'a is not between -2 and 2';
} else if (a === 0 && b === 0) {
  result = 'both a and b are zeros';
} else if (a === b) {
  result = 'a and b are equal';
} else {
  result = 'I give up';
}
```

다음 코드에서 볼 수 있듯이, 블록에 새로운 조건을 추가해 조건을 중첩시킬 수도 있다.

```
if (a === 1) {
  if (b === 2) {
    result = 'a is 1 and b is 2';
  } else {
    result = 'a is 1 but b is definitely not 2';
  }
} else {
  result = 'a is not 1, no idea about b';
}
```

변수가 존재하는지 확인

조건에 대한 새로운 지식을 실전에 적용해 보자. 변수가 존재하는지 확인할 필요가 있을 때가 종종 있다. 이를 수행하는 가장 쉬운 방법은 변수를 if 문의 조건 부분에 넣는 것이다(예: if (somevar) {...}). 하지만 이 방법이 가장 좋은 방법은 아니다. somevar라는 변수가 존재하는지 테스트하고, 그렇다면 result 변수를 yes로 설정하는 예제를 살펴보자.

```
> var result = '';
> if (somevar) {
      result = 'yes';
  }
ReferenceError: somevar is not defined
> result;
""
```

이 코드는 최종 결과가 yes이기 때문에 분명히 동작한다. 하지만 첫째, 코드는 오류를 생성했다. somevar가 정의되지 않았고, 여러분이 원하는 동작이 아니다. 둘째, if(somevar)가 false를 반환했다고 해서 somevar가 정의되지 않았음을 의미하지는 않는다. somevar가 정의되고 초기화됐지만 false 또는 0과 같은 값을 포함할 수 있다.

변수가 정의돼 있는지 확인하는 더 좋은 방법은 typeof를 사용하는 것이다.

```
> var result = "";
> if (typeof somevar !== "undefined") {
      result = "yes";
  }
> result;
""
```

typeof 연산자는 항상 문자열을 반환하므로, 이 문자열을 문자열 "undefined"와 비교할 수 있다. somevar 변수는 선언됐지만 아직 값이 할당되지 않았을 수도 있고 여전히 동일한 결과를 얻을 수 있다. 따라서 이와 같이 typeof로 테스트하면, 실제로 변수가 undefined 값이 아닌 다른 값을 가지고 있는지를 테스트하는 것이다.

```
> var somevar;
> if (typeof somevar !== "undefined") {
      result = "yes";
  }
```

```
> result;
""
> somevar = undefined;
> if (typeof somevar !== "undefined") {
    result = "yes";
  }
> result;
""
```

변수가 정의되지 않고 undefined가 아닌 다른 값으로 초기화 되었다면, 다음 코드와 같이 typeof에 의해 반환된 유형은 더 이상 "undefined"가 아니다.

```
> somevar = 123;
> if (typeof somevar !== "undefined") {
    result = 'yes';
  }
> result;
"yes"
```

대체 if 구문

간단한 조건이 있을 때 if 구문을 사용할 수 있다. 다음 예제를 살펴보자.

```
var a = 1;
var result = '';
if (a === 1) {
  result = "a is one";
} else {
  result = "a is not one";
}
```

다음과 같이 작성할 수도 있다.

```
> var a = 1;
> var result = (a === 1) ? "a is one" : "a is not one";
```

간단한 조건에 대해서만 이 구문을 사용해야 한다. 이 구문을 남용하지 않도록 주의한다. 코드를 쉽게 읽을 수 없게 만들 수 있다. 다음 예제를 살펴보자.

숫자가 특정 범위, 즉 50에서 100 사이인지 확인하려 한다고 가정해 보자.

```
> var a = 123;
> a = a > 100 ? 100 : a < 50 ? 50: a;
> a;
100
```

여러 ? 때문에 코드가 어떻게 동작하는지 정확히 이해하기 어렵다. 괄호를 추가하면 다음 코드 블록과 같이 조금 더 명확해진다.

```
> var a = 123;
> a = (a > 100 ? 100 : a < 50) ? 50 : a;
> a;
50
> var a = 123;
> a = a > 100 ? 100 : (a < 50 ? 50 : a);
> a;
100
```

?:는 세 개의 피연산자가 필요하기 때문에 삼항 연산자^{ternary operator}라고 불린다.

스위치

if 조건을 사용하고 너무 많은 else...if 문을 사용하고 있다면, 다음과 같이 if를 switch로 변경 하는 것을 고려해 볼 수 있다.

```
var a = '1',
    result = '';
switch (a) {
case 1:
  result = 'Number 1';
  break;
case '1':
  result = 'String 1';
  break;
default:
  result = 'I don't know';
  break;
}
```

실행 결과는 "String 1"이다. switch를 구성하는 부분에 대해 살펴보자.

- switch 문

- 괄호 안의 표현식. 표현식은 보통 변수를 포함하지만, 값을 반환하는 어떤 것도 될 수 있다.

- 중괄호로 묶인 다수의 case 블록

- 각 case 문 다음에는 표현식이 온다. 표현식의 결과는 switch 문 다음에 나오는 표현식과 비교된다. 비교 결과가 true이면, case와 콜론 다음에 나오는 코드가 실행된다.

- case 블록의 끝을 알리는 break 문(선택사항)이 있다. 이 break 문에 도달하면 switch 문이 모두 완료된다. 그렇지 않고 break가 누락되면 프로그램은 다음

case 블록으로 넘어간다.

- 코드 블록의 끝에 default 문으로 표시되는 선택적인 디폴트 case가 있다. 앞의 case 중 하나도 true로 평가되지 않으면 이 default case가 실행된다.

즉, switch문을 실행하는 단계별 절차는 다음과 같다.

1. 괄호 안에 있는 switch 표현식을 평가한다.
2. 첫 번째 case로 이동하고 그 값을 1단계의 값과 비교한다.
3. 2단계의 비교 결과가 true이면, case 블록의 코드를 실행한다.
4. case 블록이 실행된 후, 끝에 break 문이 있으면 switch를 벗어난다.
5. break가 없거나 2단계에서 false가 반환되면, 다음 case 블록으로 이동한다.
6. 2-5 단계를 반복한다.
7. 4단계에서 벗어나지 못하면, default 문의 코드를 실행한다.

 case 다음 줄을 들여쓰기 한다. swtich에서 case를 들여쓰기할 수도 있지만, 가독성 측면에서는 크게 도움이 되지 않는다.

break를 잊지 말자

경우에 따라 의도적으로 break를 생략할 수도 있지만, 이는 드문 경우다. 이는 fall through라고 하며 우발적인 누락처럼 보일 수 있으므로 항상 문서화해서 알려야 한다. 반면에, 경우에 따라 하나의 case 다음에 오는 전체 코드 블록을 생략하고 동일한 코드를 공유하는 두 개의 case가 필요할 수 있다. 이런 경우도 괜찮다. 다만 case 문 뒤에 코드가 있는 경우 이 코드는 break 문으로 종료돼야 한다는 규칙은 지키기 바란다. 들여쓰기 측면에서, break를 case와 맞추거나 또는 case 안쪽으로 맞추는 것은 개인적인 취향이다. 일관성을 유지하는 것이 중요하다.

default 문을 사용해라. 이렇게 하면 값과 일치하는 case가 하나도 없더라도 switch 문 다음에 항상 의미 있는 결과를 얻을 수 있다.

루프

if...else와 switch 문을 사용하면 교차로에 있는 것처럼 코드가 다른 경로를 따라가고 조건에 따라 경로를 결정할 수 있다. 반면에 루프[loop]는 코드가 주 경로로 합쳐지기 전에 약간의 반복 회전을 허용한다. 몇 번이나 반복하는가는 각 반복 전(또는 후)에 조건을 평가한 결과에 따라 다르다.

프로그램 실행이 A에서 B로 이동한다고 가정해 보자. 어느 시점에서 조건을 평가해야 하는 장소인 C에 도달한다. C를 평가한 결과는 루프 L에 들어가야 하는지를 알려준다. 한 번 반복한 후 다시 C에 도착한다. 그런 다음 조건을 다시 한번 평가하여 다른 반복이 필요한지 확인한다. 결국 B로 이동한다.

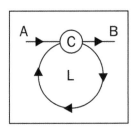

무한 루프는 조건이 항상 true이고 코드가 루프에서 영원히 벗어나지 못하는 경우다. 물론 이것은 논리적인 오류이므로 이러한 시나리오를 주의해야 한다.

자바스크립트에서는 다음 네 가지 유형의 루프가 있다.

- while 루프
- do-while 루프
- for 루프

- for-in 루프

while 루프

while 루프는 가장 단순한 유형의 반복이다. 다음과 같다.

```
var i = 0;
while (i < 10) {
  i++;
}
```

while 문 뒤에는 괄호 안의 조건과 중괄호 안의 코드 블록이 온다. 조건이 true로 평가되는 한, 코드 블록은 계속해서 반복 실행된다.

Do-while 루프

do...while 루프는 while 루프의 약간의 변형이다. 예제는 다음과 같다.

```
var i = 0;
do {
  i++;
} while (i < 10);
```

여기서 do 문 다음에 코드 블록이 오고, 코드 블록 다음에 조건이 온다. 즉, 코드 블록은 조건이 평가되기 전에 항상 최소 한번 이상은 실행된다.

마지막 두 예제에서 i를 0 대신 11로 초기화하면, 첫 번째 예제(while 루프)의 코드 블록은 실행되지 않고 i는 끝에 11이 된다. 반면에 두 번째 예제(do...while 루프)에서는 코드 블록이 한번 실행되고 i는 12가 된다.

For 루프

for 루프는 가장 널리 사용되는 루프 유형이므로 이 루프에 익숙해져야 한다. For 루프는 문법적으로 조금 더 복잡하다.

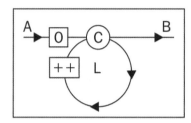

조건 C와 코드 블록 L 외에도 다음이 필요하다.

- **초기화**^{Initialization}: 루프에 들어가기 전에 실행되는 코드다(다이어그램에서 O로 표시).
- **증가**^{Increment}: 모든 반복 후에 실행되는 코드다(다이어그램에서 ++로 표시).

다음은 가장 널리 사용되는 for 루프 패턴이다.

- 초기화 부분에서, 변수를 정의하거나 기존 변수의 초기값을 설정할 수 있다. 가장 자주 사용되는 변수는 i다.
- 조건 부분에서, i를 경계 값(예: i < 100)과 비교할 수 있다.
- 증가 부분에서, i++와 같이 i를 1씩 증가시킬 수 있다.

다음은 예제를 보여준다.

```
var punishment = '';
for (var i = 0; i < 100; i++) {
  punishment += 'I will never do this again, ';
}
```

세 부분(초기화, 조건, 증가) 모두 쉼표로 구분된 복수의 표현식을 포함할 수 있다. 루프의 초기화 부분 안에서 변수 punishmen를 정의하도록 예제를 다시 작성해 보자.

```
for (var i = 0, punishment = ''; i < 100; i++) {
  punishment += 'I will never do this again, ';
}
```

루프의 본문인 증가 부분으로 이동할 수 있을까? 할 수 있다. 본문이 없어 조금은 어색한 루프를 제공한다. 이 코드는 단지 연습일 뿐임을 명심해라. 이처럼 어색한 코드를 작성하는 것은 바람직하지 않다.

```
for (
  var i = 0, punishment = '';
  i < 100;
  i++, punishment += 'I will never do this again, ') {

  // 아무것도 없음
}
```

이 세 부분은 모두 선택사항이다. 동일한 예제를 다음과 같이 다른 방법으로 작성할 수도 있다.

```
var i = 0, punishment = '';
for (;;) {
  punishment += 'I will never do this again, ';
  if (++i == 100) {
    break;
  }
}
```

재작성한 코드는 원본과 동일하게 동작하지만 코드가 더 길고 읽기 어렵다. while 루프를 사용해 동일한 결과를 얻을 수도 있다. 그러나 for 루프는 for 루프의 단순한 구문으로 세 부분(초기화, 조건, 증가)을 생각할 수 있기 때문에 코드를 보다 간결하고 강건하게 만든다. 따라서 로직을 재확인하고 무한 루프에 갇히는 것과 같은 상황을 피하는 데 도움을 준다.

for 루프는 서로 중첩될 수 있다. 다음은 다른 루프 안에 중첩된 루프의 예제이며, 10개의 행과 10개의 열로 된 별표 문자열을 만든다. i가 이미지의 행이고 j가 열이라고 생각해 보자.

```
var res = '\n';
for (var i = 0; i < 10; i++) {
  for (var j = 0; j < 10; j++) {
    res += '* ';
  }
  res += '\n';
}
```

결과는 다음과 같은 문자열이다.

```
"
* * * * * * * * * *
* * * * * * * * * *
* * * * * * * * * *
* * * * * * * * * *
* * * * * * * * * *
* * * * * * * * * *
* * * * * * * * * *
* * * * * * * * * *
* * * * * * * * * *
* * * * * * * * * *
"
```

다음은 중첩 루프와 모듈러^{modulo} 연산을 사용해 눈송이 모양의 결과를 그리는 다른 예제를 보여준다.

```
var res = '\n', i, j;
for (i = 1; i <= 7; i++) {
  for (j = 1; j <= 15; j++) {
    res += (i * j) % 8 ? ' ' : '*';
  }
  res += '\n';
}
```

결과는 다음과 같다.

```
"
        *
    *   *   *
        *
* * * * * * *
        *
    *   *   *
        *
"
```

For …in 루프

for-in 루프는 배열 또는 객체의 요소를 반복하는 데 사용된다. 이것이 유일한 용도다. for나 while을 대체할 범용적인 반복 메커니즘으로 사용할 수 없다. for-in을 사용해 배열 요소를 반복하는 예제를 살펴보자. 하지만 이 예제는 단지 정보 목적임을 명심하자. for...in은 대체로 객체에 적합하고 배열에는 일반 for 루프를 사용해야 한다.

이 예제에서는 배열의 모든 요소를 반복하고 각 요소의 인덱스(키; key)와 값을 출력할 수 있다. 예를 들면 다음과 같다.

```
// 단지 정보 목적의 예제로
// for-in 루프는 객체에 사용되고
// 배열에는 일반 for 루프가 더 적합하다

var a = ['a', 'b', 'c', 'x', 'y', 'z'];

var result = '\n';

for (var i in a) {
  result += 'index: ' + i + ', value: ' + a[i] + '\n';
}
The result is:
"
index: 0, value: a
index: 1, value: b
index: 2, value: c
index: 3, value: x
index: 4, value: y
index: 5, value: z

"
```

▌ 주석

2장의 마지막 주제는 주석comment이다. 자바스크립트 프로그램 내에 주석을 달 수 있다. 주석은 자바스크립트 엔진에 의해 무시되며 프로그램 동작 방식에는 영향을 미치지 않는다. 그러나 몇 달 후에 코드를 다시 살펴보거나 유지보수를 위해 다른 사람에게 코드를 전송하는 경우 아주 유용할 수 있다.

다음 두 가지 유형의 주석을 사용할 수 있다.

- 한 줄 주석은 //로 시작하고 줄의 끝에서 끝난다.
- 여러 줄 주석은 /*로 시작하고 */로 끝나야 한다. 주석의 시작과 끝 사이의 모든 코드는 무시된다.

몇 가지 예는 다음과 같다.

```
// 줄의 시작

var a = 1; // 줄의 아무 곳이나

/* 한 줄로 작성된 여러 줄 주석  */

/*
   여러 줄에 걸쳐 있는 주석
*/
```

JSDoc과 YUIDoc 같은 유틸리티도 있다. 이들 유틸리티는 코드를 파싱해 주석을 기반으로 의미 있는 문서를 작성해 준다.

▌ 연습문제

1. 콘솔에서 각 행을 실행한 결과는 무엇이고 그 이유는 무엇인가?

```
> var a; typeof a;
> var s = '1s'; s++;
> !!"false";
> !!undefined;
> typeof -Infinity;
> 10 % "0";
```

```
> undefined == null;
> false === "";
> typeof "2E+2";
> a = 3e+3; a++;
```

2. 다음 v 값은 무엇인가?

```
> var v = v || 10;
```

v를 100 또는 0, null로 설정하여 실험하시오.

3. 구구단 표를 출력하는 작은 프로그램을 작성하라. (힌트: 다른 루프 안에 중첩된 루프를 사용)

▌ 요약

2장에서는 자바스크립트 프로그램의 기본 구성 요소에 대해 많은 것을 배웠다. 이제 여러분은 다음 원시 데이터 유형을 알게 됐다.

- 숫자^{Number}
- 문자열^{String}
- 부울^{Boolean}
- Undefined
- Null

다음과 같은 여러 연산자도 알게 됐다.

- **산술 연산자**: +, -, *, /, %
- **증가 연산자**: ++, --

- 할당 연산자: =, +=, -=, *=, /=, %=
- 특별 연산자: typeof, delete
- 논리 연산자: &&, ||, !
- 비교 연산자: ==, ===, !=, !==, <, >, >=, <=
- 삼항 연산자: ?

그런 다음 배열을 사용해 데이터를 저장하고 접근하는 방법을 배웠고, 마지막으로 조건 (if...else 또는 switch)과 루프(while과 do...while, for, for...in)를 사용해 프로그램 흐름을 제어하는 여러 가지 방법을 알아봤다.

꽤 많은 양의 정보다. 3장으로 넘어가기 전에 기지개라도 살짝 펴 보기 바란다. 더 재미있는 내용이 기다리고 있다!

03

함수

함수를 마스터하는 것은 프로그래밍 언어를 배우는 데 있어 중요한 기술이다. 자바스크립트의 경우 더욱 그렇다. 자바스크립트가 함수를 많이 사용하고, 언어의 유연성과 표현력의 상당 부분이 함수에서 비롯되기 때문이다. 대부분의 프로그래밍 언어가 객체지향 기능을 위한 특수 구문을 사용하는데 비해 자바스크립트는 함수를 사용한다. 3장에서 다루는 주제는 다음과 같다.

- 함수 정의 및 사용 방법
- 함수에 인수를 전달
- 무료로 사용할 수 있는 사전 정의된 함수
- 자바스크립트에서의 변수의 범위
- 함수도 특별한 유형의 데이터일 뿐이다.

이 주제들을 이해하고 나면 다음과 같이 흥미로운 함수의 응용에 대해 알아보는 3장의 두 번째 부분으로 넘어갈 수 있는 기반을 다지게 된다.

- 익명 함수의 사용
- 콜백
- 즉시실행(자기 실행) 함수
- 내부 함수(다른 함수의 내부에서 정의된 함수)
- 함수를 반환하는 함수
- 스스로를 재정의하는 함수
- 클로저

▌ 함수란 무엇인가?

함수를 사용하면 코드를 그룹화하고 이름을 지정해서, 나중에 이 이름으로 재사용할 수 있다. 다음 예제 코드를 살펴보자.

```
function sum(a, b) {
  var c = a + b;
  return c;
}
```

함수를 구성하는 부분은 다음과 같다.

- function 키워드
- 함수 이름(예제의 경우 sum)
- 함수 매개변수(예제의 경우 a와 b). 함수는 매개변수를 사용하지 않거나, 또는 원하는 개수의 매개변수를 사용할 수 있으며, 매개변수는 쉼표로 구분한다.
- 코드 블록, 함수 본문이라고도 함

- return문. 함수는 항상 값을 반환한다. 값을 명시적으로 반환하지 않으면, 암시적으로 undefined를 반환한다.

함수는 단일 값만 반환할 수 있다. 더 많은 값을 반환해야 하는 경우, 배열을 반환하면 된다.

앞의 구문을 함수 선언이라고 한다. 이것은 자바스크립트로 함수를 만드는 방법 중 하나일 뿐이며, 앞으로 더 많은 방법이 등장한다.

함수 호출

함수를 사용하려면 함수를 호출해야 한다. 간단히 함수의 이름을 사용하여 호출하면 된다. 선택적으로 괄호 안에 매개변수를 제공할 수도 있다.

두 개의 인수를 전달하여 sum( ) 함수를 호출하고, 함수가 반환하는 값을 변수 result에 할당해 보자.

```
> var result = sum(1, 2);
> result;
3
```


매개변수

함수를 정의할 때, 함수가 호출될 때 필요한 매개변수[parameter]를 지정할 수 있다. 함수가 매개변수를 필요로 하지 않을 수도 있지만, 매개변수가 필요한 경우에 이를 전달하지 않으면 자바스크립트에서는 undefined 값이 지정된다. 다음 예제에서 1과 undefined를 합산하려고 시도하기 때문에 함수는 NaN을 반환한다.

```
> sum(1);
NaN
```

기술적으로 말하자면 매개변수와 인수argument는 다르지만, 두 용어는 종종 같은 의미로 사용된다. 매개변수는 함수와 함께 정의되며, 인수는 호출될 때 함수에 전달된다. 다음 예제를 고려해 보자.

```
> function sum(a, b) {
    return a + b;
  }
> sum(1, 2);
```

예제에서 a와 b는 매개변수이고, 1과 2는 인수다.

자바스크립트는 인수를 받는 데 있어 전혀 까다롭지 않다. 함수가 필요로 하는 이상의 인수를 전달하는 경우, 다음 예제와 같이 여분의 인수는 무시된다.

```
> sum(1, 2, 3, 4, 5);
3
```

게다가 받아들이는 매개변수의 수에 유연한 함수를 작성할 수 있다. 이는 각 함수 내부에서 자동으로 생성되는 특별한 값인 arguments 덕분에 가능하다. 단순히 전달받은 모든 인수를 반환하는 함수는 다음과 같다.

```
> function args() {
    return arguments;
  }
> args();
[]
> args( 1, 2, 3, 4, true, 'ninja');
```

```
[1, 2, 3, 4, true, "ninja"]
```

arguments를 사용하면 다음 예제와 같이 sum() 함수를 개선해 여러 개의 인수를 허용하거나 없어도 동작하게 만들 수 있다.

```
function sumOnSteroids() {
  var i,
      res = 0,
      number_of_params = arguments.length;
  for (i = 0; i < number_of_params; i++) {
    res += arguments[i];
  }
  return res;
}
```

다른 수의 인수로 호출하거나 심지어 인수가 없이 호출해서 테스트해 보면 다음 예제와 같이 기대한 대로 동작하는지 확인할 수 있다.

```
> sumOnSteroids(1, 1, 1);
3
> sumOnSteroids(1, 2, 3, 4);
10
> sumOnSteroids(1, 2, 3, 4, 4, 3, 2, 1);
20
> sumOnSteroids(5);
5
> sumOnSteroids();
0
```

arguments.length 표현식은 함수가 호출될 때 전달받은 인수의 수를 반환한다. 구문이 생소하더라도 걱정할 필요는 없다. 이에 대해서는 다음 장에서 자세히 살펴보겠다.

arguments가 배열처럼 보이지만 사실은 배열이 아니라 배열과 비슷한 객체라는 것을 알 수 있다.

ES6에서는 함수 매개변수와 관련해 몇 가지 중요한 개선사항을 도입했다. ES6 함수 매개변수는 이제 디폴트 값, 나머지 매개변수rest parameter를 가질 수 있으며 구조화가 가능하다. 다음 섹션에서 이들 각각의 개념에 대해 자세히 설명한다.

▐ 디폴트 매개변수

함수 매개변수에 디폴트 값을 지정할 수 있다. 함수를 호출할 때 매개변수가 생략되면 매개변수에 지정된 디폴트 값이 사용된다.

```
function render(fog_level=0, spark_level=100){
  console.log(`Fog Level: ${fog_level} and spark_level:
  ${spark_level}`)
}
render(10); //Fog Level: 10 and spark_level: 100
```

이 예제에서는 spark_level 매개변수를 생략했기 때문에 디폴트 값이 사용되었다. undefined는 매개변수 값이 없는 것으로 간주된다는 점에 유의해야 한다. 예를 들어 다음 코드를 살펴보자.

```
render(undefined,10); //Fog Level: 0 and spark_level: 10
```

매개 변수의 디폴트 값을 제공할때 다른 매개변수도 참조할 수 있다.

```
function t(fog_level=1, spark_level=fog_level){
  console.log(`Fog Level: ${fog_level} and spark_level:
```

```
    ${spark_level}`)
  //Fog Level: 10 and spark_level: 10
}
function s(fog_level=10, spark_level = fog_level*10){
  console.log(`Fog Level: ${fog_level} and spark_level:
    ${spark_level}`)
  //Fog Level: 10 and spark_level: 100
}
t(10);
s(10);
```

디폴트 매개변수에는 자체 범위[scope]가 없다. 이 범위는 함수의 외부 함수 범위와 함수의 내부 범위 사이에 끼어 있다. 매개변수가 내부 범위의 변수에 의해 가려지면[shadowed], 놀랍게도 내부 변수를 사용할 수 없다. 다음 예제를 참조한다.

```
var scope="outer_scope";
function scoper(val=scope){
  var scope="inner_scope";
  console.log(val); //outer_scope
}
scoper();
```

val이 scope 변수의 내부 정의에 가려질 것으로 예상하겠지만, 디폴트 매개변수가 자체 범위를 가지므로 val에 할당된 값은 내부 범위의 영향을 받지 않는다.

▍ 나머지 매개변수

ES6는 나머지 매개변수[rest parameter]를 도입했다. 나머지 매개변수를 사용하면 배열 형태로 함수에 임의의 수의 매개변수를 보낼 수 있다. 나머지 매개변수는 반드시 매개변수 목록의 마지막 매개변수여야 하며, 하나의 나머지 매개변수만 가능하다. 마지막 일반 매개변수 앞에 나머지 연산자(…)를 두면 매개변수가 나머지 매개변수임을 나타낸다. 다음 예제는 마지막 일반 매개변수 앞에 나머지 매개변수를 추가하는 것을 보여준다.

```
function sayThings(tone, ...quotes){
  console.log(Array.isArray(quotes)); //true
  console.log(`In ${tone} voice, I say ${quotes}`)
}
sayThings("Morgan Freeman","Something serious","
Imploding Universe"," Amen");
//In Morgan Freeman voice, I say Something serious,
Imploding Universe,Amen
```

함수에 전달된 첫 번째 매개변수는 tone으로 받는 반면, 나머지 매개변수는 배열로 받는다. 변수 인수(Var-args)는 여러 다른 언어의 일부로 사용되고 있으며 ES6에서도 수용됐다. 나머지 매개변수는 arguments 변수를 대체할 수 있다. 나머지 매개변수와 arguments 변수의 가장 큰 차이점은 나머지 매개변수는 실제 배열이라는 것이다. 나머지 매개변수에서는 모든 배열 메소드를 사용할 수 있다.

▌ 스프레드 연산자

스프레드 연산자spread operator는 나머지 연산자와 모양은 동일하지만 정반대의 기능을 수행한다. 스프레드 연산자는 함수를 호출하거나 배열을 정의할 때 인수를 제공하는 데 사용된다. 스프레드 연산자는 배열을 받아 배열의 요소를 개별 변수로 분리한다. 다음 예제는 배열을 인수로 받는 함수를 호출 할 때 스프레드 연산자가 얼마나 더 명확한 구문을 제공하는지 보여준다.

```
function sumAll(a,b,c){
  return a+b+c
```

126

```
}
var numbers = [6,7,8]
// 배열을 함수의 인수로 전달하는 ES5 방법
console.log(sumAll.apply(null,numbers)); //21
//ES6 스프레드 연산자
console.log(sumAll(...numbers))//21
```

ES5에서는 배열을 함수의 인수로 전달할 때 apply( ) 함수를 사용하는 것이 일반적이다. 앞의 예제에서, 세 개의 변수를 받는 함수에 전달할 배열이 있다. 이 함수에 배열을 전달하는 데 ES5의 apply( ) 메소드를 사용한다. 이 메소드는 두 번째 인수로 배열을 받을 수 있다. ES6 스프레드 연산자는 이 상황을 처리하는 데 훨씬 명확하고 정확한 방법을 제공한다. sumAll( )을 호출 할 때, 스프레드 연산자 (…)를 사용하고 numbers 배열을 함수 호출에 전달한다. 그런 다음 배열은 개별 변수 a, b, c로 나뉜다.

스프레드 연산자는 자바스크립트의 배열 기능을 향상시킨다. 다른 배열로 구성된 배열을 생성하려고 할 때 기존 배열 구문은 이를 지원하지 않는다. 이 작업을 수행하려면 push, splice, concat를 사용해야 한다. 그러나 스프레드 연산자를 사용하면 다음과 같이 간단해진다.

```
var midweek = ['Wed', 'Thu'];
var weekend = ['Sat', 'Sun'];
var week = ['Mon','Tue', ...midweek, 'Fri', ...weekend];
 //["Mon","Tue","Wed","Thu","Fri","Sat","Sun"]
console.log(week);
```

앞의 예제에서 스프레드 연산자를 사용하여 두 개의 배열 midweek와 weekend로 week 배열을 구성했다.

사전 정의된 함수

자바스크립트 엔진에 내장되어 있는 유용한 함수가 많이 있다. 이 함수들을 살펴보고 인수와 반환 값을 실험하면서 함수에 익숙해져 보자. 다음은 내장 함수의 목록이다.

- parseInt( )
- parseFloat( )
- isNaN( )
- isFinite( )
- encodeURI( )
- decodeURI( )
- encodeURIComponent( )
- decodeURIComponent( )
- eval( )

블랙 박스 함수

일반적으로 함수를 호출할 때 프로그램에서 함수가 내부적으로 어떻게 동작하는지 알 필요는 없다. 함수를 블랙 박스(black box)로 생각할 수 있으며, 몇 가지 입력 값을 주고, 출력 결과를 받는다. 이는 모든 함수(자바스크립트 엔진에 내장된 함수나 여러분이나 동료가 작성한 함수)에 해당된다.

parseInt( )

parseInt( ) 함수는 모든 유형의 입력(대부분의 경우 문자열)을 받아 정수로 만든다. 실패하면 다음 코드와 같이 NaN을 반환한다.

```
> parseInt('123');
123
```

```
> parseInt('abc123');
NaN
> parseInt('1abc23');
1
> parseInt('123abc');
123
```

이 함수는 선택적인 두 번째 매개변수인 기수^{radix}를 사용해 숫자의 유형(10진수, 16진수, 2진수 등)을 알려준다. 예를 들어 FF 문자열에서 10진수를 추출하려고 하면 의미가 없다. 결과는 NaN이지만 FF를 16진수로 시도하면 다음 코드와 같이 255가 된다.

```
> parseInt('FF', 10);
NaN
> parseInt('FF', 16);
255
```

또 다른 예는 베이스 10(10진수)과 베이스가 8(8진수)인 문자열을 파싱하는 것이다.

```
> parseInt('0377', 10);
377
> parseInt('0377', 8);
255
```

parseInt( )를 호출할 때 두 번째 인수를 생략하면 함수는 다음 예외를 제외하고는 모두 10(10진수)로 가정한다.

- 0x로 시작하는 문자열을 전달하면 기수는 16(16진수)으로 가정한다.
- 전달한 문자열이 0으로 시작하면 함수는 기수를 8(8진수)로 가정한다. 다음 예제를 살펴보자.

```
> parseInt('377');
377
> console.log(0o377);
255
> parseInt('0x377');
887
```

가장 안전한 방법은 항상 기수를 지정해주는 것이다. 기수를 생략해도 코드의 99%는 잘 동작할 것이다(대개 10진수를 파싱할 것이므로). 그러나 가끔 특정 상황에서 디버깅할 때 여러분의 골치를 아프게 하는 원인이 될 수 있다. 예를 들어, 날짜의 월이나 일을 입력할 수 있는 폼 필드에 사용자가 06 또는 08을 입력했다고 가정해 보자.

 ECMAScript 5는 8진수 리터럴 값을 제거하여 parseInt( )에서 기수가 지정되지 않았을 때 의 혼동을 방지하고 있다.

parseFloat()

parseFloat( ) 함수는 parseInt( ) 함수와 비슷하지만, 입력에서 숫자를 추출할 때 10진 수를 찾는다. 이 함수는 다음과 같은 매개변수 하나만 받는다.

```
> parseFloat('123');
123
> parseFloat('1.23');
1.23
> parseFloat('1.23abc.00');
1.23
> parseFloat('a.bc1.23');
NaN
```

parseInt( )와 마찬가지로 parseFloat( )는 예상치 못한 문자가 나타나면 문자열의 나머지 부분에 사용할 수 있는 숫자가 있더라도 이를 무시한다.

```
> parseFloat('a123.34');
NaN
> parseFloat('12a3.34');
12
```

parseFloat( ) 함수는 parseInt( )와 달리 입력값의 지수exponent를 이해한다.

```
> parseFloat('123e-2');
1.23
> parseFloat('1e10');
10000000000
> parseInt('1e10');
1
```

isNaN()

isNaN( )을 사용하면, 입력 값이 산술 연산에서 안전하게 사용할 수 있는 유효한 숫자인지 확인할 수 있다. 이 함수는 parseInt( ), parseFloat( ) 또는 산술 연산이 성공했는지 여부를 확인하는 편리한 방법이기도 하다.

```
> isNaN(NaN);
true
> isNaN(123);
false
> isNaN(1.23);
false
> isNaN(parseInt('abc123'));
true
```

이 함수는 또한 입력을 숫자로 변환하려고 시도한다.

```
> isNaN('1.23');
false
> isNaN('a1.23');
true
```

---

isNaN( ) 함수는 특별 값 NaN이 NaN을 포함한 어떤 값과도 같지 않기 때문에 유용하다. 즉
NaN === NaN은 false다. 따라서 값이 유효한 숫자인지 확인할 때 NaN을 사용할 수 없다.

isFinite()

isFinite( ) 함수는 입력 값이 Infinity나 NaN이 아닌 숫자인지 확인한다.

```
> isFinite(Infinity);
false
> isFinite(-Infinity);
false
> isFinite(12);
true
> isFinite(1e308);
true
> isFinite(1e309);
false
```

앞의 예제에서 마지막 두 개의 호출 결과가 의아하다면 1장에서 살펴본 바와 같이 자바
스크립트에서 가장 큰 숫자는 1.7976931348623157e+308임을 기억하자. 따라서 1e309은
무한대가 된다.

URI 인코딩/디코딩

URL^{Uniform Resource Locator} 또는 URI^{Uniform Resource Identifier}에서 일부 문자는 특별한 의미를 가진다. 이들 문자를 이스케이프하려면 encodeURI( ) 또는 encodeURIComponent( ) 함수를 사용할 수 있다. 첫 번째 함수는 사용할 수 있는 URL을 반환하지만, 두 번째 함수는 쿼리 문자열 같이 URL의 일부만 전달한다고 가정하고 적용 가능한 모든 문자를 다음과 같이 인코딩한다.

```
> var url = 'http://www.packtpub.com/script.php?q=this and that';
> encodeURI(url);
"http://www.packtpub.com/script.php?q=this%20and%20that"
> encodeURIComponent(url);
"http%3A%2F%2Fwww.packtpub.com%2Fscript.php%3Fq%3Dthis%20and%20that"
```

encodeURI( )와 encodeURIComponent( )의 반대는 각각 decodeURI( )와 decodeURIComponent( )이다.

간혹 레거시 코드에서 URL을 인코딩하고 디코딩하는 데 escape( )와 unescape( )가 사용된 것을 볼 수 있지만, 이들 함수는 더 이상 사용되지 않는다. 인코딩을 다르게 하기 때문에 이 함수를 사용해서는 안 된다.

eval()

eval( ) 함수는 문자열을 입력 받아 다음과 같이 이를 자바스크립트 코드로 실행한다.

```
> eval('var ii = 2;');
> ii;
2
```

따라서 eval('var ii = 2;')은 var ii = 2;와 동일하다.

경우에 따라 eval( ) 함수가 유용할 수도 있지만, 다른 방법이 있다면 가능한 사용하지 않는 것이 좋다. 대부분의 경우에는 대체 방법이 있으며, 이런 대체 방법이 더 우아하고 쓰기 쉬우며 유지관리도 쉽다. 'Eval은 악마다^{Eval is evil}'는 노련한 자바스크립트 프로그래머에게 종종 들을 수 있는 격언이다. eval( ) 사용의 단점은 다음과 같다.

- **보안**: 자바스크립트는 강력하다. 이는 문제의 원인이 될 수 있다. eval()에 전달하는 입력 소스를 신뢰하지 못한다면, 아예 사용하지 않는 것이 낫다.
- **성능**: 코드를 실시간으로 평가하는 것이 스크립트에 직접 코드를 입력해 실행하는 것 보다 느리다.

보너스 – alert( ) 함수

또 다른 일반 함수인 alert( )를 살펴보자. 이 함수는 자바스크립트 핵심의 일부는 아니지만(ECMA 사양에서는 찾을 수 없음), 호스트 환경인 브라우저에서 제공된다. 이 함수는 메시지 박스에 텍스트를 표시해준다. 디버깅 도구로도 사용할 수는 있지만, 최신 브라우저의 디버거가 이 목적에 더 적합하다.

다음은 alert("Hi There") 코드를 실행한 결과를 보여주는 스크린 샷이다.

이 함수를 사용하기 전에, alert( )는 브라우저 스레드를 차단하므로 사용자가 메시지 박스를 닫을 때까지 다른 코드가 실행되지 않는다는 점에 유의한다.

▌ 변수 범위

특히 다른 언어에서 자바스크립트로 이동한 경우, 자바스크립트의 변수는 블록 범위^{scope}가 아닌 함수 범위에 정의된다는 점에 유의해야 한다. 즉 변수가 함수 내에 정의된 경우, 함수 외부에서 변수가 보이지 않는다. 그러나 if 또는 for 코드 블록 내부에 정의된 경우에는 블록 외부에서도 볼 수 있다. 전역^{global} 변수라는 용어는 함수(전역 프로그램 코드)의 외부에서 정의하는 변수를 말한다. 반면에 지역^{local} 변수는 함수 내에서 정의된 변수다. 함수 내부의 코드는 지역 변수뿐만 아니라 모든 전역 변수에도 접근할 수 있다.

다음 예제에서,

- f( ) 함수는 global 변수에 접근할 수 있다.
- f( ) 함수 외부에 local 변수는 존재하지 않는다.

```
var global = 1;
function f() {
  var local = 2;
  global++;
  return global;
}
```

테스트 결과는 다음과 같다.

```
> f();
2
> f();
3
> local;
ReferenceError: local is not defined
```

또한 변수를 선언할 때 var를 사용하지 않으면, 이 변수는 자동으로 전역 범위로 할당된다는 점에 유의한다.

무슨 일이 발생한 걸까? f( ) 함수는 local 변수를 포함하고 있다. 함수를 호출하기 전에는 변수가 존재하지 않는다. 함수를 처음 호출하면, local 변수가 전역 범위로 생성된다. 그 다음에 함수 밖에서 local 변수에 접근하면 사용이 가능하다.

모범 사례 팁

이름 충돌을 피하기 위해 전역 변수의 사용을 최소화해라. 동일한 스크립트에서 두 사람이 서로 다른 함수를 사용하는데, 둘 다 같은 이름의 전역 변수를 사용한다고 가정해 보자. 이는 예기치 않은 결과를 발생시키고 버그를 찾기 어렵게 만들 수 있다. 항상 var 문으로 변수를 선언해라. 단일 var 패턴을 고려하라. 함수에서 필요한 모든 변수를 함수의 맨 위에서 정의하면, 한 곳에서 변수를 찾을 수 있고 전역으로 사용되는 사고를 방지할 수 있다.

변수 호이스팅

다음은 지역 대 전역 범위 지정의 중요성을 보여주는 흥미로운 예다.

```
var a = 123;

function f() {
  alert(a);
  var a = 1;
  alert(a);
}

f();
```

첫 번째 alert( ) 함수는 123(전역 변수 a의 값)을 표시하고 두 번째는 1(지역 변수 a)을 표시할 것으로 기대할 것이다. 하지만 결과는 다르다. 첫 번째 alert( )은 undefined를 표시한다. 이는 함수 내에서 지역 범위가 전역 범위보다 중요하기 때문이다. 따라서 지역 변수는 같은 이름의 전역 변수를 덮어 쓴다. 첫 번째 alert( ) 당시, a 변수는 아직 정의되지 않았지만(따라서 undefined 값을 가짐), **호이스팅**hoisting이라는 특별한 동작으로 인해 여전히 지역 공간에 존재한다.

자바스크립트 프로그램 실행이 새 함수로 들어가면, 함수에서 선언된 모든 변수가 함수의 맨 위로 이동하거나 호이스팅된다(위로 올라간다). 이것은 반드시 기억해야 할 중요한 개념이다. 또한 선언만 호이스팅되는데, 이는 변수의 존재만 맨 위로 이동함을 의미한다. 모든 할당은 원래의 위치에 그대로 남아있다. 앞의 예제에서, 지역 변수 a의 선언은 맨 위로 호이스팅됐다. 선언만 호이스팅됐고 1로 할당은 아니다. 이는 마치 함수가 다음 방식으로 작성된 것과 같다.

```
var a = 123;

function f() {
  var a; // same as: var a = undefined;
  alert(a); // undefined
  a = 1;
```

```
    alert(a); // 1
}
```

또한 앞의 모범 사례 섹션에서 언급한 단일 var 패턴을 사용할 수도 있다. 이 경우 자바
스크립트 호이스팅 동작과의 혼동을 피하기 위해 일종의 수동 변수 호이스팅을 수행하게
된다.

▌ 블록 범위

ES6는 변수를 선언할 때 추가 범위를 제공한다. 함수 범위와 var 키워드로 선언된 변수
에 미치는 영향에 대해 살펴봤다. ES6로 코딩하는 경우, 블록 범위는 변수 선언에 var를
사용하는 필요성을 대부분 대체할 수 있다. ES5를 사용하고 있더라도, 호이스팅 동작을
신중하게 살펴보기 바란다.

ES6는 변수를 선언할 수 있는 let과 const 키워드를 도입했다.

let으로 선언된 변수는 블록 범위를 가진다. 변수는 현재 블록 내에만 존재한다. var로
선언된 변수는 앞에서 살펴본 것과 같이 함수 범위를 가진다. 다음 예는 블록 범위를 보
여준다.

```
var a = 1;
{
    let a = 2;
    console.log( a ); // 2
}
console.log( a ); // 1
```

여는 중괄호 '{'와 닫는 중괄호 '}' 사이의 범위가 블록이다. 자바나 C/C++로 코딩한
경험이 있다면 블록 범위 개념에 친숙할 것이다. 이런 언어들에서 프로그래머는 범위를

정의하기 위해 블록을 사용했다. 그러나 자바스크립트에서는 블록이 범위와 관련이 없으므로 관용적으로 사용해야 할 필요가 있다. 그러나 ES6에서는 let 키워드를 사용해 블록 범위 변수를 생성할 수 있다. 앞의 예제에서 볼 수 있듯이 블록 내부에서 생성된 변수 a는 블록 내에서 사용할 수 있다. 블록 범위 변수를 선언할 때, 일반적으로 let 선언을 블록의 맨 위에 추가하는 것이 좋다. 함수 범위와 블록 범위를 명확하게 구분하는 또 다른 예를 살펴보자.

```
function swap(a,b){ // <-- 함수 범위 시작
  if(a>0 && b>0){ // <-- 블록 범위 시작
    let tmp=a;
    a=b;
    b=tmp;
  } // <--블록 범위 종료
  console.log(a,b);
  console.log(tmp); // tmp는 블록 범위에서만 사용할 수 있으므로 정의되지 않았음
  return [a,b];
}
swap(1,2);
```

보다시피, tmp는 let으로 선언되어 정의된 블록에서만 사용 가능하다. 실제 코드를 작성할 때 블록 범위 변수 사용을 최대화해야 한다. var 선언을 사용해야 하는 아주 특별한 이유가 있지 않는 한, 블록 범위 변수를 사용해라. 그러나 let 키워드를 잘못 사용하면 몇 가지 문제가 발생할 수 있다. 먼저, let 키워드를 사용하여 동일한 함수 또는 블록 범위 내에서 동일한 변수를 재선언할 수 없다.

```
function blocker(x){
  if(x){
    let f;
    let f; // 중복 선언 "f"
  }
}
```

ES6에서 let 키워드로 선언된 변수는 블록 범위로 호이스팅된다. 그러나 선언 전에 변수를 참조하면 오류가 발생한다.

ES6에서 소개된 또 다른 키워드는 const이다. const 키워드로 선언된 변수는 값에 대한 읽기 전용 참조를 생성한다. 이것은 참조의 값이 변경 불가능하다는 것을 의미하지는 않는다. 그러나 변수 식별자는 다시 할당할 수 없다. 상수는 let 키워드를 사용하여 생성된 변수와 마찬가지로 블록 범위다. 또한 선언할 때 변수에 값을 할당해야 한다.

const는 변경 불가능한 값과 아무런 관련이 없다. 상수는 불변의 바인딩을 생성한다. 이 것은 중요한 구분이며 올바르게 이해할 필요가 있다. 다음 예제를 살펴보자.

```
const car = {}
car.tyres = 4
```

예제는 유효한 코드다. 예제에서 상수 car에 {} 값을 할당했다. 한번 할당되면 이 참조는 변경할 수 없다. ES6에서는 다음을 수행해야 한다.

- 가능하면 const를 사용해라. 값이 변하지 않는 모든 변수에 이 키워드를 사용한다.

  Use let

- var의 사용을 피하라.

▌함수는 데이터다

자바스크립트의 함수는 실제로 데이터다. 이것은 아주 중요한 개념으로 뒤에서 필요하다. 즉, 다음과 같이 함수를 만들어 변수에 이 함수를 할당할 수 있다.

```
var f = function () {
  return 1;
};
```

함수를 정의하는 이런 방식을 **함수 리터럴 표기법**function literal notation이라고 한다.

function () { return 1;} 부분은 **함수 표현식**function expression이다. 함수 표현식은 선택 사항으로 이름을 가질 수 있으며, 이 경우 **NFE**named function expression(이름있는 함수 표현식)가 된다. 따라서 실제로는 거의 사용되지 않지만, 가능한 방법이다(IE는 실수로 둘러싸는 범위 내에 두 개의 변수 – f와 myFunc를 생성하게 한다).

```
var f = function myFunc() {
  return 1;
};
```

보다시피, 이름있는 함수 표현식과 함수 선언 사이에 차이점이 없다. 하지만 실제로는 다르다. 이 둘을 구별하는 유일한 방법은 사용된 상황을 살펴보는 것이다. 함수 선언은 프로그램 코드(다른 함수의 본문 또는 메인 프로그램)에만 나타날 수 있다. 이 책의 뒤에서 이런 개념을 명확히 이해할 수 있는 함수의 예제를 많이 볼 수 있다.

함수 값을 가지는 변수에 typeof 연산자를 사용하면, 다음 예제와 같이 "function" 문자열이 반환된다.

```
> function define() {
  return 1;
}

> var express = function () {
    return 1;
  };
```

```
> typeof define;
"function"

> typeof express;
"function"
```

따라서 자바스크립트 함수는 데이터지만 다음과 같은 두 가지 중요한 특징을 가진 특별한 종류의 데이터다.

- 코드를 포함한다.
- 실행 가능(호출 가능)하다.

앞에서 본 것처럼, 함수를 실행하는 방법은 이름 뒤에 괄호를 추가하는 것이다. 다음 예제에서 보여주듯이 이 방법은 함수 정의 방법에 관계없이 동작한다. 이 예제에서 함수가 일반적인 값처럼 처리되는 과정도 확인할 수 있다. 또한 다음과 같이 다른 변수에 복사할 수도 있다.

```
> var sum = function (a, b) {
    return a + b;
  };

> var add = sum;
> typeof add;
function
> add(1, 2);
3
```

함수는 변수에 할당된 데이터이기 때문에, 변수의 이름 지정 규칙과 동일한 규칙이 함수의 이름 지정에도 적용된다. 함수 이름은 숫자로 시작할 수 없고 문자, 숫자, 밑줄 문자 및 달러 기호의 조합을 포함할 수 있다.

익명 함수

알다시피, 다음과 같이 함수를 정의할 수 있는 함수 표현식 구문이 존재한다.

```
var f = function (a) {
  return a;
};
```

이것은 특히 함수 표현식을 변수에 지정하지 않고 사용되는 경우에 **익명 함수**anonymous function(이름이 없으므로)라고도 불린다. 이 경우, 다음과 같은 두 가지 우아한 용도로 사용할 수 있다.

- 익명 함수를 매개변수로 다른 함수에 전달할 수 있다. 수신 함수는 전달받은 함수로 유용한 작업을 할 수 있다.
- 익명 함수를 정의하고 바로 실행할 수 있다.

익명 함수의 이 두 가지 활용을 더 자세히 살펴보자.

콜백 함수

함수는 변수에 할당된 다른 데이터와 마찬가지로, 정의되고 복사되어 다른 함수의 인수로 전달할 수 있다. 다음은 두 개의 함수를 매개 변수로 받아 실행하고, 각각의 합계를 반환하는 함수의 예를 보여준다.

```
function invokeAdd(a, b) {
  return a() + b();
}
```

이제 하드 코딩된 값만 반환하는 함수 선언 패턴을 사용하여 두 가지 간단한 추가 함수를 정의해 보자.

```
function one() {
  return 1;
}
function two() {
  return 2;
}
```

이제 이들 함수를 원래 함수인 invokeAdd( )에 전달하면, 다음 결과를 얻을 수 있다.

```
> invokeAdd(one, two);
3
```

함수를 매개 변수로 전달하는 또 다른 예제는 익명 함수(함수 표현식)을 사용하는 것이다. one( )과 two( )를 정의하는 대신에 간단히 다음과 같이 수행할 수 있다.

```
> invokeAdd(function () {return 1; }, function () {return 2; });
3
```

좀더 읽기 쉽게 만들면 다음 코드와 같다.

```
> invokeAdd(
    function () { return 1; },
    function () { return 2; }
  );
3
```

또는, 다음과 같이 수행할 수도 있다.

```
> invokeAdd(
    function () {
```

```
    return 1;
  },
  function () {
    return 2;
  }
);
3
```

함수 A를 다른 함수 B에 전달하고 B가 A를 실행하면, A를 **콜백**^{callback} 함수라고 말한다. 만약 A에 이름이 없으면 익명 콜백 함수라고 말할 수 있다.

콜백 함수는 언제 유용한가? 콜백 함수의 이점을 보여주는 몇 가지 예제를 살펴보자.

- 이름을 지정할 필요 없이 함수를 전달할 수 있다. 즉, 변수가 적어진다.
- 함수를 호출하는 책임을 다른 함수에 위임할 수 있다. 즉, 작성할 코드가 적어짐을 의미한다.
- 실행 연기 또는 호출 차단 해제로 성능을 향상시킬 수 있다.

콜백 예제

다음과 같은 일반적인 시나리오를 살펴보자. 값을 반환하고 다른 함수로 전달하는 함수가 있다. 이 예제에서 첫 번째 함수인 multiplyByTwo( )는 세 개의 매개변수를 받아 2를 곱하는 루프를 돌은 다음, 결과가 들어있는 배열을 반환한다. 두 번째 함수인 addOne( )은 다음과 같이 값을 받아 1을 더한 다음 반환한다.

```
function multiplyByTwo(a, b, c) {
  var i, ar = [];
  for (i = 0; i < 3; i++) {
    ar[i] = arguments[i] * 2;
  }
  return ar;
}
```

```
function addOne(a) {
  return a + 1;
}
```

이 함수들을 테스트해 보자.

```
> multiplyByTwo(1, 2, 3);
[2, 4, 6]
> addOne(100);
101
```

이제 세 개의 요소를 가진 myarr 배열이 있고, 각 요소가 두 함수에 전달되어야 한다고 가정해 보자. 먼저 multiplyByTwo( )를 호출한다.

```
> var myarr = [];
> myarr = multiplyByTwo(10, 20, 30);
[20, 40, 60]
```

이제 루프를 돌아 각 요소를 addOne( )에 전달한다.

```
> for (var i = 0; i < 3; i++) {
    myarr[i] = addOne(myarr[i]);
  }
> myarr;
[21, 41, 61]
```

보다시피 모든 것이 잘 동작하지만, 개선의 여지가 있다. 예를 들면, 두 개의 루프가 있는데, 반복 횟수가 많으면 루프 비용이 높아질 수 있다. 하나의 루프만으로 동일한 결과를 얻을 수 있다. 다음과 같이 multiplyByTwo( )를 수정해 콜백 함수를 받고 모든 반복에서 콜백을 호출하도록 하자.

```
function multiplyByTwo(a, b, c, callback) {
  var i, ar = [];
  for (i = 0; i < 3; i++) {
    ar[i] = callback(arguments[i] * 2);
  }
  return ar;
}
```

수정된 함수를 사용하면, 모든 작업이 다음과 같이 시작 값과 callback 함수를 전달하는 하나의 함수 호출만으로 수행된다.

```
> myarr = multiplyByTwo(1, 2, 3, addOne);
[3, 5, 7]
```

addOne()를 정의하는 대신, 익명 함수를 사용하면 추가 전역 변수 사용을 줄일 수 있다.

```
> multiplyByTwo(1, 2, 3, function (a) {
    return a + 1;
  });
[3, 5, 7]
```

익명 함수는 필요에 따라 쉽게 변경할 수 있다.

```
> multiplyByTwo(1, 2, 3, function (a) {
    return a + 2;
  });
[4, 6, 8]
```

즉시실행 함수

지금까지 익명함수를 콜백으로 사용하는 방법에 대해 알아보았다. 익명함수의 다른 응용을 알아보자. 함수가 정의되는 즉시 호출된다. 예제는 다음과 같다.

```
(
  function () {
    alert('boo');
  }
)();
```

구문이 처음에는 다소 어색해 보일지 모르지만, 단순히 괄호 안에 함수 표현식을 작성한 다음, 뒤에 또 다른 괄호를 나열하면 된다. 두 번째 괄호는 지금 실행하도록 지시하며 익명 함수가 받을 인수를 지정한다. 예는 다음과 같다.

```
(
  function (name) {
    alert('Hello ' + name + '!');
  }
)('dude');
```

또는 첫 번째 닫는 괄호를 끝으로 이동할 수도 있다. 두 가지 모두 잘 동작한다.

```
(function () {
  // ...
}());

// 또는
(function () {
  // ...
})();
```

즉시실행^{immediate}(또는 자기 실행^{self-invoking}) 함수의 좋은 응용 예는 추가 전역 변수를 생성하지 않고 작업을 하고 싶을 때다. 단점은 물론 동일한 함수를 두 번 실행할 수 없다는 것이다. 즉시실행 함수는 일회성 또는 초기화 작업에 적합하다.

즉시실행 함수는 필요한 경우 선택적으로 값을 반환할 수도 있다. 다음과 같은 코드도 종종 사용된다.

```
var result = (function () {
    // 무언가 복잡한 …
    // 임시 지역 변수.
    // ...
    // 무언가를 반환;
}());
```

이 경우, 괄호 안에 표현식을 래핑할 필요가 없다. 함수를 호출하는 괄호만 있으면 된다. 따라서 다음 코드도 잘 동작한다.

```
var result = function () {
    // 무언가 복잡한 …
    // 임시 지역 변수.
    // ...
    // 무언가를 반환;
}();
```

이 구문은 잘 동작하지만 약간 혼동될 수 있다. 함수의 끝을 살펴보지 않고는 result가 함수인지 즉시실행 함수의 결과 값인지 여부를 알 수 없다.

내부(비공개) 함수

다른 값들과 마찬가지로, 다른 함수 안에서 함수를 정의할 수 있다. 다음 예제를 살펴보자.

```
function outer(param) {
  function inner(theinput) {
    return theinput * 2;
  }
  return 'The result is ' + inner(param);
}
```

함수 표현식을 사용하면, 다음과 같이 작성할 수 있다.

```
var outer = function (param) {
  var inner = function (theinput) {
    return theinput * 2;
  };
  return 'The result is ' + inner(param);
};
```

전역 outer() 함수를 호출하면, 내부적으로 지역 inner() 함수가 호출된다. inner() 함수가 지역이어서 outer()의 밖에서 접근할 수 없기 때문에 비공개private 함수라고 말할 수 있다.

```
> outer(2);
"The result is 4"
> outer(8);
"The result is 16"
> inner(2);
ReferenceError: inner is not defined
```

비공개 함수를 사용하면 다음과 같은 이점이 있다.

- 전역 네임스페이스를 깨끗하게 유지할 수 있어 이름 충돌이 발생할 가능성이 줄어든다.

- 개인 정보 보호 – 필요한 함수만 외부에 노출시키고, 사용하지 않는 나머지 함수는 보이지 않게 유지한다.

함수를 반환하는 함수

앞에서 언급한 바와 같이, 함수는 항상 값을 반환하고, 명시적으로 return을 기술하지 않으면 undefined를 반환한다. 함수는 하나의 값만 반환할 수 있으며, 함수 역시 반환할 수 있다. 다음 예제를 살펴보자.

```
function a() {
  alert('A!');
  return function () {
    alert('B!');
  };
}
```

이 예제에서 a() 함수는 작업을 수행(A! 출력)하고 또 다른 작업을 수행(B! 출력)하는 다른 함수를 반환한다. 반환 값을 변수에 할당한 다음, 이 변수를 다음과 같이 일반 함수로 사용할 수 있다.

```
> var newFunc = a();
> newFunc();
```

예제에서, 첫 번째 줄은 A!를 출력하고 두 번째는 B!를 출력한다.

반환된 함수를 새 변수에 할당하지 않고 즉시실행하려면, 다른 괄호 세트를 사용하면 된다. 최종 결과는 동일하다.

```
> a()();
```

사용자정의 함수

함수는 함수를 반환할 수 있으므로 새 함수로 이전의 함수를 대체할 수 있다. 앞의 예제를 계속 사용해 보자. a( ) 함수를 호출할 때 반환된 값을 가지고 실제 a( ) 함수를 덮어 쓸 수 있다.

```
> a = a( );
```

앞의 코드는 A!를 출력하지만, 다음에 a( )를 호출할 때는 B!를 출력한다. 이 기능은 함수가 일회성 작업을 수행할 때 유용하다. 이 함수는 호출될 때 불필요한 반복 작업을 피하기 위해 첫 번째 호출 후에 스스로를 덮어 쓴다.

앞의 예제에서 함수는 외부에서 다시 정의됐고, 반환된 값은 함수에 다시 할당됐다. 그러나 함수는 다음 예제와 같이 실제로는 내부에서 스스로를 재작성할 수 있다.

```
function a( ) {
  alert('A!');
  a = function ( ) {
    alert('B!');
  };
}
```

이 함수를 처음 호출하면 다음이 수행된다.

- **A!** 출력 (일회성 예비 작업으로 간주)
- 전역 변수 **a**를 재정의하고 이 변수에 새 함수를 할당

다음에 함수가 호출되면 이제는 B!를 출력한다.

다음은 앞에서 설명한 몇 가지 기술을 결합한 예제다.

```
var a = (function () {

  function someSetup() {
    var setup = 'done';
  }

  function actualWork() {
    alert('Worky-worky');
  }

  someSetup();
  return actualWork;

}());
```

이 예제에서 다음을 확인할 수 있다.

- 비공개 함수 someSetup()과 actualWork()이 있다.
- 즉시실행 함수가 있다. 함수 정의에 괄호를 사용해 자체적으로 호출하는 익명 함수다.
- 함수가 처음 실행되면, someSetup()를 호출한 다음 함수인 actualWork 변수에 대한 참조를 반환한다. 이 함수를 호출한 결과가 아니라 함수 참조를 반환하기 때문에 return문에 괄호가 없다는 점에 유의하라.
- 전체가 var a =로 시작하기 때문에 자기 실행 함수의 반환 값은 a에 할당된다.

다음 질문에 답하여 앞에서 알아본 주제에 대한 이해도를 테스트해 보자. 앞의 코드는 다음과 같은 경우 어떤 메시지를 출력하는가?

- 처음 로드됐을 때
- 이후 a()를 호출할 때

이런 기술은 브라우저 환경에서 작업할 때 아주 유용할 수 있다. 브라우저 별로 동일한 결과를 얻는 방법이 다를 수 있다. 함수가 호출되는 사이에 브라우저의 기능이 변경되지 않는다는 것을 알고 있다면, 현재 브라우저에서 작업을 수행하는 가장 좋은 방법을 함수가 결정한 다음, 브라우저 기능 감지browser capability detection가 한번만 수행되도록 함수를 재정의한다. 이 책의 뒤에서 이 시나리오의 구체적인 예를 확인할 수 있다.

클로저

이 장의 나머지 부분은 클로저closure에 대해 알아본다. 클로저는 처음에는 이해하기 힘들 수 있으므로 처음 읽는 동안 이해하지 못하더라도 실망하지 마라. 이 장의 나머지 부분을 읽고 여러분 스스로 예제를 작성하여 실험해 보겠지만, 개념을 완전히 이해하지 못했다고 생각되면 기회가 있을 때 다시 읽어보기 바란다.

클로저에 대해 본격적으로 알아보기 전에 먼저 자바스크립트의 범위scope 개념을 다시 한 번 정리하고 확장해 보자.

범위 체인

알다시피, 자바스크립트에는 중괄호 범위가 없고 대신 함수 범위가 있다. 함수에 정의된 변수는 함수 밖에서는 볼 수 없지만, 코드 블록(예, if 또는 for 루프)에 정의된 변수는 블록 외부에서도 볼 수 있다. 예를 들면 다음과 같다.

```
> var a = 1;
> function f() {
    var b = 1;
    return a;
  }
> f();
```

154

```
1
> b;
ReferenceError: b is not defined
```

a 변수는 전역 공간에 있고 b는 함수 f( )의 범위에 속한다. 따라서 다음과 같다.

- f( ) 안에서는 a와 b가 모두 보인다.
- f( ) 밖에서 a는 보이지만 b는 보이지 않는다.

outer( ) 내부에 중첩된 inner( ) 함수를 정의하면, 자체 범위뿐 아니라 부모의 범위에 있는 변수에 접근할 수 있다. 이는 범위 체인^{scope chain}으로 알려져 있으며, 체인은 필요한 만큼 길어(깊어) 질 수 있다.

```
var global = 1;
function outer() {
  var outer_local = 2;
  function inner() {
    var inner_local = 3;
    return inner_local + outer_local + global;
  }
  return inner();
}
```

inner( ) 함수가 모든 변수에 접근할 수 있는지 테스트해 보자.

```
> outer();
6
```

클로저로 체인 끊기

그림으로 클로저를 설명하고 다음 코드를 통해 무슨 일이 일어나는지 살펴보자.

```
var a = "global variable";
var F = function () {
  var b = "local variable";
  var N = function () {
    var c = "inner local";
  };
};
```

먼저 전역 범위 G가 있다. 모든 것을 담고 있는 우주라고 생각해 보자.

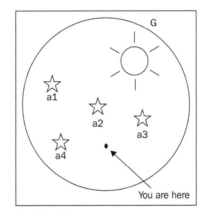

여기에는 a1과 a2 같은 전역 변수와 F 같은 전역 함수가 있다.

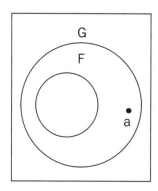

함수는 고유의 비공개^{private} 영역을 가지고 있으며, b 같은 다른 변수와 N(내부용) 같은 내부 함수를 저장하는 데 사용할 수 있다. 어떤 시점에서 다음 그림 같이 된다.

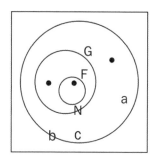

여러분이 만약 a 지점에 있다면, 전역 공간 안에 있는 것이다. 만약 F 함수의 공간 안에 있는 b 지점에 있다면, 전역 공간과 F 공간에 접근할 수 있다. N 함수 내부에 있는 c 지점에 있다면, 전역 공간과 F 공간, N 공간에 접근할 수 있다. b가 F 외부에서 보이지 않기 때문에 a에서 b까지 도달할 수 없다. 그러나 원한다면 c에서 b로, N에서 b로 도달할 수 있다. 흥미로운 것은 어떤 식으로든 N이 F에서 전역 공간으로 빠져나갈 때 클로저 효과가 발생한다는 것이다.

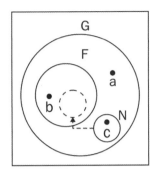

그러면 어떻게 될까? N은 a와 동일한 전역 공간에 있다. 함수가 정의된 환경을 기억하므로 N은 여전히 F공간에 접근할 수 있으며 따라서 b에 접근할 수 있다. N은 a와 같은 곳에 있고 N은 여전히 b에 접근할 수 있지만 a는 그렇지 않기 때문에 흥미롭다.

N은 어떻게 체인을 끊을까? 스스로를 전역(var를 생략해서)화하거나 F를 전역 공간으로 전달(또는 return)함으로써 체인을 끊는다. 실제로 어떻게 동작하는지 알아보자.

클로저 #1

다음 함수를 살펴보면, F만 N을 반환하고 N은 범위 체인을 통해 접근할 수 있는 b를 반환한다.

```
var a = "global variable";
var F = function () {
  var b = "local variable";
  var N = function () {
    var c = "inner local";
    return b;
  };
  return N;
};
```

F 함수는 변수 b를 포함하고, 이 변수는 지역 변수이므로 전역 공간에서 접근할 수 없다.

```
> b;
ReferenceError: b is not defined
```

F( ) 함수는 자신의 비공개 공간과 F( ) 함수의 공간, 그리고 전역 공간에 접근할 수 있다. 따라서 b를 볼 수 있다. F( )는 전역 공간(전역 함수)에서 호출할 수 있으므로, 이를 호출하고 반환값을 다른 전역 변수에 할당할 수 있다. 그 결과 새로운 전역 함수가 F( ) 함수의 비공개 영역에 접근할 수 있다.

```
> var inner = F( );
> inner( );
"local variable"
```

클로저 #2

다음 예제의 최종 결과는 이전 예제와 동일하지만, 동작 방법은 조금 다르다. F( )는 함수를 반환하지 않지만 대신 내부에 새로운 전역 함수인 inner( )를 생성한다.

전역 함수가 될 자리표시자placeholder를 선언하는 것으로 시작한다. 선택 사항이긴 하지만 항상 변수를 선언하는 것이 좋다. 그런 다음, F( ) 함수를 다음과 같이 정의할 수 있다.

```
var inner; // 자리표시자
var F = function ( ) {
  var b = "local variable";
  var N = function ( ) {
    return b;
  };
  inner = N;
};
```

이제 F( )를 실행하면 어떻게 되는지 살펴보자.

```
> F();
```

새로운 함수 N( )은 F( ) 내부에서 정의되고 전역 inner 함수에 할당된다. 정의할 때 N( )은 F( ) 안에 있었으므로 F( ) 함수의 범위에 접근할 수 있다. inner( ) 함수는 전역 공간의 일부임에도 불구하고 F( ) 함수의 범위에 대한 접근을 유지한다. 예를 들면 다음과 같다.

```
> inner();
"local variable".
```

정의와 클로저 #3

모든 함수는 클로저로 간주될 수 있다. 이것은 모든 함수가 생성된 환경(범위)에 대한 비밀 링크를 유지하기 때문이다. 그러나 대부분의 경우, 이 범위는 유지돼야 할 흥미를 끄는 요소가 발생하지 않는 한 파괴된다(앞의 코드에서 볼 수 있듯이).

지금까지 살펴본 바를 바탕으로, 부모 함수가 반환된 후에도 함수가 부모 범위의 링크를 유지할 때 클로저가 생성된다고 말할 수 있다. 그리고 모든 함수가 최소한 절대로 파괴되지 않는 전역 범위에 대한 접근을 유지하기 때문에, 모든 함수는 클로저다.

이번에는 함수 매개변수를 사용하는 클로저 예제를 하나 더 살펴보자. 함수 매개변수는 이 함수에 대한 지역 변수처럼 동작하지만, 임시적으로 생성된다. 생성을 위해 var를 사용할 필요가 없다. 다른 함수를 반환하는 함수를 생성하면 다음과 같이 부모의 매개변수를 반환한다.

```
function F(param) {
  var N = function () {
    return param;
  };
  param++;
```

```
    return N;
}
```

이 함수는 다음과 같이 사용할 수 있다.

```
> var inner = F(123);
> inner();
124
```

함수가 정의된 후에 param++가 어떻게 증가되었는지 주목하라. 호출될 때 inner()는 업데이트된 값을 반환했다. 이는 정의된 범위에 대한 참조를 유지하고, 함수 실행 중에 범위에 있는 변수 및 값을 유지하지 않음을 보여준다.

루프의 클로저

클로저와 관련하여 초보자가 흔히 겪는 실수를 살펴보자. 겉으로 보기에는 정상적으로 보이기 때문에 버그를 쉽게 발견하기 어렵다.

세 번 루프를 수행하게 해 보자. 각 루프에서 새 함수를 만들 때마다 루프 시퀀스 번호를 반환한다. 새 함수가 배열에 추가되고 마지막에 배열이 반환된다. 함수는 다음과 같다.

```
function F() {
  var arr = [], i;
  for (i = 0; i < 3; i++) {
    arr[i] = function () {
      return i;
    };
  }
  return arr;
}
```

결과를 arr 배열에 할당하여 함수를 실행해 보자.

```
> var arr = F();
```

이제 세 함수의 배열이 있다. 각 배열 요소에 괄호를 추가해서 함수를 호출해 보자. 예상되는 동작은 루프 시퀀스 번호 0, 1, 2가 출력되는 것이다. 직접 테스트해 보자.

```
> arr[0]();
3
> arr[1]();
3
> arr[2]();
3
```

예상과 다르다. 무슨 일이 일어난 걸까? 세 함수 모두 동일한 지역 변수(i)를 가리킨다. 왜 그럴까? 함수는 값을 기억하지 못하고 생성된 환경에 대한 링크(참조)만 유지한다. 예제의 경우, i 변수는 세 함수가 정의된 환경에 있다. 따라서 모든 함수는 값에 접근해야 할 때, 환경에 다시 접근해 i의 가장 최근 값을 찾는다. 루프가 끝난 후 변수 i의 값은 3이다. 따라서 세 함수 모두 동일한 값을 가리킨다.

그럼 왜 2가 아니고 3인가가 for 루프를 더 잘 이해할 수 있는 좋은 질문이다.

그렇다면 올바르게 동작하게 하려면 어떻게 구현해야 할까? 정답은 다음 코드와 같이 다른 클로저를 사용하는 것이다.

```
function F() {
  var arr = [], i;
  for (i = 0; i < 3; i++) {
    arr[i] = (function (x) {
      return function () {
        return x;
```

```
      };
    }(i));
  }
  return arr;
}
```

이렇게 하면 예상한 결과를 얻을 수 있다.

```
> var arr = F();
> arr[0]();
0
> arr[1]();
1
> arr[2]();
2
```

여기에서 i를 반환하는 함수를 만드는 대신, i 변수의 현재 값을 다른 즉시실행 함수에 전달한다. 이 함수에서 i는 지역 값 x가 되고, x는 매번 다른 값을 가진다.

또는 동일한 결과를 얻기 위해 일반(즉시실행 함수에 반대되는) 내부 함수를 사용할 수 있다. 핵심은 중간 함수^{middle function}를 사용해 다음과 같이 반복할 때마다 i의 값을 지역화하는 것이다.

```
function F() {
  function binder(x) {
    return function () {
      return x;
    };
  }

  var arr = [], i;
  for (i = 0; i < 3; i++) {
    arr[i] = binder(i);
```

```
  }
  return arr;
}
```

게터와 세터

클로저를 사용하는 두 가지 예를 더 살펴보겠다. 첫 번째는 게터[getter]와 세터[setter] 함수를 생성하는 것이다. 특정 유형의 값이나 특정 범위의 값을 포함해야 하는 변수가 있다고 가정해 보자. 코드의 어떤 부분이나 값의 변경을 원치 않기 때문에 이 변수를 드러내고 싶지 않다. 이럴 경우 함수 내에서 이 변수를 보호하고 대신 두 개의 추가 함수를 제공할 수 있다. 하나는 값을 얻는 함수고 다른 하나는 설정하는 함수다. 변수를 설정하는 함수는 보호된 변수에 값을 할당하기 전에 값을 검증하는 로직을 포함할 수 있다. 여기서는 숫자 값만 허용하도록 유효성 검사 부분을 간단하게 만든다(예제를 짧게 하기 위해).

게터와 세터 함수를 모두 secret 변수가 포함된 동일한 함수에 두어, 동일한 범위를 공유하도록 할 수 있다.

```
var getValue, setValue;

(function () {

  var secret = 0;

  getValue = function () {
    return secret;
  };

  setValue = function (v) {
    if (typeof v === "number") {
      secret = v;
    }
```

```
  };

}());
```

예제의 경우 게터와 세터 함수를 포함하는 함수는 즉시실행 함수다. 다음 예제와 같이 setValue( )와 getValue( )를 전역 함수로 정의하지만, secret 변수는 직접 접근할 수 없는 채로 지역에 남아있다.

```
> getValue();
0
> setValue(123);
> getValue();
123
> setValue(false);
> getValue();
123
```

이터레이터

마지막 클로저 예제(그리고 3장의 마지막 예제)는 클로저를 사용해 이터레이터^{iterator}기능을 수행하는 방법을 보여준다.

이미 간단한 배열을 통해 루프를 반복하는 방법을 알고 있지만, 값마다 다른 규칙을 가진 더 복잡한 데이터 구조를 처리해야 하는 경우가 있을 수 있다. 다음 값이 무엇인지를 구하는 복잡한 로직을 사용하기 쉬운 next( ) 함수로 래핑할 수 있다. 그런 다음 연속적인 값이 필요할 때마다 next( )를 호출하면 된다.

이 예제에서는 복잡한 데이터 구조가 아닌 단순한 배열을 사용한다. 다음은 입력 배열을 받고, 항상 배열의 다음 요소를 가리키는 비밀 포인터 i를 정의하는 초기화 함수를 보여준다.

```
function setup(x) {
  var i = 0;
  return function () {
    return x[i++];
  };
}
```

데이터 배열로 setup( ) 함수를 호출하면, 다음과 같이 next( ) 함수가 생성된다.

```
> var next = setup(['a', 'b', 'c']);
```

여기부터 재미있어진다. 같은 함수를 계속해서 반복해서 호출하면 다음과 같이 다음 요소를 돌려준다.

```
> next();
"a"
> next();
"b"
> next();
"c"
```

▌ IIFE 대 블록

ES5가 블록 범위를 제공하지 않았으므로, 블록 범위를 위해 **즉시 호출된 함수 표현식**[IIFE; immediately invoked function expressions]을 사용하는 방법이 인기 있었다. 예를 들면 다음과 같다.

```
(function () {
  var block_scoped=0;
```

```
}());
console.log(block_scoped); // 참조 오류
```

ES6가 블록 범위를 지원함에 따라, 간단히 let 또는 const 선언을 사용할 수 있게 되었다.

▌ 화살표 함수

자바 스크립트는 거의 모든 종류의 화살표 함수^arrow function를 사용한다. ES6에서는 함수 작성을 위한 새로운 구문을 도입했다. 우리는 항상 자바스크립트에서 함수 표현식을 작성했다. 자바스크립트에서는 다음과 같은 코드를 작성하는 것이 관용적이다(이 예제는 제이쿼리에 있다).

```
$("#submit-btn").click(function (event) {
  validateForm();
  submitMessage();
});
```

이것은 전형적인 제이쿼리 이벤트 핸들러다. 이벤트 핸들러 click() 함수는 함수를 매개변수를 받아들이므로 인라인 익명 함수 표현식을 만들어 click 함수에 전달한다. 익명 함수 표현식을 작성하는 이 스타일을 **람다 함수**^Lamdas function라고 한다. 몇 가지 다른 언어도 이 기능을 지원한다. 비록 람다가 새로운 언어에서 완전한 표준이 아니었지만, 자바스크립트는 사용을 대중화할 책임이 있었다. 그러나 자바스크립트의 람다 구문은 간결하지 않았다. ES6 화살표 함수^arrow function는 그 간격을 채워 함수를 작성하는 간결한 구문을 제공한다.

화살표 함수는 전통적인 함수 표현식보다 더 간결한 구문을 제공한다. 예를 들어 다음 코드를 살펴보자.

```
const num = [1,2,3]
const squares = num.map(function(n){
  return n*n;
});
console.log(squares); //[1,4,9]
```

화살표 함수 구문을 사용하면 함수를 다음 코드 행으로 단순화할 수 있다.

```
const squares_6 =num.map( n=> n*n)
```

보다시피 어디에도 function이나 return 키워드가 없다. 함수의 인수가 하나뿐이라면, 여러분은 결국 함수를 identifer => expression으로 작성하게 될 것이다.

여러 개의 인수가 필요할 때는 중괄호 안에 인수 목록을 래핑한다.

- **매개변수 없음**: ( ) => {...}

- **1개의 매개변수**: a => {...}

- **여러 개의 매개변수**: (a,b) => {...}

화살표 함수는 표현식 본문뿐만 아니라 코드 블록 본문을 모두 가질 수 있다.

```
n => { return n+n} // 블록문
n =>n+n // 표현식
```

둘 다 동일하지만 두 번째 버전이 간결하고 선호된다. 화살표 함수는 항상 익명이다. 잠시 후 알아볼 화살표 함수의 한 가지 중요한 측면은 화살표 함수가 this 키워드의 자체 값을 바인딩하지 않는다는 것이다. 이 값은 주변 범위에서 어휘적으로 파생된다. 아직 this 키워드를 자세히 살펴보지 않았으므로 이에 대한 논의는 뒤로 미룬다.

1. 파란색(#0000FF)과 같은 16진수 색상을 RGB 표현인 rgb(0, 0, 255)로 변환하는 함수를 작성하라. 함수 이름을 getRGB( )로 하고 다음 코드(힌트: 문자열을 문자 배열로 처리)를 사용하여 테스트한다.

```
> var a = getRGB("#00FF00");
> a;
"rgb(0, 255, 0)"
```

2. 다음의 각 줄은 콘솔에 무엇을 출력하는가?

```
> parseInt(1e1);
> parseInt('1e1');
> parseFloat('1e1');
> isFinite(0/10);
> isFinite(20/0);
> isNaN(parseInt(NaN));
```

3. 다음 코드는 어떻게 출력되는가?

```
var a = 1;

function f() {
 function n() {
    alert(a);
  }
  var a = 2;
  n();
}
f();
```

4. 아래의 모든 예제는 "Boo!"를 출력한다. 이유를 설명하라.

- 예제 1:

```
var f = alert;
eval('f("Boo!")');
```

- 예제 2:

```
var e;
var f = alert;
eval('e=f')('Boo!');
```

- 예제 3:

```
(function(){
  return alert;}
)()('Boo!');
```

▌ 요약

이제 자바스크립트의 함수와 관련된 기본 개념에 대해 알아봤다. 이로써 객체 지향 자바 스크립트의 개념과 최신 자바스크립트 프로그래밍에 사용된 패턴을 신속히 파악할 수 있는 토대가 마련됐다. 지금까지는 객체 지향 기능을 사용하지 않았지만, 이제부터 좀 더 흥미로워질 것이다. 3장에서 알아본 주제를 다시 정리해 보자.

- 함수 선언 구문과 함수 표현식을 사용하여 함수를 정의하고 호출하는 방법
- 함수 매개변수와 그 유연성
- 내장 함수 parseInt( ), parseFloat( ), isNaN( ), isFinite( ), eval( )과 URL을

인코딩/디코딩하는 4개의 함수

- 자바스크립트의 변수 범위 – 중괄호 없는 범위, 변수는 함수 범위와 범위 체인만 가지고 있음.
- 데이터로써의 함수 – 함수는 변수에 할당하는 다른 모든 데이터와 유사하며, 이로 인해 다음과 같은 많은 재미있는 응용이 가능하다.
  - 비공개 함수 및 비공개 변수
  - 익명 함수
  - 콜백
  - 즉시실행 함수
  - 스스로를 덮어 쓰는 함수
- 클로저
- 화살표 함수

04

객체

이제 자바스크립트의 원시 데이터 유형과 배열, 함수에 대해 마스터했으므로 책 제목에 충실하게 객체에 대해 알아볼 시간이다.

자바스크립트는 고전적인 객체지향 프로그래밍을 변형해 사용한다. 객체지향 프로그래밍은 가장 널리 사용되는 프로그래밍 패러다임 중 하나이며, 자바와 C++ 같은 대부분의 프로그래밍 언어의 주류가 됐다. 고전 OOP가 제안한 잘 정의된 아이디어는 대부분의 언어에서 채택됐다. 그러나 자바스크립트는 조금 다르다. 4장에서는 OOP를 지원하는 자바스크립트의 방법을 알아보겠다.

4장에서는 다루는 주제는 다음과 같다.

- 객체를 생성하고 사용하는 방법

- 생성자 함수란 무엇인가?
- 내장 자바스크립트 객체에는 어떤 종류가 있으며 무엇을 할 수 있는가?

■ 배열에서 객체로

2장에서 알아봤듯이, 배열은 값의 목록일 뿐이다. 각 값은 0에서 시작하여 각 값에 대해 1씩 증가하는 인덱스(숫자 키)를 가지고 있다. 다음 예제를 살펴보자.

```
> var myarr = ['red', 'blue', 'yellow', 'purple'];
> myarr;
["red", "blue", "yellow", "purple"].
> myarr[0];
"red"
> myarr[3];
"purple"
```

한 열에 인덱스를 넣고 다른 열에 값을 넣으면 다음과 같이 키/값 쌍의 테이블이 된다.

키	값
0	red
1	blue
2	yellow
3	purple

객체는 배열과 비슷하지만, 직접 키를 정의한다는 점이 다르다. 숫자 인덱스만 사용할 수 있는 것은 아니며, first_name, age 등과 같이 친숙한 키를 사용할 수 있다.

간단한 객체를 통해 구성을 살펴보자.

```
var hero = {
  breed: 'Turtle',
  occupation: 'Ninja'
};
```

위의 코드에서,

- 객체를 참조하는 변수의 이름은 hero다.
- 배열을 정의하는데 사용하는 [과] 대신, 객체에는 { 과 }를 사용한다.
- 객체에 포함된 요소(속성property이라고 함)는 쉼표로 구분한다.
- 키/값의 쌍은 key:value와 같이 콜론으로 나눈다.

키(속성의 이름)는 선택적으로 따옴표로 묶을 수 있다. 예를 들어 다음 키는 모두 동일하다.

```
var hero = {occupation: 1};
var hero = {"occupation": 1};
var hero = {'occupation': 1};
```

속성의 이름에 따옴표를 사용하지 않는 것이 좋다(입력이 줄어든다). 하지만 따옴표를 사용해야 하는 경우가 있다. 몇 가지 사례는 다음과 같다.

- 속성 이름이 자바스크립트 예약어reserved word 중 하나인 경우(부록 A. 예약어 참조)
- 공백이나 특수문자(문자, 숫자, _, $ 이 외의 문자)가 포함된 경우
- 숫자로 시작하는 경우

즉 속성의 이름으로 선택한 이름이 자바스크립트 변수로 유효한 이름이 아니면, 따옴표로 묶어야 한다.

다음의 특이한 모양의 객체를 살펴보자.

```
var o = {
  $omething: 1,
  'yes or no': 'yes',
  '!@#$%^&*': true
};
```

이것 역시 유효한 객체다. 두 번째와 세 번째 속성에 따옴표가 필요하다. 그렇지 않으면 오류가 발생한다.

4장의 뒷부분에서 [] 및 {} 외에, 객체와 배열을 정의하는 다른 방법을 볼 수 있다. 그러나 먼저 용어를 소개한다. []로 배열을 정의하는 것을 **배열 리터럴 표기법**^{array literal notation}이라고 하고, 중괄호 {}를 사용해 객체를 정의하는 것을 **객체 리터럴 표기법**^{object literal notation}이라고 한다.

요소, 속성, 메소드 및 멤버

배열에 대해 말할 때, 배열에 요소^{elelement}가 들어 있다고 말한다. 객체에 대해서는, 객체에 속성^{property}이 들어있다고 말한다. 자바스크립트에서는 큰 차이가 없으며 사람들이 익숙한 용어일 뿐이다. 아마도 다른 프로그래밍 언어에서 유래됐을 것이다.

함수는 데이터일 뿐이므로, 객체의 속성은 함수를 가리킬 수 있다. 함수를 가리키는 속성을 메소드^{method}라고 한다. 다음 예제에서 **talk**는 메소드다.

```
var dog = {
  name: 'Benji',
  talk: function () {
    alert('Woof, woof!');
  }
};
```

3장에서 배웠듯이, 함수를 배열 요소로 저장하고 호출할 수는 있지만, 실제로 이런 코드는 많이 볼 수 없다.

```
> var a = [];
> a[0] = function (what) { alert(what); };
> a[0]('Boo!');
```

또한 멤버^{member}라는 단어를 사용하여 객체의 속성을 이야기하는 사람들도 있다. 속성이 함수인지 여부는 일반적으로 그다지 중요하지 않다.

해시와 연관 배열

- 일부 프로그래밍 언어에는 다음 둘 사이에 차이가 있다.
- 일반 배열^{regular array}, **인덱스** 배열 또는 **열거** 배열로도 불린다(키는 숫자다).
- 연관 배열^{associate array}, **해시**^{hash} 또는 **딕셔너리**^{dictionary}로도 불린다(키는 문자열이다).

자바스크립트는 배열을 사용해 인덱스 배열과 객체를 표시해서 연관배열을 나타낸다. 자바스크립트에서 해시를 원한다면 객체를 사용하라.

객체의 속성 접근

객체의 속성에 접근하는 방법에는 두 가지가 있다.

- 대괄호 표기법을 사용하는 방법 (예: `hero['occupation']`)
- 도트 표기법을 사용하는 방법 (예: `hero.occupation`)

도트 표기법은 읽고 쓰기에 더 쉽지만, 언제나 사용할 수 있는 것은 아니다. 속성 이름을 인용할 때도 동일한 규칙이 적용된다. 속성의 이름이 유효한 변수 이름이 아닌 경우, 도트 표기법을 사용할 수 없다. 다음의 hero 객체를 살펴보자.

```
var hero = {
  breed: 'Turtle',
  occupation: 'Ninja'
};
```

다음은 도트 표기법으로 속성에 접근하는 예제다.

```
> hero.breed;
"Turtle"
```

대괄호 표기법을 사용하여 속성에 접근하는 예를 살펴보자.

```
> hero['occupation'];
"Ninja"
```

존재하지 않는 속성에 접근하면 다음 예제와 같이 undefined를 반환한다.

```
> 'Hair color is ' + hero.hair_color;
"Hair color is undefined"
```

객체는 다른 객체를 포함한 모든 데이터를 포함할 수 있다.

```
var book = {
  name: 'Catch-22',
  published: 1961,
  author: {
    firstname: 'Joseph',
    lastname: 'Heller'
```

```
    }
};
```

book 객체의 author 속성에 포함된 객체의 firstname 속성을 가져오려면 다음 코드를 사용한다.

```
> book.author.firstname;
"Joseph"
```

대괄호 표기법을 사용한 예제를 살펴보자.

```
> book['author']['lastname'];
"Heller"
```

두 표기법을 혼합해도 동작한다.

```
> book.author['lastname'];
"Heller"
> book['author'].lastname;
"Heller"
```

대괄호가 필요한 또 다른 경우는 접근해야 하는 속성의 이름을 미리 알 수 없는 경우다. 런타임시 동적으로 변수에 저장된다.

```
> var key = 'firstname';
> book.author[key];
"Joseph"
```

객체의 메소드 호출

메소드는 함수의 속성 중 하나일 뿐이므로 속성에 접근하는 것과 동일한 방법(도트 표기법 또는 대괄호 표기법)으로 메소드에 접근할 수 있다. 메소드 호출은 다른 함수 호출과 동일하다. 메소드 이름 뒤에 괄호를 추가하면 실행된다.

```
> var hero = {
    breed: 'Turtle',
    occupation: 'Ninja',
    say: function () {
      return 'I am ' + hero.occupation;
    }
  };
> hero.say();
"I am Ninja"
```

메소드에 전달할 매개변수가 있으면 일반 함수처럼 처리할 수 있다.

```
> hero.say('a', 'b', 'c');
```

배열과 유사한 대괄호를 사용하여 속성에 접근할 수 있기 때문에, 대괄호를 사용해 메소드에 접근하고 호출할 수 있다.

```
> hero['say']();
```

하지만 이 방법은 코드 작성시에는 메소드 이름을 알 수 없고 런타임시에 정의되는 경우가 아니라면, 일반적인 관행은 아니다.

```
var method = 'say';
hero[method]();
```

도트 표기법을 사용하여 메소드 및 속성에 접근해야 하는 경우가 아니면 따옴표를 사용하지 말자. 객체 리터럴에도 속성에 따옴표를 사용하지 않는 것이 좋다.

속성/메소드 변경

자바스크립트를 사용하면 언제든지 기존 객체의 속성과 메소드를 변경할 수 있다. 여기에는 새로운 속성의 추가 또는 삭제도 포함된다. 빈 객체로 시작하고 나중에 속성을 추가할 수도 있다. 어떻게 하는지 알아보자.

속성이 없는 객체는 다음과 같다.

```
> var hero = {};
```

 "빈" 객체

이 섹션에서 "빈(blank)" 객체인 var hero = {}으로 시작했다. 이 객체가 실제로 비어 있고 쓸모 없는 것은 아니기 때문에, 따옴표 안에 공백이 있다. 이 단계에서는 자체 속성을 가지고 있지 않지만 일부 이미 상속받은 속성을 가지고 있다. 뒤에서 자체 속성 대 상속된 속성에 대해 자세히 배운다. 따라서 ES3에서 객체는 결코 비어 있지 않다. 하지만 ES5에서는 아무것도 상속받지 않는 완전히 빈 객체를 만드는 방법이 있다.

1. 존재하지 않는 속성에 접근하는 코드는 다음과 같다.

   ```
   > typeof hero.breed;
   "undefined"
   ```

2. 두 개의 속성과 메소드를 추가한다.

```
> hero.breed = 'turtle';
> hero.name = 'Leonardo';
> hero.sayName = function () {
    return hero.name;
  };
```

3. 메소드를 호출한다.

```
> hero.sayName( );
"Leonardo"
```

4. 속성을 삭제한다.

```
> delete hero.name;
true
```

5. 메소드를 다시 호출하면 더 이상 삭제된 name 속성을 찾을 수 없다.

```
> hero.sayName( );
"undefined"
```

 유연한 객체

속성 추가와 삭제, 값 변경 등, 언제든지 모든 객체를 변경할 수 있다. 그러나 이 규칙에는 예
외가 있다. 일부 내장 객체의 속성은 변경할 수 없다(예, Math.PI). 또한 ES5를 사용하면 객
체 변경을 방지할 수도 있다. 이에 대해서는 부록C. 내장 객체에서 자세히 배울 수 있다.

this 값 사용

앞의 예제에서 sayName( ) 메소드는 hero.name을 사용해 hero 객체의 name 속성에 접근했다. 그러나 메소드 내부에 있을 때 메소드가 속한 객체에 접근할 수 있는 또 다른 방법이 있다. 이 메소드는 특별한 값 this를 사용한다.

```
> var hero = {
    name: 'Rafaelo',
    sayName: function () {
      return this.name;
    }
  };
> hero.sayName();
"Rafaelo"
```

따라서 this를 사용하면 실제로 이 객체 또는 현재 객체에 접근할 수 있다.

생성자 함수

객체를 생성하는 방법에는 생성자constructor 함수를 사용하는 방법도 있다. 예제를 살펴보자.

```
function Hero() {
  this.occupation = 'Ninja';
}
```

이 함수를 사용해 객체를 생성하려면, 다음과 같이 new 연산자를 사용한다.

```
> var hero = new Hero();
> hero.occupation;
"Ninja"
```

생성자 함수를 사용하면 새로운 객체를 만들 때 매개변수를 사용할 수 있는 이점이 있다. 하나의 매개변수를 받아 이것을 name 속성에 할당하도록 생성자를 수정해 보자.

```
function Hero(name) {
  this.name = name;
  this.occupation = 'Ninja';
  this.whoAreYou = function () {
    return "I'm " +
           this.name +
           " and I'm a " +
           this.occupation;
  };
}
```

이제 동일한 생성자를 사용해 서로 다른 객체를 생성할 수 있다.

```
> var h1 = new Hero('Michelangelo');
> var h2 = new Hero('Donatello');
> h1.whoAreYou();
"I'm Michelangelo and I'm a Ninja"
> h2.whoAreYou();
"I'm Donatello and I'm a Ninja"
```

 규약에 따라 생성자 함수의 첫 문자를 대문자로 만들어야 한다. 그래야 일반 함수로 호출하지 않는 시각적인 단서를 얻을 수 있다.

생성자로 설계된 함수를 new 연산자를 생략해 호출해도 오류가 아니다. 하지만 기대했던 결과를 제공하지는 않는다.

```
> var h = Hero('Leonardo');
```

```
> typeof h;
"undefined"
```

무슨 일이 일어났는가? new 연산자가 없으므로 새로운 객체가 생성되지 않았다. 함수가 다른 일반 함수처럼 호출됐으므로 변수 h에는 함수가 반환하는 값이 포함된다. 이 함수는 아무것도 반환하지 않는다(return 문이 없다). 따라서 실제로는 h에 할당된 undefined를 반환한다.

이 경우, this는 전역 객체를 참조한다.

전역 객체

앞에서 전역 변수에 대해(그리고 가급적 사용하지 말 것을) 조금 알아보았다. 그리고 자바스크립트 프로그램은 호스트 환경(예, 브라우저)에서 실행된다는 것도 알고 있다. 객체에 대해 알게 됐으니 이제 진실에 대해 알 시간이다. 호스트 환경은 전역 객체를 제공하고, 모든 전역 변수는 전역 객체의 속성으로 접근할 수 있다.

호스트 환경이 웹 브라우저인 경우, 전역 객체는 window로 호출된다. 전역 객체에 접근하는 또 다른 방법은(대부분의 다른 환경에서도 동일) 생성자 함수 바깥에서 this 키워드를 사용하는 것이다(예, 함수 밖의 전역 프로그램 코드에서).

예를 들어, 다음과 같이 함수 외부에서 전역 변수를 선언할 수 있다.

```
> var a = 1;
```

그런 다음, 이 전역 변수에 다양한 방법으로 접근할 수 있다.

- 변수 a로
- 전역 객체의 속성으로 (예, window['a'] 또는 window.a)
- this로 참조되는 전역 객체의 속성으로

```
> var a = 1;
> window.a;
1
> this.a;
1
```

생성자 함수를 정의하고 new 연산자 없이 호출하는 경우로 돌아가 보자. 이 경우, this는
전역 객체를 참조하고 this에 설정된 모든 속성은 window의 속성이 된다.

생성자 함수를 선언하고 new 없이 호출하면 "undefined"를 반환한다.

```
> function Hero(name) {
    this.name = name;
  }
> var h = Hero('Leonardo');
> typeof h;
"undefined"
> typeof h.name;
TypeError: Cannot read property 'name' of undefined
```

Hero 함수 안에 this 키워드가 있기 때문에, name이라는 전역 변수(전역 객체의 속성)이 생
성됐다.

```
> name;
"Leonardo"
> window.name;
"Leonardo"
```

new를 사용해 동일한 생성자 함수를 호출하면, 새 객체가 반환되고 this가 이 객체를 참
조한다.

186

```
> var h2 = new Hero('Michelangelo');
> typeof h2;
"object"
> h2.name;
"Michelangelo"
```

3장에서 봤던 내장된 전역 함수 역시 window 객체의 메소드로 호출할 수 있다. 따라서 다음 두 호출의 결과는 같다.

```
> parseInt('101 dalmatians');
101
> window.parseInt('101 dalmatians')
101
```

생성자 속성

객체가 생성되면 특별한 constructor 속성이 백그라운드로 객체에 할당된다. 이것은 this 객체를 생성하는 데 사용되는 생성자 함수의 참조를 포함한다.

앞의 예제를 계속 사용한다.

```
> h2.constructor;
function Hero(name) {
  this.name = name;
}
```

constructor 속성이 함수에 대한 참조를 포함하고 있으므로, 이 함수를 호출해 새 객체를 생성할 수도 있다. 다음 코드는 "객체 h2가 어떻게 생성됐는지 모르겠지만, 이와 비슷한 다른 객체가 필요하다"고 말하고 있다.

```
> var h3 = new h2.constructor('Rafaello');
> h3.name;
"Rafaello"
```

객체 리터럴 표기법을 사용해 객체를 만든 경우, 객체의 생성자는 내장된 `Object()` 생성자 함수다(이에 대한 자세한 내용은 뒤에서 설명한다).

```
> var o = {};
> o.constructor;
function Object() { [native code] }
> typeof o.constructor;
"function"
```

instanceof 연산자

instanceof 연산자를 사용하면 객체가 constructor 함수로 생성되었는지 테스트할 수 있다.

```
> function Hero() {}
> var h = new Hero();
> var o = {};
> h instanceof Hero;
true
> h instanceof Object;
true
> o instanceof Object;
true
```

함수 이름 뒤에 괄호를 넣지 않도록 주의하자(h instanceof Hero()를 사용하지 않는다). 이것은 이 함수를 호출하지 않고 다른 변수와 마찬가지로 이름으로 참조하기 때문이다.

객체를 반환하는 함수

constructor 함수와 new 연산자를 사용해 객체를 생성하는 방법 외에도 일반 함수를 사용해서 new 연산자 없이 객체를 생성할 수도 있다. 약간의 준비 작업을 수행하면 반환 값으로 객체를 가지는 함수를 만들 수 있다.

예를 들어, 다음은 객체를 생성하는 간단한 factory() 함수다.

```
function factory(name) {
  return {
    name: name
  };
}
```

factory() 함수를 사용하는 다음 예제를 살펴보자.

```
> var o = factory('one');
> o.name;
"one"
> o.constructor;
function Object() { [native code] }
```

사실, constructor 함수와 함께 this 키워드 대신 return 객체를 사용할 수도 있다. 즉, constructor 함수의 디폴트 행동을 수정할 수 있음을 의미한다. 어떻게 가능한지 살펴보자.

다음은 일반적인 생성자 시나리오다.

```
> function C() {
    this.a = 1;
  }
> var c = new C();
```

```
> c.a;
1
```

그러면 이제 다음 시나리오를 살펴보자.

```
> function C2() {
    this.a = 1;
    return {b: 2};
  }
> var c2 = new C2();
> typeof c2.a;
"undefined"
> c2.b;
2
```

무슨 일이 일어났을까? a 속성을 포함하는 this 객체를 반환하는 대신, 생성자는 b 속성을 포함하는 다른 객체를 반환했다. 이것은 반환 값이 객체인 경우에만 가능하다. 그렇지 않고 객체가 아닌 것을 반환하려고 시도할 경우, 생성자는 일반적인 동작을 수행하고 this를 반환한다.

생성자 함수 안에서 객체를 생성하는 방법을 생각해 보면 this라는 변수는 함수의 맨 위에서 정의된 다음 마지막에 반환된다고 생각할 수 있다. 다음 코드를 살펴보자.

```
function C() {
  // var this = {}; // 의사 코드, 수행할 수 없음
  this.a = 1;
  // return this
}
```

객체 전달

객체를 다른 변수에 할당하거나 함수에 전달하려면 해당 객체에 대한 참조만 전달하면 된다. 또한 참조를 변경하면 실제로는 원본 객체를 수정하는 것이다.

다음은 객체를 다른 변수에 할당한 다음 복사본을 변경하는 방법을 보여준다.

```
> var original = {howmany: 1};
> var mycopy = original;
> mycopy.howmany;
1
> mycopy.howmany = 100;
100
> original.howmany;
100
```

객체를 함수에 전달할 때도 똑같이 적용된다.

```
> var original = {howmany: 100};
> var nullify = function (o) { o.howmany = 0; };
> nullify(original);
> original.howmany;
0
```

객체 비교

객체를 비교할 때, 동일한 객체에 대한 두 개의 참조를 비교할 때만 true가 된다. 똑같은 메소드와 속성을 가지고 있는 서로 다른 두 개별 객체를 비교하면 결과는 false가 된다.

다음과 같은 두 개의 객체를 생성해 보자.

```
> var fido = {breed: 'dog'};
> var benji = {breed: 'dog'};
```

이들 객체를 비교하면 false가 반환된다.

```
> benji === fido;
false
> benji == fido;
false
```

새로운 변수인 mydog를 생성하고 객체 중 하나를 할당한다. 이렇게 하면 변수 mydog가 실제로 동일한 객체를 가리키게 된다.

```
> var mydog = benji;
```

예제의 경우, 동일한 객체이기 때문에 benji는 mydog이다(mydog 변수의 속성을 변경하면 benji 변수의 속성이 변경된다). 비교 결과는 true를 반환한다.

```
> mydog === benji;
true
```

fido는 다른 객체이므로 mydog와 비교하면 false가 된다.

```
> mydog === fido;
false
```

웹킷 콘솔의 객체

자바스크립트의 내장 객체를 본격적으로 알아보기 전에 웹킷 콘솔에서의 객체 작업에 대해 몇 가지 살펴보자.

이 장의 예제를 통해 콘솔에 객체가 표시되는 방법을 이미 알고 있을 것이다. 객체를 생성하고 객체의 이름을 입력하면 객체의 단어를 가리키는 화살표가 나타난다.

객체는 클릭할 수 있으며 객체의 모든 속성 목록을 보여준다. 속성이 객체인 경우, 역시 화살표가 있으며 이 속성을 확장할 수 있다. 객체의 내용을 정확하게 알려주므로 편리하다. 다음 예제를 살펴보자.

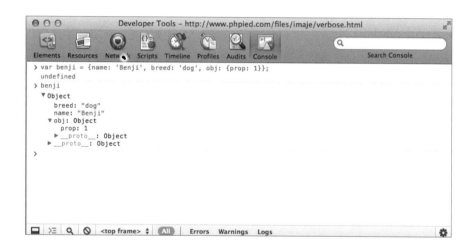

 지금은 __proto__를 무시해도 좋다. 이에 대해서는 다음 장에서 자세히 설명한다.

console.log 메소드를 사용하여 로깅

콘솔은 또한 console이라는 객체와 console.log( )와 console.error( ) 같은 몇 가지 메소드를 제공한다. 이 메소드를 사용해 원하는 어떤 값이든 콘솔에 표시할 수 있다.

console.log( ) 메소드는 실제 스크립트에서 일부 중간 디버깅 정보를 덤프할 때뿐만 아니라 신속하게 무엇인가를 테스트하려는 경우에 편리하다. 다음은 루프를 실험하는 방법을 보여준다.

```
> for (var i = 0; i < 5; i++) {
    console.log(i);
  }
0
1
2
3
4
```

ES6 객체 리터럴

ES6는 객체 리터럴을 사용할 때 훨씬 간결한 구문을 도입했다. ES6에서는 속성 초기화 및 함수 정의에 대한 몇 가지 약식 구문을 제공한다. ES6 약식 구문은 친숙한 JSON 구문과 매우 유사하다. 다음 코드를 살펴보자.

```
let a = 1
let b = 2
let val = {a: a, b: b}
console.log(val) //{"a":1,"b":2}
```

이것은 속성 값을 할당하는 일반적인 방법이다. 변수의 이름과 속성 키가 같은 경우 ES6에서는 약식 구문을 사용할 수 있다. 앞의 코드를 다음과 같이 작성할 수 있다.

```
let a = 1
let b = 2
let val = {a, b}
console.log(val) //{"a":1,"b":2}
```

메소드 정의에도 비슷한 구문을 사용할 수 있다. 지금까지 설명한 것처럼, 메소드는 단순히 값이 함수인 객체의 속성이다. 다음 예제를 살펴보자.

```
var obj = {
  prop: 1,
  modifier: function() {
    console.log(this.prop);
  }
}
```

ES6에서 메소드를 정의하는 간략한 방법이 있다. 키워드 function와 :를 생략할 수 있다. ES6에서 해당 코드는 다음과 같다.

```
var obj = {
  prop: 1,
  modifier () {
    console.log(this.prop);
```

```
    }
}
```

ES6를 사용하면 속성의 키를 계산할 수 있다. ES6 까지는 고정된 속성 이름만 사용할 수 있었다. 다음은 그 예다.

```
var obj = {
  prop: 1,
  modifier: function () {
    console.log(this.prop);
  }
}
obj.prop = 2;
obj.modifier(); //2
```

보다시피 예제의 경우 고정된 키 이름인 prop과 modifier를 사용하는 것으로 제한된다. 그러나 ES6에서는 계산된 속성 키를 사용할 수 있다. 함수가 반환하는 값을 사용하여 속성 키를 동적으로 생성할 수도 있다.

```
let vehicle = "car"
function vehicleType(){
  return "truck"
}
let car = {
  [vehicle+"_model"]: "Ford"
}
let truck= {
  [vehicleType() + "_model"]: "Mercedez"
}
console.log(car) //{"car_model":"Ford"}
console.log(truck) //{"truck_model":"Mercedez"}
```

car 객체를 생성할 때 변수 vehicle의 값을 고정된 문자열과 연결해 속성 키를 만든다. 두 번째 코드에서는 함수가 반환한 값을 고정된 문자열과 연결하여 속성을 생성한다. 이 속성 키 계산 방법은 객체를 생성할 때 많은 유연성을 제공해서 보일러플레이트^boilerplate 와 반복 코드를 제거할 수 있게 해준다.

이 구문은 메소드 정의에도 적용된다.

```
let object_type = "Vehicle"
let obj = {
  ["get"+object_type]() {
    return "Ford"
  }
}
```

▌ 객체 속성과 어트리뷰트

각 객체는 몇 가지 속성^property을 가지고 있다. 각각의 속성은 키와 어트리뷰트^attribute[1]로 구성된다. 속성의 상태는 이들 어트리뷰트에 저장된다. 모든 속성은 다음과 같은 어트리뷰트를 가진다.

- Enumerable(부울): 객체의 속성을 열거할 수 있는지 여부를 나타낸다. 시스템 속성은 열거 가능하지 않지만 사용자 특성은 열거 가능하다. 특별한 이유가 없는 한 이 속성은 변경하지 않는다.
- Configurable(부울): 이 속성이 false면, 속성을 삭제하거나 편집할 수 없다.

---

1   일반적으로 attribute도 속성으로 번역되지만, 여기서는 property와의 구분을 위해 속성이란 단어 대신 어트리뷰트로 표시했다. – 역자주

Object.getOwnPropertyDescriptor( ) 메소드를 사용해 객체의 속성을 검색할 수 있다.

```
let obj = {
  age: 25
}
console.log(Object.getOwnPropertyDescriptor(obj, 'age'));
//{"value":25,"writable":true,"enumerable":true,"configurable":true}
```

한편, Object.defineProperty( ) 메소드를 사용하여 속성을 정의할 수 있다.

```
let obj = {
  age: 25
}
Object.defineProperty(obj, 'age', { configurable: false })
console.log(Object.getOwnPropertyDescriptor(obj, 'age'));
//{"value":25,"writable":true,"enumerable":true,"configurable":false}
```

이런 메소드를 실제로 사용하지는 않겠지만 객체 속성과 어트리뷰트를 이해할 필요가 있다. 다음 섹션에서는 몇 가지 object 메소드가 이들 속성의 컨텍스트에서 사용되는 방법에 대해 알아본다.

■ ES6 객체 메소드

ES6는 객체에 대한 몇 가지 정적 헬퍼helper 메소드를 도입했다. Object.assign은 인기 있는 믹스인mixin을 대체하여 객체의 얕은shallow 복사를 수행하는 헬퍼 메소드다.

Object.assign을 사용하여 속성 복사

이 메소드는 대상 객체의 속성을 소스 객체에 복사하는 데 사용된다. 즉, 이 메소드는 소스 객체를 대상 객체와 병합하고 대상 객체를 수정한다.

```
let a = {}
Object.assign(a, { age: 25 })
console.log(a) //{"age":25}
```

Object.assign의 첫 번째 매개변수는 원본 속성이 복사되는 대상이다. 동일한 대상 객체가 호출자caller에게 반환된다. 원본 객체에 포함되지 않은 속성은 무시되지만 기존 속성은 덮어 쓰여진다.

```
let a = {age : 23, gender: "male"}
Object.assign(a, { age: 25 }) // age는 덮어 쓰여지지만, gender는 무시된다
console.log(a) //{"age":25, "gender":"male"}
```

Object.assign은 복수의 소스 객체를 받을 수 있다. Object.assign(target, source1, source2)와 같이 작성할 수 있다. 다음은 그 예다.

```
console.log(Object.assign({a:1, b:2}, {a: 2}, {c: 4}, {b: 3}))
//Object {
//"a": 2,
//"b": 3,
//"c": 4
//
```

이 코드에서는 여러 소스 객체의 속성을 할당하고 있다. 또한 Object.assign( )이 console.log( ) 내부에서 사용하는 대상 객체를 반환하는 방법에 주목하자.

한가지 주의할 점은 열거 가능한 (상속되지 않는) 속성만 Object.assign( )을 사용해서 복사할 수 있다는 것이다. 프로토타입 체인의 속성(4장의 상속 섹션에서 설명)은 대상이 아니다. 앞에서 열거 가능한 속성에 대해 배운 것이 이런 차이점을 이해하는 데 도움이 될 것이다.

다음 예제에서는 defineProperty()를 사용해서 열거 불가능한 속성을 생성하고 Object.assign()이 해당 속성을 무시한다는 사실을 확인한다.

```
let a = {age : 23, gender: "male"}
Object.defineProperty(a, 'superpowers', {enumberable:false, value:'ES6'})
console.log(a) //{ age: 23, gender: 'male' }"
```

superpowers로 정의된 속성에는 enumerable 어트리뷰트가 false로 설정돼 있다. 속성을 할 때 이 속성은 무시된다.

Object.is와 값 비교

ES6는 값을 비교할 때 상당히 정확한 방법을 제공한다. 앞에서 엄격한 동등 연산자 ===에 대해 알아봤다. 그러나 NaN과 -0, +0의 경우 엄격한 동등 연산자가 일관성 없이 동작한다. 다음은 그 예다.

```
console.log(NaN===NaN) //false
console.log(-0===+0) //true
//ES6 Object.is
console.log(Object.is(NaN,NaN)) //true
console.log(Object.is(-0,+0)) //false
```

이 두 가지 경우를 제외하고는 Object.is()는 === 연산자로 안전하게 바꿀 수 있다.

▌ 디스트럭처링

코드 작성시 항상 객체와 배열로 작업하게 될 것이다. 자바스크립트 객체 및 배열 표기법은 JSON 포맷과 유사하다. 객체와 배열을 정의한 다음 여기에서 요소를 검색한다. ES6

는 객체 및 배열의 속성/멤버에 접근하는 방식을 크게 향상시키는 편리한 구문을 제공한다. 다음과 같이 자주 작성하는 일반적인 코드를 살펴보자.

```
var config = {
  server: 'localhost',
  port: '8080'
}
var server = config.server;
var port = config.port;
```

예제에서 config 객체에서 server와 port의 값을 추출하여 지역 변수에 할당했다. 아주 간단하다. 하지만 이 객체에 많은 속성이 있고, 그 중 일부가 중첩된 경우 이 간단한 작업은 매우 지루해질 수 있다.

ES6 디스트럭처링destructuring(분할 할당) 구문을 사용하면 할당assignment문의 왼쪽에 객체 리터럴을 사용할 수 있다. 다음 예제에서 몇 개의 속성과 함께 config 객체를 정의한다. 뒤에서 디스트럭처링을 사용하여 할당문의 왼쪽에 있는 개별 속성에 객체 config를 할당한다.

```
let config = {
  server: 'localhost',
  port: '8080',
  timeout: 900,
}
let {server,port} = config
console.log(server, port) //"localhost" "8080"
```

보다시피 server와 port는 속성 이름이 지역 변수와 동일하기 때문에 config 객체에서 할당된 속성을 가진 지역 변수다. 지역 변수에 할당할 때 특정 속성을 선택할 수도 있다. 다음은 예를 보여준다.

```
let {timeout : t} =config
console.log(t) //900
```

예제에서는 config 객체에서 timeout을 선택해 지역 변수 t에 할당한다.

디스트럭처링 구문을 사용해서 이미 선언된 변수에 값을 할당할 수도 있다. 이 경우 할당하는 주변에 괄호를 써야 한다.

```
let config = {
  server: 'localhost',
  port: '8080',
  timeout: 900,
}
let server = '127.0.0.1';
let port = '80';
({server,port} = config) // 할당하는 주변을 ( ) 로 둘러쌈
console.log(server, port) //"localhost" "8080"
```

디스트럭처링 표현식이 표현식의 오른쪽으로 평가되기 때문에 값을 할당하는 어느 곳이든 사용할 수 있다. 예를 들어 다음과 같이 함수 호출에서,

```
let config = {
  server: 'localhost',
  port: '8080',
  timeout: 900,
}
let server='127.0.0.1';
let port ='80';
let timeout ='100';

function startServer(configValue){
  console.log(configValue)
```

```
}
startServer({server,port,timeout} = config)
```

객체에 존재하지 않는 속성 이름을 가진 지역 변수를 지정하면, 지역 변수는 undefined 값을 가진다. 그러나 디스트럭처링 할당에서 변수를 사용할 때, 선택적으로 디폴트 값을 지정할 수 있다.

```
let config = {
  server: 'localhost',
  port: '8080'
}
let {server,port,timeout=0} = config
console.log(timeout)
```

이 예에서는 존재하지 않는 속성 타임아웃에 대해 디폴트값을 제공해서 지역 변수에 undefined 값이 할당되지 않도록 했다.

디스트럭처링은 배열에서도 동작하며 구문도 객체의 구문과 아주 유사하다. 객체 리터럴 구문을 array:literals로 대체하기만 하면 된다.

```
const arr = ['a','b']
const [x,y] = arr
console.log (x,y) /"a" "b"
```

보다시피, 앞에서 본 것과 완전히 똑같은 구문이다. 배열 arr을 정의한 다음 나중에 디스트럭처링 구문을 사용하여 해당 배열의 요소를 두 개의 지역 변수 x와 y에 할당했다. 여기에서 할당은 배열의 요소 순서에 따라 진행된다. 요소의 위치만 신경 쓰면, 원하는 경우 일부를 건너뛸 수도 있다. 다음은 예를 보여준다.

```
const days = ['Thursday','Friday','Saturday','Sunday']
const [,,sat,sun] = days
console.log (sat,sun) //"Saturday" "Sunday"
```

예제에서, 위치 2와 3(배열의 인덱스는 0부터 시작한다)의 요소가 필요하다. 따라서 위치 0과 1의 요소는 무시한다. 배열 디스트럭처링은 두 변수의 값을 교환할 때 temp 변수를 사용하지 않아도 되게 해준다. 다음 예제를 살펴보자.

```
let a=1, b=2;
[b,a] = [a,b]
console.log(a,b) //2 1
```

나머지 연산자(...)를 사용해서 나머지 요소를 추출하고 배열에 할당할 수 있다. 나머지 연산자는 디스트럭처링에서 마지막 연산자로만 사용할 수 있다.

```
const [x, ...y] = ['a', 'b', 'c']; // x='a'; y=['b', 'c']
```

▌ 내장 객체

4장의 앞에서 Object( ) 생성자 함수를 살펴봤다. 객체 리터럴 표기법을 사용해서 객체를 생성하고 해당 constructor 속성에 접근할 때 반환된다. Object( )는 내장된 생성자 중 하나다. 4장의 뒷 부분은 이 외 다른 몇 가지 내장 객체에 대해 자세히 알아보겠다.

내장 객체는 세 그룹으로 나눌 수 있다.

- **데이터 랩퍼 객체**: 여기에는 Object, Array, Function, Boolean, Number, String 이 있다. 이들 객체는 자바스크립트에서 각각의 데이터 유형에 해당한다.

undefined와 null을 제외하고는 typeof(2장에서 설명)에 의해 반환된 모든 다른 값에 대한 데이터 래퍼 객체가 있다.

- **유틸리티 객체**: Math와 Date, RegExp가 있으며 편리하게 사용할 수 있다.
- **오류 객체**: 여기에는 일반적인 Error 객체뿐만 아니라 예기치 않은 상황이 발생할 때 프로그램이 동작 상태를 복구하는 데 도움이 되는 다른 여러 특정 객체가 포함된다.

이 장에서는 내장 객체에서 유용한 몇 가지 메소드에 대해서만 설명한다. 전체 목록은 부록 C. 내장 객체를 참조한다.

내장 객체와 내장된 생성자가 혼동된다면, 사실 같은 것이다. 잠시 후에 함수 그리고 생성자 함수 역시 객체임을 알게 될 것이다.

Object

Object는 모든 자바스크립트 객체들의 부모다. 즉 생성한 모든 객체는 여기서 상속됐음을 의미한다. 새로운 빈 객체를 생성하려면, 리터럴 표기법이나 Object() 생성자 함수를 사용한다. 다음 두 줄은 동일하다.

```
> var o = {};
> var o = new Object();
```

앞에서 언급했듯이 빈 객체는 이미 여러 상속된 메소드와 속성을 가지고 있기 때문에 바로 사용 가능하다. 이 책에서 빈 객체라는 것은 { } 같은 객체로, 자동으로 받은 것 이외 자체 속성을 가지지 않는 객체를 의미한다. 빈 객체에도 이미 포함되어 있는 몇 가지 속성을 살펴보자.

- o.constructor 속성은 생성자 함수의 참조를 반환한다.

- o.toString( )은 객체를 표현하는 문자열을 반환하는 메소드다.
- o.valueOf( )은 객체의 단일 값 표현을 반환한다. 종종 이것은 객체 자체다.

이 메소드들의 실제 동작을 살펴보자. 먼저 객체를 생성한다.

```
> var o = new Object();
```

toString( )을 호출하면 객체의 문자열 표현식이 반환된다.

```
> o.toString();
"[object Object]"
```

toString( ) 메소드는 객체가 문자열 컨텍스트에서 사용될 때 자바스크립트에 의해 내부적으로 호출된다. 예를 들어 alert( )은 문자열에서만 동작하므로 alert( ) 함수를 호출할 때 객체를 전달하면, toString( ) 메소드가 자동으로 호출된다. 다음 두 줄은 동일한 결과를 만든다.

```
> alert(o);
> alert(o.toString());
```

문자열 컨텍스트의 또 다른 유형은 문자열 연결이다. 객체를 문자열과 연결하려고 하면 객체의 toString( ) 메소드가 먼저 호출된다.

```
> "An object: " + o;
"An object: [object Object]"
```

valueOf( ) 메소드는 모든 객체가 제공하는 메소드 중 하나다. 생성자가 Object( )인 단순 객체인 경우, valueOf( ) 메소드는 객체 자체를 반환한다.

```
> o.valueOf( ) === o;
true
```

요약하면 다음과 같다.

- `var o = {};` (객체 리터럴 표기법, 선호되는 방법) 또는 `var o = new Object( );`로 객체를 생성할 수 있다.
- 아무리 복잡한 객체더라도 `Object` 객체를 상속하므로 `toString( )` 같은 메소드 와 `constructor` 같은 속성을 제공한다.

Array

Array( )는 배열을 생성할 때 사용할 수 있는 내장 함수다.

```
> var a = new Array( );
```

이것은 배열 리터럴 표기법과 동일하다.

```
> var a = [ ];
```

배열이 어떻게 생성됐는지와 상관없이 평소와 같이 요소를 추가할 수 있다.

```
> a[0] = 1;
> a[1] = 2;
> a;
[1, 2]
```

Array( ) 생성자를 사용할 때, 새로운 배열의 요소에 할당될 값을 전달할 수도 있다.

```
> var a = new Array(1, 2, 3, 'four');
> a;
[1, 2, 3, "four"]
```

예외는 생성자에 하나의 숫자를 전달할 때다. 이 경우, 숫자는 배열의 길이로 간주된다.

```
> var a2 = new Array(5);
> a2;
[undefined x 5]
```

생성자를 사용해 배열을 생성했으므로, 배열이 사실은 객체라는 의미일까? 그렇다. Typeof 연산자를 사용해 이를 확인할 수 있다.

```
> typeof [1, 2, 3];
"object"
```

배열은 객체이므로 부모 객체의 속성과 메소드를 상속받는다.

```
> var a = [1, 2, 3, 'four'];
> a.toString();
"1,2,3,four"
> a.valueOf();
[1, 2, 3, "four"]
> a.constructor;
function Array() { [native code] }
```

배열은 객체이지만, 다음과 같은 이유로 특별한 유형이다.

- 속성의 이름은 0부터 시작하는 숫자를 사용하여 자동으로 지정된다.
- 배열의 요소 개수를 담고 있는 length 속성이 있다.

- 부모 객체에서 상속된 메소드 이외에 더 많은 내장 메소드를 가지고 있다.

빈 배열 a와 빈 객체 o를 생성하는 것으로 시작하여 배열과 객체의 차이점을 살펴보겠다.

```
> var a = [], o = {};
```

일반 객체와는 달리 배열 객체에는 length 속성이 자동으로 정의된다.

```
> a.length;
0
> typeof o.length;
"undefined"
```

배열과 객체 모두에 숫자 및 비숫자 속성을 추가할 수 있다.

```
> a[0] = 1;
> o[0] = 1;
> a.prop = 2;
> o.prop = 2;
```

length 속성은 숫자 속성의 수를 항상 최신 상태로 유지하지만, 숫자가 아닌 속성은 무시한다.

```
> a.length;
1
```

length 속성은 사용자가 설정할 수도 있다. 배열의 현재 항목 수보다 큰 값으로 설정하면 추가 요소를 위한 공간이 마련된다. 이러한 존재하지 않는 공간에 접근하려고 하면 undefined 값이 반환된다.

```
> a.length = 5;
5
> a;
[1, undefined x 4]
```

length 속성을 더 작은 값으로 설정하면 뒤에 있는 요소가 제거된다.

```
> a.length = 2;
2
> a;
[1, undefined x 1]
```

몇 가지 배열 메소드

배열 객체는 부모 객체에서 상속된 메소드 외에도 sort( ), join( ), slice( ) 등과 같이 배열 작업을 위한 특별한 메소드(전체 목록은 부록 C. 내장 객체를 참조)를 가지고 있다.

배열을 만들고 이들 메소드로 실험해 보자.

```
> var a = [3, 5, 1, 7, 'test'];
```

push( ) 메소드는 배열의 끝에 새로운 요소를 추가한다. pop( ) 메소드는 마지막 요소를 제거한다. a.push('new') 메소드는 a[a.length] = 'new'와 같이 동작하고, a.pop( )는 a.length--와 같다.

push( ) 메소드는 변경된 배열의 길이를 반환하고, pop( )은 제거된 요소를 반환한다.

```
> a.push('new');
6
> a;
```

```
[3, 5, 1, 7, "test", "new"]
> a.pop();
"new"
> a;
[3, 5, 1, 7, "test"]
```

sort() 메소드는 배열을 정렬하고 이를 반환한다. 다음 예제에서 정렬 후 a와 b는 모두 동일한 배열을 가리킨다.

```
> var b = a.sort();
> b;
[1, 3, 5, 7, "test"]
> a === b;
true
```

join() 메소드는 join()에 전달된 문자열 매개변수를 함께 묶어 배열의 모든 요소 값을 포함하는 문자열을 반환한다.

```
> a.join(' is not ');
"1 is not 3 is not 5 is not 7 is not test"
```

slice() 메소드는 소스 배열을 수정하지 않고 배열의 일부분을 반환한다. slice()의 첫 번째 매개변수는 시작 인덱스(0부터 시작)이고, 두 번째 매개변수는 끝 인덱스(두 인덱스 모두 0에서 시작)이다. 시작 인덱스의 요소는 포함되지만, 끝 인덱스의 요소는 포함되지 않는다. 다음 예제를 살펴보자.

```
> b = a.slice(1, 3);
[3, 5]
> b = a.slice(0, 1);
[1]
```

```
> b = a.slice(0, 2);
[1, 3]
```

슬라이스가 끝난 후에도, 소스 배열은 변하지 않는다.

```
> a;
[1, 3, 5, 7, "test"]
```

splice( ) 메소드는 소스 배열을 수정한다. 슬라이스를 제거하여 반환하고, 선택적으로 간격을 새로운 요소로 채울 수 있다. 처음 두 개의 매개변수는 제거할 슬라이스의 시작 인덱스와 길이(요소 수)를 정의한다. 다른 매개변수는 채울 새 값을 전달한다.

```
> b = a.splice(1, 2, 100, 101, 102);
[3, 5]
> a;
[1, 100, 101, 102, 7, "test"]
```

간격을 새 요소로 채우는 것은 선택사항이므로 건너 뛸 수 있다.

```
> a.splice(1, 3);
[100, 101, 102]
> a;
[1, 7, "test"]
```

▌ ES6 배열 메소드

배열은 유용한 메소드를 많이 가지고 있다. 로대쉬lodash와 언더스코어underscore 같은 라이브러리는 지금까지 언어에서 누락됐던 기능을 제공해 왔다. 새로운 헬퍼 메소드를 사용하면 배열 생성 및 조작이 훨씬 기능적이되고 코드 작성도 쉬워진다.

Array.from

배열과 유사한 값을 배열로 변환하는 것은 자바스크립트에서 항상 어려운 과제였다. 사람들은 배열을 효과적으로 처리할 수 있도록 몇 가지 해킹 라이브러리를 사용해왔다.

ES6는 배열과 유사한 객체와 반복 가능한 값을 배열로 변환하는 매우 유용한 메소드를 도입했다. 배열과 유사한 값은 length 속성과 인덱싱된 요소를 가진 객체다. 모든 함수에는 함수에 전달된 모든 인수의 목록이 포함된 암시적인 인수 변수를 가지고 있다. 이 변수는 배열과 유사한 객체다. ES6 이전에 arguments 객체를 배열로 변환할 수 있는 유일한 방법은 이를 반복하여 값을 새로운 배열에 복사하는 것이었다.

```
function toArray(args) {
    var result = [];
    for (var i = 0, len = args.length; i < len; i++) {
        result.push(args[i]);
    }
    return result;
}
function doSomething() {
    var args = toArray(arguments);
    console.log(args)
}
doSomething("hellow", "world")
//Array [
// "hellow",
// "world"
//]
```

예제에서, arguments 객체의 모든 요소를 복사할 새로운 배열을 생성한다. 이것은 시간 낭비고 많은 불필요한 코딩을 필요로 한다. Array.from( )은 배열과 유사한 객체를 객체로 변환하는 간결한 방법이다. Array.from( )을 사용하면 예제를 보다 간결하게 변경할 수 있다.

```
function doSomething() {
    console.log(Array.from(arguments))
}
doSomething("hellow", "world")
//Array [
//  "hellow",
//  "world"
//]
```

Array.from( )를 호출할 때 매핑 함수로 고유한 매핑 스키마를 제공할 수 있다. 이 함수는 객체의 모든 요소에서 호출되고 이를 변환한다. 이는 많은 일반적인 유즈케이스에서 유용한 구조다. 예를 들면 다음과 같다.

```
function doSomething() {
    console.log(Array.from(arguments, function(elem)
  { return elem + " mapped"; }));
}
```

이 예제에서는 Array.from을 사용해 arguments 객체를 분해하고 arguments 객체의 각 요소에 대해 함수를 호출한다.

Array.of를 사용하여 배열 만들기

Array( ) 생성자를 사용해 배열을 생성하면 약간의 문제가 발생한다. 생성자는 인수의 수와 유형에 따라 다르게 동작한다. `Array( )` 생성자에 단일 숫자 값을 전달하면, 인수 값이 length 값으로 할당된 배열의 요소가 정의되지 않은 배열이 생성된다.

```
let arr = new Array(2)
console.log(arr) //[undefined, undefined]
console.log(arr.length) //2
```

반면에 숫자가 아닌 값을 하나만 전달하면 배열의 유일한 항목이 된다.

```
let arr = new Array("2")
console.log(arr) //["2"]
console.log(arr.length) //1
```

이게 전부가 아니다. 여러 값을 전달하면 이 값은 배열의 요소가 된다.

```
let arr = new Array(1,"2",{obj: "3"})
console.log(arr.length) //3
```

따라서 배열을 생성할 때 혼란을 피할 수 있는 더 좋은 방법이 필요하다. ES6는 `Array( )` 생성자와 비슷하게 동작하지만 하나의 표준 동작을 보장하는 `Array.of` 메소드를 도입했다. `Array.of`는 숫자와 유형에 상관없이 인수로 배열을 생성한다.

```
let arr = Array.of(1,"2",{obj: "3"})
console.log(arr.length) //3
```

Array.prototype 메소드

ES6에서는 배열 인스턴스의 일부로 몇 가지 흥미로운 메소드를 도입했다. 이들 메소드는 배열 반복과 배열의 요소 검색에 도움이 된다. 둘 다 자주 사용되는 유용한 메소드다.

다음은 배열을 반복하는 데 사용되는 메소드다.

- `Array.prototype.entries()`
- `Array.prototype.values()`
- `Array.prorotype.keys()`

3개의 메소드는 모두 이터레이터^{iterator}를 반환한다. 이 이터레이터는 `Array.from()`를 사용해서 배열을 생성하는 데 사용할 수 있으며 반복을 위한 for 루프에서 사용할 수 있다.

```
let arr = ['a','b','c']
for (const index of arr.keys()){
  console.log(index) //0 1 2
}
for (const value of arr.values()){
  console.log(value) //a b c
}
for (const [index,value] of arr.entries()){
  console.log(index,value)
}
//0 "a"
//1 "b"
//2 "c"
```

마찬가지로, 배열안을 검색하는 새로운 메소드도 있다. 배열의 요소를 찾으려면 일반적으로 전체 목록을 반복하고 이를 값과 비교하는 작업이 필요하다. 이를 위한 내장 메소드가 없기 때문이다. `indexOf()`와 `lastIndexOf()`가 단일 값을 찾는 데는 도움이 되지만 복잡한 조건으로 요소를 찾는 방법은 없었다. ES6에서는 `this` 키워드와 함께 다음 내장 메소드를 사용하면 도움이 된다.

- Array.prototype.find

- Array.prototype.findIndex

이 메소드는 모두 두 개의 인수를 허용한다. 첫 번째는 callback 함수(조건 포함)이고 두 번째는 선택 사항인 this 키워드다. callback은 배열 요소, 해당 요소의 인덱스 및 배열의 세 개의 인수를 받는다. 요소가 조건과 일치하면 callback은 true를 반환한다.

```
let numbers = [1,2,3,4,5,6,7,8,9,10];
console.log(numbers.find(n => n > 5)); //6
console.log(numbers.findIndex(n => n > 5)); //5
```

Function

함수는 특별한 데이터 유형이라는 사실을 배웠다. 하지만 이보다 더 많은 내용이 있다. 함수는 실제로 객체다. Function()이라는 내장 생성자 함수가 있으며 이는 함수를 생성하는 대체 방법(반드시 권장되는 것은 아니다)으로 사용될 수 있다.

다음 예제는 함수를 정의하는 세 가지 방법을 보여준다.

```
> function sum(a, b) { // 함수 선언
    return a + b;
  }
> sum(1, 2);
3
> var sum = function (a, b) { // 함수 표현식
    return a + b;
  };
> sum(1, 2)
3
> var sum = new Function('a', 'b', 'return a + b;');
> sum(1, 2)
3
```

Function( ) 생성자를 사용할 때는 먼저 매개변수 이름을 문자열로 전달한 다음 함수 본
몬의 소스 코드를 문자열로 전달한다. 자바스크립트 엔진은 전달한 소스 코드를 평가하
고 새로운 함수를 생성해야 한다. 이 소스 코드 평가는 eval( ) 함수와 동일한 단점을 가
지고 있으므로 가능하면 Function( ) 생성자를 사용한 함수 정의는 피하는 것이 좋다.

Function( ) 생성자를 사용해 많은 매개변수가 있는 함수를 생성하는 경우, 매개변수를
하나의 쉼표로 구분된 목록으로 전달할 수 있다. 예를 들면 다음과 같다.

```
> var first = new Function(
    'a, b, c, d',
    'return arguments;'
  );
> first(1, 2, 3, 4);
      [1, 2, 3, 4]
> var second = new Function(
    'a, b, c',
    'd',
    'return arguments;'
  );
> second(1, 2, 3, 4);
      [1, 2, 3, 4]
> var third = new Function(
    'a',
    'b',
    'c',
    'd',
    'return arguments;'
  );
> third(1, 2, 3, 4);
      [1, 2, 3, 4]
```

Function( ) 생성자를 사용하지 마라. eval( )과 setTimeout( )(이 책의 뒷부분에서 설명)과 마찬가지로 자바스크립트 코드를 문자열로 전달하지 않도록 주의하자.

함수 객체의 속성

다른 객체와 마찬가지로 함수는 Function( ) 생성자 함수에 대한 참조를 가진 constructor 속성이 있다. 이는 함수를 생성하는 데 사용한 구문과 상관없이 적용된다.

```
> function myfunc(a) {
    return a;
  }
> myfunc.constructor;
function Function( ) { [native code] }
```

함수는 또한 length 속성을 가진다. 이 속성은 함수가 원하는 공식 매개변수의 수를 가진다.

```
> function myfunc(a, b, c) {
    return true;
  }
> myfunc.length;
  3
```

prototype 속성 사용하기

함수 객체에서 가장 널리 사용되는 속성 중 하나는 prototype 속성이다. 이 속성에 대해서는 다음 장에서 자세히 설명하겠지만, 지금은 다음과 같이 간단히 알아보자.

- function 객체의 prototype 속성은 다른 객체를 가리킨다.
- 이 function을 생성자로 사용할 때만 이점이 빛을 발한다.
- 이 function으로 생성된 모든 객체는 prototype 속성에 대한 참조를 유지하며 해당 속성을 자체 속성으로 사용할 수 있다.

prototype 속성을 보여주는 간단한 예제를 살펴보자. name 속성 이름과 say( ) 메소드를 가진 간단한 객체를 사용한다.

```
var ninja = {
  name: 'Ninja',
  say: function () {
    return 'I am a ' + this.name;
  }
};
```

함수를 생성하면(심지어 본문이 없는 함수라도), 새로운 객체를 가리키는 prototype 속성이 자동으로 생겼음을 확인할 수 있다.

```
> function F() {}
> typeof F.prototype;
"object"
```

prototype 속성은 수정이 흥미롭다. 여기에 속성을 추가하거나 디폴트 객체를 다른 객체로 변경할 수 있다. prototype에 ninja를 지정해 보자.

```
> F.prototype = ninja;
```

여기서 마법 같은 일이 일어난다. 이제 F( ) 함수를 constructor 함수로 사용하면, F.prototype의 속성(ninja를 가리키는)을 자신의 속성처럼 접근할 수 있는 새로운 객체

baby_ninja를 생성할 수 있다.

```
> var baby_ninja = new F();
> baby_ninja.name;
"Ninja"
> baby_ninja.say();
"I am a Ninja"
```

이 주제에 대해서는 나중에 더 자세히 다룬다. 사실 5장은 prototype 속성에 대한 모든 것을 다룬다.

함수 객체의 메소드

최상위 부모 객체의 자손인 Function 객체는 toString() 같은 디폴트 메소드를 가져온다. 함수에서 호출될 때 toString() 메소드는 함수의 소스 코드를 반환한다.

```
> function myfunc(a, b, c) {
    return a + b + c;
  }
> myfunc.toString();
"function myfunc(a, b, c) {
  return a + b + c;
}"
```

내장 함수의 소스 코드를 들여다 보면 함수 본문 대신 [native code] 문자열이 반환된다.

```
> parseInt.toString();
"function parseInt() { [native code] }"
```

보다시피, toString( )를 사용해 네이티브 메소드와 개발자가 정의한 메소드를 구별할
수 있다.

 toString( ) 함수의 동작은 환경에 종속적이며, 브라우저마다 공백 및 줄 바꿈이 다르다.

call과 apply

함수 객체는 call( )과 apply( ) 메소드를 가진다. 이런 메소드를 사용하면 함수를 호출할
때 인수를 전달할 수 있다.

또한 이 메소드를 사용하면 다른 객체의 메소드를 빌려서 자신의 메소드인 것처럼 호출
할 수 있다. 이것은 코드를 재사용하는 쉽고 강력한 방법이다.

say( ) 메소드를 포함한 some_obj 객체가 있다고 가정해 보자.

```
var some_obj = {
  name: 'Ninja',
  say: function (who) {
    return 'Haya ' + who + ', I am a ' + this.name;
  }
};
```

say( ) 메소드를 호출해 자신의 name 속성에 접근할 수 있다. 이 메소드는 내부적으로
this.name를 사용한다.

```
> some_obj.say('Dude');
"Haya Dude, I am a Ninja"
```

이제 name 속성만 갖는 간단한 객체 my_obj를 생성해 보자.

```
> var my_obj = {name: 'Scripting guru'};
```

my_obj는 some_obj 객체의 say( ) 메소드가 너무 좋아서 자신의 메소드처럼 호출하고 싶다. say( ) 함수 객체의 call( ) 메소드를 사용하면 가능하다.

```
> some_obj.say.call(my_obj, 'Dude');
"Haya Dude, I am a Scripting guru"
```

잘 동작한다. 하지만 어떻게 동작할까? my_obj 객체와 Dude 문자열의 두 매개변수를 전달하여 say( ) 함수 객체의 call( ) 메소드를 호출했다. 결과는 say( )가 호출될 때, this 값에 대한 참조가 my_obj를 가리킨다는 것이다. 이렇게 하면 this.name이 Ninja를 반환하지 않고 대신 Scripting guru를 반환한다.

call( ) 메소드를 호출할 때, 더 많은 매개변수를 전달하려면 이들을 추가하면 된다.

```
some_obj.someMethod.call(my_obj, 'a', 'b', 'c');
```

call( )에 첫 번째 매개변수로 객체를 전달하지 않거나 null을 전달하면, 전역 객체로 가정한다.

apply( ) 메소드는 call( )과 같은 방식으로 동작하지만, 다른 객체의 메소드로 전달할 모든 매개변수가 배열로 전달된다는 차이점이 있다. 다음 두 줄은 동일하다.

```
some_obj.someMethod.apply(my_obj, ['a', 'b', 'c']);
some_obj.someMethod.call(my_obj, 'a', 'b', 'c');
```

앞의 예제에 계속해서, 다음 코드를 사용할 수 있다.

```
> some_obj.say.apply(my_obj, ['Dude']);
"Haya Dude, I am a Scripting guru"
```

인수 객체 재검토

앞장에서 함수에 전달된 모든 매개변수의 값을 포함하고 있는 arguments에 접근하는 방
법을 알아봤다.

```
> function f() {
    return arguments;
  }
> f(1, 2, 3);
[1, 2, 3]
```

arguments는 배열처럼 보이지만, 실제로는 배열과 비슷한 객체다. 인덱스된 요소와
length 속성을 포함하고 있으므로 배열과 유사하다. 그러나 유사성은 여기까지다. 인수
는 sort() 또는 slice() 같은 배열 메소드를 제공하지 않는다.

그러나 arguments를 배열로 변환할 수 있으며, 배열의 모든 이점을 활용할 수 있다. 새로
배운 call() 메소드를 연습해 보자.

```
> function f() {
    var args = [].slice.call(arguments);
    return args.reverse();
  }

> f(1, 2, 3, 4);
  [4, 3, 2, 1]
```

보다시피, [].slice 또는 Array.prototype.slice를 사용해 slice()를 빌려 올 수 있다.

▌ 화살표 함수에서의 어휘적 this

앞 장에서는 ES6 화살표 함수와 구문에 대해 자세히 알아봤다. 화살표 함수에서 중요한 점은 일반 함수와 다르게 동작한다는 것이다. 그 차이는 미묘하지만 중요하다. 화살표 함수에는 this 값이 없다. 화살표 함수에서 this의 값은 둘러싼 (어휘적) 범위에서 상속된다.

함수에는 메소드가 호출된 객체를 참조하는 특별한 변수 this가 있다. this의 값이 함수 호출을 기반으로 동적으로 주어지기 때문에, 종종 동적인 this라고도 불린다. 함수는 어휘적^{lexical} 또는 동적^{dynamic}이라는 두 가지 범위에서 실행된다. 어휘 범위는 함수 범위를 둘러싼 범위이며 동적 범위는 함수를 호출하는 범위(일반적으로 객체)다.

자바스크립트에서 전통적인 함수는 여러 가지 역할을 수행한다. 바로 메소드가 아닌 함수(서브 루틴 또는 함수라고도 함)나 메소드(객체의 일부) 또는 생성자다. 함수가 서브 루틴의 역할을 수행할 때 동적인 this로 인해 작은 문제가 있다. 서브 루틴이 객체에서 호출되지 않기 때문에 this의 값은 엄격한 모드$^{strict\ mode}$에서는 정의되지 않고 전역 범위로 설정된다. 이로 인해 callbacks 작성이 어려워진다. 다음 예제를 살펴보자.

```
var greeter = {
  default: "Hello ",
  greet: function (names){
    names.forEach(function(name) {
console.log(this.default + name); //Cannot read property
  'default' of undefined
    })
  }
}
console.log(greeter.greet(['world', 'heaven']))
```

names 배열의 forEach() 함수에 서브루틴을 전달한다. 이 서브루틴은 정의되지 않은 값을 가지며 안타깝게도 외부 메소드 greet의 this에 접근할 수 없다. 분명히 이 서브루틴은 어휘적 this가 필요하며 greet 메소드의 주변 범위에서 this를 파생한다. 전통적으로 이 제한을 해결하기 위해 어휘적 this를 변수에 할당하고 클로저를 통해 서브루틴에 접근할 수 있다.

앞의 예제를 다음과 같이 수정할 수 있다.

```
var greeter = {
  default: "Hello ",
  greet: function (names){
    let that = this
    names.forEach(function(name) {
      console.log(that.default + name);
    })
  }
}
console.log(greeter.greet(['world', 'heaven']))
```

이것은 어휘적 this를 시뮬레이션하는 합리적인 해킹 방법이다. 그러나 이런 해킹 방법의 문제는 this 코드를 검토하는 사람에게 너무 많은 잡음을 발생시킨다는 것이다. 첫째, this의 행동의 특징을 이해해야 한다. this 동작을 잘 이해한다고 해도, 코드에서 이러한 해킹을 계속 관찰해야 한다.

화살표 함수는 어휘적 this를 가지며 이런 해킹 방법이 필요하지 않다. this 덕분에 서브루틴으로 더 적합하다. 앞의 예제를, 화살표 함수를 사용해서 어휘적 this를 사용하도록 변경할 수 있다.

```
var greeter = {
  default: "Hello ",
  greet: function (names){
    names.forEach(name=> {
      console.log(this.default + name); //lexical 'this'
        available for this subroutine
```

```
        })
    }
}
console.log(greeter.greet(['world', 'heaven']))
```

객체 유형 추정

이 배열과 유사한 arguments 객체가 배열 객체와 매우 흡사하다는 것을 알 수 있다. 둘 사이의 차이점을 확실하게 말할 수 있는가? typeof는 배열에 사용될 때 객체를 반환한다. 그렇다면 과연 객체와 배열의 차이를 어떻게 알 수 있을까?

이 문제의 해결책은 Object 객체의 toString() 메소드다. 이 메소드는 주어진 객체를 생성하는 데 사용되는 내부 클래스 이름을 제공한다.

```
> Object.prototype.toString.call({});
"[object Object]"
> Object.prototype.toString.call([]);
"[object Array]"
```

Object 생성자의 프로토타입에 정의된 대로 원래의 toString() 메소드를 호출해야 한다. 그렇지 않으면 Array함수의 toString()을 호출할 때 배열 객체의 특정 용도에 맞게 재정의돼서 다른 결과를 얻게 된다.

```
> [1, 2, 3].toString();
"1,2,3"
```

앞의 코드는 다음과 동일하다.

```
> Array.prototype.toString.call([1, 2, 3]);
"1,2,3"
```

toString()을 좀 더 재미있게 사용해 보자. 입력 내용을 저장하는 편리한 참조를 만든다.

```
> var toStr = Object.prototype.toString;
  arguments
```

다음 예는 배열을 배열과 비슷한 객체에서 구별할 수 있는 방법을 보여준다.

```
> (function () {
    return toStr.call(arguments);
  }());
"[object Arguments]"
```

심지어 DOM 요소를 검사 할 수도 있다.

```
> toStr.call(document.body);
"[object HTMLBodyElement]"
```


Boolean

자바스크립트의 내장 객체에 대한 여정을 계속해 보자. 다음 세 개의 객체는 아주 간단하다. Boolean과 number, string이다. 이들은 단순히 원시 데이터 유형을 래핑한다.

이미 2장에서 부울에 대해서 자세히 살펴봤다. 이제 Boolean() 생성자를 알아보자.

```
> var b = new Boolean();
```

이 코드는 원시 부울 값이 아닌 새로운 객체 b를 생성한다는 것이 중요하다. 원시 값을 구하려면, valueOf() 메소드(Object 클래스에서 상속받고 사용자정의한)를 호출할 수 있다.

```
> var b = new Boolean();
> typeof b;
"object"
> typeof b.valueOf();
"boolean"
> b.valueOf();
false
```

전반적으로 Boolean() 생성자로 생성된 객체는 상속받은 메소드나 속성 이외는 제공하지 않기 때문에 그다지 유용하지는 않다.

Boolean() 함수는 new 없이 일반 함수로 호출될 때, 부울이 아닌 값을 부울로 변환한다 (이중 부정 !! 값을 사용하는 것과 같다).

```
> Boolean("test");
true
> Boolean("");
false
> Boolean({});
true
```

자바스크립트에서는 여섯 가지 false 값을 제외하고는 객체를 포함한 모든 값이 true다. 이것은 또한 new Boolean()으로 생성된 모든 Boolean 객체(객체이므로) 역시 true라는 것을 의미한다.

```
> Boolean(new Boolean(false));
true
```

이것은 혼동을 줄 수 있다. Boolean 객체는 특별한 메소드를 제공하지 않으므로 일반적인 부울 값을 사용하는 것이 가장 좋다.

Number

Boolean()과 마찬가지로, Number() 함수는 다음과 같이 사용할 수 있다.

- 객체를 생성하는 constructor 함수(new와 함께)
- 어떤 값을 숫자로 변환하는 일반 함수, parseInt() 또는 parseFloat()을 사용하는 것과 유사하다.

```
> var n = Number('12.12');
> n;
12.12
> typeof n;
"number"
> var n = new Number('12.12');
> typeof n;
"object"
```

함수는 객체이기 때문에 속성을 가질 수 있다. Number() 함수에는 수정할 수 없는 내장 속성이 있다.

```
> Number.MAX_VALUE;
1.7976931348623157e+308
> Number.MIN_VALUE;
5e-324
```

```
> Number.POSITIVE_INFINITY;
Infinity
> Number.NEGATIVE_INFINITY;
-Infinity
> Number.NaN;
NaN
```

Number 객체는 toFixed( ), toPrecision( ), toExponential( )의 세 가지 메소드를 제공한다(자세한 내용은 부록C. 내장 객체 참조).

```
> var n = new Number(123.456);
> n.toFixed(1);
"123.5"
```

명시적으로 Number 객체를 먼저 만들지 않고도 이 메소드를 사용할 수 있다. 이 경우 자동으로 Number 객체가 생성된다(그리고 파괴된다).

```
> (12345).toExponential( );
"1.2345e+4"
```

다른 모든 객체와 마찬가지로, Number 객체 역시 toString( ) 메소드를 제공한다. Number 객체와 함께 사용하는 경우, 이 메소드는 선택적인 기수radix 매개변수를 사용할 수 있다 (디폴트 값은 10).

```
> var n = new Number(255);
> n.toString( );
"255"
> n.toString(10);
"255"
> n.toString(16);
"ff"
```

```
> (3).toString(2);
"11"
> (3).toString(10);
"3"
```

String

String( ) 생성자 함수를 사용해 문자열 객체를 만들 수 있다. 문자열 객체는 텍스트를 조작하는 데 편리한 메소드를 제공한다.

다음은 String 객체와 primitive 문자열 데이터 유형간의 차이점을 보여주는 예제다.

```
> var primitive = 'Hello';
> typeof primitive;
"string"
> var obj = new String('world');
> typeof obj;
"object"
```

String 객체는 문자 배열과 비슷하다. String 객체는 각 문자에 대해 인덱싱된 속성(ES5에 도입됐지만, 구형 IE를 제외한 많은 브라우저에서 이미 오래 전부터 지원되고 있었음)을 가지며 length 속성도 가지고 있다.

```
> obj[0];
"w"
> obj[4];
"d"
> obj.length;
5
```

String 객체에서 primitive 값을 추출하려면 Object 객체에서 상속된 valueOf( ) 또는 toString( ) 메소드를 사용할 수 있다. primitive 문자열 컨텍스트에서 객체를 사용하는 경우 toString( )이 백그라운드에서 호출되므로 이 작업을 수행할 필요는 없다.

```
> obj.valueOf( );
"world"
> obj.toString( );
"world"
> obj + "";
"world"
```

primitive 문자열은 객체가 아니므로 메소드나 속성이 없다. 그러나 자바스크립트는 primitive 문자열을 객체로 처리하는 구문도 제공한다(primitive 숫자에서 이미 본 것처럼).

다음 예제에서는 primitive 문자열을 객체처럼 취급할 때마다 String 객체가 백그라운드에서 생성되고 파괴된다.

```
> "potato".length;
6
> "tomato"[0];
"t"
> "potatoes"["potatoes".length - 1];
"s"
```

다음은 primitive 문자열과 String 객체의 차이점을 보여주는 마지막 예제다. 이 예제에서는 부울로 변환한다. 빈 문자열은 false 값이지만 모든 문자열 객체는 true다(모든 객체는 true이므로).

```
> Boolean("");
false
> Boolean(new String(""));
true
```

Number( ), Boolean( )과 마찬가지로 new 없이 String( ) 함수를 사용하면, 매개변수가 원시 값으로 변환된다.

```
> String(1);
"1"
```

String( )에 객체를 전달하면, 이 객체의 toString( ) 메소드가 먼저 호출된다.

```
> String({p: 1});
  "[object Object]"
> String([1, 2, 3]);
  "1,2,3"
> String([1, 2, 3]) === [1, 2, 3].toString( );
  true
```

문자열 객체의 몇 가지 메소드

문자열 객체에서 호출할 수 있는 몇 가지 메소드를 실험해 보자(전체 목록은 부록 C. 내장 객체 참조).

문자열 객체를 생성하는 것으로 시작한다.

```
> var s = new String("Couch potato");
```

---

toUpperCase( )와 toLowerCase( ) 메소드는 문자열을 대소문자로 변환한다.

```
> s.toUpperCase( );
"COUCH POTATO"
> s.toLowerCase( );
"couch potato"
```

---

charAt( ) 메소드는 지정한 위치에서 발견된 문자를 알려주며 대괄호(문자열을 문자 배열로
처리)를 사용하는 것과 동일하다.

```
> s.charAt(0);
"C"
> s[0];
"C"
```

존재하지 않는 위치를 charAt( )에 전달하면 빈 문자열을 받는다.

```
> s.charAt(101);
""
```

indexOf( ) 메소드를 사용하면 문자열 내에서 검색할 수 있다. 일치하는 항목이 있으면
메소드는 첫 번째 일치 항목이 있는 위치를 반환한다. 위치는 0부터 시작하므로 Couch의
두 번째 문자 o의 위치는 1이다.

```
> s.indexOf('o');
1
```

검색을 시작할 위치를 옵션으로 지정할 수도 있다. 다음은 indexOf( )가 2번째 위치에서
검색을 시작하도록 지시했기 때문에 두 번째 o를 찾는다.

```
> s.indexOf('o', 2);
7
```

lastIndexOf( )는 문자열의 끝에서 검색을 시작한다(그러나 일치 항목의 위치는 여전히 앞에
서부터 계산된다).

```
> s.lastIndexOf('o');
11
```

문자뿐만 아니라 문자열도 검색할 수 있으며 대소문자를 구분한다.

```
> s.indexOf('Couch');
0
```

일치하는 것이 없으면 함수는 -1 위치를 반환한다.

```
> s.indexOf('couch');
-1
```

대소문자를 구분하지 않는 검색의 경우, 먼저 문자열을 소문자로 변환한 다음 검색하면 된다.

```
> s.toLowerCase().indexOf('couch'.toLowerCase());
0
```

0값을 받으면, 문자열의 일치하는 부분이 위치 0에서 시작한다는 것을 의미한다. if가 위치를 부울값 false로 변환하기 때문에, if로 체크할 때 혼동을 일으킬 수 있다. 따라서 구문상으로는 올바르지만, 논리적으로는 잘못됐다.

```
if (s.indexOf('Couch')) {...}
```

문자열에 다른 문자열이 들어있는지 확인하는 알맞은 방법은 indexOf()의 결과를 숫자 -1과 비교하는 것이다.

```
if (s.indexOf('Couch') !== -1) {...}
```

slice()와 substring()은 시작 및 끝 위치를 지정하면 문자열의 일부를 반환한다.

```
> s.slice(1, 5);
"ouch"
> s.substring(1, 5);
"ouch"
```

전달하는 두 번째 매개변수는 조각의 길이가 아니라 끝 위치라는 것에 주의하자. 이들 두 메소드의 차이는 부정[negative] 인수를 다루는 방법이다. substring()은 이를 0으로 처리하는 반면, slice()는 이름 문자열의 길이에 추가한다. 따라서 매개변수 (1, -1)을 두 메소드에 전달하면, substring(1,0)은 slice(1,s.length-1)과 동일하다.

```
> s.slice(1, -1);
"ouch potat"
> s.substring(1, -1);
"C"
```

비표준 메소드인 substr()도 있지만, substring()을 대신 사용하는 것이 좋다.

split() 메소드는 **분리자**[separator]로 전달한 다를 문자열을 사용하여 문자열에서 배열을 생성한다.

```
> s.split(" ");
["Couch", "potato"]
```

split() 메소드는 배열에서 문자열을 생성하는 join() 메소드의 반대다.

```
> s.split(' ').join(' ');
"Couch potato"
```

concat()은 +연산자가 primitive 문자열에 처리하는 것과 동일한 방식으로 문자열을 합친다.

```
> s.concat("es");
"Couch potatoes"
```

앞에서 알아본 일부 메소드는 새로운 primitive 문자열을 반환하지만, 원본 문자열을 수정하지는 않는다. 앞에서 나열한 모든 메소드를 호출한 이후에도 초기 문자열은 여전히 동일하다.

```
> s.valueOf();
"Couch potato"
```

문자열 내에서 indexOf()와 lastIndexOf()를 사용해 검색하는 방법을 살펴봤지만, 정규 표현식을 매개변수로 사용하는 보다 강력한 메소드(search(), match(), replace())가 있다. 뒤에서 RegExp() 생성자 함수를 알아볼 때 확인할 수 있다.

지금까지 모든 데이터 래퍼 객체를 알아보았으니, 이제 유틸리티 객체인 Math, Date, RegExp에 대해 알아보겠다.

Math

Math는 이전에 본 다른 내장 전역 객체와 약간 다르다. 이것은 함수가 아니므로 new를 사용해 객체를 생성하는 데 사용할 수 없다. Math는 수학 연산의 여러 메소드와 속성을 제공하는 내장 전역 객체다.

Math 객체의 속성들은 상수이므로, 그 값을 변경할 수 없다. 이름은 모두 대문자로 돼있어 일반 속성과의 차이를 쉽게 구별할 수 있다(Number( ) 생성자의 상수 속성과 비슷하다). 다음과 같은 몇 가지 상수 속성을 살펴보자.

- 상수 PI:

```
> Math.PI;
3.141592653589793
```

- 2의 제곱근

```
> Math.SQRT2;
1.4142135623730951
```

- 오일러^{Euler}의 상수

```
> Math.E;
2.718281828459045
```

- 2의 자연 로그

```
> Math.LN2;
0.6931471805599453
```

- 10의 자연 로그

```
> Math.LN10;
2.302585092994046
```

이제 여러분은 친구들에게 감동을 줄 수 있는 방법이 생겼다. 어떤 이유로든지 친구가 'e의 값이 무엇이었지? 기억이 안 나.'라고 물어본다면, 콘솔에 Math.E를 입력하기만 하면

답을 구할 수 있다.

Math 객체가 제공하는 몇 가지 메소드를 살펴보자(전체 목록은 부록 C. 내장 객체를 참고한다).

난수 생성:

```
> Math.random();
0.3649461670235814
```

random() 함수는 0과 1 사이의 숫자를 반환한다. 따라서 만약 0과 100 사이의 숫자가 필요하다면, 다음과 같은 코드를 작성하면 된다.

```
> 100 * Math.random();
```

두 값 사이의 숫자는 공식 ((max-min) * Math.random())+min을 사용한다. 예를 들어, 2와 10 사이의 난수는 다음 수식을 사용해서 구할 수 있다.

```
> 8 * Math.random() + 2;
9.175650496668485
```

정수만 필요하다면, 다음 반올림 메소드 중 하나를 사용할 수 있다.

- floor() : 내림
- ceil() : 올림
- round() : 반올림

예를 들어, 0 또는 1을 얻으려면 다음 코드 줄을 사용할 수 있다.

```
> Math.round(Math.random());
```

숫자 집합 중에서 가장 낮거나 가장 높은 숫자가 필요한 경우 min( )과 max( ) 메소드를 사용할 수 있다. 따라서 페이지에서 날짜의 월을 입력 받는 폼이 있을 때 다음과 같이 하면 유효한 값(1에서 12사이)을 입력 받을 수 있다.

```
> Math.min(Math.max(1, input), 12);
```

또한 Math 객체는 지정된 연산자가 없는 수학 연산을 수행하는 기능도 제공한다. 즉, pow( )를 사용해서 거듭 제곱을 구하고, sqrt( )로 제곱근을 구하고, sin( ), cos( ), atan( ) 등의 삼각 연산을 수행할 수 있다.

예를 들어, 2를 8의 거듭 제곱으로 계산하려면, 다음 코드 줄을 사용하면 된다.

```
> Math.pow(2, 8);
256
```

9의 제곱근을 계산하려면, 다음 코드 줄을 사용하면 된다.

```
> Math.sqrt(9);
3
```

Date

Date( )는 날짜 객체를 생성하는 생성자 함수다. 다음을 전달하여 새로운 객체를 생성할 수 있다.

- 아무것도 전달하지 않음(디폴트는 오늘 날짜)
- 날짜 같은 문자열
- 일, 월, 시간 등이 구별된 값

- 타임스탬프

다음은 현재 날짜/시간(브라우저의 시간대^{timezone} 사용)로 인스턴스화된 객체다.

```
> new Date();
Wed Feb 27 2013 23:49:28 GMT-0800 (PST)
```

콘솔에 Date 객체에서 호출된 toString() 메소드의 결과가 표시되므로, 날짜 객체의 표현으로 Feb 27 2013 23:49:28 GMT-0800 (PST)의 긴 문자열을 얻을 수 있다.

다음은 문자열을 사용해서 Date 객체를 초기화하는 몇 가지 예제를 보여준다. 얼마나 다양한 형식을 사용하여 날짜를 지정할 수 있는지 알 수 있다.

```
> new Date('2015 11 12');
Thu Nov 12 2015 00:00:00 GMT-0800 (PST)
> new Date('1 1 2016');
Fri Jan 01 2016 00:00:00 GMT-0800 (PST)
> new Date('1 mar 2016 5:30');
Tue Mar 01 2016 05:30:00 GMT-0800 (PST)
```

Date 생성자는 다른 문자열에서 날짜를 알아낼 수 있지만, 사용자 입력을 생성자로 전달하는 것과 같이 정확한 입력 날짜를 정의하는 것은 신뢰할 수 있는 방법은 아니다. 더 좋은 방법은 Date() 생성자에 다음의 숫자 값을 전달하는 것이다.

- 년
- 월 – 0(1월)부터 11(12월)까지
- 일 – 1부터 31까지
- 시간 – 0부터 23까지
- 분 – 0부터 59까지
- 초 – 0부터 59까지

- 밀리초 – 0부터 999까지

몇 가지 예제를 살펴보자.

다음 코드 줄을 작성하여 매개변수로 전달한다.

```
> new Date(2015, 0, 1, 17, 05, 03, 120);
Tue Jan 01 2015 17:05:03 GMT-0800 (PST)
```

월이 0부터 시작하기 때문에 1이 2월이라는 사실에 주의하자.

```
> new Date(2016, 1, 28);
Sun Feb 28 2016 00:00:00 GMT-0800 (PST)
```

허용된 값 보다 큰 값을 전달하면 날짜가 다음날로 넘어간다. 예를 들어 2016년 2월 30일은 없으므로 3월1일이 된다(2016년은 윤년이다).

```
> new Date(2016, 1, 29);
Mon Feb 29 2016 00:00:00 GMT-0800 (PST)
> new Date(2016, 1, 30);
Tue Mar 01 2016 00:00:00 GMT-0800 (PST)
```

마찬가지로 12월 32일은 다음해 1월 1일이 된다.

```
> new Date(2012, 11, 31);
Mon Dec 31 2012 00:00:00 GMT-0800 (PST)
> new Date(2012, 11, 32);
Tue Jan 01 2013 00:00:00 GMT-0800 (PST)
```

마지막으로 날짜 객체는 타임스탬프(1970년 1월1일 0밀리초 이후 밀리초의 숫자)로 초기화될 수 있다.

```
> new Date(1357027200000);
Tue Jan 01 2013 00:00:00 GMT-0800 (PST)
```

new를 사용하지 않고 Date( )를 호출하면, 매개변수의 전달 여부에 상관없이 현재 날짜를
나타내는 문자열이 표시된다. 다음 예제에서는 현재 시간(예제가 실행될 때의 현재 시간)을
보여준다.

```
> Date();
Wed Feb 27 2013 23:51:46 GMT-0800 (PST)
> Date(1, 2, 3, "it doesn't matter");
Wed Feb 27 2013 23:51:52 GMT-0800 (PST)
> typeof Date();
"string"
> typeof new Date();
"object"
```

date 객체를 사용하기 위한 메소드

날짜 객체를 생성하면 해당 객체의 많은 메소드를 호출할 수 있다. 대부분의 메소드는
getMonth( ), setMonth( ), getHours( ), setHours( ) 등과 같이 set*( )과 get*( ) 메소드
로 나눌 수 있다. 몇 가지 예를 살펴보자.

다음 코드를 작성하여 날짜 객체를 생성한다.

```
> var d = new Date(2015, 1, 1);
> d.toString();
Sun Feb 01 2015 00:00:00 GMT-0800 (PST)
```

월을 3월로 설정(월은 0부터 시작)한다.

```
> d.setMonth(2);
1425196800000
> d.toString();
Sun Mar 01 2015 00:00:00 GMT-0800 (PST)
```

다음 코드를 작성해서 월을 구한다.

```
> d.getMonth();
2
```

Date 객체의 모든 메소드 외에도 **Date()** 함수/객체의 속성인 두 개의 메소드(ES5에 하나 더 추가됨)가 더 있다. 이들은 Math 객체 메소드처럼 동작한다. 클래스 기반 언어에서 이런 메소드는 인스턴스를 필요로 하지 않기 때문에 정적이라고 부른다.

Date.parse() 메소드는 문자열을 받아 타임스탬프를 반환한다.

```
> Date.parse('Jan 11, 2018');
1515657600000
```

Date.UTC() 메소드는 년, 월, 일 등의 모든 매개변수를 받아 **표준시**[UT; Universal Time]의 타임스탬프를 생성한다.

```
> Date.UTC(2018, 0, 11);
1515628800000
```

new Date() 생성자가 타임스탬프를 허용하므로, Date.UTC()의 결과를 전달할 수 있다. 다음 예제를 사용하면 new Date()가 로컬 시간에서 동작하는 방식과 UTC()가 표준시에서 동작하는 방식을 볼 수 있다.

```
> new Date(Date.UTC(2018, 0, 11));
Wed Jan 10 2018 16:00:00 GMT-0800 (PST)
> new Date(2018, 0, 11);
Thu Jan 11 2018 00:00:00 GMT-0800 (PST)
```

Date 생성자에 ES5의 now( ) 메소드가 추가되었으며, 현재 타임스탬프를 반환한다. ES3
에서와 같이 Date 객체에서 getTime( ) 메소드를 사용하는 대신 타임스탬프를 가져오는
보다 편리한 방법을 제공한다.

```
> Date.now( );
1362038353044
> Date.now( ) === new Date( ).getTime( );
true
```

날짜의 내부 표현을 정수 타임스탬프로 생각할 수 있으며, 다른 모든 메소드들은 이를 덮
어 쓰고 있는 것이라고 생각할 수 있다. 따라서 valueOf( )는 타임스탬프다.

```
> new Date( ).valueOf( );
1362418306432
```

또한 + 연산자로 날짜를 정수로 만들 수 있다.

```
> +new Date( );
1362418318311
```

생일 계산

Date 객체로 작업하는 마지막 예제를 살펴보겠다. 내 생일이 2016년에 무슨 요일인지 궁
금하다.

```
> var d = new Date(2016, 5, 20);
> d.getDay();
1
```

요일은 0부터 카운트가 시작되니 1은 월요일을 의미한다.

```
> d.toDateString();
"Mon Jun 20 2016"
```

파티하기에 월요일이 좋은 날은 아니다. 그럼 이번에는 2016년부터 3016년까지 6월 20일이 금요일인 횟수, 아울러 모든 요일의 분포를 알아보자. 의학의 발달로 우리 모두 3016년까지 살아있을 테니 말이다.

먼저 일주일의 각각의 요일을 위해 7개의 요소를 가진 배열을 초기화해 보자. 이 요소는 카운터로 사용된다. 그런 다음, 루프가 3016으로 증가할 때까지 카운트를 센다.

```
var stats = [0, 0, 0, 0, 0, 0, 0];
```

루프는 다음과 같다,

```
for (var i = 2016; i < 3016; i++) {
    stats[new Date(i, 5, 20).getDay()]++;
}
```

결과는 다음과 같다.

```
> stats;
[140, 146, 140, 145, 142, 142, 145]
```

금요일은 모두 142번이고 토요일은 145번이다. 멋지지 않은가?

RegExp

정규 표현식은 텍스트를 검색하고 조작하는 강력한 방법을 제공한다. 언어별로 정규 표현식 구문의 구현이 다르다(방언을 생각해 보라). 자바스크립트는 펄^{Perl} 5 구문을 사용한다.

정규 표현식 대신 정규식^{regex} 또는 regexp로 줄여서 말하기도 한다.

정규 표현식은 다음으로 구성된다.

- 텍스트와 매칭하는 데 사용되는 패턴
- 패턴을 사용하는 방법에 대한 자세한 지침을 제공하는 0개 이상의 한정자 modifier(또는 플래그라고도 함)

패턴은 단순히 문자 그대로 매칭시킬 수도 있지만, 가끔은 indexOf( )를 사용하는 것이 더 나을 때도 있다. 대부분의 경우, 패턴은 복잡하고 이해하기 어렵다. 정규 표현식의 패턴을 마스터하는 것은 그것 자체로 큰 주제이며 여기서 자세히 설명하지는 않는다. 대신 정규 표현식 사용 지원을 위해 자바스크립트가 구문 및 객체, 메소드와 관련해 제공하는 것을 알아보겠다. 패턴 작성에 대해서는 '부록 D. 정규 표현식'을 참고하라.

자바스크립트는 정규 표현식 객체를 만들 수 있는 **RegExp( )** 생성자를 제공한다.

```
> var re = new RegExp("j.*t");
```

좀 더 편리한 **정규식 리터럴 표기법**^{regexp literal notation}도 사용할 수 있다.

```
> var re = /j.*t/;
```

앞의 예제에서 j.*t는 정규 표현식 패턴이다. 이는 "j로 시작하고 t로 끝나며, 그 사이에

0개 이상의 문자가 있는 모든 문자열을 찾는다"는 것을 의미한다. 별 표(*)는 "0개 이상"을 의미하며 점(.)은 "모든 문자"를 의미한다. RegExp( ) 생성자에 전달될 때, 패턴은 따옴표로 묶어야 한다.

RegExp 객체의 속성

정규 표현식 객체의 속성은 다음과 같다.

- global : 이 속성이 false(디폴트 값)이면, 첫 번째 일치 항목이 발견되면 검색이 중지된다. 일치하는 모든 값을 찾고자 할 때는 이 값을 true로 설정한다.
- ignoreCase : 대소문자를 구분하지 않으려면 이 속성의 디폴트 값을 false로 한다(디폴트는 대소문자를 구분한다).
- multiline : 두 줄 이상에 걸친 검색시 디폴트를 false로 한다.
- lastIndex : 검색을 시작할 위치. 디폴트는 0이다.
- source : RegExp 패턴을 포함한다.

lastIndex를 제외하고 이들 속성은 객체가 생성되면 변경할 수 없다.

앞의 목록에 있는 처음 세 항목은 정규식 한정자^{modifier}를 나타낸다. 생성자를 사용해 정규식 객체를 만드는 경우, 두 번째 매개변수는 다음 문자 조합을 전달할 수 있다.

- global을 나타내는 g
- ignoreCase를 나타내는 i
- multiline을 나타내는 m

이들 문자는 어떤 순서로도 사용할 수 있다. 문자가 전달되면 해당 한정자 속성이 true로 설정된다. 다음 예제에서는 모든 한정자가 true로 설정된다.

```
> var re = new RegExp('j.*t', 'gmi');
```

확인해 보자.

```
> re.global;
true
```

한번 설정되면, 한정자는 변경할 수 없다.

```
> re.global = false;
> re.global;
true
```

정규식 리터럴을 사용해 한정자를 설정하려면 닫는 슬래시 다음에 추가한다.

```
> var re = /j.*t/ig;
> re.global;
true
```

RegExp 객체의 메소드

정규식 객체는 매칭을 찾는 데 사용할 수 있는 두 가지 메소드 test( )와 exec( )를 제공한다. 둘 다 문자열 매개변수를 허용한다. test( ) 메소드는 부울을 반환하고(일치하는 경우 true, 그렇지 않으면 false), exec( )는 일치하는 문자열의 배열을 반환한다. 분명히 exec( )가 더 많은 일을 하기 때문에 필요한 경우에만 사용하고 그 외는 test( )를 사용해라. 사람들은 종종 데이터의 유효성을 검사하는 데 정규 표현식을 사용한다. 이 경우, test( )로 충분하다.

다음 예에서는 대문자 J 때문에 일치하는 항목이 없다.

```
> /j.*t/.test("Javascript");
```

```
false
```

대소문자를 구분하지 않는 테스트 결과는 true다.

```
> /j.*t/i.test("Javascript");
true
```

exec( )를 사용한 동일한 테스트는 배열을 반환하고 다음과 같이 첫 번째 요소에 접근할 수 있다.

```
> /j.*t/i.exec("Javascript")[0];
"Javascript"
```

정규 표현식을 인수로 받아들이는 string 메소드

4장의 앞에서는 문자열 객체와 indexOf( )와 lastIndexOf( ) 메소드를 사용해 텍스트 안을 검색하는 방법을 배웠다. 이들 메소드를 사용하면 검색할 리터럴 문자열 패턴만 지정할 수 있다. 더 강력한 솔루션은 정규 표현식을 사용하여 텍스트를 찾는 것이다. 문자열 객체가 이 기능을 제공한다.

문자열 객체는 정규 표현식 객체를 매개변수로 받는 다음 메소드를 제공한다.

- match( ) : 일치하는 문자열을 반환한다.
- search( ) : 첫 번째 일치 항목의 위치를 반환한다.
- replace( ) : 일치하는 텍스트를 다른 문자열로 대체할 수 있다.
- split( ) : 문자열을 배열 요소로 분할할 때 정규식을 허용한다.

search()와 match()

search()와 match() 메소드를 사용하는 몇 가지 예를 살펴보자. 먼저 문자열 객체를 만든다.

```
> var s = new String('HelloJavaScriptWorld');
```

match()를 사용하면 첫 번째 일치 항목만 포함하는 배열을 얻을 수 있다.

```
> s.match(/a/);
["a"]
```

g 한정자를 사용하면 전역 검색을 수행하므로, 결과 배열에 다음 두 요소가 포함된다.

```
> s.match(/a/g);
["a", "a"]
```

대소문자를 구분하지 않는 경우 일치 항목은 다음과 같다.

```
> s.match(/j.*a/i);
["Java"]
```

search() 메소드는 일치하는 문자열의 위치를 알려준다.

```
> s.search(/j.*a/i);
5
```

replace( )

replace( ) 메소드를 사용하면 일치하는 텍스트를 다른 문자열로 바꿀 수 있다. 다음 예제에서는 대문자를 모두 제거한다(빈 문자열로 바꾼다).

```
> s.replace(/[A-Z]/g, '');
"elloavacriptorld"
```

g 한정자를 생략하면 첫 번째 일치 항목만 바꾼다.

```
> s.replace(/[A-Z]/, '');
"elloJavaScriptWorld"
```

매칭을 발견했을 때, 일치하는 텍스트를 대체 문자열에 포함시키려면 $&를 사용해 접근할 수 있다. 매칭을 진행하면서 밑줄을 추가하는 방법은 다음과 같다.

```
> s.replace(/[A-Z]/g, "_$&");
"_Hello_Java_Script_World"
```

정규 표현식에 그룹(괄호로 표시)이 있으면, 각 그룹의 일치 항목은 첫 번째 그룹을 $1, 두 번째 그룹을 $2로 사용할 수 있다.

```
> s.replace(/([A-Z])/g, "_$1");
"_Hello_Java_Script_World"
```

웹 페이지에 이메일 주소, 사용자 이름, 비밀번호를 묻는 등록 양식이 있다고 가정해 보자. 사용자가 이메일 아이디를 입력하면 자바스크립트가 실행되고 이메일 주소에서 가져온 사용자 이름을 제안한다.

```
> var email = "stoyan@phpied.com";
> var username = email.replace(/(.*)@.*/, "$1");
> username;
"stoyan"
```

콜백 대체

대체를 지정할 때, 문자열을 반환하는 함수를 전달할 수도 있다. 이렇게 하면 대체를 지정하기 전에 필요한 로직을 구현할 수 있다.

```
> function replaceCallback(match) {
    return "_" + match.toLowerCase();
  }

> s.replace(/[A-Z]/g, replaceCallback);
"_hello_java_script_world"
```

콜백 함수는 여러 매개변수를 받는다(앞의 예제는 첫 번째 매개변수를 제외하고 나머지는 모두 무시한다).

- 첫 번째 매개변수는 match다.
- 마지막은 검색할 문자열이다.
- 마지막 바로 전 매개변수는 match의 위치다.
- 나머지 매개변수는 정규식 패턴의 모든 그룹과 일치하는 문자열을 포함한다.

직접 테스트해 보자. 먼저 콜백 함수에 전달된 전체 인수 배열을 저장하는 변수를 생성한다.

```
> var glob;
```

그런 다음, 세 개의 그룹을 가지며, 이메일 주소를 something@something.something 형식과 매칭시키는 정규 표현식을 정의한다.

```
> var re = /(.*)@(.*)\.(.*)/;
```

마지막으로, 인수를 glob에 저장하고 대체 문자열을 반환하는 콜백 함수를 정의한다.

```
var callback = function () {
  glob = arguments;
  return arguments[1] + ' at ' +
    arguments[2] + ' dot ' + arguments[3];
};
```

이제 테스트를 수행한다.

```
> "stoyan@phpied.com".replace(re, callback);
"stoyan at phpied dot com"
```

다음은 콜백 함수가 받은 인수를 보여준다.

```
> glob;
["stoyan@phpied.com", "stoyan", "phpied", "com", 0,
"stoyan@phpied.com"]
```

split()

split() 메소드에 대해 이미 알고 있을 것이다. split() 메소드는 입력 문자열과 구분기호^{delimiter} 문자열로 배열을 만든다. 값이 쉼표로 구분된 문자열을 가져와 분할해 보자.

```
> var csv = 'one, two,three ,four';
> csv.split(',');
["one", " two", "three ", "four"]
```

입력 문자열에는 쉼표 앞 뒤에 일치하지 않는 공백이 있기 때문에, 배열 결과에도 공백이 있다. 정규 표현식을 사용하면 \s*를 사용해 이를 고칠 수 있다. \s*는 0개 이상의 공백을 의미한다.

```
> csv.split(/\s*,\s*/);
["one", "two", "three", "four"]
```

RegExp가 필요할 때 문자열 전달

마지막으로 주의할 점은 앞에서 살펴본 네 개의 메소드(split( ), match( ), search( ), replace( ))는 정규 표현식이 아닌 문자열도 사용할 수 있다는 것이다. 이 경우 문자열 인수는 new RegExp( )에 전달된 것처럼 새로운 정규식을 만드는 데 사용된다.

replace에 문자열을 전달하는 예제는 다음과 같다.

```
> "test".replace('t', 'r');
"rest"
```

앞의 코드 줄은 다음 코드 줄과 같다.

```
> "test".replace(new RegExp('t'), 'r');
"rest"
```

문자열을 전달하면, 일반적인 생성자나 정규식 리터럴에서 하던 것처럼 한정자를 설정할 수 없다. 문자열 대체를 위해 정규 표현식 객체 대신 문자열을 사용할 때 일반적으로 발생하는 오류가 있다. 결과는 첫 번째 문자열만 대체된다는 것이다. g 한정자가 디폴트로 false이기 때문이다. 이는 대부분의 다른 언어와 다르며 약간 혼란스럽다. 다음은 예를 보여준다.

```
> "pool".replace('o', '*');
"p*ol"
```

대부분의 경우, 모든 매칭되는 문자를 대체하길 원할 것이다.

```
> "pool".replace(/o/g, '*');
"p**l"
```

Error 객체

오류가 발생하면, 오류 조건을 알고 우아한 방법으로 이를 복구할 수 있는 메커니즘을 마련하는 것이 좋다. 자바스크립트는 오류 처리에 도움이 되는 try, catch, finally 문을 제공한다. 오류가 생기면 오류 객체가 던져진다. Error 객체는 EvalError, RangeError, ReferenceError, SyntaxError, TypeError, URIError의 내장 생성자 중 하나를 사용하여 생성된다. 이들 생성자는 모두 Error에서 상속받는다.

오류를 발생시키고 어떤 일이 발생하는지 보자. 오류를 일으키는 간단한 방법은 존재하지 않는 함수를 호출하는 것이다. 콘솔에 다음을 입력한다.

```
> iDontExist();
```

그러면 다음과 같은 결과를 얻는다.

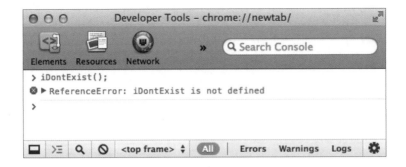

오류 표시는 브라우저와 호스트 환경에 따라 달라질 수 있다. 실제로 최신 브라우저는 사용자에게 오류를 숨기려는 경향이 있다. 그러나 모든 사용자가 오류 표시를 비활성화했다고 가정할 수는 없으며, 여러분은 오류가 발생하지 않도록 책임을 져야 한다. 코드가 오류를 잡아내지^{catch} 않았기 때문에, 이전 오류가 사용자에게 전파되었다. 코드는 오류를 예상하지 못했고 이를 처리할 준비가 되어 있지 않다. 다행히도 오류를 처리하는 것은 어렵지 않다. catch 문 다음에 try 문만 있으면 된다.

이 코드는 사용자에게 오류를 숨긴다.

```
try {
  iDontExist();
} catch (e) {
  // 동작 수행
}
```

여기에서,

- try 문 다음에 코드 블록이 온다.
- catch 문 다음에 괄호 안에 변수 이름과 다른 코드 볼록이 온다.

오류가 있는지 여부와 상관없이 실행되는 선택 사항인 finally 문(이 예제에서는 사용되지 않음)뒤에도 역시 코드 블록이 올 수 있다.

앞의 예제에서, catch 문 다음에 나오는 코드 블록은 아무 일도 하지 않지만 오류를 복구하는데 도움이 되는 코드를 작성하거나, 최소한 사용자에게 애플리케이션에 특별한 조건이 있음을 알리는 데 사용할 수 있다.

catch 문 다음의 괄호 안에 있는 변수 e는 Error 객체를 포함한다. 다른 객체와 마찬가지로 이 객체 역시 속성과 메소드를 가지고 있다. 아쉽게도 브라우저별로 이 속성과 메소드를 다르게 구현하지만, e.name과 e.message는 동일하게 구현됐다.

다음 코드를 실행해 보자.

```
try {
  iDontExist();
} catch (e) {
  alert(e.name + ': ' + e.message);
} finally {
  alert('Finally!');
}
```

그러면 e.name과 e.message를 표시하는 alert()와, 그리고 Finally!를 표시하는 alert()가 나타난다.

파이어폭스와 크롬에서 첫 번째 메시지는 ReferenceError: iDontExist is not defined로 표시된다. 인터넷 익스플로러에서는 TypeError: Object expected가 표시된다. 이것은 두 사실을 말해준다.

- e.name 메소드는 오류 객체를 생성하는 데 사용된 생성자의 이름을 포함한다.
- 오류 객체는 호스트 환경(브라우저)에 따라 달라지기 때문에 오류 유형(e.name의 값)에 따라 코드가 달라지게 동작하게 만드는 것이 다소 까다롭다.

또한 new Error()나 다른 오류 생성자를 사용하여 오류 객체를 직접 생성한 다음 throw 문을 사용해 잘못된 조건이 있음을 자바스크립트 엔진에 알릴 수도 있다.

예를 들어, maybeExists( ) 함수를 호출한 후 계산을 하는 시나리오를 생각해 보자. maybeExists( )가 존재하지 않거나 계산 결과에 문제에 있는지 여부에 관계 없이 모든 오류를 일관된 방식으로 트랩하고자 한다. 다음 코드를 살펴보자.

```
try {
  var total = maybeExists();
  if (total === 0) {
    throw new Error('Division by zero!');
  } else {
    alert(50 / total);
  }
} catch (e) {
  alert(e.name + ': ' + e.message);
} finally {
  alert('Finally!');
}
```

이 코드는 maybeExists( )가 정의돼 있는지 여부와 반환되는 값에 따라 다른 메시지를 보여준다.

- maybeExists( )가 존재하지 않으면, 파이어폭스에서는 ReferenceError: maybeExists() is not defined가, 인터넷 익스플로러에서는 TypeError: Object expected가 표시된다.
- maybeExists( )가 0을 반환하면, Error: Division by zero!가 표시된다.
- maybeExists( )가 2를 반환하면, 25가 표시된다.

모든 경우에 Finally!라는 두 번째 메시지가 표시된다.

일반 오류인 thrownewError('Divisionbyzero!')를 던지는 대신에, 원하는 경우 throw newRangeError('Divisionbyzero!')와 같이 보다 구체적인 오류 메시지를 지정할 수도 있다. 또한 생성자가 필요하지 않다. 단순히 일반 객체를 던지면 된다.

```
throw {
  name: "MyError",
  message: "OMG! Something terrible has happened"
}
```

이렇게 하면 오류 이름에 대해 모든 브라우저에서 제어가 가능하다.

▌ 연습문제

다음 연습문제를 풀어보자.

1. 다음 코드를 살펴본다.

```
function F() {
  function C() {
    return this;
  }
  return C();
}
var o = new F();
```

this의 값은 전역 객체를 참조하는가? 아니면 o 객체를 참조하는가?

2. 다음 코드를 실행한 결과는 무엇인가?

```
function C(){
  this.a = 1;
  return false;
}
console.log(typeof new C());
```

3. 다음 코드를 실행한 결과는 무엇인가?

```
> c = [1, 2, [1, 2]];
> c.sort();
> c.join('--');
> console.log(c);
```

4. \String() 생성자가 존재하지 않는다고 가정해 보자. String()과 가능한 비슷하게 동작하는 생성자 함수 MyString()를 작성하라. 내장된 문자열 메소드나 속성을 사용할 수 없다. 또한 String()도 존재하지 않는다는 것을 기억하라. 다음 코드를 사용해 여러분이 작성한 생성자를 테스트한다.

```
> var s = new MyString('hello');
> s.length;
      5
> s[0];
      "h"
> s.toString();
      "hello"
> s.valueOf();
      "hello"
> s.charAt(1);
      "e"
> s.charAt('2');
      "l"
> s.charAt('e');
      "h"
> s.concat(' world!');
      "hello world!"
> s.slice(1, 3);
      "el"
> s.slice(0, -1);
      "hell"
> s.split('e');
```

```
        ["h", "llo"]
> s.split('l');
        ["he", "", "o"]
```

 for 루프를 사용하여 입력 문자열을 반복하여 배열로 처리할 수 있다.

5. reverse( ) 메소드를 포함하도록 MyString( ) 생성자를 업데이트한다.

 배열에 reverse( ) 메소드가 있다는 사실을 이용하라.

6. Array( )와 배열 리터럴 표기법이 존재하지 않는다고 가정해 보자. Array( )와 최
   대한 비슷하게 동작하는 MyArray( )라는 생성자를 작성하라. 다음 코드를 사용
   하여 테스트한다.

```
> var a = new MyArray(1, 2, 3, "test");
> a.toString();
        "1,2,3,test"
> a.length;
        4
> a[a.length - 1];
        "test"
> a.push('boo');
        5
> a.toString();
        "1,2,3,test,boo"
> a.pop();
        "boo"
> a.toString();
        "1,2,3,test"
> a.join(',');
```

```
      "1,2,3,test"
> a.join(' isn't ');
      "1 isn't 2 isn't 3 isn't test"
```

- 이 연습이 재미있게 느껴졌다면 join() 메소드에서 멈추지 말고 가능한 많은 메소드를 시도해 보자.

7. Math가 존재하지 않는다고 가정해 보자. 다음과 같은 추가 메소드를 제공하는 MyMath 객체를 작성하라.

- MyMath.rand(min, max, inclusive):: inclusive가 true(디폴트)면 해당 값을 포함, min과 max 사이의 난수를 발생한다.
- MyMath.min(array) : 주어진 배열에서 가장 작은 숫자를 반환한다.
- MyMath.max(array) : 주어진 배열에서 가장 큰 숫자를 반환한다.

▎ 요약

2장에서 다섯 가지 원시 데이터 유형(number와 string, Boolean, null, and undefined)이 있음을 알았고, 원시 데이터가 아닌 것은 모두 객체라는 것을 배웠다. 4장에서는 다음과 같은 내용도 배웠다.

- 객체는 배열과 비슷하지만, 키를 지정한다.
- 객체는 속성을 포함한다.
- 속성은 함수가 될 수 있다(함수는 데이터다. var f = function() {};를 기억하라). 함수인 속성을 메소드라고 한다.
- 배열은 실제로는 사전 정의된 숫자 속성과 자동으로 증가되는 length 속성을 가진 객체다.
- 배열 객체에는 sort() 또는 slice() 같은 여러 가지 편리한 메소드가 있다.

- 함수 역시 객체이며 length와 prototype 같은 속성과 call( )과 apply( ) 같은 메소드를 가진다.

5개의 원시 데이터 유형 중, undefined와 null을 제외하고 나머지 3개는 각자에 해당하는 Number( ), String( ), Boolean( ) 생성자 함수를 갖는다. 이들을 사용하여 래퍼 객체라고 하는 객체를 생성할 수 있다. 이 객체에는 원시 데이터 요소로 작업할 수 있는 메소드가 들어 있다.

Number( )와 String( ), Boolean( )는 다음과 같은 두 가지 방법으로 호출할 수 있다.

- new 연산자를 사용해 새 객체를 생성한다.
- new 연산자가 없으면, 모든 값을 해당 원시 데이터 유형으로 변환한다.

Object( ), Array( ), Function( ), Date( ), RegExp( ), Error( ) 같이 익숙한 다른 내장 생성자 함수도 있다. 또한 생성자는 아니지만 전역 객체인 Math도 익숙할 것이다.

이제 자바스크립트에서 객체가 얼마나 중요한 역할을 하는지 알게 됐을 것이다. 자바스크립트에서는 모든 것이 객체이거나 객체로 래핑될 수 있다.

마지막으로 이제는 익숙해진 리터럴 표기법으로 4장을 마무리한다.

이름	리터럴	생성자	예제
객체	{}	new Object( )	{prop: 1}
배열	[]	new Array( )	[1,2,3,'test']
정규 표현식	/pattern/modifiers	new RegExp('pattern',	
'modifiers')	/java.*/img		

ES6 이터레이터와 제너레이터

지금까지는 특정 버전과 관계없는 자바스크립트의 언어 구성에 대해 알아봤다. 그러나 5장에서는 ES6에 도입된 몇 가지 주요 기능에 중점을 둔다. 이런 기능들은 자바스크립트 코드 작성 방법에 큰 영향을 미친다. 언어를 크게 향상시킬 뿐만 아니라, 자바스크립트 프로그래머가 지금까지 사용할 수 없었던 몇 가지 함수형 프로그래밍functional programing 구조를 제공한다.

5장에서는 ES6에서 새로 도입된 이터레이터iterator[1]와 제너레이터generator에 대해 살펴본다. 그리고 이런 지식을 바탕으로 향상된 컬렉션collection 구조를 자세히 살펴본다.

---

1   이터레이터는 보통 반복자로도 불리지만, 이 책에서는 이터러블이라는 용어와의 통일성을 위해 이터레이터라는 외래어 표기법을 그대로 사용한다. - 역자주

For...of 루프

For...of 루프는 이터러블^{interable} 및 이터레이터^{interator} 구조와 함께 ES6에 도입됐다. 이 새로운 루프 구조는 ES5의 for...in와 for...each 루프 구조를 대체한다. for...of 루프는 반복 프로토콜을 지원하기 때문에 배열, 문자열, 맵^{map}, 세트 등과 같은 내장 객체 및 반복 가능한 사용자정의 객체에서 사용할 수 있다. 다음 예제 코드를 살펴보자.

```
const iter = ['a', 'b'];
for (const i of iter) {
  console.log(i);
}
"a"
"b"
```

for...of 루프는 이터러블과 함께 동작하며 배열과 같은 내장 객체는 이터러블이다. 루프 변수를 정의할 때 var 대신 const를 사용했다. 이것은 const를 사용하면 새로운 바인딩과 저장공간으로 새로운 변수가 만들어지기 때문에 좋은 방법이다. 블록 내에서 루프 변수의 값을 수정하지 않으려면 var 선언에 대해 for...of 루프와 함께 const를 사용해야 한다.

다른 컬렉션도 for...of 루프를 지원한다. 예를 들어, 문자열은 유니코드 문자의 시퀀스이므로 for...of 루프는 잘 동작한다.

```
for (let c of "String"){
  console.log(c);
}
//"s" "t" "r" "i" "n" "g"
```

for...in과 for...of 루프의 차이점은 for...in 루프는 객체의 모든 열거 가능한 속성을 반복한다는 것이다. 반면에 For...of 루프는 특정 목적을 가지고 있다. 객체가 이터러블 프로토콜을 정의하는 방법에 따라 반복 동작을 수행한다.

이터레이터와 이터러블

ES6는 데이터를 반복하는 새로운 매커니즘을 도입했다. 데이터 목록을 탐색하고 이를 사용해 작업을 수행하는 것은 매우 일반적인 작업이다. ES6는 반복 구조를 개선시켰다. 이 개선에는 두 가지 주요 개념, 즉 이터레이터와 이터러블이 포함된다.

이터레이터

자바스크립트 이터레이터는 next( ) 메소드를 제공하는 객체다. 이 메소드는 두 개의 속성(done과 value)을 가진 객체 형태로 컬렉션의 다음 항목을 반환한다. 다음 예제에서는 next( ) 메소드를 통해 배열의 이터레이터를 반환한다.

```
// 배열을 받아 이터레이터를 반환
function iter(array){
  var nextId= 0;
  return {
    next: function() {
      if(nextId < array.length) {
        return {value: array[nextId++], done: false};
      } else {
        return {done: true};
      }
    }
  }
}
var it = iter(['Hello', 'Iterators']);
console.log(it.next().value); // 'Hello'
console.log(it.next().value); // 'Iterators'
```

```
console.log(it.next().done); // true
```

앞의 예제에서, 배열의 요소가 있는 동안 반복하면서 value와 done을 반환한다. 배열에서 반환할 요소가 없어지면 done을 true로 반환하여 반복이 더 이상 값을 갖지 않음을 나타낸다. 이터레이터에서 요소는 next() 메소드를 반복적으로 사용해 접근한다.

이터러블

이터러블은 반복 동작 또는 내부 반복을 정의하는 객체다. 이런 객체는 ES6에서 도입된 for...of에서 사용될 수 있다. 배열과 문자열 같은 내장 유형은 디폴트 반복 동작을 정의하고 있다. 이터러블 객체의 경우, @@iterator 메소드를 구현해야 한다. 즉, 객체는 'Symbol.iterator'를 키로 갖는 속성을 가져야 한다.

객체는 키가 'Symbol.iterator'인 메소드를 구현하면 이터러블이 된다. 이 메소드는 next() 메소드를 통해 이터레이터를 반환해야 한다. 다음 예제를 통해 이를 명확히 하자.

```
// 이터러블 객체
//1. 키가 'Symbol.iterator'인 메소드를 가지고 있는가?
//2. 이 메소드는 'next' 메소드를 통해 이터레이터를 반환한다
let iter = {
  0: 'Hello',
  1: 'World of ',
  2: 'Iterators',
  length: 3,
  [Symbol.iterator]() {
    let index = 0;
    return {
      next: () => {
        let value = this[index];
        let done = index >= this.length;
        index++;
```

270

```
        return { value, done };
      }
    };
  }
};
for (let i of iter) {
  console.log(i);
}
"Hello"
"World of "
"Iterators"
```

이 예제를 더 작은 조각으로 나눠 보자. 우리는 지금 이터러블 객체를 생성하고 있다. 이미 익숙한 객체 리터럴 구문을 사용해 iter 객체를 생성한다. 이 객체의 특별한 것 중 하나는 [Symbol.iterator] 메소드다. 이 메소드 정의는 계산된 속성과 앞 장에서 이미 설명한 ES6 단축형 메소드 정의 구문을 조합해 사용한다. 이 객체에는 [Symbol.iterator] 메소드가 포함돼 있으므로 이 객체는 반복 가능하거나 또는 이터러블 프로토콜을 따른다. 또한 이 메서드는 next() 메소드를 통해 반복 동작을 정의하는 이터레이터 객체를 반환한다. 이제 이 객체는 for...of 루프와 함께 사용할 수 있다.

▌ 제너레이터

이터레이터와 이터러블과 밀접하게 연관된 제너레이터^{generator}는 ES6의 기능 중 가장 많이 언급되고 있는 기능 중 하나다. 제너레이터 함수는 제너레이터 객체를 반환한다. 이 용어는 처음에는 다소 혼란스럽게 들릴 수 있다. 함수를 작성하면 함수의 동작을 이해할 수 있다. 함수가 한 줄 한 줄 실행되고, 마지막 줄이 실행되고 나면 종료된다. 함수가 이 방식으로 선형적으로 실행되면, 함수에 따른 나머지 코드도 따라서 실행된다.

멀티 스레딩이 지원되는 언어에서는, 이런 실행 흐름이 중단될 수 있고, 완료된 작업이 부분적으로 서로 다른 스레드, 프로세스 또는 채널 간 공유될 수 있다. 자바스크립트는 단일 스레드이므로 지금은 다중 스레드와 관련된 문제를 처리할 필요가 없다.

그러나 제너레이터 함수는 일시 중지됐다가 다시 시작할 수 있다. 여기서 중요한 것은 제너레이터 함수 자체가 일시 중지를 선택하는 것이지 외부 코드에 의해서는 일시 중지될 수 없다는 것이다. 실행 중에 함수는 yield 키워드를 사용해 일시 중지시킨다. 제너레이터 함수가 일시 중지되면, 함수 외부의 코드에 의해서만 다시 시작할 수 있다.

필요한 만큼 여러 번 제너레이터 함수를 일시 중지했다가 다시 시작할 수 있다. 제너레이터 함수에서 인기있는 패턴은 무한 루프를 작성하고 필요할 때 일시 중지했다가 다시 시작하는 것이다. 여기에는 장단점이 있지만, 이 패턴은 이미 많이 사용되고 있다.

이해해야 할 또 다른 중요한 점은 제너레이터 함수가 양방향 메시지 전달을 허용한다는 점이다. yield 키워드를 사용해 함수를 일시 중지할 때마다 메시지가 제너레이터 함수에서 전송되고, 함수가 다시 시작되면 제너레이터 함수로 메시지가 다시 전달된다.

다음 예제를 통해 제너레이터 함수가 어떻게 동작하는지 이해해 보자.

```
function* generatorFunc() {
  console.log('1'); //-----------> A
  yield; //-----------> B
  console.log('2'); //-----------> C
}
const generatorObj = generatorFunc();
console.log(generatorObj.next());
//"1"
//Object {
// "done": false,
// "value": undefined
//}
```

아주 간단한 제너레이터 함수지만, 신중한 이해가 필요한 몇 가지 흥미로운 부분이 있다.

먼저 function 키워드 바로 다음에 별표(*)가 있음을 알 수 있다. 이것은 함수가 제너레이터 함수임을 나타내는 구문이다. 함수 이름 바로 앞에 별표를 두는 것도 괜찮다. 다음 두 코드는 모두 유효한 선언이다.

```
function *f(){ }
function* f(){ }
```

함수 내에서 진짜 마술은 yield 키워드에서 일어난다. yield 키워드를 만나면, 함수가 일시 중지된다. 더 진행하기 전에 함수가 어떻게 호출되는지 살펴보자.

```
const generatorObj = generatorFunc();
generatorObj.next(); //"1"
```

제너레이터 함수를 호출하면, 일반 함수처럼 실행되지 않고 제너레이터 객체를 반환한다. 이 제너레이터 객체를 사용해 제너레이터 함수의 실행을 제어할 수 있다. 제너레이터 객체의 next() 메소드는 함수의 실행을 다시 시작한다.

next()를 처음 호출하면 함수의 첫 번째 줄('A'로 표시)까지 실행이 진행되고, yield 키워드를 만나면 일시 중지된다. next() 함수를 다시 호출하면 실행이 중지된 지점에서 다음 줄로 실행이 재개된다.

```
console.log(generatorObj.next());
//"2"
//Object {
// "done": true,
// "value": undefined
//}
```

함수 본문 전체가 실행되면, 제너레이터 객체에서 next( )를 호출해도 아무 효과가 없다. 앞에서 제너레이터 함수는 양방향 메시지 전달을 허용한다고 이야기했다. 어떻게 동작할까? 앞의 예에서 제너레이터 함수를 다시 시작할 때마다 done과 value의 두 값을 가진 객체를 받는다. 예제의 경우, 값으로 undefined를 받았다. 이는 yield 키워드로 어떤 값도 반환하지 않기 때문이다. yield 키워드를 사용하여 값을 반환하면 호출하는 함수가 이를 받는다. 다음 예제를 살펴보자.

```
function* logger() {
  console.log('start')
  console.log(yield)
  console.log(yield)
  console.log(yield)
  return('end')
}

var genObj = logger();

// next의 첫 번째 호출은
  함수의 시작부터 첫 번째 yield문까지 실행된다
console.log(genObj.next())
// "start", Object {"done": false,"value": undefined}
console.log(genObj.next('Save'))
// "Save", Object {"done": false,"value": undefined}
console.log(genObj.next('Our'))
// "Our", Object {"done": false,"value": undefined}
console.log(genObj.next('Souls'))
// "Souls",Object {"done": true,"value": "end"}
```

이 예제의 실행 흐름을 단계별로 추적해 보자. 제너레이터 함수는 세 개의 일시 중지[yield]를 가지고 있다. 다음과 같은 줄을 작성하여 제너레이터 객체를 생성할 수 있다.

```
var genObj = logger();
```

next 메소드를 호출해 제너레이터 함수의 실행을 시작한다. 이 메소드는 첫 번째 yield 까지 실행을 시작한다. 첫 번째 호출에서 next( ) 메소드에 값을 전달하지 않았다. 이 next( ) 메소드의 목적은 제너레이터 함수를 시작하는 것이다. next( ) 메소드를 다시 호출하면서, 이번에는 "Save" 값을 매개변수로 전달한다. 이 값은 함수 실행이 다시 시작될 때 yield에 의해 수신되며 콘솔에 값이 출력되는 것을 볼 수 있다.

```
"Save", Object {"done": false,"value": undefined}
```

next( ) 메소드를 두 개의 다른 값으로 다시 호출하면 출력은 앞의 코드와 비슷하다. 마지막으로 next( ) 메소드를 호출하면, 실행이 끝나고 제너레이터 함수는 호출하는 코드에 end 값을 반환한다. 실행이 끝나면, done은 true로 설정되고, value에는 함수에서 반환된 값, 즉 end가 지정된다.

```
"Souls",Object {"done": true,"value": "end"}
```

첫 번째 next( ) 메소드의 목적은 제너레이터 함수의 실행을 시작하는 것이다. 이 함수는 첫 번째 yield 키워드로 이동하므로 첫 번째 next( ) 메소드에 전달된 값은 무시된다.

지금까지의 논의에서, 제너레이터 객체가 이터레이터 규약을 준수한다는 것은 명백하다.

```
function* logger() {
  yield 'a'
  yield 'b'
}
var genObj = logger();
// 제너레이터 객체는 제너레이터 함수를 사용하여 작성된다
console.log(typeof genObj[Symbol.iterator] === 'function') //true
// 이터러블
console.log(typeof genObj.next === 'function') //true
// 이터레이터 (next( ) 메소드를 가짐)
```

```
console.log(genObj[Symbol.iterator]() === genObj) //true
```

이 예제는 제너레이터 함수가 이터러블 규약을 준수함을 확인시켜 준다.

제너레이터 반복

제너레이터는 이터레이터며 이터러블을 지원하는 모든 ES6 구조와 마찬가지로 제너레이터를 반복하는 데 사용할 수 있다.

첫 번째 방법은 다음 코드와 같이 for...of 루프를 사용하는 것이다.

```
function* logger() {
  yield 'a'
  yield 'b'
}
for (const i of logger()) {
  console.log(i)
}
//"a" "b"
```

여기서 제너레이터 객체를 생성하지 않는다. For...of 루프는 이터러블을 지원하고 제너레이터는 자연스럽게 이 루프에 들어간다.

스프레드^{spread} 연산자를 사용해 이터러블을 배열로 바꿀 수 있다. 다음 예제를 살펴보자.

```
function* logger() {
  yield 'a'
  yield 'b'
}
const arr = [...logger()]
console.log(arr) //["a","b"]
```

마지막으로 다음과 같이 제너레이터에 디스트럭처링^{destructuring} 구문을 사용할 수 있다.

```
function* logger() {
  yield 'a'
  yield 'b'
}
const [x,y] = logger()
console.log(x,y) //"a" "b"
```

제너레이터는 비동기 프로그래밍에서 중요한 역할을 한다. 잠시 후 ES6에서의 비동기 프로그래밍과 프라미스^{promise}에 대해 살펴보겠다. 자바스크립트와 Node.js는 비동기 프로그램을 작성할 수 있는 훌륭한 환경을 제공한다. 제너레이터는 협업 멀티 태스킹 함수를 작성하는 데 도움이 된다.

▌ 컬렉션

ES6는 Map과 WeakMap, Set, WeakSet의 네 가지 데이터 구조를 도입했다. 자바스크립트는 파이썬과 루비 같은 다른 언어와 비교할 때 해시^{hash}나 맵^{map} 데이터 구조 또는 딕셔너리^{dictionary}를 지원하는 표준 라이브러리가 빈약한 편이다. 문자열 키를 객체와 매핑해 Map의 동작을 구현하는 몇 가지 해킹 방법이 개발됐다. 하지만 이런 해킹에는 부작용이 생겼다. 따라서 이런 데이터 구조에 대한 언어 지원이 절실히 요구됐다.

ES6는 표준 딕셔너리 데이터 구조를 지원한다. 다음 섹션에서 이것들에 대해 자세히 알아본다.

맵

Map은 임의의 값을 keys로 허용한다. keys는 값에 매핑된다. 맵을 사용하면 값에 빠르게 접근할 수 있다. 맵의 몇 가지 예를 살펴보자.

```
const m = new Map(); // 빈 Map을 생성한다
m.set('first', 1); // 키와 연관된 값을 설정한다
console.log(m.get('first')); // 키를 사용하여 값을 가져온다
```

생성자constructor를 사용해 빈 Map을 생성한다. set() 메소드를 사용해 Map에 키와 연관된 값의 항목을 추가하고 기존 항목을 동일한 키로 겹쳐 쓸 수 있다. 이와 반대되는 메소드인 get()은 키와 연관된 값을 가져오고, 맵에 해당 항목이 없으면 undefined를 가져온다.

다음과 같이 맵에서 사용할 수 있는 다른 헬퍼 메소드도 있다.

```
console.log(m.has('first')); // 키가 있는지 검사한다
//true
m.delete('first');
console.log(m.has('first')); //false

m.set('foo', 1);
m.set('bar', 0);

console.log(m.size); //2
m.clear(); // 전체 맵을 지운다
console.log(m.size); //0
```

다음 이터러블 [키, 값] 쌍을 사용해 Map을 생성할 수 있다.

```
const m2 = new Map([
    [ 1, 'one' ],
    [ 2, 'two' ],
    [ 3, 'three' ],
]);
```

다음과 같이 컴팩트 구문에 set( ) 메소드를 연결할 수 있다.

```
const m3 = new Map().set(1, 'one').set(2, 'two').set(3, 'three');
```

모든 값을 키로 사용할 수 있다. 객체의 경우, 문자열만 키가 될 수 있지만, 컬렉션^{collection}의 경우 이 제한이 없어졌다. 객체를 키로 사용할 수도 있지만, 그다지 인기 있는 방법은 아니다.

```
const obj = {}
const m2 = new Map([
  [ 1, 'one' ],
  [ "two", 'two' ],
  [ obj, 'three' ],
]);
console.log(m2.has(obj)); //true
```

맵 반복

기억해야 할 중요한 점 중 하나는 맵에서 순서가 중요하다는 점이다. 맵은 요소가 추가된 순서가 유지된다.

Map을 반복할 때는 keys, values, entries, 이렇게 세 가지 이터러블을 사용할 수 있다.

keys( ) 메소드는 다음과 같이 Map의 키에 대한 이터러블을 반환한다.

```
const m = new Map([
  [ 1, 'one' ],
  [ 2, 'two' ],
  [ 3, 'three' ],
]);
for (const k of m.keys()){
```

```
  console.log(k);
}
//1 2 3
```

마찬가지로 values() 메소드는 다음 예제와 같이, Map의 값에 대한 이터러블을 반환한다.

```
for (const v of m.values()){
  console.log(v);
}
//"one"
//"two"
//"three"
```

entries() 메소드는 다음 코드에서 볼 수 있듯이, [키, 값] 쌍의 형식으로 Map의 항목을 반환한다.

```
for (const entry of m.entries()) {
  console.log(entry[0], entry[1]);
}
//1 "one"
//2 "two"
//3 "three"
```

다음과 같이 간결하게 만들 수 있다.

```
for (const [key, value] of m.entries()) {
  console.log(key, value);
}
//1 "one"
//2 "two"
//3 "three"
```

더 간단하게도 가능하다.

```
for (const [key, value] of m) {
  console.log(key, value);
}
//1 "one"
//2 "two"
//3 "three"
```

맵을 배열로 변환

스프레드 연산자(…)는 Map을 배열로 변환하려는 경우 편리하다.

```
const m = new Map([
  [ 1, 'one' ],
  [ 2, 'two' ],
  [ 3, 'three' ],
]);
const keys = [...m.keys()]
console.log(keys)
//Array [
//1,
//2,
//3
//]
```

맵은 이터러블이므로, 스프레드 연산자를 사용하여 전체 Map을 배열로 변환할 수 있다.

```
const m = new Map([
  [ 1, 'one' ],
  [ 2, 'two' ],
  [ 3, 'three' ],
```

```
]);
const arr = [...m]
console.log(arr)
//Array [
//[1,"one"],
//[2,"two"],
//[3,"three"]
//]
```

세트

Set는 값의 모음이다. 세트에서 값을 추가하고 제거할 수 있다. 배열과 비슷해 보이지만, 세트는 같은 값을 두 번 허용하지 않는다. Set의 값은 어떤 유형도 될 수 있다. 배열과 얼마나 다른지 궁금할 것이다. Set는 멤버쉽 테스트를 신속하게 수행할 수 있도록 설계됐다. 이 작업을 수행하는 데 배열은 상대적으로 느리다. Set 동작은 Map 동작과 비슷하다.

```
const s = new Set();
s.add('first');
s.has('first'); // true
s.delete('first'); //true
s.has('first'); //false
```

맵과 마찬가지로 이터레이터를 통해 Set를 생성할 수 있다.

```
const colors = new Set(['red', white, 'blue']);
```

Set에 값을 추가할 때, 값이 이미 존재하면 아무 일도 일어나지 않는다. 마찬가지로 Set에서 값을 삭제할 때, 값이 존재하지 않으면 아무 일도 일어나지 않는다. 이 시나리오를 고칠 방법은 없다.

WeakMap과 WeakSet

WeakMap과 WeakSet은 Map과 Set와 비슷하지만 제한된 API를 가진다. 그리고 각각 상대와 비슷한 동작한다. 하지만 다음과 같은 몇 가지 차이점이 있다.

- WeakMap은 new와 has( ), get( ), set( ), delete( ) 메소드만 지원한다.
- WeakSet은 new와 has( ), add( ), and delete( )만 지원한다.
- WeakMap의 키는 반드시 객체여야 한다.
- WeakSet의 값은 반드시 객체여야 한다.
- WeakMap을 반복할 수는 없다. 값에 접근할 수 있는 유일한 방법은 키를 사용하는 것이다.
- WeakSet을 반복할 수 없다.
- WeakMap이나 WeakSet를 지울 수 없다.

WeakMap를 먼저 이해해 보자. Map과 WeakMap의 차이점은 WeakMap 자체가 가비지 컬렉션 garbage collection을 허용한다는 것이다. WeakMap의 키는 약하게 유지된다. WeakMap 키는 가비지 컬렉터가 참조 카운트(모든 활성 참조를 보는 기술)를 수행할 때 카운트되지 않으며, 가능한 경우에 가비지 처리된다.

WeakMap은 맵에 보관중인 객체의 수명주기에 대해 어떤 제어도 하지 못할 때 유용하다. WeakMap을 사용할 때, 수명주기가 길더라도 객체가 메모리를 점유하지 않기 때문에 메모리 누출에 대해 걱정할 필요가 없다.

WeakSet에도 동일한 구현 세부사항이 적용된다. 그러나 WeakSet을 반복할 수 없으므로, WeakSet의 유스 케이스는 많지 않다.

▌ 요약

5장에서는 제너레이터에 대해 자세히 살펴봤다. 제너레이터는 ES6에서 가장 기대되는 기능 중 하나다. 함수를 일시 중지하고 다시 실행할 수 있는 기능은 협업 프로그램에서 많은 가능성을 열어준다. 제너레이터의 주요 강점은 비동기 특성을 숨기면서 단일 스레드의 동기 코드 스타일을 제공한다는 것이다. 이것은 비동기 구문을 동시에 탐색하지 않고도 프로그램의 스텝/문장의 흐름을 매우 자연스럽게 표현할 수 있게 한다. 이로 인해 제너레이터를 사용해 관심사의 분리^{separation of concern}를 달성할 수 있다.

제너레이터는 이터레이터 및 이터러블 규약과 함께 사용된다. ES6에 추가된 것을 진심으로 환영하며, 언어가 제공하는 데이터 구조를 크게 향상시켜준다. 이터레이터는 값의 시퀀스를 반환하는 간단한 방법을 제공(잠재적으로 제한 없는)한다. @@iterator 심볼은 객체에 대한 디폴트 이터레이터를 정의해 이터러블하게 만든다.

이터레이터를 사용하는 가장 중요한 유스 케이스는 for...of 루프와 같이 이터러블을 사용하는 구조에서 사용하고자 할 때 분명해 진다. 5장에서는 ES6에서 도입한 for...of 라는 새로운 루프 구조를 살펴봤다. for...of는 디폴트 @@iterator 메소드가 정의돼 있기 때문에 많은 네이티브 객체와 함께 동작한다. 또한 ES6 컬렉션에 새롭게 추가된 Maps과 Sets, WeakMaps, WeakSets을 살펴봤다. 이들 컬렉션은 추가 이터레이터 메소드인 .entries()와 .values(), .keys()를 가지고 있다.

6장에서는 자바스크립트 프로토타입에 대해 자세히 알아보겠다.

06

프로토타입

6장에서는 함수 객체의 프로토타입^prototype 속성에 대해 알아본다. 프로토타입이 어떻게 동작하는지 이해하는 것은 자바스크립트 언어를 학습하는 데 있어 매우 중요한 부분이다. 결국 자바스크립트는 프로토타입 기반 객체 모델로 분류되는 경우가 많다. 프로토타입이 특별히 어려운 것은 없지만, 새로운 개념이므로 이해하는 데 약간의 시간이 필요할 수 있다. 클로저(3장 참조)와 마찬가지로 프로토타입은 자바스크립트에서 한번 배우고 나면 분명하고 완벽하게 이해할 수 있는 것 중 하나다. 이 책의 나머지 부분에서와 마찬가지로, 예제를 입력하고 시험해 볼 것을 강력히 권장한다. 이것이 개념을 배우고 기억하는 가장 쉬운 방법이다.

6장에서 다루는 주제는 다음과 같다.

* 모든 함수는 prototype 속성을 가지고 있으며 객체를 포함한다.

- 프로토타입 객체에 속성 추가하기
- 프로토타입에 추가된 속성 사용하기
- 자체 속성과 프로토타입 속성간의 차이점
- 모든 객체가 프로토타입을 유지하는 비밀 링크인 __proto__ 속성
- isPrototypeOf( )와 hasOwnProperty( ), propertyIsEnumerable( ) 메소드
- 배열과 문자열 같은 내장 객체 확장하기와 이것이 나쁜 아이디어인 이유

▌ 프로토타입 속성

자바스크립트의 함수는 객체이며, 메소드와 속성을 포함한다. 여기에는 이미 친숙한 apply( )와 call( ) 같은 메소드와 length와 constructor 같은 속성이 있다. 함수 객체의 또 다른 속성으로 prototype이 있다.

간단한 함수 foo( )를 정의하면, 다른 객체와 마찬가지로 함수의 속성에 접근할 수 있다. 다음 코드를 살펴보자.

```
> function foo(a, b) {
    return a * b;
  }
> foo.length;
2
> foo.constructor;
function Function() { [native code] }
```

prototype 속성은 함수를 정의하자마자 사용할 수 있는 속성이다. 초기값은 빈 객체다.

```
> typeof foo.prototype;
"object"
```

다음과 같이 이 속성을 직접 추가할 수 있다.

```
> foo.prototype = {};
```

이 빈 객체를 속성과 메소드로 보강할 수 있다. 이것들은 foo( ) 함수 자체에는 아무런 영향을 미치지 않고, foo( )를 생성자로 호출할 때만 사용된다.

프로토타입을 사용하여 메소드와 속성 추가하기

앞장에서는 새 객체를 생성하는 데 사용할 수 있는 생성자 함수를 정의하는 방법을 알아봤다. 주요 개념은 new로 호출된 함수 내에서, 생성자가 반환하는 객체를 참조하는 this 값에 접근할 수 있다는 것이다. this에 메소드와 속성을 추가하는 보강augmenting은 생성되는 객체에 기능을 추가할 수 있는 방법이다.

생성자 함수인 Gadget( )을 살펴보자. 다음과 같이 this를 사용해 두 개의 속성과 하나의 메소드를 이 함수가 생성하는 객체에 추가한다.

```
function Gadget(name, color) {
  this.name = name;
  this.color = color;
  this.whatAreYou = function () {
    return 'I am a ' + this.color + ' ' + this.name;
  };
}
```

생성자 함수의 prototype 속성에 메소드와 속성을 추가하는 것은 이 생성자가 생성하는 객체에 기능을 추가하는 또 다른 방법이다. getInfo( ) 메소드와 함께 price, rating의 두 개의 속성을 더 추가해 보자. prototype이 이미 객체를 가리키고 있으므로 다음과 같이 속성과 메소드를 계속 추가할 수 있다.

```
Gadget.prototype.price = 100;
Gadget.prototype.rating = 3;
Gadget.prototype.getInfo = function () {
  return 'Rating: ' + this.rating +
         ', price: ' + this.price;
};
```

또는 prototype 객체에 속성을 하나씩 추가하는 대신, 다음 예제와 같이 prototype을 완전히 덮어 쓰고 원하는 객체로 대체할 수도 있다.

```
Gadget.prototype = {
  price: 100,
  rating: ... /* and so on... */
};
```

▌ 프로토타입의 메소드와 속성 사용하기

prototype에 추가한 모든 메소드와 속성은 생성자를 사용해 새 객체를 만드는 즉시 사용할 수 있다. Gadget() 생성자를 사용해 newtoy 객체를 만든 경우, 다음 코드에서 볼 수 있듯이 이미 정의된 모든 메소드와 속성에 접근할 수 있다.

```
> var newtoy = new Gadget('webcam', 'black');
> newtoy.name;
"webcam"
> newtoy.color;
"black"
> newtoy.whatAreYou();
"I am a black webcam"
> newtoy.price;
```

```
100
> newtoy.rating;
3
> newtoy.getInfo();
"Rating: 3, price9: 100"
```

prototype은 살아있다는 점에 유의해야 한다. 자바스크립트에서 객체는 참조로 전달되므로 prototype은 모든 새 객체 인스턴스에 복사되지 않는다. 이것이 실제 무엇을 의미하는가? 이것은 언제든지 prototype을 수정할 수 있고, 모든 객체(심지어 수정 전에 생성된 객체도)에서 변경 내용을 볼 수 있다는 것을 의미한다.

prototype에 새로운 메소드를 추가하여 예제를 계속 작성해 보자.

```
Gadget.prototype.get = function (what) {
  return this[what];
};
```

newtoy 객체가 get() 메소드가 정의되기 전에 생성되었음에도 불구하고, newtoy 객체는 다음과 같이 새로운 메소드에 접근할 수 있다.

```
> newtoy.get('price');
100
> newtoy.get('color');
"black"
```

자체 속성 대 프로토타입 속성

앞의 예제에서, getInfo()는 내부적으로 객체의 속성에 접근하는 데 사용되었다. 다음과 같이 Gadget.prototype을 사용하여 동일한 결과를 얻을 수 있다.

```
Gadget.prototype.getInfo = function () {
  return 'Rating: ' + Gadget.prototype.rating +
         ', price: ' + Gadget.prototype.price;
};
```

차이점이 무엇일까? 이 질문에 답하기 위해 prototype이 어떻게 동작하는지 자세히 살펴보겠다.

newtoy 객체를 다시 사용한다.

```
var newtoy = new Gadget('webcam', 'black');
```

newtoy의 속성인 newtoy.name에 접근하려고 하면, 자바스크립트 엔진은 객체의 모든 속성에서 name을 찾고, 발견하면 다음과 같이 해당 값을 반환한다.

```
> newtoy.name;
"webcam"
```

rating 속성에 접근하면 무슨 일이 벌어질까? 자바스크립트 엔진은 newtoy 객체의 모든 속성을 검사하지만 rating이라는 속성을 찾지 못한다. 그러면 스크립트 엔진은 이 객체를 만드는 데 사용된 생성자 함수의 prototype을 식별한다(newtoy.constructor.prototype을 수행하는 것과 동일). prototype 객체에서 속성이 발견되면, 이 속성이 사용된다.

```
> newtoy.rating;
3
```

prototype에 직접 접근할 수 있다. 모든 객체는 객체를 생성한 함수에 대한 참조인 constructor 속성을 가진다. 다음 코드를 살펴보자.

```
> newtoy.constructor === Gadget;
true
> newtoy.constructor.prototype.rating;
3
```

이제 한 단계 더 들어가 보자. 모든 객체는 생성자가 있다. prototype은 객체이므로 이
것 역시 생성자가 있어야 한다. 즉, prototype을 가진다. 프로토타입 체인을 올라가다
보면, 결국 최상위 수준 부모인 내장 Object() 객체에 도달한다. 실제로 이는 newtoy.
toString()을 호출할 때, newtoy에 자체 toString() 메소드가 없고 prototype에도 없으
면, 결국 Object 객체의 toString() 메소드를 사용한다는 것을 의미한다.

```
> newtoy.toString();
"[object Object]"
```

프로토타입 속성을 자체 속성으로 덮어 쓰기

앞에서 살펴본 것처럼, 어떤 객체에서 자체 속성을 가지고 있지 않으면, 프로토타입 체인
어딘가에 있는 속성을 사용할 수 있다. 객체가 자체 속성을 가지고 있고 프로토타입에도
동일한 이름을 가진 속성이 있는 경우는 어떻게 될까? 이 경우 자체 속성이 프로토타입
속성보다 우선한다.

속성 이름이 자체 속성과 prototype 객체의 속성에 모두 존재하는 시나리오를 생각해 보자.

```
> function Gadget(name) {
    this.name = name;
  }
> Gadget.prototype.name = 'mirror';
```

새 객체를 만들고 이 객체의 name 속성에 접근하면 다음과 같이 객체 자체의 name 속성이 제공된다.

```
> var toy = new Gadget('camera');
> toy.name;
"camera"
```

다음과 같이 hasOwnProperty()를 사용해 속성이 정의된 위치를 알 수 있다.

```
> toy.hasOwnProperty('name');
true
```

만일 toy 객체의 자체 name 속성을 삭제하면, 동일한 이름을 가진 프로토타입의 name 속성이 다음과 같이 등장한다.

```
> delete toy.name;
true
> toy.name;
"mirror"
> toy.hasOwnProperty('name');
false
```

물론 다음과 같이 객체 자체 속성을 언제든지 다시 만들 수 있다.

```
> toy.name = 'camera';
> toy.name;
"camera"
```

특정 속성의 출처를 찾으려면 hasOwnProperty() 메소드를 사용하면 된다. 앞에서 toString() 메소드를 사용했다. 그럼 과연 이 메소드는 어디서 온 것일까?

```
> toy.toString();
"[object Object]"
> toy.hasOwnProperty('toString');
false
> toy.constructor.hasOwnProperty('toString');
false
> toy.constructor.prototype.hasOwnProperty('toString');
false
> Object.hasOwnProperty('toString');
false
> Object.prototype.hasOwnProperty('toString');
true
```

속성 열거하기

객체의 모든 속성을 나열하려면 for...in 루프를 사용할 수 있다. 2장에서 for...in을 사용해 배열의 모든 요소를 반복할 수 있음을 살펴봤지만, 앞에서 언급했듯이, for는 배열에 적합하고, for...in은 객체에 더 적합하다. 객체의 URL에 대한 쿼리 문자열을 생성하는 예제를 살펴보자.

```
var params = {
  productid: 666,
  section: 'products'
};
var url = 'http://example.org/page.php?',
    i,
    query = [];

for (i in params) {
    query.push(i + '=' + params[i]);
}

url += query.join('&');
```

이렇게 하면 다음과 같은 url 문자열이 생성된다.

http://example.org/page.php?productid=666&section=products.

다음과 같은 몇 가지 사항에 주의해야 한다.

- 모든 속성이 for...in 루프에 표시되는 것은 아니다. 예를 들어, length(배열의 경우) 및 생성자 속성은 표시되지 않는다. 표시되는 속성을 열거 가능^{enumerable}하다고 말한다. propertyIsEnumerable() 메소드의 도움으로 어떤 속성이 열거 가능한지 확인할 수 있다. ES5에서는 ES3와 달리 열거할 수 있는 속성을 지정할 수 있다.
- 프로토타입 체인을 통해 온 프로토타입도 열거 가능한 경우 표시된다. 객체의 자체 속성인지 프로토타입의 속성인지 여부는 hasOwnProperty() 메소드를 사용하여 확인할 수 있다.
- propertyIsEnumerable() 메소드는 열거가능하고 for...in 루프에 표시될지라도, 모든 프로토타입의 속성에 대해 false를 반환한다.

이 메소드들을 실제로 사용해 보자. 이번에는 Gadget()의 간소화된 버전을 사용한다.

```
function Gadget(name, color) {
  this.name = name;
  this.color = color;
  this.getName = function () {
    return this.name;
  };
}
Gadget.prototype.price = 100;
Gadget.prototype.rating = 3;
```

다음과 같이 새 객체를 생성한다.

```
var newtoy = new Gadget('webcam', 'black');
```

이제 for...in 루프를 사용해 반복하면, 프로토타입에서 온 속성을 포함, 모든 객체의 속성을 볼 수 있다.

```
for (var prop in newtoy) {
  console.log(prop + ' = ' + newtoy[prop]);
}
```

메소드는 결국 함수인 속성이기 때문에, 결과는 또한 객체의 메소드를 포함한다.

```
name = webcam
color = black
getName = function () {
  return this.name;
}
price = 100
rating = 3
```

객체의 자체 속성과 프로토타입의 속성을 구분하려면 hasOwnProperty()를 사용한다. 다음을 먼저 시도해 보자.

```
> newtoy.hasOwnProperty('name');
true
> newtoy.hasOwnProperty('price');
false
```

다시 루프를 반복하되 이번에는 객체의 자체 속성만 표시한다.

```
for (var prop in newtoy) {
  if (newtoy.hasOwnProperty(prop)) {
    console.log(prop + '=' + newtoy[prop]);
  }
}
```

결과는 다음과 같다.

```
name=webcam
color=black
getName = function () {
  return this.name;
}
```

이제 propertyIsEnumerable( )를 사용해 보자. 이 메소드는 내장되지 않은 객체의 자체 속성에 대해 true를 반환한다. 예를 들면 다음과 같다.

```
> newtoy.propertyIsEnumerable('name');
true
```

내장된 대부분의 속성과 메소드는 열거할 수 없다.

```
> newtoy.propertyIsEnumerable('constructor');
false
```

프로토타입 체인을 따라오는 모든 속성은 열거할 수 없다.

```
> newtoy.propertyIsEnumerable('price');
false
```

그러나 prototype에 포함된 객체에 도달하여 propertyIsEnumerable( ) 메소드를 호출하면, 이 경우 속성을 열거할 수 있다. 다음 코드를 고려해 보자.

```
> newtoy.constructor.prototype.propertyIsEnumerable('price');
true
```

isPrototypeOf( ) 메소드 사용하기

객체는 또한 isPrototypeOf( ) 메소드도 가지고 있다. 이 메소드는 특정 객체가 다른 객체의 프로토타입으로 사용되는지 여부를 알려준다.

monkey라는 간단한 객체를 예로 들어보자.

```
var monkey = {
  hair: true,
  feeds: 'bananas',
  breathes: 'air'
};
```

이제 Human( ) 생성자 함수를 만들고 monkey를 가리키도록 prototype 속성을 설정한다.

```
function Human(name) {
  this.name = name;
}
Human.prototype = monkey;
```

이제, george라는 새로운 Human 객체를 생성하고, monkey가 george의 프로토타입인지 확인해 보면 true가 된다.

```
> var george = new Human('George');
> monkey.isPrototypeOf(george);
true
```

프로타입이 무엇인지 알고 있어야 프로토타입이 monkey인 것이 사실인지 확인해 볼 수 있다. 그러나 아는 것이 아무것도 없다면, 여러분이 생각하는 프로토타입이 맞는지 물어볼 수가 없다. 그렇다면 객체에 직접 프로토타입이 무엇인지 물어볼 수는 없을까? 대답은 모든 브라우저는 아니지만, 많은 브라우저에서 가능하다는 것이다. 대부분의 최신 브라우저는 ES5에 추가된 Object.getPrototypeOf()를 구현했다.

```
> Object.getPrototypeOf(george).feeds;
"bananas"
> Object.getPrototypeOf(george) === monkey;
true
```

getPrototypeOf()를 지원하지 않는 일부 ES5 이전 환경에서는 __proto__라는 특별 속성을 사용할 수 있다.

secret __proto__ link

이미 알고 있듯이, prototype 속성은 현재 객체에 없는 속성에 접근하려고 할 때 사용된다.

monkey라는 객체를 가정해보고, 이를 Human() 생성자로 객체를 만들 때 프로토타입으로 사용해 보자.

```
> var monkey = {
    feeds: 'bananas',
    breathes: 'air'
```

```
  };
> function Human() {}
> Human.prototype = monkey;
```

이제 developer 객체를 만들고 다음과 같은 속성을 지정해 보자.

```
> var developer = new Human();
> developer.feeds = 'pizza';
> developer.hacks = 'JavaScript';
```

이제 이 속성에 접근한다(예를 들어, hacks은 developer 객체의 속성이다).

```
> developer.hacks;
"JavaScript"
```

feeds 속성은 다음과 같이 객체에서도 찾을 수 있다.

```
> developer.feeds;
"pizza"
```

breathes 속성은 developer 객체의 속성으로 존재하지 않으므로, 마치 prototype 객체로 연결되는 비밀 링크 또는 통로가 있는 것처럼 프로토타입이 조회된다.

```
> developer.breathes;
"air"
```

비밀 링크는 대부분의 최신 자바스크립트 환경에서 __proto__ 속성으로 노출된다. proto라는 단어의 앞뒤에 밑줄이 두 개 있다.

```
> developer.__proto__ === monkey;
true
```

이 비밀 속성을 학습 목적으로 사용할 수는 있지만, 실제 스크립트에서 사용하는 것은 좋은 생각이 아니다. 모든 브라우저(특히 IE)에서 지원하지 않기 때문에, 여러분의 스크립트가 동작하지 않을 것이다.

prototype은 해당 객체를 만드는데 사용되는 생성자 함수의 속성인 반면, __proto__는 인스턴스(객체)의 속성이므로 __proto__는 prototype과 동일하지 않다.

```
> typeof developer.__proto__;
"object"
> typeof developer.prototype;
"undefined"
> typeof developer.constructor.prototype;
"object"
```

다시 한번 강조하지만, __proto__는 학습 또는 디버깅 목적으로만 사용해야 한다. 운이 좋아서 코드가 ES5 환경에서만 동작해도 된다면, Object.getPrototypeOf()를 사용할 수 있다.

▌ 내장 객체 보강

Array, String, 그리고 심지어 Object와 Function 같이 내장된 생성자 함수로 만든 객체는 프로토타입을 사용해 보강(또는 향상)시킬 수 있다. 예를 들면, Array 프로토타입에 새 메소드를 추가하고, 모든 배열에서 이 메소드를 사용할 수 있다. 어떻게 하는지 살펴보자.

PHP에는 배열에 값이 있는지 여부를 알려주는 in_array( )라는 함수가 있다. 자바
스크립트에 in_array( ) 메소드는 없지만, ES5에는 동일한 목적으로 사용할 수 있는
indexOf( )가 있다. 다음과 같이 Array.prototype에 추가해 보자.

```
Array.prototype.inArray = function (needle) {
  for (var i = 0, len = this.length; i < len; i++) {
    if (this[i] === needle) {
      return true;
    }
  }
  return false;
};
```

이제 모든 배열은 새 메소드에 접근할 수 있다. 다음 코드를 테스트해 보자.

```
> var colors = ['red', 'green', 'blue'];
> colors.inArray('red');
true
> colors.inArray('yellow');
false
```

얼마나 쉽고 멋진가? 애플리케이션에서 자주 단어를 역순으로 입력해야 하는 경우가
있다고 가정해 보자. 문자열 객체에 내장된 reverse( ) 메소드가 있으면 좋을 것이다.
Array.prototype.reverse( )를 빌려서 String 프로토타입에 reverse( ) 메소드를 쉽게
추가할 수 있다(4장의 끝 부분에 비슷한 연습문제가 있다).

```
String.prototype.reverse = function () {
  return Array.prototype.reverse.
         apply(this.split('')).join('');
};
```

이 코드는 split( ) 메소드를 사용해 문자열에서 배열을 만든 다음, 이 배열에서 reverse( ) 메소드를 호출해 역순으로 배열을 생성한다. 그런 다음 결과 배열을 join( ) 메소드를 사용해 문자열로 되돌린다. 새로운 메소드를 테스트해 보자.

```
> "bumblebee".reverse( );
  "eebelbmub"
```

내장 객체 보강 - 토론

프로토타입을 통해 내장 객체를 보강하는 것은 강력한 기술이며, 자바스크립트를 여러분이 원하는 모양으로 만들 수 있게 해준다. 하지만 이런 막강한 힘 때문에 이 방법을 사용하기 전에 항상 여러분의 선택을 다시 한 번 고민해야 한다.

그 이유는 여러분이 사용중인 서드-파티 라이브러리나 위젯에 관계없이 동일한 방식으로 동작하기를 기대하기 때문이다. 핵심 객체를 수정하면, 사용자와 관리자를 혼란스럽게 할 수 있으며, 예기치 않은 오류가 발생할 수 있다.

자바스크립트가 발전하고 브라우저 벤더는 지속적으로 더 많은 기능을 지원하고 있다. 여러분이 지금 빠져있다고 판단해 핵심 프로토타입에 추가를 결정한 메소드가 향후에 내장 메소드가 될 수 있다. 이 경우 여러분이 추가한 메소드는 더 이상 필요하지 않다. 또한 이렇게 추가한 메소드를 사용하여 이미 많은 코드를 이미 작성했는데 이 메소드가 새롭게 내장된 메소드의 구현과 다르다면 어떻게 할 것인가?

내장 프로토타입을 보강하는 가장 보편적이고 수용할 수 있는 유스 케이스는 구형 브라우저에서 새로운 기능(ECMAScript에서 이미 표준화됐고 새로운 브라우저에 구현된 기능)을 지원할 수 있도록 추가하는 것이다. 한 가지 예로 구 버전의 IE에 ES5 메소드를 추가하는 것이다. 이런 확장은 심^{shim} 또는 폴리필^{polyfill}로 알려져 있다.

프로토타입을 보강할 때, 구현하기 전에 먼저 메소드가 있는지 먼저 확인해야 한다. 메소드가 있다면 브라우저의 네이티브 구현을 사용할 수 있다. 예를 들어, 문자열에 trim( ) 메소드를 추가해 보자. 이 메소드는 ES5에는 있지만, 구형 브라우저에서는 지원하지 않는 메소드다.

```
if (typeof String.prototype.trim !== 'function') {
  String.prototype.trim = function () {
    return this.replace(/^\s+|\s+$/g,'');
  };
}
> " hello ".trim( );
"hello"
```

우수 사례
내장 객체 또는 프로토타입에 새 속성을 보강하기로 결정했다면, 새 속성의 존재 여부 먼저 확인하라.

프로토타입 따라잡기

프로토타입을 다룰 때 고려해야 할 두 가지 중요한 사항은 다음과 같다.

- prototype 객체를 완전히 대체할 때를 제외하고는 프로토타입 체인은 살아 있다.
- prototype.constructor 메소드는 안정적이지 않다.

간단한 생성자 함수와 두 개의 객체를 생성해 보자.

```
> function Dog() {
    this.tail = true;
  }
> var benji = new Dog();
> var rusty = new Dog();
```

benji와 rusty 객체를 생성한 후에도, Dog() 프로토타입에 속성을 추가할 수 있으며 기존 객체에서도 새 속성에 접근할 수 있다. say() 메소드를 추가해 보자.

```
> Dog.prototype.say = function () {
    return 'Woof!';
  };
```

두 객체 모두 새 메소드에 접근할 수 있다.

```
> benji.say();
"Woof!"
 rusty.say();
"Woof!"
```

이 시점에, 객체를 생성하는 데 사용된 생성자 함수가 무엇인지 확인해 보면 제대로 보고할 것이다.

```
> benji.constructor === Dog;
true
> rusty.constructor === Dog;
true
```

이제 prototype 객체를 새로운 객체로 완전히 덮어 씌워 보자.

```
> Dog.prototype = {
    paws: 4,
    hair: true
};
```

이전 객체가 새로운 프로토타입의 속성에 접근하지 못한다. 다음과 같이 이전 프로토타입 객체를 가리키는 비밀 링크를 여전히 유지하고 있다.

```
> typeof benji.paws;
"undefined"
> benji.say();
"Woof!"
> typeof benji.__proto__.say;
"function"
> typeof benji.__proto__.paws;
"undefined"
```

지금부터 새로 만들 객체는 다음과 같이 업데이트된 프로토타입 객체를 사용한다.

```
> var lucy = new Dog();
> lucy.say();
TypeError: lucy.say is not a function
> lucy.paws;
4
```

비밀 __proto__ 링크는 다음 코드 행에 표시된 대로 새 프로토타입 객체를 가리킨다.

```
> typeof lucy.__proto__.say;
"undefined"
> typeof lucy.__proto__.paws;
"number"
```

이제 새 객체의 constructor 속성은 더 이상 올바르게 보고하지 않는다. Dog( )를 가리킬 것으로 기대하지만, 다음 예제에서 볼 수 있듯이 대신 Object( )를 가리킨다.

```
> lucy.constructor;
function Object() { [native code] }
> benji.constructor;
function Dog() {
  this.tail = true;
}
```

다음과 같이 프로토타입을 완전히 덮어 쓴 후 constructor 속성을 다시 설정하면, 이 혼란을 쉽게 방지할 수 있다.

```
> function Dog() {}
> Dog.prototype = {};
> new Dog().constructor === Dog;
false
> Dog.prototype.constructor = Dog;
> new Dog().constructor === Dog;
true
```

 우수 사례
프로토타입을 덮어 쓸 때, constructor 속성을 다시 설정해야 한다.

▋ 연습문제

다음 연습문제를 풀어 보자.

1. type 속성과 getType( ) 메소드를 가진 shape라는 객체를 생성한다.

2. 프로토타입이 shape인 Triangle( ) 생성자 함수를 정의한다. Triangle( )로 생성된 객체에는 삼각형의 변의 길이를 나타내는 세 개의 자체 속성 a, b, c가 있어야 한다.

3. 프로토타입에 getPerimeter( )라는 새 메소드를 추가한다.

4. 다음 코드를 사용해 구현을 테스트한다.

```
> var t = new Triangle(1, 2, 3);
> t.constructor === Triangle;
      true
> shape.isPrototypeOf(t);
      true
> t.getPerimeter( );
        6
> t.getType( );
      "triangle"
```

5. t를 루프로 반복해, 프로토타입의 속성과 메소드가 아닌 자체 속성과 메소드만을 보여준다.

6. 다음 코드를 동작하게 만든다.

```
> [1, 2, 3, 4, 5, 6, 7, 8, 9].shuffle( );
  [2, 4, 1, 8, 9, 6, 5, 3, 7]
```

▌ 요약

6장에서 배운 가장 중요한 주제를 정리해 보자.

- 모든 함수에는 prototype라는 속성이 있다. 처음에는 빈 객체, 즉 자체 속성이

없는 객체를 포함한다.

- `prototype` 객체에 속성과 메소드를 추가할 수 있다. 또한 다른 객체로 완전히 대체할 수도 있다.

- 생성자 함수(new와 함께)를 사용해 객체를 생성하면, 객체는 생성자의 프로토타입을 가리키는 비밀 링크를 가져와서 프로토타입의 속성에 접근할 수 있다.

- 객체의 자체 속성이 동일한 이름의 프로토타입 속성보다 우선한다.

- `hasOwnProperty()` 메소드를 사용해 객체 자체의 속성과 `prototype` 속성을 구별한다.

- 프로토타입 체인이 있다. `foo.bar`를 실행했는데 `foo` 객체에 `bar` 속성이 없으면, 자바스크립트 인터프리터는 프로토타입에서 `bar` 속성을 찾는다. 그래도 발견되지 않으면, 프로토타입의 프로토타입을 검색하고 이런 검색을 `Object.prototype`에 도달할 때까지 계속한다.

- 내장된 생성자 함수의 프로토타입을 보강할 수 있으며, 모든 객체는 추가된 내용에 접근할 수 있다. `Array.prototype.flip`에 함수를 할당하면, 모든 배열은 `[1,2,3].flip()`과 같이 즉시 `flip()` 메소드를 사용할 수 있다. 그러나 반드시 추가하고자 하는 메소드/속성이 이미 있는지 확인해서 여러분의 스크립트를 미래에 대비할 수 있도록 한다.

07

상속

1장으로 되돌아가 '객체지향 프로그래밍' 섹션을 다시 읽어보면 이런 객체지향 속성을 자바스크립트에 어떻게 적용해야 하는지 이미 대부분 알고 있음을 알 수 있다. 객체와 메소드, 속성이 무엇인지 알고 있다. 그리고 ES5에는 클래스가 없지만, 생성자 함수를 사용해 클래스의 역할을 수행할 수 있는 것도 알고 있다. ES6에서는 클래스의 개념을 도입했다. 다음 장에서 ES6 클래스가 어떻게 동작하는지 살펴볼 것이다. 캡슐화는 어떤가? 객체는 데이터와 수단(메소드)를 캡슐화해서 모두 데이터로 처리한다. 집합도 물론이다. 객체는 다른 객체를 포함할 수 있다. 메소드는 함수이고, 함수 역시 객체이기 때문에 실제로 그렇다.

이제 상속inheritance에 초점을 맞춰 보자. 상속은 가장 흥미로운 특징 중 하나다. 상속은 기존 코드를 재사용할 수 있게 해주며 인간의 특징을 컴퓨터 프로그래밍으로 가져온 것이다.

자바스크립트는 동적인 언어이며, 주어진 작업을 수행하는 방법은 여러 가지가 있다. 상속도 예외는 아니다. 7장에서는 상속을 구현하는 몇 가지 일반적인 패턴을 알아본다. 이들 패턴을 잘 이해하면, 작업이나 프로젝트, 스타일에 따라 적합한 패턴(또는 여러 패턴을 혼합한)을 선택하는 데 도움이 될 것이다.

▌프로토타입 체인

상속을 구현하는 가장 기본 방법인 프로토타입을 통한 상속 체인부터 시작해 보자.

이미 알고 있듯이, 모든 함수는 객체를 가리키는 prototype 속성을 가지고 있다. 함수가 new 연산자를 사용해 호출되면, 객체를 생성하여 반환한다. 이 새 객체는 prototype 객체에 대한 비밀 링크를 가진다. 비밀 링크(일부 환경에서는 __proto__로 불림)를 사용하면 prototype 객체의 메소드와 속성을 마치 새로 생성한 객체의 메소드와 속성인 것처럼 사용할 수 있다.

prototype 객체도 일반적인 객체이므로 이 객체 역시 프로토타입에 대한 비밀 링크를 가지고 있다. 따라서 프로토타입 체인prototype chain으로 불리는 체인이 만들어진다.

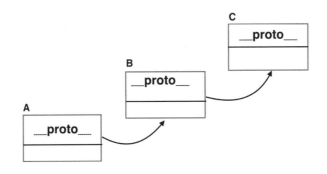

이 그림에서 객체 A는 여러 속성을 가진다. 이 속성 중 다른 객체인 B를 가리키는 숨겨진 __proto__ 속성이 있다. 객체 B의 __proto__ 속성은 다시 C를 가리킨다. 이 체인은 부모의 부모 인 `Object.prototype` 객체에서 끝나고, 모든 객체는 여기서 상속된다.

이에 대해서는 잘 알고 있을 것이다. 하지만 이게 무슨 도움이 될까? 실용적인 측면에서 보면, 객체 A에는 속성이 없지만, B에는 있는 경우 A는 B의 속성을 자신의 속성인 것처럼 접근할 수 있다. B에는 필요한 속성이 없지만 C가 가진 경우도 마찬가지다. 이것이 상속이 일어나는 방식이다. 객체는 상속 체인 중 어딘가에 있는 모든 속성에 접근할 수 있다.

7장 전체에서 다음과 같은 계층 구조를 사용하는 다양한 예제를 볼 수 있다. 일반 Shape 부모는 2D shape에서 상속되며, 삼각형과 사각형 같은 특정 2차원 모양shape의 개수로 상속된다.

프로토타입 체인 예제

프로토타입 체인은 상속을 구현하는 기본 방법이다. 계층 구조를 구현하기 위해 다음과 같이 세 개의 생성자 함수를 정의한다.

```
function Shape(){
this.name = 'Shape';
this.toString = function () {
    return this.name;
  };
}

function TwoDShape(){
  this.name = '2D shape';
}

function Triangle(side, height){
  this.name = 'Triangle';
  this.side = side;
  this.height = height;
```

```
  this.getArea = function () {
    return this.side * this.height / 2;
  };
}
```

상속의 마법을 수행하는 코드는 다음과 같다.

```
TwoDShape.prototype = new Shape();
Triangle.prototype = new TwoDShape();
```

TwoDShape의 prototype 속성에 포함된 객체를 가져와서 개별 속성으로 보강하는 대신, new와 함께 Shape() 생성자를 호출해 만든 다른 객체로 완전히 덮어 쓴다. Triangle에 대해서도 동일한 과정을 수행할 수 있다. Triangle의 프로토타입은 new TwoDShape()로 생성한 객체로 대체된다. 자바스크립트가 클래스가 아닌 객체로 동작한다는 사실을 기억해야 한다. new Shape() 생성자를 사용해 인스턴스를 생성해야 하며, 그래야 속성을 상속받을 수 있다. Shape()에서 직접 상속받지 않는다. 또한 상속한 후 Shape() 생성자를 수정하거나 덮어 쓰거나 삭제할 수 있으며, 상속할 하나의 인스턴스만 필요하기 때문에 이는 TwoDShape에 영향을 미치지 않는다.

앞 장에서 살펴봤듯이 프로토타입을 덮어 쓰는 것은(단순히 속성을 추가하는 것과는 대조적으로) constructor 속성에 부작용이 발생할 수 있다. 따라서 constructor 속성을 상속한 후 재설정하는 것이 좋다. 다음 예제를 살펴보자.

```
TwoDShape.prototype.constructor = TwoDShape;
Triangle.prototype.constructor = Triangle;
```

지금까지 무슨 일이 일어났는지 테스트해 보자. Triangle 객체를 생성하고 자체 getArea() 메소드를 호출하면 예상한 대로 동작한다.

```
>var my = new Triangle(5, 10);
>my.getArea();
25
```

my 객체에는 자체 toString( ) 메소드가 없지만, 상속받은 객체에서 이 메소드를 호출할 수 있다. 상속된 toString( ) 메소드가 this 객체를 my에 바인딩하는 방법에 주목하자.

```
call it. Note how the inherited method toString() binds the this object to my:
>my.toString();
"Triangle"
```

my.toString( )을 호출할 때 자바스크립트 엔진이 어떤 작업을 수행하는지 생각해 보는 것은 흥미로운 일이다.

- 자바스크립트 엔진은 my의 모든 속성을 조회하고 toString( ) 메소드를 찾지 못한다.
- 자바스크립트 엔진은 my.__proto__가 가리키는 this 객체를 상속 과정에서 생성된 new TwoDShape( ) 인스턴스로 본다.
- 이제 자바스크립트 엔진은 TwoDShape의 인스턴스를 조회하고 toString( ) 메소드를 찾지 못한다. 그런 다음 해당 객체의 __proto__를 확인한다. 이번에는 __proto__가 new Shape( )에 의해 생성된 인스턴스를 가리킨다.
- new Shape( ) 인스턴스를 검사하고 결국 toString( )이 발견된다.
- 이 메소드는 my 컨텍스트에서 호출된다. 즉, this는 my를 가리킨다.

my의 생성자가 누구인지 물어보면, 상속 후 constructor 속성을 재설정했기 때문에 올바르게 보고한다.

```
>my.constructor === Triangle;
true
```

instanceof 연산자를 사용하면 my가 세 생성자 모두의 인스턴스인지 확인할 수 있다.

```
> my instanceof Shape;
true
> my instanceofTwoDShape;
true
> my instanceof Triangle;
true
> my instanceof Array;
false
```

my를 전달해 생성자의 isPrototypeOf( )를 호출할 때도 마찬가지다.

```
>Shape.prototype.isPrototypeOf(my);
true
>TwoDShape.prototype.isPrototypeOf(my);
true
>Triangle.prototype.isPrototypeOf(my);
true
>String.prototype.isPrototypeOf(my);
false
```

다른 두 생성자를 사용하여 객체를 생성할 수도 있다. new TwoDShape( )로 생성된 객체 역시 Shape( )에서 상속된 toString( ) 메소드를 가져온다.

```
>var td = new TwoDShape( );
>td.constructor === TwoDShape;
true
>td.toString( );
"2D shape"
>var s = new Shape( );
>s.constructor === Shape;
true
```

공유 속성을 프로토타입으로 이동

생성자 함수를 사용해 객체를 생성하면, 자체 속성은 this를 사용해 추가한다. 이것은 인스턴스간에 속성이 변경되지 않는 경우 비효율적일 수 있다. 앞의 예제에서 Shape( )는 다음과 같이 정의됐다.

```
function Shape(){
this.name = 'Shape';
}
```

즉, new Shape( )를 사용해 새 객체를 생성할 때마다, 새 name 속성이 만들어져 메모리 어딘가에 저장된다. 다른 선택사항은 name 속성을 프로토타입에 추가해 모든 인스턴스에서 공유하는 것이다.

```
function Shape() {}
Shape.prototype.name = 'Shape';
```

이제 new Shape( )를 사용해 객체를 생성할 때마다 이 객체는 자체 name 속성을 가지지 못하지만, 프로토타입에 추가된 속성을 사용할 수 있다. 좀 더 효율적이긴 하지만, 인스턴스간 변경되지 않는 속성에 대해서만 사용해야 한다. 메소드는 이런 유형의 공유에 이상적이다.

prototype에 모든 메소드와 적절한 속성을 추가하여 앞의 예제를 발전시켜 보자. Shape( )와 TwoDShape( )의 경우 모든 것이 공유돼야 한다.

```
// 생성자
function Shape() {}

// 보강된 프로토타입
Shape.prototype.name = 'Shape';
```

```
Shape.prototype.toString = function () {
return this.name;
};
// 다른 생성자
function TwoDShape() {}
// 상속 처리
TwoDShape.prototype = new Shape();
TwoDShape.prototype.constructor = TwoDShape;
// 보강된 프로토타입
TwoDShape.prototype.name = '2D shape';
```

보다시피 프로토타입을 보강하기 전에 상속을 먼저 처리해야 한다. 그렇지 않으면 상속할 때 TwoDShape.prototype에 추가한 항목이 모두 지워진다.

Triangle 생성자는 생성하는 모든 객체가 서로 다른 크기를 가질 수 있는 새로운 삼각형이기 때문에 약간 다르다. 따라서 side와 height는 자체 속성으로 유지하고 그 외 나머지는 공유하는 것이 좋다. 예를 들어 getArea() 메소드는 각 삼각형의 실제 크기에 관계없이 동일하다. 다시 말하지만, 먼저 상속을 수행한 다음 프로토타입을 보강해야 한다.

```
function Triangle(side, height) {
this.side = side;
this.height = height;
}
// 상속 처리
Triangle.prototype = new TwoDShape();
Triangle.prototype.constructor = Triangle;

// 보강된 프로토타입
Triangle.prototype.name = 'Triangle';
Triangle.prototype.getArea = function () {
return this.side * this.height / 2;
};
```

앞의 모든 테스트 코드는 정확히 동일하게 동작한다. 예제는 다음과 같다.

```
>var my = new Triangle(5, 10);
>my.getArea();
25
>my.toString();
"Triangle"
```

my.toString()을 호출할 때 백그라운드에서 약간의 차이가 있을 뿐이다. 차이점은 앞의 예제의 new Shape() 인스턴스와는 달리, Shape.prototype에서 메소드를 찾기 전에 수행할 조회가 한번 더 있다는 것이다.

또한 hasOwnProperty()를 사용해 자신의 속성인지 프로토타입 체인에서 온 속성인지 비교할 수 있다.

```
>my.hasOwnProperty('side');
true
>my.hasOwnProperty('name');
false
```

앞의 예제의 isPrototypeOf()와 instanceof 연산자에 대한 호출은 정확히 동일한 방식으로 동작한다.

```
>TwoDShape.prototype.isPrototypeOf(my);
true
> my instanceof Shape;
true
```

▎프로토타입만 상속

앞에서 설명한 것처럼 효율성을 위해 재사용 가능한 속성과 메소드를 프로토타입에 추가해야 한다. 이렇게 하면, 모든 재사용 가능한 코드가 프로토타입에 있기 때문에 프로토타입만 상속하는 것이 좋다. 즉, Shape.prototype 객체를 상속하는 것이 new Shape( )로 생성한 객체를 상속하는 것보다 낫다. 결국 new Shape( )는 재사용할 수 없는 자체 shape 속성만 제공한다(그렇지 않으면 프로토타입에 포함될 것이다). 다음과 같은 방법으로 효율성을 조금 더 높일 수 있다.

- 상속만으로 새 객체를 생성하지 않는다.
- 런타임 중 조회를 적게 수행한다(toString( )를 검색할 때).

예를 들어, 업데이트한 코드는 다음과 같다. 변경 사항이 강조 표시됐다.

```
function Shape() {}
// 보강된 프로토타입
Shape.prototype.name = 'Shape';
Shape.prototype.toString = function () {
  return this.name;
};

function TwoDShape() {}
// 상속 처리
TwoDShape.prototype = Shape.prototype;
TwoDShape.prototype.constructor = TwoDShape;
// 보강된 프로토타입
TwoDShape.prototype.name = '2D shape';

function Triangle(side, height) {
  this.side = side;
  this.height = height;
}
```

```
// 상속 처리
Triangle.prototype = TwoDShape.prototype;
Triangle.prototype.constructor = Triangle;
// 보강된 프로토타입
Triangle.prototype.name = 'Triangle';
Triangle.prototype.getArea = function () {
  return this.side * this.height / 2;
};
```

테스트 코드는 동일한 결과를 보여준다.

```
>var my = new Triangle(5, 10);
>my.getArea();
25
>my.toString();
"Triangle"
```

my.toString()를 호출할 때 조회에 어떤 차이가 있을까? 먼저 자바스크립트 엔진은 평소처럼 my 객체 자체의 toString() 메소드를 찾는다. 엔진은 이 메소드를 찾지 못하고 따라서 프로토타입을 검사한다. 프로토타입은 TwoDShape의 프로토타입이 가리키는 객체와 Shape.prototype이 가리키는 객체와 동일한 객체를 가리킨다. 객체는 값으로 복사되지 않고 참조에 의해서만 복사된다는 점을 기억하자. 따라서 조회는 네 번(앞의 예제)이나 세 번(첫 번째 예제)이 아닌 두 단계 프로세스만 거친다.

간단히 프로토타입만 복사하는 것이 더 효율적이지만, 자식과 부모의 프로토타입이 모두 동일한 객체를 가리키고 있기 때문에 부작용이 있다. 자식이 프로토타입을 수정하면 부모는 변경사항을 가져오고 형제도 변경사항을 가져온다.

다음 코드 줄을 살펴보자.

```
Triangle.prototype.name = 'Triangle';
```

name 속성을 변경하면 Shape.prototype.name도 효과적으로 변경된다. new Shape( )를 사용해 인스턴스를 생성하는 경우, name 속성은 "Triangle"이 된다.

```
>var s = new Shape();
>s.name;
"Triangle"
```

이 방법이 더 효율적이지만, 모든 사례에 적합하지는 않을 수 있다.

임시 생성자 - new F( )

모든 프로토타입이 동일한 객체를 가리키고 부모가 자식의 속성을 가져오는 앞에서 설명한 문제에 대한 해결책은 중재자^{intermediary}를 사용해 체인을 끊는 것이다. 중재자는 임시 생성자 함수 형태다. 빈 함수 F( )를 생성하고 이 함수의 prototype을 부모 생성자의 프로토타입으로 설정하면, new F( )를 호출할 때 자체 속성을 가지지 않지만 부모의 prototype의 모든 것을 상속받은 객체를 생성할 수 있다.

수정된 코드를 살펴보자.

```
function Shape() {}
// 보강된 프로토타입
Shape.prototype.name = 'Shape';
Shape.prototype.toString = function () {
return this.name;
};

function TwoDShape() {}
// 상속 처리
var F = function () {};
F.prototype = Shape.prototype;
TwoDShape.prototype = new F();
```

```
TwoDShape.prototype.constructor = TwoDShape;
// 보강된 프로토타입
TwoDShape.prototype.name = '2D shape';

function Triangle(side, height) {
this.side = side;
this.height = height;
}

// 상속 처리
var F = function () {};
F.prototype = TwoDShape.prototype;
Triangle.prototype = new F();
Triangle.prototype.constructor = Triangle;
// 보강된 프로토타입
Triangle.prototype.name = 'Triangle';
Triangle.prototype.getArea = function () {
return this.side * this.height / 2;
};
```

my 삼각형을 생성하고 메소드를 테스트한다.

```
>var my = new Triangle(5, 10);
>my.getArea();
25
>my.toString();
"Triangle"
```

이 접근방식을 사용하면, 프로토타입 체인이 그대로 유지된다.

```
>my.__proto__ === Triangle.prototype;
true
>my.__proto__.constructor === Triangle;
```

```
true
>my.__proto__.__proto__ === TwoDShape.prototype;
true
>my.__proto__.__proto__.__proto__.constructor === Shape;
true
```

또한 부모의 속성을 자녀가 덮어 쓰지 않는다.

```
>var s = new Shape();
>s.name;
"Shape"
>"I am a " + new TwoDShape(); // calling toString()
"I am a 2D shape"
```

동시에 이 접근방식은 자체 속성이 아닌 프로토타입에 추가된 속성과 메소드만 상속받아야 한다는 개념을 지원한다. 자체 속성은 재사용하기에는 너무 구체적이기 때문이다.

▌ Uber – 자식 객체에서 부모에 접근하기

고전 OO 언어는 대개 수퍼클래스superclass라고 하는 부모 클래스에 접근할 수 있는 특수 구문을 제공한다. 이것은 자식이 부모 메소드에 추가 기능을 추가하는 경우에 편리하다. 이런 경우, 자식은 부모의 메소드를 동일한 이름으로 호출하여 결과를 가지고 작업한다.

자바스크립트에 이런 특별한 구문은 없지만, 동일한 기능을 구현하는 것은 그리 어렵지 않다. 마지막 예제를 다시 작성하여 상속을 처리할 때 부모의 prototype 객체를 가리키는 uber 속성을 만들어 보자.

```
function Shape() {}
// 보강된 프로토타입
```

```
Shape.prototype.name = 'Shape';
Shape.prototype.toString = function () {
var const = this.constructor;
returnconst.uber
    ? this.const.uber.toString() + ', ' + this.name
    : this.name;
};

function TwoDShape() {}
// 상속 처리
var F = function () {};
F.prototype = Shape.prototype;
TwoDShape.prototype = new F();
TwoDShape.prototype.constructor = TwoDShape;
TwoDShape.uber = Shape.prototype;
// 보강된 프로토타입
TwoDShape.prototype.name = '2D shape';

function Triangle(side, height) {
this.side = side;
this.height = height;
}
// 상속 처리
var F = function () {};
F.prototype = TwoDShape.prototype;
Triangle.prototype = new F();
Triangle.prototype.constructor = Triangle;
Triangle.uber = TwoDShape.prototype;
// 보강된 프로토타입
Triangle.prototype.name = 'Triangle';
Triangle.prototype.getArea = function () {
return this.side * this.height / 2;
};
```

여기서 새로운 것은 다음과 같다.

- 부모의 prototype 을 가리키는 새로운 uber 속성

- 업데이트된 toString( ) 메소드

앞에서 toString( )은 this.name만 반환했다. 이제 이외에도 this.constructor.uber가 있는지 확인하고, 있는 경우 toString( )을 먼저 호출한다. this.constructor은 함수 자체이며, this.constructor.uber은 부모의 prototype을 가리킨다. 결과로 Triangle 인스턴스의 toString( )을 호출하면 프로토타입 체인 위의 모든 toString( ) 메소드가 호출된다.

```
>var my = new Triangle(5, 10);
>my.toString();
"Shape, 2D shape, Triangle"
```

uber 속성의 이름을 superclass로 할 수도 있지만, 자바스크립트는 클래스가 없기 때문에 적합하지 않다. 이상적으로는 super(자바에서와 같이)일 수도 있겠지만, super는 자바스크립트의 예약어이기 때문에 적합하지 않다. uber^{위버}는 더글라스 크록포드^{Douglas Crockford}가 제안한 독일어 단어로 수퍼와 거의 동일한 의미를 뜻한다.

▌ 상속 부분을 함수로 분리하기

마지막 예제에서 상속의 모든 세부 사항을 처리하는 코드를 재사용 가능한 extend( ) 함수로 옮기자.

```
function extend(Child, Parent) {
var F = function () {};
F.prototype = Parent.prototype;
Child.prototype = new F();
Child.prototype.constructor = Child;
```

```
Child.uber = Parent.prototype;
}
```

이 함수(또는 이 함수의 사용자정의 버전)를 사용하면, 반복 상속 관련 작업의 코드를 깨끗하게 유지할 수 있다. 이렇게 하면 다음 두 줄의 코드를 사용해 간단하게 상속받을 수 있다.

```
extend(TwoDShape, Shape);
extend(Triangle, TwoDShape);
```

전체 예제 코드는 다음과 같다.

```
// 상속 헬퍼(helper)
function extend(Child, Parent) {
  var F = function () {};
  F.prototype = Parent.prototype;
  Child.prototype = new F();
  Child.prototype.constructor = Child;
  Child.uber = Parent.prototype;
}

// 정의 -> 보강
function Shape() {}
Shape.prototype.name = 'Shape';
Shape.prototype.toString = function () {
  return this.constructor.uber
    ? this.constructor.uber.toString() + ', ' + this.name
    : this.name;
};

// 정의 -> 상속 -> 보강
function TwoDShape() {}
extend(TwoDShape, Shape);
TwoDShape.prototype.name = '2D shape';
```

```
// 정의
function Triangle(side, height) {
  this.side = side;
  this.height = height;
}
// 상속
extend(Triangle, TwoDShape);
// 보강
Triangle.prototype.name = 'Triangle';
Triangle.prototype.getArea = function () {
  return this.side * this.height / 2;
};
```

다음 코드를 테스트해 보자.

```
> new Triangle().toString();
"Shape, 2D shape, Triangle"
```

■ 속성 복사

이제는 약간 다른 접근방식을 시도해 보자. 상속은 모두 코드 재사용에 관한 것이므로 하나의 객체에서 원하는 속성을 다른 객체로 간단히 복사할 수 있을까? 또는 부모 객체에서 자식 객체로는 어떨까? 앞의 extend( ) 함수와 동일한 인터페이스를 유지하면서 두 개의 생성자 함수를 사용하고 부모의 prototype에서 모든 속성을 자식의 prototype으로 복사하는 extend2( ) 함수를 만들 수 있다. 메소드는 함수인 속성일 뿐이므로 이것은 메소드에도 동일하다.

```
function extend2(Child, Parent) {
```

```
    var p = Parent.prototype;
    var c = Child.prototype;
    for (var i in p) {
      c[i] = p[i];
    }
    c.uber = p;
}
```

보다시피 속성을 반복하는 간단한 루프만 있으면 된다. 앞의 예제와 마찬가지로, 자식에서 부모의 메소드에 편리하게 접근하려면 uber 속성을 설정하면 된다. 그러나 앞의 예제와 달리 여기서는 자식의 prototype이 완전히 덮어 쓰이지 않고 보강되어 Child.prototype.constructor를 재설정할 필요는 없다. 따라서 constructor 속성은 초기 값을 가리킨다.

이 메소드는 자식 prototype의 속성이 실행 중에 프로토타입 체인을 통해 단순히 조회되는 것이 아니라 복제되는 방식이어서 앞의 메소드에 비해 다소 비효율적이다. 이것은 원시 유형을 가지는 속성에 대해서만 유효하다. 모든 객체(함수와 배열을 포함한)는 참조로만 전달되므로 복제되지 않는다.

Shape( )와 TwoDShape( )의 두 생성자 함수를 사용하는 예제를 살펴보자. Shape( ) 함수의 prototype 객체는 원시^{primitive} 속성인 name과 비원시 메소드인 toString( )을 가진다.

```
var Shape = function () {};
var TwoDShape = function () {};
Shape.prototype.name = 'Shape';
Shape.prototype.toString = function () {
  return this.uber
    ? this.uber.toString() + ', ' + this.name
    : this.name;
};
```

extend( )로 상속한 경우, TwoDShape( )로 생성한 객체나 이 객체의 프로토타입은 자체 name 속성을 갖지 않지만, 상속한 속성에 접근할 수 있다.

```
> extend(TwoDShape, Shape);
>var td = new TwoDShape();
>td.name;
"Shape"
>TwoDShape.prototype.name;
"Shape"
>td.__proto__.name;
"Shape"
>td.hasOwnProperty('name');
false
> td.__proto__.hasOwnProperty('name');
false
```

그러나 extend2( )로 상속하는 경우, TwoDShape( )의 프로토타입은 name 속성의 자체 복사본을 가져온다. toString( )의 자체 복사본도 가져오지만, 참조뿐이기 때문에 두 번째에는 함수가 다시 생성되지는 않는다.

```
>extend2(TwoDShape, Shape);
>var td = new TwoDShape();
> td.__proto__.hasOwnProperty('name');
true
> td.__proto__.hasOwnProperty('toString');
true
> td.__proto__.toString === Shape.prototype.toString;
true
```

보다시피 두 개의 toString( ) 메소드는 동일한 함수 객체다. 이는 불필요한 메소드 중복이 발생하지 않기 때문에 유용하다.

따라서 extend2( )는 프로토타입의 속성을 다시 생성하기 때문에 extend( )보다 효율적이지 않다고 말할 수 있다. 그러나 원시 데이터 유형만 복제되기 때문에 그리 나쁜 것은 아니다. 또한 속성을 찾기 전에 따라가야 하는 체인 연결이 적기 때문에 프로토타입 체인 조회 시 유용하다.

uber 속성을 다시 살펴보자. 이번에는 변경을 위해 Parent 생성자가 아닌 Parent 객체의 프로토타입 p에 설정한다. 이것이 toString( )이 this.constructor.uber가 아닌 this.uber를 사용하는 이유다. 여러분이 원하는 대로 상속 패턴을 형성할 수 있음을 보여준 것이다. 테스트해 보자.

```
>td.toString();
"Shape, Shape"
```

TwoDShape는 name 속성을 재정의하지 않으므로 반복된다. 이것은 언제든지 가능하며, (프로토타입 체인이 살아있으므로) 모든 인스턴스가 업데이트를 확인할 수 있다.

```
>TwoDShape.prototype.name = "2D shape";
>td.toString();
"Shape, 2D shape"
```

▌ 참조로 복사할 때 문제

객체(함수와 배열 포함)가 참조로 복사된다는 사실은 때때로 예상치 못한 결과를 초래할 수 있다.

두 개의 생성자 함수를 생성하고 첫 번째 프로토타입에 속성을 추가해 보자.

```
> function Papa() {}
>function Wee() {}
>Papa.prototype.name = 'Bear';
>Papa.prototype.owns = ["porridge", "chair", "bed"];
```

이제 Wee가 Papa로부터 상속받도록 하자(extend( ) 또는 extend2( )로 수행).

```
>extend2(Wee, Papa);
```

extend2( )를 사용하면 Wee 함수의 프로토타입이 Papa.prototype의 속성을 자체 속성으로 상속 받는다.

```
>Wee.prototype.hasOwnProperty('name');
true
>Wee.prototype.hasOwnProperty('owns');
true
```

name 속성은 원시^{primitive}이므로 새 복사본이 만들어진다. owns 속성은 배열 객체이므로 참조로 복사된다.

```
>Wee.prototype.owns;
["porridge", "chair", "bed"]
>Wee.prototype.owns=== Papa.prototype.owns;
true
```

Wee 함수의 name 복사본을 변경해도 Papa에는 영향을 미치지 않는다.

```
>Wee.prototype.name += ', Little Bear';
"Bear, Little Bear"
>Papa.prototype.name;
```

```
"Bear"
```

그러나 Wee 함수의 owns 속성을 변경하면, 두 속성이 메모리상 같은 배열을 가리키고 있기 때문에 Papa에 영향을 미친다.

```
>Wee.prototype.owns.pop();
"bed"
>Papa.prototype.owns;
["porridge", "chair"]
```

Wee 함수의 owns 복사본을 다른 객체로 완전히 덮어 쓰면 이야기가 전혀 달라진다(기존 객체를 수정하는 것과 반대로). 이 경우, Wee.owns는 새 객체를 가리키는 반면에 Papa.owns는 이전 객체를 계속 가리킨다.

```
>Wee.prototype.owns= ["empty bowl", "broken chair"];
>Papa.prototype.owns.push('bed');
>Papa.prototype.owns;
["porridge", "chair", "bed"]
```

객체가 메모리의 물리적 위치에 생성되고 저장되는 것으로 생각해 보자. 변수와 속성은 이 위치를 가리키기만 하므로 새로운 객체를 Wee.prototype.owns에 할당하면 본질적으로 이전 객체는 잊어버리고 포인터를 이 새로운 객체로 옮기는 것이다.

다음 다이어그램은 메모리가 벽돌 쌓기와 같은 객체의 힙[heap]이라고 생각하고 이런 객체 중 일부를 가리킬 때(참조할 때) 어떤 일이 발생하는지 보여준다.

- 새로운 객체가 생성되고, A가 이 객체를 가리킨다.
- 새로운 변수 B가 생성되고 A와 동일하게 만든다. 즉, A가 가리키는 곳을 가리킨다.

- color 속성은 B 핸들(포인터)을 사용해 변경된다. 벽돌은 이제 흰색이다. A.color === "white"를 검사하면 true가 된다.
- 새로운 객체가 생성되고, 변수/포인터 B가 새 객체를 가리키도록 재활용된다. A와 B는 현재 메모리의 다른 부분을 가리킨다. 이 둘은 공통점이 없으며 하나를 변경해도 다른 것에 영향을 주지 않는다.

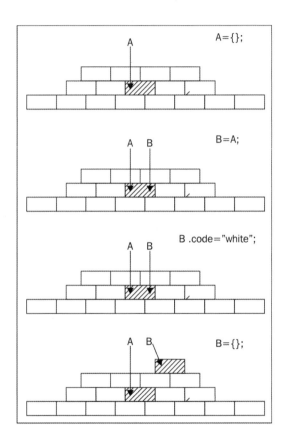

객체가 참조로 복사되는 문제를 해결하려면, 이 장의 뒷부분에서 설명하는 깊은^{deep} 복사를 고려하라.

■ 객체에서 상속받은 객체

지금까지 7장의 모든 예제에서는 생성자 함수를 사용해 객체를 생성하고 하나의 생성자로 생성된 객체가 다른 생성자의 속성을 상속받게 하는 경우를 가정했다. 그러나 생성자 함수를 사용하지 않고 객체 리터럴만을 사용해 객체를 생성할 수도 있다. 이렇게 하면 실제로 타이핑도 적어진다. 그럼 상속은 어떨까?

자바나 PHP에서는 클래스를 정의하고 다른 클래스에서 상속하게 한다. OO 기능은 클래스의 사용에서 비롯됐으므로 클래지컬classical이라는 용어를 사용한다. 자바스크립트에는 클래스가 없으므로 클래스 배경에서 작업해온 프로그래머는 지금까지 사용해온 것과 비슷하기 때문에 생성자 함수에 의존한다. 또한 자바스크립트는 new 연산자를 제공하므로 자바스크립트가 자바와 비슷하다는 것을 알 수 있다. 결론은 모든 것은 결국 객체로 통한다는 것이다. 이 장의 첫 번째 예제에서는 다음 구문을 사용했다.

```
Child.prototype = new Parent();
```

여기에서 Child 생성자(또는 클래스)는 Parent에서 상속됐다. 그러나 이것은 new Parent()를 사용해 객체를 생성하고 이를 상속받는 방식으로 수행된다. 클래스가 포함되어 있지는 않지만 클래스 상속과 유사하기 때문에 이를 **의사 클래스 상속 패턴**pseudo-classical inheritance pattern이라고 부른다.

그러면 왜 중개자(생성자/클래스)를 없애고 객체를 바로 객체에서 상속받지 않을까? extend2()에서 부모 prototype 객체의 속성이 자식 prototype 객체의 속성으로 복사됐다. 두 프로토타입은 본질적으로 객체다. 프로토타입과 생성자 함수에 대해 생각하지 않으면 단순히 객체의 모든 속성을 다른 객체로 복사할 수 있다.

var o = {};를 사용해 자체 속성을 가지지 않는 빈 객체로 시작하고 나중에 속성을 채울 수 있다. 그러나 완전히 새로 작성하는 대신 기존 객체의 모든 속성을 복사하여 시작할 수 있다. 다음은 정확히 이를 수행하는 함수다. 다음 함수는 객체를 받아 이 객체의 새 복사본을 반환한다.

```
function extendCopy(p) {
  var c = {};
  for (var i in p) {
    c[i] = p[i];
  }
  c.uber = p;
  return c;
}
```

단순히 모든 속성을 복사하는 것은 쉬운 패턴이며 널리 사용되고 있다. 이 함수의 실제 동작을 살펴보자. 기본 객체를 가지고 시작한다.

```
var shape = {
name: 'Shape',
toString: function () {
return this.name;
}
};
```

이전 객체를 기반으로 새 객체를 만들려면 새 객체를 반환하는 extendCopy() 함수를 호출하면 된다. 그런 다음 추가 기능으로 새로운 객체를 보강할 수 있다.

```
var twoDee = extendCopy(shape);
twoDee.name = '2D shape';
twoDee.toString = function () {
return this.uber.toString() + ', ' + this.name;
};
```

다음은 2D shape 객체를 상속받은 triangle 객체다.

```
var triangle = extendCopy(twoDee);
triangle.name = 'Triangle';
triangle.getArea = function () {
return this.side * this.height / 2;
};
```

다음 예와 같이 triangle을 사용한다.

```
>triangle.side = 5;
>triangle.height = 10;
>triangle.getArea();
25
>triangle.toString();
"Shape, 2D shape, Triangle"
```

이 메소드의 단점은 새 triangle 객체를 초기화하는 다소 장황한 방법이다. 생성자에 값으로 전달하는 것이 아니라 side와 height의 값을 수동으로 설정해야 한다. 그러나 이것은 생성자로 동작하고 초기화 매개변수를 받아들이는 init() 함수(또는 __construct())를 사용하면 쉽게 해결할 수 있다. 또는 extendCopy()에서 두 개의 매개변수, 즉 상속할 객체와 반환될 사본에 추가할 다른 속성의 객체 리터럴을 허용한다. 즉, 두 객체를 병합하면 된다.

▌ 깊은 복사

앞에서 설명한 extendCopy() 함수는 extend2()와 같이 객체의 얕은 복사본을 만든다. 얕은shadow 복사의 반대는 깊은deep 복사다. 앞에서 설명한 것처럼(이 장의 '참조로 복사할 때 문제' 섹션) 객체를 복사하면 객체가 저장된 메모리의 위치를 가리키는 포인터만 복사한다. 이것은 얕은 복사에서 일어나는 일이다. 복사본에서 객체를 수정하면 원본도 수정된다. 깊은 복사는 이 문제를 방지한다.

깊은 복사는 얕은 복사와 동일한 방법으로 구현된다. 속성을 반복하여 하나씩 복사한다. 그러나 객체를 가리키는 속성을 만나면 다시 deepcopy 함수를 호출한다.

```
function deepCopy(p, c) {
  c = c || {};
  for (var i in p) {
    if (p.hasOwnProperty(i)) {
      if (typeof p[i] === 'object') {
        c[i] = Array.isArray(p[i]) ? [] : {};
deepCopy(p[i], c[i]);
      } else {
        c[i] = p[i];
      }
    }
  }
  return c;
}
```

배열과 하위객체를 속성으로 가지는 객체를 생성한다.

```
var parent = {
  numbers: [1, 2, 3],
  letters: ['a', 'b', 'c'],
  obj: {
    prop: 1
  },
  bool: true
};
```

깊은 복사와 얕은 복사를 생성해 테스트해 보자. 얕은 복사와 달리, 깊은 복사의 numbers 속성을 업데이트해도 원본은 영향을 받지 않는다.

```
>var mydeep = deepCopy(parent);
>var myshallow = extendCopy(parent);
>mydeep.numbers.push(4,5,6);
6
>mydeep.numbers;
[1, 2, 3, 4, 5, 6]
>parent.numbers;
[1, 2, 3]
>myshallow.numbers.push(10);
4
>myshallow.numbers;
[1, 2, 3, 10]
>parent.numbers;
[1, 2, 3, 10]
>mydeep.numbers;
[1, 2, 3, 4, 5, 6]
```

다음은 deepCopy( ) 함수에 대한 두 가지 참고 사항이다.

- hasOwnProperty( )로 자체 속성이 아닌 속성을 필터링하면 다른 사람이 핵심 프로토타입을 추가하지 못하게 할 수 있다.
- Array.isArray( )는 실제 배열을 객체와 구분하는 것이 놀랄 정도로 어렵기 때문에 ES5부터 존재한다. 최고의 크로스 브라우저 솔루션(ES3 브라우저에서 isArray( )를 정의해야 하는 경우)은 다소 해킹처럼 보이기는 하지만, 잘 동작한다.

```
if (Array.isArray !== "function") {
Array.isArray = function (candidate) {
    return
Object.prototype.toString.call(candidate) ===
```

```
'[object Array]';
};
}
```

▌ object() 메소드 사용하기

객체가 객체를 상속한다는 개념에 기반해, 더글라스 크록포드는 객체를 받아 프로토타입을 부모로 가진 새로운 객체를 반환하는 object() 함수의 사용을 옹호한다.

```
function object(o) {
function F() {}
F.prototype = o;
return new F();
}
```

uber 속성에 접근이 필요한 경우, object() 함수를 다음과 같이 수정한다.

```
function object(o) {
var n;
function F() {}
F.prototype = o;
n = new F();
n.uber = o;
return n;
}
```

this 함수를 사용하는 것은 extendCopy()를 사용하는 것과 동일하다. twoDee와 같은 객체를 받아 새 객체를 만든 다음, 새 객체를 보강하는 것으로 진행한다.

```
var triangle = object(twoDee);
triangle.name = 'Triangle';
triangle.getArea = function () {
return this.side * this.height / 2;
};
```

새로운 triangle은 여전히 같은 방식으로 동작한다.

```
>triangle.toString();
"Shape, 2D shape, Triangle"
```

이 패턴은 부모 객체를 자식 객체의 프로토타입으로 사용하기 때문에 **프로토타입 상속** prototypal inheritance이라고도 한다. 또한 ES5에서 채택돼 Object.create()로 호출된다. 예제는 다음과 같다.

```
>var square = Object.create(triangle);
```

▌ 프로토타입 상속과 속성 복사의 혼합 사용

상속을 사용할 때는 대부분 이미 존재하고 있는 기능에 새로운 기능을 추가해 사용하려는 것이다. 이것은 존재하는 객체로부터 상속받고 새로운 메소드와 속성을 추가해 새로운 객체를 생성하는 것을 의미한다. 방금 논의한 두 가지 방법을 조합하여 하나의 함수 호출로 이 작업을 수행할 수 있다.

- 프로토타입 상속을 사용하여 기존 객체를 새로운 객체의 프로토타입으로 사용한다.
- 새로 만든 객체에 다른 객체의 모든 속성을 복사한다.

```
function objectPlus(o, stuff) {
  var n;
  function F() {}
  F.prototype = o;
  n = new F();
  n.uber = o;
for (var i in stuff) {
    n[i] = stuff[i];
    }
  return n;
}
```

이 함수는 stuff 객체로부터 o 객체를 상속받아 추가 메소드와 속성을 추가한다. 실제로 작성해 보자.

기본 shape 객체로 시작한다.

```
var shape = {
name: 'Shape',
toString: function () {
return this.name;
}
};
```

shape를 상속하고 속성을 추가하여 2D 객체를 생성한다. 추가 속성은 객체 리터럴을 사용해 간단히 만든다.

```
var twoDee = objectPlus(shape, {
  name: '2D shape',
  toString: function () {
    return this.uber.toString() + ', ' + this.name;
  }
});
```

이제 2D에서 상속받고 속성을 추가하여 triangle객체를 생성해 보자.

```
var triangle = objectPlus(twoDee, {
  name: 'Triangle',
  getArea: function () { return this.side * this.height / 2;
 },
  side: 0,
  height: 0
});
```

side와 height를 정의해 구체적인 삼각형 객체 my를 만들어 어떻게 동작하는지 테스트할 수 있다.

```
var my = objectPlus(triangle, {
  side: 4, height: 4
});
>my.getArea();
8
>my.toString();
"Shape, 2D shape, Triangle, Triangle"
```

여기에서 toString()을 실행할 때 차이점은 Triangle 이름이 두 번 반복된다는 것이다. 왜냐하면 구체적인 인스턴스는 triangle을 상속받아 생성됐기 때문에 더 많은 수준의 상속이 있기 때문이다. 새로운 인스턴스 이름을 지정할 수 있다.

```
>objectPlus(triangle, {
  side: 4,
  height: 4,
  name: 'My 4x4'
}).toString();
"Shape, 2D shape, Triangle, My 4x4"
```

이 `objectPlus( )`는 ES5의 `Object.create( )`에 훨씬 가깝다. ES5만이 속성 서술자 descriptor(부록 C. 내장 객체에서 설명함)를 사용해 추가 속성(두 번째 인수)을 받을 수 있다.

▌ 다중 상속

다중 상속은 하나 이상의 부모로부터 상속받는 것을 말한다. 일부 OO언어는 다중 상속을 기본으로 지원하지만 일부는 지원하지 않는다. 다중 상속은 편리하다는 의견과 다중 상속은 불필요하며 애플리케이션 디자인을 복잡하게 하므로 대신 상속 체인을 사용하는 것이 좋다는 두 가지 의견이 대립하고 있다. 여기서는 다중 상속의 장단점에 대한 논의는 접어두기로 하고 실제로 자바스크립트로 어떻게 구현 할 수 있는지 알아보도록 하겠다.

속성을 복사하고 확장하여 입력 객체의 수를 무제한으로 상속받을 수 있도록 한 상속의 아이디어를 사용하면 간단하게 구현할 수 있다.

여러 개의 입력 객체를 받는 `multi( )` 함수를 만들어 보자. 함수에 `arguments`로 전달된 모든 객체를 반복해 다른 루프의 속성을 복사하는 루프를 래핑할 수 있다.

```
function multi( ) {
  var n = {}, stuff, j = 0, len = arguments.length;
  for (j = 0; j <len; j++) {
    stuff = arguments[j];
    for (var i in stuff) {
      if (stuff.hasOwnProperty(i)) {
        n[i] = stuff[i];
      }
    }
  }
  return n;
}
```

shape와 twoDee, 그리고 세 번째로 이름없는 세 개의 객체를 만들어 이를 테스트해 보자. 그런 다음 triangle 객체를 생성하는 것은 multi( )를 호출하고 세 객체를 모두 전달하는 것을 의미한다.

```
var shape = {
  name: 'Shape',
  toString: function () {
    return this.name;
  }
};

var twoDee = {
  name: '2D shape',
  dimensions: 2
};

var triangle = multi(shape, twoDee, {
  name: 'Triangle',
  getArea: function () {
    return this.side * this.height / 2;
  },
  side: 5,
  height: 10
});
```

잘 동작하는지 살펴보자. getArea( ) 메소드는 자체 속성이며, dimensions은 twoDee에서, toString( )은 shape에서 상속받은 것이어야 한다.

```
>triangle.getArea();
25
>triangle.dimensions;
2
>triangle.toString();
```

```
"Triangle"
```

multi( )는 입력된 객체를 순서대로 반복하며, 두 객체가 동일한 속성을 가진 경우 마지막 속성이 우선한다.

믹스인

믹스인^{mixin}이라는 용어에 대해 들어 봤을 것이다. 믹스인은 유용한 기능을 제공하지만 하위 객체에 상속되고 확장되지는 않는 객체로 생각하라. 앞에서 설명한 다중 상속을 믹스인 아이디어의 구현으로 생각할 수 있다. 새로운 객체를 생성할 때 다른 객체를 선택하여 새로운 객체에 혼합할 수 있다. 모든 객체를 multi( )로 전달하면, 상속 트리에 포함시키지 않으면서 모든 객체의 기능을 사용할 수 있다.

▌ 기생 상속

자바스크립트에서 상속을 구현하는 데 다양한 방법을 사용할 수 있다는 사실을 좋아한다면, 여기 또 다른 방법이 있다. 이 패턴은 더글라스 크록포드에 의해 기생 상속^{parasitic inheritance}이라고 불렸다. 이것은 다른 객체의 모든 기능을 가져와서 새로운 객체를 보강하고 이를 반환해 객체를 생성하는 함수다.

다음은 곧 기생 상속의 희생양이 될 객체 리터럴로 정의된 일반 객체다.

```
var twoD = {
  name: '2D shape',
  dimensions: 2
};
```

triangle 객체를 생성하는 함수는,

- twoD 객체를 that(편의상 this와 유사한)이라는 객체의 프로토타입으로 사용한다.
  object( ) 함수를 사용하거나 모든 속성을 복사하는 등 앞에서 봤던 어떤 방법으
  로도 이 작업을 수행할 수 있다.
- that을 추가 속성으로 보강한다.
- that을 반환한다.

```
function triangle(s, h) {
  var that = object(twoD);
  that.name ='Triangle';
  that.getArea = function () {
    return this.side * this.height / 2;
  };
  that.side = s;
  that.height = h;
  return that;
}
```

triangle( )은 생성자가 아닌 일반 함수이기 때문에, new 연산자가 필요하지 않다. 그러
나 객체를 반환하기 때문에 실수로 new 연산자를 사용해서 호출해도 잘 동작한다.

```
>var t = triangle(5, 10);
>t.dimensions;
2
>var t2 = new triangle(5,5);
>t2.getArea( );
12.5
```

this와 마찬가지로, that은 단순히 이름일 뿐이며 특별한 의미를 가지지 않는다.

▌ 생성자 빌리기

상속을 구현하는 또 다른 방법(이 장에서 마지막 방법이다)은 직접 객체를 다루지 않고 생성
자 함수를 다시 사용한다. 이 패턴에서 자식의 생성자는 call( ) 또는 apply( ) 메서드를
사용해 부모의 생성자를 호출한다. 이것은 **생성자 훔치기**stealing a constructor 또는 **생성자 빌리
기를 통한 상속**inheritance by borrowing a constructor이라고 불린다.

call( )과 apply( ) 메소드는 이미 4장에서 알아봤지만, 다시 한번 정리해 보자. 이들 함
수는 함수를 호출하고 this 값에 바인딩할 객체를 전달할 수 있다. 따라서 상속 목적으로
자식 생성자는 부모의 생성자를 호출하고 새로 생성된 자식의 this 객체를 부모의 this
로 바인딩한다.

부모 생성자 Shape( )는 다음과 같다.

```
function Shape(id) {
  this.id = id;
}
Shape.prototype.name = 'Shape';
Shape.prototype.toString = function ( ) {
  return this.name;
};
```

이제 apply( )를 사용해 Shape( ) 생성자를 호출하고 this(new Triangle( )로 생성한 인스턴
스)와 추가 인수를 전달해 Triangle( )을 정의해 보자.

```
function Triangle( ) {
  Shape.apply(this, arguments);
}
Triangle.prototype.name = 'Triangle';
```

Triangle( )과 Shape( ) 모두 프로토타입에 몇 가지 추가 속성을 추가했다.

이제 새로운 triangle 객체를 생성하여 테스트해 보자.

```
>var t = new Triangle(101);
>t.name;
"Triangle"
```

새로운 triangle 객체는 부모로부터 id 속성을 상속받지만, 부모의 prototype에 추가된 다른 어떤 것도 상속받지 않는다.

```
>t.id;
101
>t.toString();
"[object Object]"
```

Triangle은 new Shape() 인스턴스가 생성되지 않기 때문에 Shape 함수의 프로토타입 속성을 가져오지 못한다. 따라서 프로토타입은 결코 사용되지 못한다. 그러나 이 장의 시작 부분에서 이 작업을 수행하는 방법을 배웠다. Triangle을 다음과 같이 재정의할 수 있다.

```
function Triangle() {
  Shape.apply(this, arguments);
}
Triangle.prototype = new Shape();
Triangle.prototype.name = 'Triangle';
```

이 상속 패턴에서 부모의 자체 속성은 자식의 자체 속성으로 다시 생성된다. 자식이 배열이나 다른 객체를 상속받는 경우, 이는 완전히 새로운 값(참조가 아닌)이며, 부모를 변경해도 영향을 주지 않는다.

단점은 부모의 생성자가 한번은 apply( )로 자체 속성을 상속할 때, 그리고 한번은 new로 프로토타입을 상속받을 때, 두 번 호출된다는 것이다. 실제로 부모의 자체 속성은 두 번 상속된다. 간단한 시나리오를 살펴보자.

```
function Shape(id) {
  this.id = id;
}
function Triangle() {
  Shape.apply(this, arguments);
}
Triangle.prototype = new Shape(101);
```

여기에서 새로운 인스턴스를 생성한다.

```
>var t = new Triangle(202);
>t.id;
202
```

자체 속성인 id가 있지만, 프로토타입 체인에서 나와 빛을 발할 준비가 된 속성들도 있다.

```
>t.__proto__.id;
101
> delete t.id;
true
>t.id;
101
```

생성자 빌리기와 프로토타입 복사하기

생성자가 두 번 호출돼서 수행되는 이중 작업 문제는 쉽게 해결할 수 있다. 부모 생성자의 apply( )를 호출해 모든 자체 속성을 가져온 다음, 간단한 반복(또는 앞에서 설명한 extend2( )를 사용해)을 사용하여 프로토타입의 속성을 복사할 수 있다.

```
function Shape(id) {
  this.id = id;
}
Shape.prototype.name = 'Shape';
Shape.prototype.toString = function () {
  return this.name;
};

function Triangle() {
  Shape.apply(this, arguments);
}
extend2(Triangle, Shape);
Triangle.prototype.name = 'Triangle';
```

다음 코드를 테스트해 보자.

```
>var t = new Triangle(101);
>t.toString();
"Triangle"
>t.id;
101
```

이중 상속이 발생하지 않는다.

```
>typeoft.__proto__.id;
"undefined"
```

extend2( ) 메소드는 필요한 경우 uber에 대한 접근도 제공한다.

```
>t.uber.name;
"Shape"
```

▐ 사례 연구 – 도형 그리기

상속을 사용하는 보다 실질적인 예를 들어 이 장을 마무리하도록 하겠다. 가능한 많은 코드를 재사용하면서 다양한 도형의 영역과 둘레를 계산하는 것뿐만 아니라 그리는 작업을 수행하고자 한다. 직사각형은 사실 각 면의 길이가 모두 같은 사각형이다. 따라서 Rectangle을 재사용해 Square를 만들어 보자.

분석

모든 공통 부분을 가지고 있는 하나의 Shape 생성자를 만든다. 그런 다음 Triangle, Rectangle, Square 생성자를 모두 Shape에서 상속받는다.

도형을 정의하려면 x좌표와 y좌표를 가진 점이 필요하다. 일반 도형에는 여러 개의 점이 있을 수 있다. 삼각형은 세 점과 각도 및 변의 길이로 정의된다. 도형의 둘레는 각 변의 길이의 합이다. 면적 계산은 도형에 따라 다르며 각 도형에 따라 구현된다.

Shape의 공통 기능은 다음과 같다.

- 주어진 점으로 어떤 도형도 그릴 수 있는 draw( ) 메소드
- getParameter( ) 메소드
- points의 배열을 포함하는 속성
- 필요에 따른 다른 메소드와 속성

그리는 부분에는 `<canvas>` 태그를 사용한다. 초기 IE에서는 지원되지 않지만 연습이니 문제될 건 없다.

Point와 Line이라는 두 가지 헬퍼 생성자를 만든다. 도형을 정의할 때는 Point가 도움이 된다. Line은 주어진 두 점을 연결하는 선의 길이를 제공해주므로 계산이 더 쉬워진다.

http://www.phpied.com/files/canvas/에서 실제 예제를 테스트해 볼 수 있다. 콘솔을 열고 새로운 도형을 생성하면 된다.

구현

빈 HTML 페이지에 canvas 태그를 추가하는 것으로 시작한다.

```
<canvas height="600" width="800" id="canvas" />
```

그런 다음 `<script>` 태그 안에 자바스크립트 코드를 작성한다.

```
<script>
// ... 여기에 자바스크립트 코드 작성
</script>
```

이제 자바스크립트 부분을 살펴보자. 첫 번째는 헬퍼 Point 생성자다. 다음과 같이 아주 간단하다.

```
function Point(x, y) {
  this.x = x;
  this.y = y;
}
```

canvas의 좌표계는 좌측 상단 x=0, y=0에서 시작한다는 점에 유의한다. 오른쪽 하단은 x = 800, y = 600이 된다.

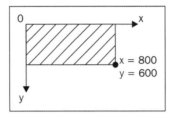

다음은 Line 생성자다. 피타고라스의 정리 $a^2 + b^2 = c^2$를 사용해 두 점 사이의 선의 길이를 계산한다(빗변이 주어진 두 지점을 연결하는 직각 삼각형을 생각해 보자).

```
function Line(p1, p2) {
  this.p1 = p1;
  this.p2 = p2;
  this.length = Math.sqrt(
  Math.pow(p1.x - p2.x, 2) +
  Math.pow(p1.y - p2.y, 2)
  );
}
```

다음은 Shape 생성자다. Shape는 자체 속성 points(그리고 두 점을 연결하는 선)를 가진다. 또한 생성자는 프로토타입에 정의된 초기화 메소드 init( )을 호출한다.

```
function Shape( ) {
  this.points = [];
  this.lines= [];
  this.init( );
}
```

이제 Shape.prototype에서 중요한 부분이다. 객체 리터럴 표기법을 사용해 이 모든 메소드를 정의한다. 각 메소드의 역할은 주석을 참조한다.

```javascript
Shape.prototype = {
  // 생성자에 대한 포인터 재설정
  constructor: Shape,

  // 초기화. 캔버스 객체인 경우,
  // this.context가 컨텍스츠를 가리키도록 설정
  init: function () {
    if (this.context === undefined) {
      var canvas = document.getElementById('canvas');
      Shape.prototype.context = canvas.getContext('2d');
    }
  },

  // this.points를 반복하여 도형을 그리는 메소드
  draw: function () {
    var i, ctx = this.context;
    ctx.strokeStyle = this.getColor();
    ctx.beginPath();
    ctx.moveTo(this.points[0].x, this.points[0].y);
    for (i = 1; i<this.points.length; i++) {
      ctx.lineTo(this.points[i].x, this.points[i].y);
    }
    ctx.closePath();
    ctx.stroke();
  },

  // 임의의 색을 생성하는 메소드
  getColor: function () {
    var i, rgb = [];
    for (i = 0; i< 3; i++) {
      rgb[i] = Math.round(255 * Math.random());
    }
```

```
      return 'rgb(' + rgb.join(',') + ')';
    },

    // 점 배열을 반복하여 Line 인스턴스를 만들고,
    // this.lines에 추가하는 메소드
    getLines: function () {
      if (this.lines.length> 0) {
        return this.lines;
      }
      var i, lines = [];
      for (i = 0; i<this.points.length; i++) {
        lines[i] = new Line(this.points[i],
          this.points[i + 1] || this.points[0]);
      }
      this.lines = lines;
      return lines;
    },

    // 자식에 의해 구현될 쉘 메소드
    getArea: function () {},
    // 모든 라인의 길이를 합한다
    getPerimeter: function () {
      var i, perim = 0, lines = this.getLines();
      for (i = 0; i<lines.length; i++) {
        perim += lines[i].length;
      }
      return perim;
    }
};
```

이제 자식 생성자 함수를 작성한다. 먼저 Triangle이다.

```
function Triangle(a, b, c) {
  this.points = [a, b, c];
  this.getArea = function () {
```

```
    var p = this.getPerimeter(),
    s = p / 2;
    return Math.sqrt( s * (s - this.lines[0].length) *
      (s - this.lines[1].length) * (s - this.lines[2].length));
  };
}
```

Triangle 생성자는 3개의 점 객체를 가져와서 this.points에 할당한다(자신의 점의 모음).
그런 다음, 헤른의 공식^{Heron's formula}을 사용해 getArea( ) 메소드를 구현한다.

Area = s(s-a)(s-b)(s-c)

s는 반둘레(둘레의 길이를 2로 나눈)다.

다음은 Rectangle 생성자다. 한 점(좌측 상단)과 두 변의 길이를 받는다. 그런 다음 해당
점에서 시작해서 points 배열을 채운다.

```
function Rectangle(p, side_a, side_b){
this.points = [
p,
new Point(p.x + side_a, p.y),// top right
new Point(p.x + side_a, p.y + side_b), // bottom right
new Point(p.x, p.y + side_b)// bottom left
];
this.getArea = function () {
return side_a * side_b;
};
}
```

마지막 자식 생성자는 Square다. 직사각형은 사각형의 특별한 경우이므로 Rectangle을
재사용하는 것이 좋다. 가장 쉬운 방법은 생성자를 빌리는 것이다.

```
function Square(p, side){
  Rectangle.call(this, p, side, side);
}
```

이제 모든 생성자를 작성했으므로 상속을 처리한다. 의사 클래스 패턴(객체와는 달리 생성자와 함께 동작하는 패턴)으로 이를 수행한다. 프로토타입 체이닝 패턴(7장에서 처음 설명한 방법)의 간소화된 수정된 버전을 사용해 보겠다. 이 패턴은 부모의 새 인스턴스를 생성하고 이를 자식의 프로토타입으로 설정한다. 이 경우, 모든 인스턴스를 공유할 수 있기 때문에, 각 자식의 새 인스턴스를 가질 필요는 없다.

```
(function () {
var s = new Shape();
Triangle.prototype = s;
Rectangle.prototype = s;
Square.prototype = s;
})();
```

테스트

도형을 그려 테스트해 보자. 먼저 삼각형의 세 점을 정의한다.

```
>var p1 = new Point(100, 100);
>var p2 = new Point(300, 100);
>var p3 = new Point(200, 0);
```

이제 Triangle 생성자에 세 점을 전달하면 삼각형을 만들 수 있다.

```
>var t = new Triangle(p1, p2, p3);
```

canvas에 삼각형을 그리는 메소드를 호출하고 영역과 둘레의 길이를 구할 수 있다.

```
>t.draw( );
>t.getPerimeter( );
482.842712474619
>t.getArea( );
10000.000000000002
```

이번에는 사각형 인스턴스를 생성해 보자.

```
>var r = new Rectangle(new Point(200, 200), 50, 100);
>r.draw( );
>r.getArea( );
5000
>r.getPerimeter( );
300
```

마지막으로 직사각형으로 테스트한다.

```
>var s = new Square(new Point(130, 130), 50);
>s.draw( );
>s.getArea( );
2500
>s.getPerimeter( );
200
```

도형을 그리는 것은 재미있다. 다음 예제와 같이 삼각형의 점을 재사용하여 직사각형을 그릴 수도 있다.

```
> new Square(p1, 200).draw( );
```

테스트 결과는 다음과 같다.

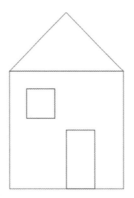

▌ 연습문제

다음 연습문제를 풀어 보자.

1. 속성 복사가 아닌 프로토타입 상속 패턴을 사용하여 다중 상속을 구현하라. 예제는 다음과 같다.

```
var my = objectMulti(obj, another_obj, a_third, {
additional: "properties"
});
```

additional 속성은 자체 속성이어야 한다. 나머지는 모두 프로토타입에 혼합한다.

2. canvas 예제를 사용해 연습해 보자. 다른 것도 시도해 보자. 다음은 몇 가지예다.

   - 몇 개의 삼각형, 직사각형, 사각형을 그린다.

- Trapezoid, Rhombus, Kite, Pentagon 같은 더 많은 도형의 생성자를 추가한다. canvas 태그에 대해 더 자세히 알고 싶다면, Circle 생성자도 함께 생성한다. 부모의 draw( ) 메소드를 덮어 써야할 것이다.
- 문제에 접근하고 다른 유형의 상속을 사용하는 또 다른 방법을 생각해 볼 수 있겠는가?
- 자녀가 부모를 접근하는 방법으로 uber를 사용하는 메소드 중 하나를 선택한다. children 배열을 포함하는 속성을 사용하여 부모가 자식이 누구인지 추적할 수 있는 기능을 추가할 수 있겠는가?

▌ 요약

7장에서는 상속을 구현하는 데 필요한 몇 가지 방법(패턴)을 배웠다. 다음 표에 이를 요약했다. 몇 가지 유형은 대략 다음과 같이 나눌 수 있다.

- 생성자와 동작하는 패턴
- 객체와 동작하는 패턴

또한 패턴을 다음에 기반해 분류할 수 있다.

- 프로토타입 사용
- 속성 복사
- 두 가지 모두 수행(프로토타입의 속성 복사)

#	이름	예제	분류	노트
1	프로토타입 체인 (의사-클래스)	Child.prototype = new Parent( );	• 생성자와 동작 • 프로토타입 체인 사용	• 디폴트 매커니즘 • 팁 – 재사용할 모든 속성/메소드는 프로토타입으로 이동하고, 재사용할 수 없는 속성을 자체 속성으로 추가한다.
2	프로토타입만 상속	Child.prototype = Parent.prototype;	• 생성자와 동작 • 프로토타입을 복사(모두 동일한 프로토타입 객체를 공유하므로 프로타입 체인이 없음)	• 보다 효율적이다: 상속만을 위한 새로운 인스턴스가 생성되지 않는다. • 런타임시 프로토타입 체인 조회: 체인이 없어 빠르다. • 단점: 자녀가 부모의 기능을 수정할 수 있음

3	임시 생성자	```
		function extend(Child, Parent) {
		  var F = function( ){};
		  F.prototype = Parent.prototype;
		  Child.prototype = new F( );
		  Child.prototype.constructor = Child;
		  Child.uber = Parent.prototype;
		}
		``
			• 생성자와 동작
			• 프로토타입 체인 사용
				• #1과 달리 프로토타입의 속성만 상속받는다: 자신의 속성(생성자 내부에서 생선된)은 상속되지 않는다.
				• 부모에 편리한 접근 제공(uber를 통해)

4	prototype 속성 복사	```
		function extend2(Child, Parent) {
		  var p = Parent.prototype;
		  var c = Child.prototype;
		  for (var i in p) {
		    c[i] = p[i];
		  }
		  c.uber = p;
		}
		``
			• 생성자와 동작
			• 속성 복사
			• 프로토타입 체인 사용
				• 부모 프로토타입의 모든 속성은 자식 프로토타입의 속성이 된다.
				• 상속 목적으로만 새 객체를 만들 필요가 없다.
				• 짧은 프로토타입 체인

#	이름	예제	분류	노트
5	모든 속성 복사(얕은 복사)	```function extendCopy(p) {var c = {}; for (var i in p) { c[i] = p[i]; }c.uber = p; return c;}=```	• 객체와 동작 • 속성 복사	• 단순함 • 프로토타입을 사용하지 않음
6	깊은 복사	이전과 같지만 객체로 반복된다.	• 객체와 동작 • 속성 복사	• #5와 같지만, 객체와 배열을 복제한다.
7	프로토타입 상속	```function object(o){ function F( ) {}F.prototype = o; return new F( );}```	• 객체와 동작 • 프로토타입 체인 사용	• 의사 클래스가 없으며 객체에서 객체를 상속한다. • 프로토타입의 이점 활용
8	확장 및 보강	```function objectPlus(o, stuff) {var n; function F( ) {}F.prototype = o; n = new F( );n.uber = o; for (var i in stuff) { n[i] = stuff[i]; } return n;}```	• 객체와 동작 • 프로토타입 체인 사용 • 속성 복사	• 프로토타입 상속(#7)과 속성 복사(#5)의 혼합 • 하나의 함수 호출로 상속과 확장을 동시에 수행

#	이름	예제	분류	노트

9	다중 상속	function multi( ) {
		var n = {}, stuff, j = 0,
		len = arguments.length;
		  for (j = 0; j <len; j++) {
		stuff = arguments[j];
		for (var i in stuff) {
		n[i] = stuff[i];
		}
		}
		  return n;
		}
			• 객체와 동작
			• 속성 복사
				• 믹스인 스타일 구현
				• 모든 부모 객체의 모든 속성을 나타나는 순서대로 복사한다.

10	기생 상속	function parasite(victim) {
		var that = object(victim);
		that.more = 1;
		  return that;
		}
			• 객체와 동작
			• 프로토타입 체인 사용
				• 생성자와 유사한 함수가 객체를 생성한다.
				• 객체를 복사하고 보강하여 사본을 반환한다.

11	생성자 빌리기	function Child( ) {
		Parent.apply(this,
		arguments);
		}
			• 생성자와 동작	• 자체 속성만 상속받는다.
				• #1과 결합하여 프로토타입을 상속할 수도 있음
				• 자식이 상속받을 때 속성이 객체인 경우 (따라서 참조로 전달된 경우)의 문제를 다루는 편리한 방법이다.

12	생성자 빌리기와 프로토타입 복사	function Child( ) {
		Parent.apply(this,
		arguments);
		}
		extend2(Child, Parent);
			• 생성자와 동작
			• 프로토타입 체인 사용
			• 속성 복사
				• #11과 #4의 조합
				• 부모 생성자를 두 번 호출하지 않고 자체 속성과 프로토타입 속성을 모두 상속할 수 있다.

많은 선택사항이 주어지면 어떤 것을 선택해야 할지 고민될 것이다. 선택은 여러분의 스타일과 선호, 프로젝트, 작업 및 팀에 따라 달라진다. 클래스에 더 편안함을 느끼는가?

그렇다면 생성자와 동작하는 방법 중 하나를 선택하라. 클래스에서 단지 하나 또는 몇 개의 인스턴스만 필요한가? 그렇다면 객체 기반의 패턴을 선택하라.

이것이 상속을 구현하는 방법의 전부는 아니다. 위의 표에서 패턴 중 하나를 선택하거나, 혼합할 수도 있고, 여러분 자신의 패턴의 만들어 낼 수도 있다. 중요한 것은 객체와 프로토타입, 생성자를 이해하고 익숙해지는 것이다. 나머지는 기쁘게 즐겨라.

08

클래스와 모듈

8장에서는 ES6에서 도입된 몇 가지 흥미로운 기능을 살펴본다. 자바스크립트는 프로토타입 기반 언어이며 프로토타입 상속을 지원한다. 이전 장에서는 객체의 프로토타입 속성과 자바스크립트에서 프로토타입 상속이 동작하는 방식에 대해 알아봤다. ES6는 클래스를 도입했다. 여러분이 자바 같은 전통적인 객체지향 언어를 사용해 왔다면 클래스 개념에 대해 잘 알고 있을 것이다. 그러나 자바스크립트에서 동일하지는 않다. 자바스크립트의 클래스는 우리가 마지막으로 논의했던 프로토타입 상속에 대한 신택틱 슈거syntactic sugar[1]다.

---

1   사람이 이해하기 쉽고 표현하기 쉽게 컴퓨터 언어를 디자인해 놓은 문맥을 말한다. – 역자주

8장에서는 ES6 클래스와 모듈에 대해 자세히 알아보겠다. 클래스와 모듈은 ES6에 추가된 환영받는 기능 중 하나며 객체지향 프로그래밍(OOP)과 상속을 훨씬 쉽게 만든다.

전통적인 객체지향 언어를 사용해 왔다면 프로토타입 상속이 다소 어렵게 느껴질 수 있다. ES6 클래스는 자바스크립트에서 프로토타입 상속에 익숙해질 수 있도록 보다 전통적인 구문을 제공한다.

클래스를 깊이 살펴보기 전에 ES5의 프로토타입 상속 구문보다 ES6 클래스 구문을 사용해야 하는 이유를 먼저 살펴보자.

다음 예제 코드는 Person과 Employee, Engineer의 클래스 계층 구조를 매우 직관적으로 생성하고 있다. 먼저 다음과 같은 ES5의 프로토타입 상속을 살펴보자.

```javascript
var Person = function(firstname) {
    if (!(this instanceof Person)) {
        throw new Error("Person is a constructor");
    }
    this.firstname = firstname;
};


Person.prototype.giveBirth = function() {
  // ... person에 생일 부여
};


var Employee = function(firstname, lastname, job) {
    if (!(this instanceof Employee)) {
    throw new Error("Employee is a constructor");
    }
    Person.call(this, firstname);
    this.job = job;
};
Employee.prototype = Object.create(Person.prototype);
Employee.prototype.constructor = Employee;
Employee.prototype.startJob = function() {
```

```
        // ...Employee가 일을 시작
};

var Engineer = function(firstname, lastname, job, department) {
    if (!(this instanceof Engineer)) {
        throw new Error("Engineer is a constructor");
    }
    Employee.call(this, firstname, lastname, job);
    this.department = department;
};
Engineer.prototype = Object.create(Employee.prototype);
Engineer.prototype.constructor = Engineer;
Engineer.prototype.startWorking = function() {
    // ...Engineer가 작업을 시작함
};
```

이제 ES6 클래스 구문을 사용한 코드를 살펴보자.

```
class Person {
    constructor(firstname) {
        this.firsnamet = firstname;
    }
    giveBirth() {
        // ... person이 태어남
    }
}

class Employee extends Person {
    constructor(firstname, lastname, job) {
        super(firstname);
        this.lastname = lastname;
        this.position = position;
    }

    startJob() {
```

```
        // ...Employee가 일을 시작함
    }
}

class Engineer extends Employee {
    constructor(firstname, lastname, job, department) {
        super(firstname, lastname, job);
        this.department = department;
    }

    startWorking() {
        // ...Engineer가 작업을 시작함
    }
}
```

앞의 두 코드를 살펴보면, 두 번째 예제가 더 깔끔하다는 것을 알 수 있다. 자바나 C#을 알고 있다면 집에 온 것처럼 편안하게 느껴질 것이다. 클래스가 자바스크립트 언어에 새로운 객체지향 상속 모델을 도입하지는 않지만, 객체를 생성하고 상속을 처리하는 데 훨씬 더 좋은 방법을 제공한다는 점을 기억하기 바란다.

▌ 클래스 정의

클래스는 특별한 함수다. 함수 표현식과 선언을 사용하여 함수를 정의할 수 있는 것처럼 클래스도 정의할 수 있다. 클래스를 정의하는 한 가지 방법은 클래스 선언을 사용하는 것이다.

class 키워드와 클래스 이름을 사용할 수 있다. 이 구문은 자바나 C#과 매우 유사하다.

```
class Car {
  constructor(model, year){
    this.model = model;
```

```
    this.year = year;
  }
}
console.log(typeof Car); //"function"
```

클래스가 특별한 함수라는 사실을 확인하기 위해, Car 클래스의 typeof를 구하면 함수를 받는다.

클래스와 일반 함수는 중요한 차이가 있다. 일반 함수는 호이스팅되지만 클래스는 그렇지 않다. 일반 함수는 선언된 범위로 들어오면 바로 사용할 수 있다. 이를 호이스팅^{hoisting}이라고 하며, 이는 일반 함수는 범위의 어디에서나 선언할 수 있고 사용 가능하다는 것을 의미한다. 일반 함수의 경우 다음과 같이 사용할 수 있다.

```
normalFunction(); // 사용 먼저 하고
function normalFunction() {} // 선언은 나중에
```

그러나 클래스는 선언하기 전에는 사용할 수 없다. 예를 들면 다음과 같다.

```
var ford = new Car(); // 참조 오류
class Car {}
```

클래스를 정의하는 또 다른 방법은 클래스 표현식을 사용하는 것이다. 클래스 표현식은 함수 표현식과 마찬가지로 이름을 가질 수도 있고 가지지 않을 수도 있다.

다음 예제는 익명 클래스 표현식을 보여준다.

```
const Car = class {
  constructor(model, year){
    this.model = model;
    this.year = year;
  }
}
```

클래스 표현식의 이름을 지정하면, 이름은 클래스의 본문에 국한되며 외부에서는 사용할 수 없다.

```
const NamedCar = class Car{
  constructor(model, year){
    this.model = model;
    this.year = year;
  }
  getName() {
      return Car.name;
  }
}
const ford = new NamedCar();
console.log(ford.getName()); // Car
console.log(ford.name); // ReferenceError: 이름이 정의되지 않음
```

보다시피, 예제에서는 Car 클래스에 이름을 지정한다. 이 이름은 클래스 본문에서는 사용할 수 있지만 클래스 외부에서 접근하려고 하면 참조 오류가 발생한다.

클래스의 구성원을 구분하는 데 쉼표를 사용할 수 없다. 세미콜론은 가능하다. ES6가 쉼표를 무시하고 세미콜론을 사용하는 것에 대한 격렬한 논쟁이 있다. 다음 코드를 예를 들어 보자.

```
class NoCommas {
  method1(){}
  member1; // 이것은 무시되며
    클래스 멤버를 분리하는데 사용될 수 있다
  member2, // 이것은 오류다
  method2(){}
}
```

일단 정의되면, 함수 호출이 아닌 new 키워드를 통해 클래스를 사용할 수 있다. 예제는

다음과 같다.

```
class Car {
  constructor(model, year){
    this.model = model;
    this.year = year;
  }
}
const fiesta = new Car('Fiesta','2010');
```

생성자

지금까지 예제에서 constructor 함수를 사용했다. 생성자는 클래스로 생성된 객체를 만들고 초기화하는 데 사용되는 특별한 메소드다. 클래스당 하나의 생성자만 가질 수 있다. 생성자는 일반 생성자 함수와 약간 다르다. 일반 생성자와 달리 클래스 생성자는 super( )를 통해 부모 클래스 생성자를 호출할 수 있다. 이에 대해서는 상속을 알아볼 때 자세히 설명하겠다.

프로토타입 메소드

프로타타입 메소드는 클래스의 프로토타입 속성이며, 클래스의 인스턴스에서 상속된다. 프로토토타입 메소드는 getter와 setter 메소드를 가진다. 게터와 세터의 구문은 ES5와 같다.

```
class Car {
  constructor(model, year){
    this.model = model;
    this.year = year;
  }
```

```
  get model(){
    return this.model
  }
  calculateCurrentValue(){
    return "7000"
  }
}
const fiesta = new Car('Fiesta','2010')
console.log(fiesta.model)
```

또한 계산된 속성도 지원한다. 표현식을 사용하여 메소드의 이름을 정의할 수 있다. 표현식은 대괄호 안에 넣어야 한다. 이 단축 구문에 대해서는 앞 장에서 알아보았다. 다음은 모두 동일하다.

```
class CarOne {
    driveCar() {}
}
class CarTwo {
    ['drive'+'Car']() {}
}
const methodName = 'driveCar';
class CarThree {
    [methodName]() {}
}
```

정적 메소드

정적 메소드는 해당 클래스(객체)의 인스턴스가 아니라 클래스와 연결된다. 즉, 클래스 이름을 사용해야지만 정적 메소드에 접근할 수 있다. 정적 메소드는 클래스를 인스턴스화하지 않고 호출되며, 클래스의 인스턴스에서 호출할 수 없다. 정적 메소드는 유틸리티나 헬퍼 메소드를 만드는 데 널리 사용된다. 다음 코드를 살펴보자.

```
class Logger {
  static log(level, message) {
    console.log(`${level} : ${message}`)
  }
}
// 클래스에서 정적 메소드 호출
Logger.log("ERROR","The end is near") //"ERROR : The end is near"

// 인스턴스에 없음
const logger = new Logger("ERROR")
logger.log("The end is near") //logger.log is not a function
```

정적 속성

정적 메소드에 대해서는 알아봤다. 정적 속성은 어떨까? ES6 준비가 급하게 진행되면서 정적 속성은 추가되지 않았다. 다음 버전에서 지원될 것이다.

제너레이터 메소드

앞에서 아주 유용한 제너레이터 함수에 대해 알아봤다. 클래스의 일부로 제너레이터 함수를 추가할 수 있으며 제너레이터 메소드라고 불린다. 제너레이터 메소드는 자신의 키를 Symbol.iterator로 정의할 수 있어서 유용하게 쓰인다. 다음 예제에서는 클래스 내에서 제너레이터 메소드를 정의하는 방법을 보여준다.

```
class iterableArg {
    constructor(...args) {
        this.args = args;
    }
    * [Symbol.iterator]() {
        for (const arg of this.args) {
```

```
        yield arg;
      }
    }
}

for (const x of new iterableArg('ES6', 'wins')) {
    console.log(x);
}

//ES6
//wins
```

■ 서브클래싱

지금까지 클래스를 선언하는 방법과 지원할 수 있는 멤버 클래스의 유형을 알아봤다. 클래스의 주요 용도는 다른 서브클래스를 생성하는 템플릿으로 사용하는 것이다. 클래스에서 자식 클래스를 생성하면, 부모 클래스의 속성을 파생시키고 더 많은 자체 기능을 추가해 부모 클래스를 확장한다.

다음 상속 예제를 살펴보자.

```
class Animal {
  constructor(name) {
    this.name = name;
  }
    speak() {
    console.log(this.name + ' generic noise');
  }
}
class Cat extends Animal {
  speak() {
```

374

```
    console.log(this.name + ' says Meow.');
  }
}
var c = new Cat('Grace');
c.speak();//"Grace says Meow."
```

예제에서 Animal은 기본 클래스이고 Cat 클래스는 Animal 클래스에서 파생됐다. extend 절을 사용하면 기존 클래스의 서브클래스를 만들 수 있다. 이 예제는 서브클래싱의 구문을 보여준다. 다음 코드를 작성하여 이 예제를 좀 더 확장해 보자.

```
class Animal {
  constructor(name) {
    this.name = name;
  }
  speak() {
    console.log(this.name + ' generic noise');
  }
}
class Cat extends Animal {
  speak() {
    console.log(this.name + ' says Meow.');
  }
}
  class Lion extends Cat {
    speak() {
      super.speak();
      console.log(this.name + ' Roars....');
    }
  }
  var l = new Lion('Lenny');
  l.speak();
  //"Lenny says Meow."
  //"Lenny Roar...."
```

예제에서는 부모 클래스에서 함수를 호출하기 위해 super 키워드를 사용한다. 다음은 super 키워드를 사용할 수 있는 세 가지 방법이다.

- super (<params>)를 함수 호출로 사용하여 부모 클래스의 생성자를 호출할 수 있다.
- super.<parentClassMethod>를 사용하여 부모 클래스 메소드에 접근할 수 있다.
- super.<parentClassProp>를 사용하여 부모 클래스 상속에 접근할 수 있다.

파생 클래스 생성자에서 this 키워드를 사용하려면 먼저 super( ) 메소드를 호출해야 한다. 예를 들어, 다음 코드는 실패한다.

```
class Base {}
class Derive extends Base {
  constructor(name){
    this.name = name; //'this'는 super( ) 이전에 허용되지 않는다
  }
}
```

super( ) 메소드를 사용해 파생 생성자를 암시적으로 오류로 남겨둘 수 있다.

```
class Base {}
class Derive extends Base {
  constructor(){ // 생성자에서 super( ) 호출이 누락되었다
  }
}
```

기본 클래스의 생성자를 제공하지 않으면 다음 생성자가 사용된다.

```
constructor( ) {}
```

파생 클래스의 경우, 디폴트 생성자는 다음과 같다.

```
constructor(...args){
  super(...args);
}
```

믹스인

자바스크립트는 단일 상속만을 지원한다. 클래스는 하나의 슈퍼클래스를 가질 수 있다. 이것은 클래스 계층 구조를 만들 때 뿐만 아니라 다른 소스의 도구 메소드를 상속받기 원할 때도 제한적이다.

Person 클래스가 있고 서브클래스인 Employee를 만드는 시나리오를 가정해 보자.

```
class Person {}
class Employee extends Person{}
```

두 개의 유틸리티 클래스 BackgroundCheck(직원의 배경 검사를 수행함)와 Onboard(채용 절차를 처리함)에서 뱃지를 출력하는 것과 같은 함수를 상속받기를 원한다.

```
class BackgroundCheck {
  check() {}
}
class Onboard {
  printBadge() { }
}
```

BackgroundCheck와 Onboard 클래스는 모두 템플릿이며, 해당 기능은 여러 번 사용된다. 이런 템플릿(추상적 서브클래스)을 믹스인mixin이라고 한다.

자바스크립트에서는 다중 상속을 사용할 수 없으므로 이를 달성하기 위해 다른 기술을
적용해야 한다. ES6에서 믹스인을 구현하는 가장 인기있는 방법은 슈퍼클래스를 출력으
로 확장하는 것이다. 예를 들면 다음과 같다.

```
class Person {}
const BackgroundCheck = Tools => class extends Tools {
  check() {}
};
const Onboard = Tools => class extends Tools {
  printBadge() {}
};
class Employee extends BackgroundCheck(Onboard(Person)){
}
```

이것은 기본적으로 Employee가 BackgroundCheck의 서브클래스이며, 이는 다시 Onboard
의 서브클래스이고, 다시 Person의 서브클래스라는 것을 의미한다.

▌ 모듈

자바스크립트 모듈은 새로운 것이 아니다. 사실 지금까지 모듈을 지원하는 라이브러리
가 있었다. 하지만 ES6는 내장 모듈을 제공한다. 전통적으로 자바스크립트의 주요 용도
는 대부분이 자바스크립트 코드가 문제 없이 관리될 수 있도록 내장되거나 충분히 작은
브라우저에서 사용하는 것이었다. 이제 상황이 바뀌었다. 자바스크립트 프로젝트는 이제
막대한 규모가 됐다. 파일과 디렉토리로 나누어 관리하는 효율적인 시스템 없이는 코드
관리가 악몽이 된다.

ES6 모듈은 파일이다. 모듈당 하나의 파일이다. 모듈 키워드가 없다. 모듈 파일에 작성
하는 코드는 모듈을 내보내기^{export}하지 않는 한 모듈에 국한된다. 한 모듈에 여러 함수가

있을 수 있으며 그 중 일부만 내보낼 수 있다. 몇 가지 방법으로 모듈 기능을 내보낼 수 있다.

첫 번째 방법은 export 키워드를 사용하는 것이다. 어떤 최상위 수준의 function 또는 class, var, let, const도 내보낼 수 있다.

다음 예제는 function과 class, const를 내보내는 server.js 내의 모듈을 보여준다. processConfig() 함수를 내보내지 않고, 이 모듈을 가져오는^{import} 어떤 파일도 내보내기 하지 않은 함수에 접근할 수 없다.

```
//----------------server.js--------------------
export const port = 8080;
export function startServer() {
  //...서버 시작
}
export class Config {
  //...
}
function processConfig() {
  //...
}
```

server.js에 접근할 수 있는 모든 코드는 내보내기한 기능을 가져올 수 있다.

```
//-------------app.js------------------------
import {Config, startServer} from 'server'
startServer(port);
```

예제의 경우 다른 자바스크립트 파일이 server 모듈에서 Config와 startServer를 가져온다(해당 자바스크립트 파일 server.js와 함께 가져오며 파일 확장자는 삭제한다).

모듈에서 내보낸 모든 것을 가져올 수도 있다.

```
import * from 'server'
```

내보낼 항목이 하나뿐이면, 디폴트 export 구문을 사용할 수 있다. 다음 예제 코드를 살펴보자.

```
//----------------server.js---------------------
export default class {
  //...
}
//-------------app.js----------------------------
import Server from 'server';
const s = new Server();
```

이 예제에서는 외부 참조로 모듈 이름 자체를 사용할 수 있으므로 클래스를 익명으로 유지한다.

ES6 모듈 이전에는 외부 라이브러리가 모듈에 대한 여러 접근 방법을 지원했다. 이들 라이브러리는 ES6에 상당히 좋은 가이드라인과 스타일을 제공해 주었다. 다음 스타일은 ES6에서 지원한다.

- 모듈은 싱글톤[singleton]이다. 코드에서 여러 번 가져오더라도 모듈은 한 번만 가져온다.
- 변수와 함수, 그리고 다른 유형의 선언은 모듈에 대해 지역[local]이다. export로 표시된 선언만 import에 대해 모듈 외부에서 사용할 수 있다.
- 모듈은 다른 모듈에서 가져오기 할 수 있다. 다음은 다른 모듈을 참조하는 세 가지 옵션이다.
  - 상대경로("../lib/server")를 사용할 수 있다. 이런 경로는 모듈을 가져오는 파일에 상대적이다. 예를 들어 <project_path>/src/app.js에서 모듈을 가져오고 모듈 파일이 <project_path>/lib/server.js에 있다면 app.js —

../lib/server에 상대적인 경로를 제공해야 한다.

- ○ 절대 경로는 모듈 파일을 직접 가리킬 수 있다.
- ○ 모듈을 가져오기 할 때 .js 확장자를 제외할 수 있다.

ES6 모듈 시스템에 대해 자세히 알아보기 전에 먼저 ES5가 외부 라이브러리를 통해 이를 지원하는 방법을 이해할 필요가 있다. ES5에는 다음과 같은 두 개의 비호환 모듈 시스템이 있다.

- **CommonJS**: Node.js가 채택한 지배적인 표준이다.
- **AMD**(비동기 모듈 정의^{Asynchronous Module Definition}): CommonJS보다 약간 더 복잡하며 비동기 모듈 로딩을 위해 설계되었으며 브라우저를 목적으로 한다.

ES6 모듈은 이런 시스템을 사용해온 개발자들이 사용하기 쉽도록 설계됐다.

목록 내보내기

모듈에서 내보낸 함수나 클래스에 export 키워드로 태그를 지정하는 대신, 다음과 같이 모듈에서 내보내려는 모든 항목의 단일 목록을 작성할 수 있다.

```
export {port, startServer, Config};
const port = 8080;
function startServer() {
  //...서버 시작
}
class Config {
  //...
}
function processConfig() {
  //...
}
```

모듈의 첫 번째 줄은 내보내기 목록이다. 모듈 파일에 여러 개의 export 목록을 가질 수 있으며 목록은 파일의 어느 위치에서나 나타날 수 있다. 동일한 모듈 파일에서 export 목록과 export 선언을 혼합하여 사용할 수도 있지만 한 가지 이름만 export할 수도 있다.

대규모 프로젝트에서는 이름 충돌이 발생하는 경우가 종종 있다. 두 개의 모듈을 가져오고 둘 다 동일한 이름의 함수를 내보내는 경우를 가정해 보자. 이 경우 다음과 같이 가져오기 이름을 바꿀 수 있다.

```
import {trunc as StringLib} from "../lib/string.js"
import {trunc as MathLib} from "../lib/math.js"
```

예제에서 가져온 모듈은 이름을 모두 trunc하고 내보내기 때문에 이름 충돌이 발생했다. 이 충돌을 해결하기 위해 별칭을 지정할 수 있다.

다음과 같이 내보낼 때 이름을 변경할 수 있다.

```
function v( ) {}
function v2( ) {}
export {
  v as functionV( ),
  v2 as functionV2( ),
  v2 as functionLatest( )
}
```

이미 ES5 모듈 시스템을 사용하고 있다면, ES6의 모듈이 중복돼 보일 수 있다. 그러나 자바스크립트 언어에서 이런 중요한 기능을 지원하는 것이 매우 중요해졌다. ES6 모듈 구문도 다른 대안보다 더 표준화되고 작아졌다.

▌요약

8장에서는 ES6 클래스를 이해하는 데 중점을 두었다. ES6 클래스는 함수와 프로토타입을 사용해 클래스와 같은 상속 계층 구조를 시뮬레이션하는 일반적인 자바스크립트 패턴을 공식적으로 지원한다. 클래스는 프로토타입 기반의 OO에 대한 신택틱 슈거이며, 상호 운용성을 장려하는 클래스 패턴의 편리한 선언적 형^{declarative form}을 제공한다. ES6 클래스는 이러한 객체를 생성하고 상속을 처리하는 훨씬 더 명확하고 좋은 구문을 제공한다. ES6 클래스는 생성자와 인스턴스, 정적 메소드, 프로토타입 기반의 상속 그리고 슈퍼 호출^{super call}을 지원한다.

지금까지 자바스크립트에는 가장 기본적인 기능 중 하나인 모듈에 대한 지원이 부족했다. ES6 이전에는 CommonJS 또는 AMD를 사용해 모듈을 작성했다. ES6는 자바스크립트에서 모듈을 공식적으로 지원한다. 8장에서 ES6에서 모듈을 사용하는 방법을 자세히 살펴봤다.

9장에서는 ES6에서 추가된 또 다른 흥미로운 기능인 프록시와 프라미스에 대해 중점적으로 알아본다.

09

프라미스와 프록시

9장에서는 **비동기 프로그래밍**^{asynchronous programming}의 중요한 개념과 이를 활용하는 데 자바스크립트가 얼마나 이상적인 언어인지를 소개한다. 이 장에서 다룰 다른 주제는 프록시를 사용한 메타 프로그래밍이다. 이 두 개념은 ES6에서 도입됐다.

9장에서는 언어의 특정 구문을 알아보기 전에 먼저 비동기 프로그래밍의 개념을 이해하는데 시간을 할애한다.

먼저 **동기 모델**^{synchronous model}부터 시작한다. 가장 단순한 프로그래밍 모델로 각 작업은 한번에 하나씩 실행되며 첫 번째 작업이 완료될 때만 다음 작업이 시작된다. 이 모델에서 프로그램을 작성하면 현재 작업 이전의 모든 작업이 완료되고 오류가 없는 것으로 가정한다. 다음 그림을 살펴보자.

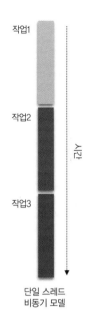

작업1

작업2

작업3

시간

단일 스레드
비동기 모델

단일 스레드 비동기 모델single threaded asynchronous model은 모두가 알고 있는 익숙한 모델이다. 그러나 이 모델은 낭비적이며 최적화가 필요하다. 여러 가지 중요하지 않은 작업으로 구성된 프로그램의 경우 이 모델은 느려질 수 있다. 다음 가상 시나리오를 예로 들어 보자.

```
var result = database.query("SELECT * FROM table");
console.log("After reading from the database");
```

동기식 모델을 염두에 두면 두 작업이 차례로 실행된다. 즉, 두 번째 문은 첫 번째의 실행이 완료된 후에만 실행된다. 첫 번째 문이 10초 정도로 시간이 오래 걸리는 작업(일반적으로 원격 데이터베이스에서 읽을 때 오랜 시간이 걸린다)이라고 가정하면, 두 번째 문은 블록block된다.

이것은 고성능의 확장 가능한 시스템을 작성해야 할 때 심각한 문제다. 또 다른 문제는 브라우저에서 실행되는 웹사이트와 같이 인간과의 상호작용을 위한 인터페이스가 필요한 프로그램을 작성할 때 발생한다. 약간의 시간이 걸리는 작업을 수행하는 동안 사용자를 기다리게 해서는 안 된다. 값비싼 작업이 실행되는 동안 사용자가 입력 필드에 무언가를 입력하는 것은 끔찍한 경험이 될 것이다. 이런 시나리오에서는 값비싼 작업을 백그라운드에서 실행해서 사용자의 입력을 처리해야 한다.

이 문제를 해결하기 위한 한 가지 해결책은 각 작업을 자체 스레드로 분할하는 것이다. 이를 **다중 스레드**multi-threaded 또는 **다중 스레드 모델**multi-threaded model이라고 한다. 다음 그림을 살펴보자.

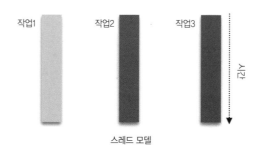

스레드 모델

차이점은 작업을 분할하는 방법이다. 스레드 모델에서 각 작업은 자체 제어 스레드에서 수행된다. 일반적으로 스레드는 운영 체제에서 관리하며 CPU가 수행하는 적절한 스레드 스케줄링을 통해 여러 CPU 코어 또는 단일 코어에서 병렬로 실행할 수 있다. 최신 CPU의 경우 스레드 모델은 성능면에서 최적화돼 있다. 여러 언어가 이 인기있는 모델을 지원한다. 인기있는 모델이긴 하지만 스레드 모델은 실제로 구현하기 복잡할 수 있다. 스레드는 서로 통신하고 조정되어야 한다. 스레드 간 통신은 매우 까다로울 수 있다. 상태가 불변immutable인 스레드 모델의 변형도 있다. 이 경우, 각 스레드가 불변인 상태를 담당해서 스레드 간의 상태를 관리할 필요가 없기 때문에, 모델이 더 간단해진다.

비동기 프로그래밍 모델

세 번째 모델이 우리가 가장 관심을 가질 만한 모델이다. 이 모델에서는 작업이 단일 제어 스레드로 인터리브interleave된다. 다음 그림을 살펴보자.

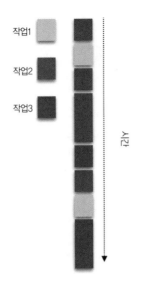

비동기 모델^{asynchronous model}은 스레드가 하나뿐이므로 간단하다. 하나의 작업을 실행할 때 해당 작업만 실행되고 있음을 확신할 수 있다. 이 모델은 스레드간 조정을 위한 복잡한 메커니즘을 필요로 하지 않기 때문에 예측이 가능해진다. 스레드 모델과 비동기 모델 간에는 또 다른 차이점이 있다. 스레드 모델은 운영체제에서 스레드 스케줄링을 대부분 수행하기 때문에 스레드 실행을 제어할 수 있는 방법이 없다. 그러나 비동기 모델에서는 이런 문제가 없다.

어떤 시나리오에서 비동기 모델이 동기 모델보다 우수한 성능을 낼 수 있을까? 작업을 단순히 작은 덩어리로 분할하는 경우, 작은 덩어리라도 꽤 많은 시간이 걸릴 수 있다.

우리가 아직 고려하지 않은 중요한 요소가 있다. 작업을 실행하면, 디스크 읽기나 데이터베이스 쿼리 또는 네트워크 호출과 같이 응답을 기다려야 하는 동작이 있을 수 있다. 이것이 블록킹^{blocking} 동작이다. 블록 모드로 들어가면 작업은 동기 모델로 대기한다. 다음 그림을 살펴보자.

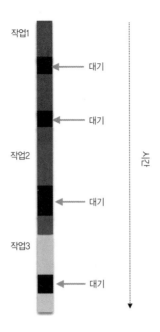

앞의 다이어그램에서 검은색 블록은 작업이 대기중인 곳이다. 이런 블록을 발생시킬 수 있는 일반적인 동작에는 어떤 것이 있을까? 작업은 CPU와 RAM에서 수행된다. 일반적인 CPU와 RAM은 일반적인 디스크 읽기나 네트워크 호출보다 훨씬 빠른 데이터 전송을 처리할 수 있다.

 CPU와 내부 메모리, 디스크 사이의 지연시간 비교는 https://gist.github.com/jboner/2841832를 참고한다.

작업이 이런 소스의 I/O(입력^{Input}/출력^{Output})에서 대기하는 경우 지연시간은 예측할 수 없다. 많은 I/O를 수행하는 동기 프로그램의 경우 이는 나쁜 성능의 원인이 된다.

동기 모델과 비동기 모델간의 가장 중요한 차이점은 블록 동작을 처리하는 방식이다. 비동기 모델에서 프로그램이 블록을 만나면 이 블록 동작이 완료되기를 기다리지 않고 다른 작업을 실행한다. 잠재적 블록이 있는 프로그램에서 비동기 프로그램은 대기에 소요

되는 시간이 적기 때문에 동등한 동기 프로그램보다 성능이 우수하다. 이런 모델을 간단하게 시각화하면 다음 그림과 같이 된다.

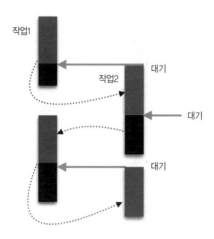

이런 비동기 모델의 개념을 바탕으로 이 모델을 지원하는 자바스크립트 언어의 특정 구조를 살펴보자.

▌ 자바스크립트 호출 스택

자바스크립트에서 함수 호출은 프레임 스택을 구성한다. 다음 예제를 살펴보자.

```
function c(z2) {
    console.log(new Error().stack);
}
function b(z1) {
    c(z1+ 1);
}
function a(z) {
    b(z + 1);
}
```

```
a(1);

// c에서 (<anonymous> 에서 eval )
// b에서 (<anonymous> 에서 eval)
// a에서 ( <anonymous> 에서 eval)
```

함수 a( )를 호출하면, 함수의 인수와 a( ) 함수의 모든 지역 변수로 스택의 첫 번째 프레임이 생성된다. 함수 a( )가 함수 b( )를 호출하면 두 번째 프레임이 생성되어 스택의 맨 위로 푸시된다. 이것은 모든 함수 호출에 대해 계속된다. c( ) 함수가 반환되면, 스택의 최상위 프레임이 팝업돼 함수 b( )와 a( )가 남는다. 이것은 전체 스택이 빌 때까지 계속된다. 함수의 실행이 끝나면 자바스크립트가 반환할 곳을 알아야 하기 때문에 유지관리가 필요하다.

메시지 큐

자바스크립트 런타임에는 메시지 큐가 있다. 이 큐에는 처리할 메시지 목록이 들어 있다. 여기에는 click 또는 수신된 HTTP 응답과 같은 이벤트에 대한 응답이 큐로 대기하고 있다. 각 메시지는 콜백 함수와 연관된다.

이벤트 루프

브라우저 탭은 단일 스레드 (이벤트 루프)에서 실행된다. 이 루프는 메시지 큐에서 메시지를 선택하고 이와 관련된 콜백을 수행하는 동작을 반복한다. 이벤트 루프는 단순히 메시지 큐에서 작업을 선택하는 반면 다른 프로세스는 메시지 큐에 작업을 추가한다. 타이머와 이벤트 핸들러 같은 프로세스는 병렬로 실행되며 큐에 작업에 계속 추가한다.

타이머

setTimeout( ) 메소드는 타이머를 생성하고 타이머가 시작될 때까지 대기한다. 타이머가 실행되면 작업이 메시지 큐에 추가된다. setTimeOut( ) 메소드는 두개의 인수 – 콜백과 지속시간(밀리초)을 받는다. 지속시간 경과 후 콜백이 메시지 큐에 추가된다. 콜백이 메시지 큐에 추가되면, 이벤트 루프는 이를 가져와 실행한다. 그러나 콜백이 언제 이벤트 루프에 의해 선택되는지에 대한 아무런 보장은 없다.

실행 완료

이벤트 루프가 큐에서 메시지를 가져오면 연결된 콜백이 실행되고 완료된다. 이는 큐에서 다음 메시지가 처리되기 전에 메시지가 완전히 처리됨을 의미한다. 이 속성은 비동기 모델에 예측 가능성을 부여한다. 실행 사이에 메시지를 선점하기 위한 개입이 없기 때문에 이 모델은 다른 모델보다 훨씬 간단하다. 이 모델에서는 실행 단위가 중간에 중단 될 수 없다. 그러나 메시지를 가져오면 실행이 너무 오래 걸리더라도 브라우저의 다른 상호작용은 블록된다.

이벤트

객체에 대한 이벤트 핸들러를 등록하고 메소드의 결과를 비동기적으로 받을 수 있다. 다음 예제는 XMLHttpRequest API에 대한 이벤트 핸들러를 설정하는 방법을 보여준다.

```javascript
var xhr = new XMLHttpRequest();
xhr.open('GET', 'http://babeljs.io', true);
xhr.onload = function(e) {
  if (this.status == 200) {
    console.log("Works");
  }
};
xhr.send();
```

앞의 예제 코드에서 `XMLHttpRequest` 클래스의 객체를 생성한다. 요청 객체가 생성되면, 객체의 이벤트 핸들러를 등록한다. `onload()` 같은 이벤트 핸들러는 `open()` 메소드에서 응답을 받으면 비동기적으로 시작된다.

`send()` 메소드는 실제로 요청을 시작하지 않고, 요청을 이벤트 루프의 메시지 큐에 추가하고 가져와서 관련된 콜백을 실행한다.

콜백

Node.js 애플리케이션은 이런 비동기 데이터 수신 스타일을 대중화했다. 콜백은 비동기 함수 호출의 마지막 인수로 전달되는 함수다.

Node.js에서 파일을 읽는 다음 예제로 사용법을 설명한다.

```
fs.readFile('/etc/passwd', (err, data) => {
  if (err) throw err;
 console.log(data);
});
```

여기에서 몇 가지 세부사항에 대해서 너무 걱정하지 않아도 된다. 파일시스템 모듈을 `fs` 별칭으로 사용하고 있다. 이 모듈에는 파일을 비동기적으로 읽는 `readFile` 메소드가 있다. 파일 경로와 파일 이름을 첫 번째 인수로 전달하고 콜백 함수를 함수의 마지막 인수로 전달한다. 예제에서는 익명 함수를 콜백으로 사용하고 있다.

콜백 함수에는 `error`와 `data`라는 두 개의 인수가 있다. `readFile()` 메소드가 성공하면 콜백 함수가 `data`를 받고 오류가 발생하면 `error` 인수에 상세한 오류 정보가 기록된다.

약간의 함수 스타일을 사용하여 동일한 콜백을 작성할 수도 있다. 다음 예제를 살펴보자.

```
fs.readFile('/etc/passwd',
  // 성공
```

```
  function(data) {
    console.log(data)
  },
  // 오류
  function(error) {
    console.log(error)
  }
);
```

이 콜백 전달 스타일은 **연속 전달 스타일**^{CPS; continuous-passing style}로 불린다. 실행^{execution} 또는 계속^{continuation}의 다음 단계는 매개변수로 전달된다. 다음 예는 CPS 스타일의 콜백을 보여준다.

```
console.log("1");
cps("2", function cps_step2(val2){
  console.log(val2);
  cps("3", function cos_step3(val3){
    console.log(val3);
  })
  console.log("4");
});
console.log("5");
//1 5 2 4 3

function cps(val, callback) {
  setTimeout(function () {
      callback(val);
  }, 0);
}
```

각 단계에 계속^{continuation}(다음 콜백)을 제공한다. 또한 이 중첩 콜백 스타일은 콜백 지옥 ^{callback hell}이라고 하는 문제의 원인이 되기도 한다.

콜백과 CPS는 근본적으로 다른 프로그래밍 스타일을 사용한다. 콜백이 다른 구조와 비교하면 상대적으로 이해하기 쉽지만, 콜백은 코드를 이해하기 어렵게 만들 수도 있다.

▌ 프라미스

ES6는 콜백의 대안으로 프라미스^{promise}를 도입했다. 콜백과 마찬가지로 프라미스는 비동기 함수 호출의 결과를 받는 데 사용된다. 프라미스의 사용은 콜백보다 쉽고 더 읽기 쉬운 코드를 만들 수 있다. 그러나 비동기 함수에 대한 프라미스를 구현하려면 더 많은 작업이 필요하다.

프라미스 객체는 현재나 미래에 사용 가능한 값, 또는 전혀 사용 가능하지 않는 값을 나타낸다. 이름에서 알 수 있듯이 프라미스는 충족^{fulfilled}되거나 거절^{rejected}될 수 있다. 프라미스는 최종 결과의 자리표시자^{placeholder} 역할을 한다.

프라미스는 다음과 같은 상호 배타적인 세 가지 상태를 가진다.

1. 결과가 준비되기 전에는 **보류**^{pending}로 이것이 초기 상태다.
2. 결과가 준비되면 프라미스가 **충족**^{fullfined}된다.
3. 오류가 발생하면, 프라미스는 **거부**^{rejected}된다.

보류중인 프라미스가 충족되거나 거부되면 프라미스의 then( ) 메소드로 대기중인 연결된 콜백/핸들러가 실행된다.

프라미스의 목적은 CPS 콜백의 더 나은 구문을 제공하는 것이다. 일반적인 CPS 스타일의 비동기 함수는 다음과 같다.

```
asyncFunction(arg, result => {
  //...
})
```

앞의 코드는 다음 코드처럼 프라미스로 조금 다르게 작성할 수 있다.

```
asyncFunction(arg).
then(result=>{
  //...
});
```

비동기 함수는 최종 결과의 자리표시자인 프라미스를 반환한다. 결과가 준비되면 then( ) 메소드로 등록된 콜백에 통지된다.

then( ) 메소드를 연결할 수 있다. then( ) 메소드는 콜백이 프라미스를 반환하는 다른 비동기 동작을 트리거한 것을 확인하면 해당 프라미스를 반환한다. 다음 예제를 살펴보자.

```
asyncFunction(arg)
.then(resultA=>{
  //...
  return asyncFunctionB(argB);
})
.then(resultB=>{
  //...
})
```

프라미스를 어떻게 사용할 수 있는지에 대한 실제 예를 살펴보자. Node.js에서 비동기 파일 읽기의 전형적인 예를 봤다. 이제 프라미스를 사용하면 예가 어떻게 되는지 살펴보자. 기억을 되살리기 위해 예제 코드를 다시 살펴본다.

```
fs.readFile('text.json',
  function (error, text) {
    if (error) {
      console.error('Error while reading text file');
    } else {
```

```
        try {
            //...
        } catch (e) {
            console.error('Invalid content');
        }
    }
});
```

콜백이 사용됨을 알 수 있다. 이제 프라미스를 사용하면 동일한 함수를 어떻게 작성할 수 있는지 살펴보자.

```
readFileWithPromises('text.json')
.then(text=>{
  //...text 처리
})
.catch(error=>{
  console.error('Error while reading text file');
})
```

이제 콜백은 결과 및 then( )과 catch( ) 메소드를 통해 호출된다. 오류 처리는 더 이상 if...else와 try...catch 구문을 사용하지 않기 때문에 훨씬 깔끔하다.

프라미스 생성

프라미스를 어떻게 사용할 수 있는지 살펴보았다. 이제 프라미스를 만드는 방법을 알아보자.

제작자로서, Promise 객체를 생성하고 Promise를 통해 결과를 보낼 수 있다. 구조는 다음 코드와 같다.

```
const p = new Promise(
  function (resolve, reject) { // (1)
      if (    ) {
          resolve(value); // 성공
      } else {
          reject(reason); // 실패
      }
});
```

Promise의 매개변수는 실행자executor 함수다. 실행자는 다음과 같은 프라미스의 두 가지 상태를 처리한다.

- **해결**Resolving: 결과가 성공적으로 생성되면, 실행자는 resolve( ) 메소드를 통해 결과를 다시 보낸다. 이 메소드는 대개 Promise 객체를 수행한다.
- **거부**Rejecting: 에러가 발생하면 실행자는 reject( ) 메소드를 통해 소비자에게 통지한다. 예외가 발생하면 이것 역시 reject( ) 메소드를 통해 통지된다.

then( )과 catch( ) 메소드를 통해 프라미스의 충족fulfillment 또는 거부rejection에 대한 통보를 받을 수 있다. 다음 코드를 예제로 생각해 보자.

```
promise
.then(result => { /* 프라미스가 충족됨 */ })
.catch(error => { /* 프라미스가 거부됨 */ });
```

이제 프라미스를 만드는 방법에 대한 배경 지식을 습득했으므로 프라미스를 만들기 위한 비동기 파일의 read 메소드 예제를 다시 작성해 보자. Node.js의 파일시스템 모듈과 readFile( ) 메소드를 사용할 것이다. Node.js의 특정 구문을 이해하지 못하더라도 걱정하지 마라. 다음 코드를 살펴보자.

```
import {readFile} from 'fs';
```

```
function readFileWithPromises(filename) {
    return new Promise(
        function (resolve, reject) {
            readFile(filename,
                (error, data) => {
                    if (error) {
                        reject(error);
                    } else {
                        resolve(data);
                    }
                });
        });
}
```

위의 예제 코드에서 새로운 Promise 객체를 생성하고 이를 소비자에게 반환한다. 이전에 봤듯이 Promise 객체의 매개변수는 실행자 함수이고 실행자 함수는 Promise가 충족되고 거부된 두 상태를 처리한다. 실행자 함수는 resolve와 reject의 두 개의 인수를 받는다. 이들은 Promise 객체의 상태를 소비자에게 알리는 함수다.

실행자 함수 내에서 실제 함수인 readFile() 메소드를 호출한다. 이 함수가 성공하면, resolve() 메소드를 사용해서 결과를 반환할 것이고 오류가 있으면 reject() 메소드를 사용해서 이를 소비자에게 통보한다.

then() 반응 중 하나에서 오류가 발생하면, catch() 블록에서 처리된다. 다음 코드를 살펴보자.

```
readFileWithPromises('file.txt')
.then(result=> { 'something causes an exception'})
.catch(error=> {'Something went wrong'});
```

예제에서 then() 반응은 예외 또는 오류를 발생시키고 후속 catch() 블록은 이를 처리할 수 있다.

마찬가지로 then( ) 또는 catch( ) 핸들러 내에서 던져진 예외는 다음 오류 핸들러로 전달
된다. 다음 예제 코드를 살펴보자.

```
readFileWithPromises('file.txt')
.then(throw new Error())
.catch(error=> {'Something went wrong'});
```

Promise.all()

한 가지 흥미로운 유즈케이스는 프라미스 위에 이터러블을 만드는 것이다. 방문하고자
하는 URL 목록이 있고 결과를 파싱한다고 가정해 보자. 각각의 URL 가져오기 호출에 대
한 프라미스를 생성하고 이를 개별적으로 사용하거나 모든 URL의 이터레이터를 만들어
프라미스를 한 번에 사용할 수도 있다. Promise.all( ) 메소드는 프라미스의 이터러블을
인수로 받는다. 모든 프라미스가 충족되면 배열이 그 결과로 채워진다. 다음 예제 코드를
살펴보자.

```
Promise.all([
    f1(),
    f2()
])
.then(([r1,r2]) => {
    //
})
.catch(err => {
    //..
});
```

메타 프로그래밍과 프록시

메타 프로그래밍Metaprogramming은 프로그램이 구조를 인식하고 스스로를 조작할 수 있는 프로그램 방법을 말한다. 많은 언어가 매크로 형태로 메타 프로그램을 지원한다. 매크로 Macro는 LISPLocator/ID Separation Protocol 같은 기능적 언어에서 중요한 구성요소다. 자바 및 C# 같은 언어에서는 프로그램이 리플렉션을 사용해 프로그램 자체 정보를 검사할 수 있기 때문에 리플렉션reflection이 메타 프로그래밍의 한 형태다.

자바스크립트에서는 객체의 메소드를 사용하여 구조를 검사할 수 있으므로 메타 프로그래밍을 제공한다고 말할 수 있다. 메타 프로그래밍 패러다임에는 3가지 유형이 있다 (메타 객체 프로토콜의 기술, Kiczales 등 공저, https://mitpress.mit.edu/books/art-metaobject-protocol).

- **인트로스펙션**Introspection : 프로그램 내부에 대한 읽기 전용 접근을 제공한다.
- **자체수정**Self-modification : 프로그램에 구조적 변경을 가능하게 한다.
- **인터세션**Intercession : 언어 의미를 변경한다.

Object.keys() 메소드는 인트로스펙션의 예다. 다음 예제에서 프로그램은 자신의 구조를 검사한다.

```
const introspection = {
  intro() {
    console.log("I think therefore I am");
  }
}
for (const key of Object.keys(introspection)){
  console.log(key); //intro
}
```

자바스크립트에서는 객체의 속성을 변경하여 자체 수정도 가능하다.

그러나 인터세션 또는 언어 의미를 변경하는 것은 ES6까지의 자바스크립트에서는 사용할 수 없는 기능이다. 이 가능성을 열기 위해 프록시가 도입됐다.

프록시

속성에 접근할 때마다 프록시proxy를 사용해 대상target이라고 불리는 객체의 동작을 결정할 수 있다. 프록시는 속성 조회, 함수 호출 및 할당과 같은 객체에 대한 기본 연산의 사용자정의 동작을 정의하는 데 사용된다.

- **핸들러**Handler: 사용자정의를 지정하려는 각 연산에 대해 handler 메소드가 필요하다. 이 메소드는 연산을 가로채며 이는 종종 트랩trap이라고도 불린다.
- **대상**Target: handler가 연산을 가로채지 않으면 target이 폴백fallback으로 사용된다.

이 개념을 더 잘 이해하기 위해 다음 예제를 살펴보자.

```
var handler = {
  get: function(target, name){
    return name in target ? target[name] :42;
  }
}
var p = new Proxy({}, handler);
p.a = 100;
p.b = undefined;
console.log(p.a, p.b); // 100, undefined
console.log('c' in p, p.c); // false, 42
```

이 예제에서는 객체에서 속성을 가져오는 연산을 가로채고 있다. 속성이 존재하지 않으면 42를 디폴트 값으로 반환한다. get 핸들러를 사용해 이 연산을 가로챈다.

프록시를 사용해 객체에 값을 설정하기 전에 값의 유효성을 검사할 수 있다. 이를 위해 다음과 같이 set 핸들러를 가로챌 수 있다.

```
let ageValidator = {
  set: function(obj, prop, value) {
    if (prop === 'age') {
      if (!Number.isInteger(value)) {
        throw new TypeError('The age is not an number');
      }
      if (value > 100) {
        throw new RangeError('You cant be older than 100');
      }
    }
    // 오류가 없는 경우 - 속성에 값을 저장한다
    obj[prop] = value;
  }
};
let p = new Proxy({}, ageValidator);
p.age = 100;
console.log(p.age); // 100
p.age = 'Two'; // 예외
p.age = 300; // 예외
```

앞의 예제에서 set 핸들러를 가로채고 있다. 객체의 속성을 설정하면 해당 작업을 가로
채고 값의 유효성을 검사할 수 있다. 값이 유효하면 속성을 설정한다.

함수 가로채기

대상이 함수인 경우 가로챌 수 있는 두 가지 연산(apply와 construct)이 있다.

함수 호출을 가로채려면 get과 apply 연산을 가로채야 한다. 먼저 함수를 가져와서 함수
호출에 적용한다. 따라서 함수를 get하고 함수를 반환한다.

메소드 가로채기가 동작하는 방법을 이해하기 위해 다음 예제를 살펴보자.

```javascript
var car = {
  name: "Ford",
  method_1: function(text){
    console.log("Method_1 called with "+ text);
  }
}
var methodInterceptorProxy = new Proxy(car, {
 //target은 프록시가 될 객체이고, receiver는 프록시다.
 get: function(target, propKey, receiver){
  //속성 접근이 아닌 메소드 호출만 가로챈다.
  var propValue = target[propKey];
  if (typeof propValue != "function"){
    return propValue;
}
  else{
    return function(){
      console.log("intercepting call to " + propKey
        + " in car " + target.name);
      //target은 프록시가 될 객체다
      return propValue.apply(target, arguments);
    }
  }
 }
});
methodInterceptorProxy.method_1("Mercedes");
//"intercepting call to method_1 in car Ford"
//"Method_1 called with Mercedes"
```

앞의 예제에서는 get 연산을 가로채고 있다. get되고 있는 속성의 유형이 함수라면,
apply를 사용해 이 함수를 호출할 것이다. 출력을 보면 두 개의 console.logs가 생성
된다. 첫 번째는 get 연산을 가로챈 프록시에서 가져온 것이고 두 번째는 실제 메소드 호
출에서 가져온 것이다.

메타 프로그래밍은 흥미로운 구성이다. 그러나 인트로스펙션이나 리플렉션은 성능 저하

를 초래한다. 또한 프록시는 속도가 느려질 수 있으므로 주의를 기울여야 한다.

▌ 요약

9장에서는 두 가지 중요한 개념을 살펴봤다. ES6 프록시는 기본 연산(예: 속성 조회나 할당, 열거, 함수 호출 등)에 대한 사용자정의 동작을 정의하는 데 사용되는 유용한 메타 프로그래밍 구문이다. 핸들러와 트랩, 프록시 대상을 사용하여 연산의 디폴트 동작을 가로채고 수정하는 방법을 살펴보았다. 이것은 자바스크립트에서 부족한 매우 강력한 메타 프로그래밍 기능을 제공할 수 있게 해준다.

9장에서 논의한 다른 중요한 구성요소는 ES6 프라미스다. 프라미스는 비동기 프로그래밍 구조를 보다 쉽게 동작시킬 수 있기 때문에 중요하다. 프라미스는 프라미스가 생성될 때는 필요하지 않은 값을 위한 프록시 역할을 한다. 이렇게 하면 비동기 메소드에서 동기 메소드와 같은 값을 반환할 수 있다. 최종 값 대신 비동시 메소드는 특정 미래 시점의 값에 대한 프라미스를 반환한다.

이들은 ES6에서 언어의 핵심 기능을 크게 향상시키는 두 가지 강력한 구조다.

다음 장에서는 자바스크립트를 사용하여 브라우저와 DOM을 조작하는 매력적인 가능성에 대해 살펴보겠다.

10

브라우저 환경

자바스크립트 프로그램은 호스트 환경이 필요하다. 지금까지 이 책에서 배운 내용 대부분은 핵심 ECMAScript/자바스크립트에 관련된 것으로 다양한 호스트 환경에서 사용할 수 있다. 이제 자바스크립트 프로그램에서 가장 인기 있고 자연스러운 호스트 환경인 브라우저로 초점을 옮겨 보자. 10장에서는 다음 주제를 다룬다.

- **브라우저 객체 모델**BOM; Browser Object Model
- **문서 객체 모델**DOM; Document Object Model
- 브라우저 이벤트
- XMLHttpRequest 객체

▌ HTML 페이지에 자바스크립트 포함하기

HTML 페이지에 자바스크립트를 포함시키려면 다음과 같이 `<script>` 태그가 필요하다.

```
<!DOCTYPE>
<html>
  <head>
    <title>JS test</title>
    <script src="somefile.js"></script>
  </head>
  <body>
    <script>
      var a = 1;
      a++;
    </script>
  </body>
</html>
```

이 예제에서 첫 번째 `<script>` 태그에는 자바스크립트 코드를 가진 `somefile.js`라는 외부 파일이 포함돼 있다. 두 번째 `<script>` 태그는 페이지의 HTML 코드에 직접 자바스크립트 코드를 포함한다. 브라우저는 페이지에서 찾은 순서대로 자바스크립트 코드를 실행하고 모든 태그의 모든 코드는 동일한 전역 네임스페이스를 공유한다. 이는 `somefile.js`에서 변수를 정의하면 두 번째 `<script>` 블록에서도 변수를 사용할 수 있음을 의미한다.

▌ BOM과 DOM 개요

페이지의 자바스크립트 코드는 여러 객체에 접근할 수 있다. 이들 객체는 다음과 같은 유형으로 나눌 수 있다.

- **핵심 ECMAScript 객체**: 이전 장에서 언급한 모든 객체로 구성된다.

- **DOM**: 현재 로드된 페이지(문서라고도 함)와 관련된 객체로 구성된다.
- **BOM**: 페이지 외의 모든 것을 다루는 객체. 즉, 브라우저 창과 데스크톱 화면으로 구성된다.

DOM은 Document Object Model의 약자고 BOM은 Browser Object Model의 약자다.

DOM은 W3C^World Wide Web Consortium에서 관리하는 표준이며 DOM 레벨1, DOM 레벨2와 같이 레벨로 불리는 여러 가지 버전이 있다. 현재 브라우저마다 표준 준수 정도가 다르지만 일반적으로 DOM 레벨1은 거의 모두 구현하고 있다. DOM은 브라우저 벤더가 문서를 접근하는 자신만의 방법을 구현한 후에 표준화됐다. W3C가 표준 작업을 진행하기 전의 레거시 부분은 여전히 존재하고 있으며 DOM 0로 불리지만, 실제 DOM 레벨0 표준은 존재하지 않는다. DOM 0의 일부는 모든 주요 브라우저에서 지원하므로 사실상 표준이 됐다. 이 중 일부는 DOM 레벨1 표준에 추가됐다. DOM 1에 포함되지 못한 나머지 DOM 0는 너무 브라우저에 특화돼 있어 여기서는 다루지 않는다.

역사적으로 보면 BOM은 어떤 표준에도 포함되지 않았다. DOM 0와 마찬가지로, 모든 주요 브라우저에서 지원하는 객체의 하위 집합과 브라우저마다 다른 하위 집합이 있다. HTML5 표준은 브라우저간 공통적인 동작을 코드화해 일반적인 BOM 객체를 포함하고 있다. 또한 모바일 기기에는 전통적으로 데스크톱 컴퓨터에는 필요하지 않지만 지오로케이션^geolocation, 카메라 접근, 진동, 터치 이벤트, 전화, SMS 같이 모바일 환경에서 의미가 있는 특정 객체(HTML5는 이들 객체의 표준화도 목표로 하고 있다)가 제공된다.

10장에서는 달리 명시하지 않는 한 BOM과 DOM 레벨1의 크로스 브라우저 하위 집합에 대해서만 설명한다. 이 안전한 하위 집합 조차도 여전히 큰 주제이며 전체 목록은 이 책의 범위를 벗어난다. 전체 내용에 대해서는 다음 자료를 참조한다.

- 모질라 DOM 레퍼런스(http://developer.mozilla.org/en/docs/Gecko_DOM_Reference)

- 모질라 HTML5 위키(https://developer.mozilla.org/en-US/docs/HTML/HTML5)
- 마이크로 소프트의 인터넷 익스플로러 문서(http://msdn2.microsoft.com/en-us/library/ms533050(vs.85).aspx)
- W3C의 DOM 규격(http://www.w3.org/DOM/DOMTR)

BOM

BOM은 브라우저와 컴퓨터 스크린에 접근할 수 있는 객체의 모음이다. 이들 객체는 전역 window 객체를 통해 접근할 수 있다.

window 객체 리뷰

이미 알고 있듯이 자바스크립트에는 호스트 환경에서 제공하는 전역 객체가 있다. 브라우저 환경에서 이 전역 객체는 window를 사용해 접근할 수 있다. 모든 전역 변수 역시 window 객체의 속성으로 접근할 수 있다. 예를 들어 다음 코드를 살펴보자.

```
> window.somevar = 1;
     1
> somevar;
     1
```

또한 2장에서 설명한 모든 핵심 자바스크립트 함수는 전역 객체의 메소드다. 다음 코드를 살펴보자.

```
> parseInt('123a456');
     123
> window.parseInt('123a456');
     123
```

전역 객체에 대한 참조일 뿐만 아니라 window 객체는 브라우저 환경에 대한 정보를 제공하는 두 번째 목적도 수행한다. window 객체는 모든 프레임과 iframe, 팝업 또는 브라우저 탭에 대한 정보를 제공한다.

window 객체의 일부 브라우저 관련 속성을 살펴보자. 브라우저별로 다를 수 있으므로 여기서는 모든 주요 브라우저에서 일관되고 안정적으로 구현된 속성만 살펴보겠다.

window.navigator 속성 사용하기

navigator는 브라우저 및 브라우저 기능에 대한 정보를 가지고 있는 객체다. 이 중 하나의 속성은 브라우저를 식별해주는 긴 문자열인 navigator.userAgent다. 파이어폭스에서는 다음과 같은 결과를 얻는다.

```
> window.navigator.userAgent;
    "Mozilla/5.0 (Macintosh; Intel Mac OS X 10_8_3)
      AppleWebKit/536.28.10
      (KHTML, like Gecko) Version/6.0.3 Safari/536.28.10"
```

마이크로소프트 인터넷 익스플로러의 userAgent 문자열은 다음과 같다.

```
"Mozilla/5.0 (compatible; MSIE 10.0; Windows NT 6.1; Trident/6.0)"
```

브라우저별로 기능이 다르기 때문에 개발자는 userAgent 문자열을 사용해 브라우저를 식별하고 다른 버전의 코드를 제공한다. 예를 들어 다음 코드는 인터넷 익스플로러를 식별하는 MSIE 문자열의 존재 여부를 검색한다.

```
if (navigator.userAgent.indexOf('MSIE') !== -1) {
  // IE임
} else {
```

```
    // IE가 아님
}
```

userAgent 문자열에 의존하는 것보다 기능 스니핑^{sniffing}(능력 탐지로도 불림)을 사용하는
것이 좋다. 그 이유는 모든 브라우저와 여러 버전을 모두 추적하기가 어렵기 때문이다.
간단히 사용하려는 기능이 실제로 사용자의 브라우저에서 사용 가능한지 여부를 확인하
는 것이 훨씬 쉽다. 예를 들어 다음 코드를 살펴보자.

```
if (typeof window.addEventListener === 'function') {
    // 기능이 지원됨. 기능 사용
} else {
    // 이 기능이 지원되지 않음
    // 다른 방법이 필요함
}
```

userAgent 스니핑 사용을 꺼리는 또 다른 이유는 일부 브라우저에서는 사용자가 문자열
을 수정해 다른 브라우저를 사용하고 있는 것처럼 가장할 수 있기 때문이다.

콘솔은 치트 시트다

콘솔을 사용해 객체를 검사할 수 있으며 여기에는 BOM과 DOM 속성이 포함된다. 다음
코드를 입력하기만 하면 된다.

```
> navigator;
```

그런 다음 결과를 클릭하면, 다음 스크린샷과 같이 속성과 값의 목록을 보여준다.

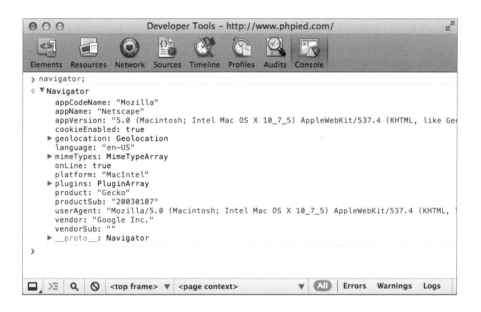

window.location 속성 사용하기

location 속성은 현재 로드된 페이지의 URL 정보가 들어있는 객체를 가리킨다. 예를 들어 location.href는 전체 URL이고 location.hostname은 도메인만 가리킨다. 간단한 루프를 사용하면 location 객체의 전체 속성 목록을 볼 수 있다.

다음 URL의 페이지에 있다고 가정해 보자.

> http://search.phpied.com:8080/search?q=java&what=script#results.

다음 코드를 살펴보자.

```
for (var i in location) {
  if (typeof location[i] === "string") {
    console.log(i + ' = "' + location[i] + '"');
  }
}
```

```
href = "http://search.phpied.com:8080/search?
    q=java&what=script#results"
hash = "#results"
host = "search.phpied.com:8080"
hostname = "search.phpied.com"
pathname = "/search"
port = <<8080>>
protocol = <<http:>>
search = "?q=java&what=script"
```

location 속성은 reload( )와 assign( ), replace( )의 세 가지 메소드도 제공한다.

다른 페이지로 이동하는 여러 가지 재미 있는 방법이 있다. 다음은 이 중 몇 가지 방법을
보여준다.

```
> window.location.href = 'http://www.packtpub.com';
> location.href = 'http://www.packtpub.com';
> location = 'http://www.packtpub.com';
> location.assign('http://www.packtpub.com');
```

replace( ) 메소드는 assign( )과 거의 같다. 차이점은 다음과 같이 브라우저 히스토리
목록을 작성하지 않는다는 것이다.

```
> location.replace('http://www.yahoo.com');
```

페이지를 다시 로드하려면 다음 코드를 사용할 수 있다.

```
> location.reload( );
```

또는 location.href를 사용해 다음과 같이 자기 자신을 가리킬 수 있다.

```
> window.location.href = window.location.href;
```

또는 간단하게 다음 코드를 사용하면 된다.

```
> location = location;
```

window.history 속성 사용하기

window.history 속성은 동일한 브라우저 세션에서 이전에 방문한 페이지에 대한 제한된 접근을 허용한다. 예를 들어, 다음과 같이 사용자가 현재 페이지를 방문하기 전에 방문했던 페이지의 수를 확인할 수 있다.

```
> window.history.length;
      5
```

하지만 실제 URL을 볼 수는 없다. 이는 개인 정보 보호를 이유로 동작하지 않는다. 다음 코드를 참조한다.

```
> window.history[0];
```

그러나 다음과 같이 사용자가 브라우저의 앞으로/뒤로 버튼을 클릭한 것처럼 사용자 세션을 앞뒤로 이동시킬 수 있다.

```
> history.forward();
> history.back();
```

또한 history.go( )를 사용해 페이지를 앞뒤로 건너 뛸 수 있다. 이는 history.back( )을 호출하는 것과 같다. history.go( )의 코드는 다음과 같다.

```
> history.go(-1);
```

두 페이지 뒤로 이동하려면 다음 코드를 사용한다.

```
> history.go(-2);
```

다음 코드를 사용하면 현재 페이지를 다시 로드할 수 있다.

```
> history.go(0);
```

최신 브라우저는 HTML5 history API도 지원한다. 이 API를 사용하면 페이지를 다시 로드하지 않고도 URL을 변경할 수 있다. 이는 사용자가 애플리케이션의 상태를 나타내는 특정 URL을 북마크할 수 있고, 다시 방문하거나 친구들과 공유할 때 URL을 기반으로 애플리케이션의 상태를 복원할 수 있기 때문에 동적 페이지에 적합하다. History API를 이해하려면 아무 페이지나 이동했다가 콘솔에 다음 코드를 써 보자.

```
> history.pushState({a: 1}, "", "hello");
> history.pushState({b: 2}, "", "hello-you-too");
> history.state;
```

URL은 변경되었지만 페이지는 동일하다. 이제 브라우저를 앞 뒤로 이동했다가 history. state 객체를 다시 확인해 보자.

window.frames 속성 사용하기

window.frames 속성은 현재 페이지의 모든 프레임의 집합이다. 프레임과 iframe(인라인 프레임)을 구별하지 않는다. 페이지에 프레임이 있는지 여부에 관계 없이 다음과 같이 window.frames가 항상 존재하고 window를 가리킨다.

```
> window.frames === window;
    true
```

다음과 같이 하나의 iframe이 있는 페이지를 예로 들어 보자.

```
<iframe name="myframe" src="hello.html" />
```

페이지에 프레임이 있는지 여부를 알기 위해 length 속성을 확인할 수 있다. 하나의 iframe의 경우 다음과 같은 결과가 표시된다.

```
> frames.length
    1
```

각 프레임은 자체 전역 window 객체를 가진 다른 페이지를 포함하고 있다.

iframe의 window에 접근하려면 다음 중 하나를 실행하면 된다.

```
> window.frames[0];
> window.frames[0].window;
> window.frames[0].window.frames;
> frames[0].window;
> frames[0];
```

부모 페이지에서 자식 프레임의 속성에 접근할 수도 있다. 예를 들어 다음과 같이 프레임을 다시 로드할 수 있다.

```
> frames[0].window.location.reload();
```

자식 내부에서 다음과 같이 부모에 접근할 수 있다.

```
> frames[0].parent === window;
      true
```

top이라는 속성을 사용하면 다음과 같이 다른 모든 프레임을 포함하고 있는 최상위 페이지에 접근할 수 있다.

```
> window.frames[0].window.top === window;
      true
> window.frames[0].window.top === window.top;
      true
> window.frames[0].window.top === top;
      true
```

또한 다음 코드에서 볼 수 있듯이, self는 window와 동일하다.

```
> self === window;
      true
> frames[0].self == frames[0].window;
      true
```

프레임에 name 속성이 있으면, 다음 코드와 같이 인덱스뿐만 아니라 이름으로도 프레임에 접근할 수 있다.

```
> window.frames['myframe'] === window.frames[0];
    true
```

또는 다음 코드를 대신 사용할 수도 있다.

```
> frames.myframe === window.frames[0];
    True
```

window.screen 속성 사용하기

screen 속성은 브라우저 외부 환경에 대한 정보를 제공한다. 예를 들어 screen. colorDepth 속성은 모니터의 색상 비트 수(색 품질)를 포함한다. 이것은 주로 통계 목적으로 사용된다. 다음 코드 줄을 살펴보자.

```
> window.screen.colorDepth;
    32
```

다음과 같이 사용 가능한 화면 영역(해상도)을 확인할 수도 있다.

```
> screen.width;
    1440
> screen.availWidth;
    1440
> screen.height;
    900
> screen.availHeight;
    847
```

height와 availHeight의 차이는 height가 전체 화면의 크기인 반면에 availHeight는 작업 표시줄과 같은 운영체제의 메뉴를 뺀 크기를 나타낸다는 점이다. width와 availWidth의 경우도 마찬가지다.

다음 코드와 같이 비율을 나타내는 속성도 있다.

```
> window.devicePixelRatio;
    1
```

이는 모바일 기기의 레티나 디스플레이에서 실제 물리적 픽셀과 디바이스 픽셀간의 차이 (비율)를 알려준다. 예를 들어 아이폰의 경우 값은 2다.

window.open()/close() 메소드

window 객체의 가장 일반적인 크로스 브라우저 속성 중 일부를 살펴본 다음 몇 가지 메소드에 대해 알아보자. 이런 메소드 중 하나는 새로운 브라우저 창(팝업)을 열 수 있는 open()이다. 다양한 브라우저 정책과 사용자 설정이 팝업 창이 열리는 것을 방지(마케팅 목적의 악용으로 인해)할 수 있지만, 일반적으로 사용자에 의해 시작된 경우 새 창을 열 수 있어야 한다. 그 외의 경우는 페이지가 로드될 때 팝업을 열려고 하면 사용자가 명시적으로 시작하지 않았기 때문에 차단될 가능성이 크다.

window.open() 메소드는 다음 매개변수를 사용할 수 있다.

- 새 창에서 로드할 URL
- 폼의 target 속성 값으로 사용할 수 있는 새 창의 이름
- 쉼표로 구분된 기능의 목록은 다음과 같다.
  - resizable: 사용자가 새 창의 크기를 조정할 수 있는지 여부
  - width, height: 팝업의 너비와 높이
  - status: 상태 표시줄의 표시 여부

window.open( ) 메소드는 새로 생성된 브라우저 인스턴스의 window 객체에 대한 참조를 반환한다. 다음은 그 예다.

```
var win = window.open('http://www.packtpub.com', 'packt',
  'width=300,height=300,resizable=yes');
```

win 변수는 팝업의 window 객체를 가리킨다. win이 거짓 값을 가졌는지 확인하면 팝업이 차단됐는지 알 수 있다.

win.close( ) 메소드는 새 창을 닫는다.

접근성과 유용성을 이유로 가능하면 새 창을 열지 않는 것이 좋다. 여러분도 팝업 창을 여는 사이트를 좋아하지 않으면서 왜 다른 사용자에게는 그렇게 하려고 하는가? 폼을 작성할 때 도움말 정보를 제공하는 것과 같은 합법적인 목적도 있지만, 페이지 내에 플로팅 <div>를 사용하는 것 같은 대체 솔루션으로도 동일한 결과를 얻을 수 있다.

window.moveTo()와 window.resizeTo() 메소드

과거의 나쁜 관행을 계속 이어가 보자. 다음은 브라우저 및 개인 설정을 통해 사용자를 괴롭히는 여러 메소드를 보여준다.

- window.moveTo(100, 100): 브라우저 창을 스크린의 x = 100과 y = 100 위치로 이동한다. 이 위치는 왼쪽 상단 모서리부터 계산된다.
- window.moveBy(10, -10): 창을 현재 위치에서 오른쪽으로 10 픽셀, 위쪽으로 10 픽셀 이동한다.
- window.resizeTo(x, y)와 window.resizeBy(x, y): 이 메서드는 move 메소드와 동일한 매개변수를 사용하지만 창을 이동하는 것이 아니라 창의 크기를 조정한다.

다시 말하지만, 이런 메소드를 사용하지 말고 직면한 과제를 해결하라.

window.alert()와 window.prompt(), window.confirm() 메소드

2장에서 alert() 함수에 대해 설명했다. 전역 함수는 전역 객체의 메소드로 접근할 수 있으므로 alert('Watchout!')와 window.alert('Watchout!')는 완전히 동일하다.

alert() 함수는 ECMAScript 함수가 아니라 BOM 메소드다. 이 외에도 다음과 같은 두 가지 BOM 메소드를 사용해 시스템 메시지를 통해 사용자와 상호작용할 수 있다.

- confirm(): 사용자에게 OK와 Cancel의 두 가지 옵션을 준다.
- prompt(): 텍스트 입력을 받는다.

다음과 같이 동작한다.

```
> var answer = confirm('Are you cool?');
> answer;
```

이는 다음 스크린샷과 같은 창을 표시한다(정확한 모양은 브라우저 및 운영체제에 따라 조금씩 다르다).

다음 사항을 알 수 있다.

- 이 메시지를 닫을 때까지 콘솔에 아무것도 표시되지 않는다. 즉, 자바스크립트 코드 실행이 멈추고 사용자의 응답을 기다린다.
- OK를 클릭하면 true가 반환되고, Cancel을 클릭하거나 X 아이콘 또는 ESC 키를 사용해 메시지를 닫으면 false가 반환된다.

다음 코드와 같이 사용자의 행동을 확인하는 데 편리하다.

```
if (confirm('Sure you want to delete this?')) {
  // 삭제
} else {
  // 무시
}
```

자바스크립트를 사용하지 않도록 설정한 사람들이나 검색 엔진 스파이더의 사용자 행동을 확인할 수 있는 대체 방법을 제공해야 한다.

window.prompt() 메소드는 다음과 같이 텍스트를 입력하는 대화 상자를 사용자에게 제공한다.

```
> var answer = prompt('And your name was?');
> answer;
```

다음과 같은 대화 상자가 나타난다(맥OS의 크롬브라우저 경우).

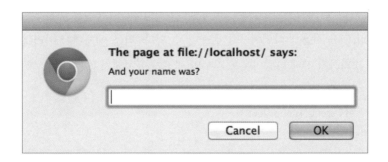

answer의 값은 다음 중 하나다.

- null: Cancel 또는 X 아이콘을 클릭하거나 ESC 키를 누르면 발생한다.
- "" (빈 문자열): OK를 클릭하거나 아무것도 입력하지 않고 Enter 키를 누르면 발생한다.
- **텍스트 문자열**: 무언가를 입력하고 OK를 클릭하거나 Enter 키를 누르면 발생한다.

또한 이 함수는 문자열을 두 번째 매개변수로 받아 입력 필드에 미리 채워진 디폴트 값으로 표시한다.

window.setTimeout()과 window.setInterval() 메소드 사용하기

setTimeout()과 setInterval() 메소드를 사용하면 코드 실행을 스케줄링할 수 있다. setTimeout() 메소드는 지정된 밀리초 후에 주어진 코드를 한 번 실행한다. setInterval() 메소드는 지정된 밀리초마다 코드를 반복적으로 실행한다.

다음 코드는 약 2초(2000 밀리초) 후에 alert 메시지를 표시한다.

```
> function boo() { alert('Boo!'); }
> setTimeout(boo, 2000);
    4
```

보다시피 함수는 타임아웃의 ID를 나타내는 정수(예제의 경우 4)를 반환했다. 이 ID로 clearTimeout()을 사용해 타임아웃을 취소할 수 있다. 다음 예제에서 여러분이 아주 빨라서 2초가 경과하기 전에 타임아웃을 지우면 경고가 표시되지 않는다.

```
> var id = setTimeout(boo, 2000);
> clearTimeout(id);
```

다음과 같이 boo( )를 덜 성가시게 변경해 보자.

```
> function boo() { console.log('boo'); }
```

이제 setInterval( )을 사용해 clearInterval( )로 스케줄링된 실행을 취소할 때까지 boo( )가 매 2초마다 실행되도록 스케줄링할 수 있다. 다음 코드를 살펴보자.

```
> var id = setInterval(boo, 2000);
     boo
     boo
     boo
     boo
     boo
     boo
> clearInterval(id);
```

두 함수는 모두 첫 번째 매개변수로 콜백 함수에 대한 포인터를 받는다. 또한 eval( )로 평가되는 문자열을 매개변수로 받을 수 있다. 그러나 알다시피 eval( )의 사용은 피하는 것이 좋다. 또한 함수에 인수를 전달하려면 어떻게 해야 할까? 이 경우 함수 호출을 다른 함수 안에 래핑할 수 있다.

다음 코드는 유효하지만 권장하지는 않는다.

```
// 좋은 사용 예는 아님
var id = setInterval("alert('boo, boo')", 2000);
```

다음 대안이 선호된다.

```
var id = setInterval(
  function () {
```

```
    alert('boo, boo');
  },
  2000
);
```

밀리초 단위로 함수를 스케줄링한다고 해서 그 시간에 정확하게 실행된다는 보장은 없다. 한 가지 이유는 대부분의 브라우저가 밀리초 시간을 제대로 지원하지 못하기 때문이다. 3밀리초로 스케줄을 잡아도 구형 IE에서는 최소 15밀리초 후에 실행되고, 최신 브라우저에서는 더 빨리 실행되지만 1밀리초 이내에 실행되지는 않는다. 또 다른 이유는 브라우저가 요청의 큐를 유지하기 때문이다. 100밀리초 타임아웃은 100밀리초 후에 큐에 추가됨을 의미한다. 그러나 어떤 일이 느리게 발생해 큐가 지연되면 함수는 대기해야 하고 120밀리초 후에 실행될 수 있다.

최신 브라우저는 requestAnimationFrame() 함수를 구현하고 있다. 미리 정의된 시간(밀리초)이 아니라 가용 자원이 있을 때마다 브라우저에 함수 호출을 요청하기 때문에 타임아웃 함수에 더 적합하다. 콘솔에서 다음 코드를 실행해 보자.

```
function animateMe() {
  webkitRequestAnimationFrame(function(){
    console.log(new Date());
    animateMe();
  });
}

animateMe();
```

window.document 속성

window.document 속성은 현재 로드된 문서(페이지)를 참조하는 BOM 객체다. 이 메소드와 속성은 DOM 범주에 속한다. 숨을 깊게 들이 쉬고(그리고 먼저 이장의 끝에 있는 BOM 연습문제를 먼저 살펴보라) DOM으로 들어가 보자.

▌ DOM

DOM은 XML 또는 HTML 문서를 노드 트리로 나타낸다. DOM 메서드와 속성을 사용하면 페이지의 모든 엘리먼트에 접근하고 엘리먼트를 수정 또는 제거하거나 새 엘리먼트를 추가할 수 있다. DOM은 언어 독립적인 API이며 자바스크립트뿐만 아니라 다른 어떤 언어로도 구현할 수 있다. 예를 들어 PHP의 DOM 구현(http://php.net/dom)을 사용해 서버 측에서 페이지를 생성할 수 있다.

다음 예제 HTML 페이지를 살펴보자.

```html
<!DOCTYPE html>
<html>
  <head>
    <title>My page</title>
  </head>
  <body>
    <p class="opener">first paragraph</p>
    <p><em>second</em> paragraph</p>
    <p id="closer">final</p>
    <!-- and that's about it -->
  </body>
</html>
```

두 번째 단락(`<p><em>second</em> paragraph</p>`)을 주의 깊게 살펴보자. `<p>` 태그가 `<body>` 태그에 들어 있다. 가족 관계로 생각하면 `<body>`가 `<p>`의 부모이고 `<p>`가 자식이라고 말할 수 있다. 첫 번째와 세 번째 단락 역시 `<body>` 태그의 자식이며 동시에 두 번째 단락의 형제^{sibling}다. <em> 태그는 두 번째 <p>의 자식이므로 <p>는 <em>의 부모가 된다.
부모-자식 관계는 DOM 트리의 그래픽으로 표현할 수 있다.

앞의 스크린샷은 각 노드를 확장한 후 웹킷 콘솔의 **Elements** 탭에 표시되는 내용을 보여
준다.

모든 태그가 트리에서 확장 가능한 노드로 표시되는 것을 볼 수 있다. 여기서 표시되지는
않았지만 텍스트 노드도 있다. 예를 들어, <em> 태그 안의 텍스트(second라는 단어)가 텍스
트 노드다. 공백은 텍스트 노드로 간주된다. HTML 코드내 주석 역시 트리의 노드이며,
HTML 소스의 <!-- and that's about it --> 주석은 트리의 주석 노드다.

DOM 트리의 모든 노드는 객체이고 오른쪽 목록의 **Properties** 섹션은 이 객체가 생성된
상속 체인을 따라 이들 객체에 사용할 수 있는 모든 속성과 메서드를 보여준다.

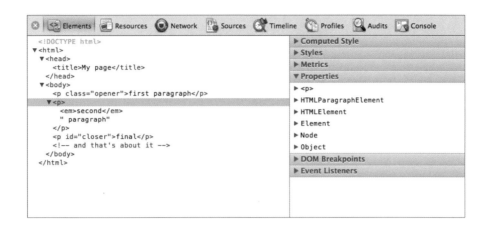

또한 객체를 만들기 위해 백그라운드에서 사용된 생성자 함수를 볼 수 있다. 일상적인 작업에는 그다지 실용적이지는 않지만, `HTMLParagraphElement()` 생성자에 의해 `<p>`가 생성되고, head 태그를 나타내는 객체가 `HTMLHeadElement()`에 의해 생성된다는 것을 알면 흥미로울 것이다. 그러나 이런 생성자를 직접 사용해 객체를 생성할 수는 없다.

코어 DOM과 HTML DOM

마지막으로 실제적인 예를 하나 살펴보자. 알다시피 DOM은 XML 문서와 HTML 문서를 모두 나타낸다. 사실 HTML 문서 역시 XML 문서지만 좀더 구체적이다. 따라서 DOM 레벨1의 일부로 모든 XML 문서에 적용할 수 있는 코어^{Core} DOM 규격이 있으며, 또한 코어 DOM을 확장한 HTML DOM 규격도 있다. 물론 HTML DOM은 모든 XML 문서에 적용되는 것은 아니며 HTML 문서에만 적용된다. 코어 DOM과 HTML DOM 생성자의 몇 가지 예를 살펴보자.

생성자	상속된 곳	코어 또는 HTML	비고
Node		Core	**트리의 모든 노드**
Document	Node	Core	문서 객체. 모든 XML 문서의 주 진입점

생성자	상속된 곳	코어 또는 HTML	비고
HTMLDocument	Document	HTML	window.document 또는 단순히 문서다. 광범위하게 사용되는 Document 객체의 HTML 특화 버전이다.
Element	Node	Core	소스의 모든 태그는 엘리먼트로 표시된다. 이것이 P 엘리먼트가 <p></p> 태그를 의미하는 이유다.
HTMLElement	Element	HTML	범용 생성자, HTML 엘리먼트의 모든 생성자는 이 클래스에서 상속받는다.
HTMLBodyElement	HTMLElement	HTML	<body> 태그를 나타내는 엘리먼트
HTMLLinkElement	HTMLElement	HTML	A 엘리먼트: <a href="..."></a> 태그
다른 생성자들	HTMLElement	HTML	나머지 모든 HTML 엘리먼트
CharacterData	Node	Core	텍스트 처리를 위한 범용 생성자
Text	CharacterData	Core	태그 안의 텍스트 노드. <em>second</em> 안에는 엘리먼트 노드 EM과 second 값을 가진 텍스트 노드가 있다.
Comment	CharacterData	Core	<!-- any comment -->
Attr	Node	Core	태그의 속성을 나타낸다. <p id="closer">에서 id 속성은 Attr( ) 생성자에 의해 생성된 DOM 객체다.
NodeList		Core	노드의 리스트, length 속성을 가지는 배열과 비슷한 객체다.
NamedNodeMap		Core	NodeList와 동일하지만, 숫자 인덱스뿐만 아니라 이름으로도 노드에 접근할 수 있다.
HTMLCollection		HTML	NamedNodeMap과 비슷하지만, HTML에만 적용된다.

이들은 모두 코어 DOM과 HTML DOM 객체들이다. 전체 목록을 보려면 http://www.w3.org/TR/DOM-Level-1/을 참조한다.

DOM 이론에 대해 배웠으므로 이제는 실질적인 DOM 작업에 초점을 맞추자. 다음 섹션에서는 다음 주제들에 대해 알아본다.

- DOM 노드 접근
- 노드 수정
- 새 노드 생성
- 노드 제거

DOM 노드 접근

페이지의 폼에서 사용자 입력의 유효성을 검사하거나 이미지를 바꾸기 전에 이를 확인하려면 검사하거나 수정할 엘리먼트에 대한 접근 권한이 있어야 한다. 다행히 DOM 트리를 탐색하거나 단축키를 사용하여 엘리먼트에 접근할 수 있는 많은 방법이 있다.

모든 새로운 객체와 메소드는 직접 실험해 보는 것이 가장 좋다. 이 예제는 DOM 섹션의 시작 부분에서 본 것과 동일한 간단한 문서를 사용하며, http://www.phpied.com/files/jsoop/ch7.html에서도 접근할 수 있다. 콘솔을 열고 시작해 보자.

document 노드

document 노드는 현재 문서에 대한 접근을 제공한다. 이 객체를 탐색하려면 콘솔을 치트 시트cheat sheet로 사용할 수 있다. `console.dir(document)`를 입력하고 결과를 클릭한다.

또는 Elements 패널에서 document 객체 DOM 속성의 모든 속성과 메소드를 탐색할 수
있다.

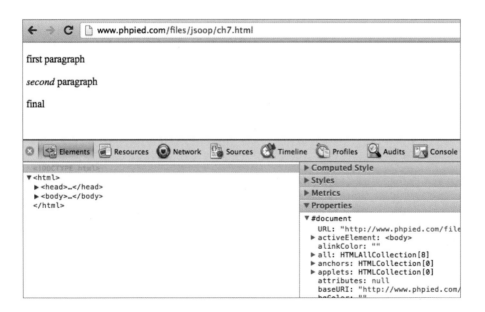

문서 노드, 텍스트 노드, 엘리먼트 노드와 속성 노드를 포함한 모든 노드에는 nodeType
과 nodeName, nodeValue 속성이 있다.

```
> document.nodeType;
    9
```

정수로 표시되는 12개의 노드 유형이 있다. 보다시피 문서 노드 유형은 9다. 가장 일반적
으로 사용되는 유형은 1(엘리먼트)과 2(속성), 그리고 3(텍스트)이다.

노드에도 이름이 있다. HTML 태그의 경우 노드 이름은 태그 이름(tagName 속성)이다. 텍
스트 노드의 경우 #text이며, 문서 노드의 경우 이름은 다음과 같다.

```
> document.nodeName;
    "#document"
```

노드는 또한 노드 값을 가질 수도 있다. 예를 들어, 텍스트 노드의 경우 값은 실제 텍스
트다. 문서 노드는 다음과 같이 값이 없다.

```
> document.nodeValue;
    Null
```

documentElement

XML 문서에는 항상 문서의 나머지 노드를 래핑하는 하나의 루트 노드가 있다. HTML 문
서의 경우 루트는 <html> 태그다. 루트에 접근하려면 document 객체의 documentElement
속성을 사용한다.

```
> document.documentElement;
```

```
<html>...</html>
```

nodeType은 다음에서 볼 수 있듯이 1(엘리먼트 노드)이다.

```
> document.documentElement.nodeType;
    1
```

엘리먼트 노드의 경우, nodeName과 tagName 속성에는 다음과 같이 태그 이름이 포함된다.

```
> document.documentElement.nodeName;
    "HTML"
> document.documentElement.tagName;
    "HTML"
```

Child 노드

노드에 자식이 있는지를 알려면 다음과 같이 hasChildNodes( )를 사용한다.

```
> document.documentElement.hasChildNodes( );
    True
```

HTML 엘리먼트는 head 엘리먼트와 body 엘리먼트, 그리고 이들 사이의 공백(대부분의 브라우저에서 공백을 계산하지만 모든 브라우저에서 계산하지는 않는다)으로 된 세 개의 자식을 가진다. 다음과 같이 배열과 비슷한 childNodes 컬렉션을 사용하여 접근할 수 있다.

```
> document.documentElement.childNodes.length;
    3
> document.documentElement.childNodes[0];
```

```
           <head>...</head>
> document.documentElement.childNodes[1];
        #text
> document.documentElement.childNodes[2];
           <body>...</body>
```

모든 자식은 다음 코드와 같이 parentNode 속성을 통해 부모에 접근할 수 있다.

```
> document.documentElement.childNodes[1].parentNode;
        <html>...</html>
```

다음과 같이 body에 대한 참조를 변수에 할당해 보자.

```
> var bd = document.documentElement.childNodes[2];
```

body 엘리먼트는 몇 개의 자식 노드를 가질까? 다음 코드를 살펴보자.

```
> bd.childNodes.length;
     9
```

기억을 되살리기 위해 문서의 body는 다음과 같다.

```
<body>
  <p class="opener">first paragraph</p>
  <p><em>second</em> paragraph</p>
  <p id="closer">final</p>
  <!-- and that's about it -->
</body>
```

어떻게 body가 9개의 자식 노드를 가질까? 일단 3개의 단락과 1개의 주석이 4개의 노드를 만든다. 이 4개의 노드 사이의 공백이 3개의 텍스트 노드를 추가로 만든다. 지금까지 총 7개가 됐다. <body>와 첫 번째 <p> 사이의 공백이 8번째 노드다. 주석과 닫는 </body> 사이의 공백이 또 하나의 텍스트 노드다. 이렇게 총 9개의 자식 노드가 만들어진다. 콘솔에서 bd.childNodes를 입력하면 이들 모두를 검사할 수 있다.

속성

Body의 첫 번째 자식이 공백이므로 두 번째 자식(인덱스 1)이 첫 번째 단락이다. 다음 코드를 살펴보자.

```
> bd.childNodes[1];
       <p class="opener">first paragraph</p>
```

다음과 같이 hasAttributes()를 사용해 엘리먼트가 속성을 가지고 있는지 여부를 확인할 수 있다.

```
> bd.childNodes[1].hasAttributes();
       True
```

얼마나 많은 속성을 가지고 있을까? 이 예제에서는 다음과 같이 class 속성 하나를 가지고 있다.

```
> bd.childNodes[1].attributes.length;
       1
```

인덱스나 이름으로 속성에 접근할 수 있다. 또한 다음과 같이 getAttribute() 메소드를 사용해 값을 가져올 수도 있다.

```
> bd.childNodes[1].attributes[0].nodeName;
    "class"
> bd.childNodes[1].attributes[0].nodeValue;
    "opener"
> bd.childNodes[1].attributes['class'].nodeValue;
    "opener"
> bd.childNodes[1].getAttribute('class');
    "opener"
```

태그안의 콘텐츠 접근하기

첫 번째 단락을 살펴보자.

```
> bd.childNodes[1].nodeName;
    "P"
```

textContent 속성을 사용해 단락에 포함된 텍스트를 가져올 수 있다. 구형 IE에는 존재하지 않지만 innerText라는 또 다른 속성은 다음 결과와 같이 동일한 값을 반환한다.

```
> bd.childNodes[1].textContent;
    "first paragraph"
```

innerHTML 속성도 있다. 이전부터 모든 주요 브라우저에서 존재했음에도 불구하고 DOM 표준에 비교적 최근에 새로 추가됐다. 노드에 포함된 HTML 코드를 반환(또는 설정)한다. DOM이 문서를 태그 문자열이 아니라 노드 트리로 취급하므로 이것이 다소 모순된 방법임을 알 수 있다. 그러나 innerHTML은 어디서나 사용할 수 있으므로 편리하다. 다음 코드를 참조하라.

```
> bd.childNodes[1].innerHTML;
      "first paragraph"
```

첫 번째 단락에는 텍스트만 포함돼 있으므로 innerHTML은 textContent(또는 IE의 innerText)와 동일하다. 그러나 두 번째 단락에는 em 노드가 포함돼 있으므로 다음과 같이 차이점을 확인할 수 있다.

```
> bd.childNodes[3].innerHTML;
      "<em>second</em> paragraph"
> bd.childNodes[3].textContent;
      "second paragraph"
```

첫 번째 단락에 포함된 텍스트를 가져오는 또 다른 방법은 다음과 같이 노드 내에 포함된 텍스트 노드의 nodeValue 메소드를 사용하는 것이다.

```
> bd.childNodes[1].childNodes.length;
      1
> bd.childNodes[1].childNodes[0].nodeName;
      "#text"
> bd.childNodes[1].childNodes[0].nodeValue;
      "first paragraph"
```

DOM 접근 바로가기

childNodes와 parentNode, nodeName, nodeValue, attributes를 사용하면 트리를 위아래로 탐색하고 문서와 관련된 모든 작업을 수행할 수 있다. 그러나 공백이 텍스트 노드라는 사실은 DOM을 다루기 어렵게 만든다. 페이지가 변경되면 스크립트가 더 이상 제대로 동작하지 않을 수 있다. 또한 트리에서 더 깊은 노드로 이동하려면 많은 코드가 필요할 수도 있다. 그래서 바로가기 메소드인 getElementsByTagName( )과 getElementsByName( ), getElementById( )가 존재한다.

getElementsByTagName( ) 메소드는 태그 이름(엘리먼트 노드의 이름)을 받아 태그 이름과 일치하는 HTML 컬렉션(배열과 비슷한 객체)을 반환한다. 예를 들어, 다음 예제는 모든 단락의 개수의 묻는다.

```
> document.getElementsByTagName('p').length;
      3
```

대괄호 표기법이나 item( ) 메소드를 사용하고 인덱스(첫 번째 엘리먼트의 경우 0)를 전달해 목록의 항목에 접근할 수 있다. item( )을 사용하는 것은 바람직하지 않다. 배열 대괄호가 일관적이고 직접 입력하는 것보다 짧기 때문이다. 다음 코드를 살펴보자.

```
> document.getElementsByTagName('p')[0];
      <p class="opener">first paragraph</p>
> document.getElementsByTagName('p').item(0);
      <p class="opener">first paragraph</p>
```

첫 번째 p의 내용을 가져오는 방법은 다음과 같다.

```
> document.getElementsByTagName('p')[0].innerHTML;
      "first paragraph"
```

마지막 p에 접근하는 방법은 다음과 같다.

```
> document.getElementsByTagName('p')[2];
      <p id="closer">final</p>
```

엘리먼트의 속성에 접근하려면 앞에서 알아본 것처럼 attributes 컬렉션이나 getAttribute( )를 사용할 수 있다. 그러나 더 짧은 방법은 속성 이름을 작업중인 엘리먼트의 속성으로 사용하는 것이다. 따라서 id 속성의 값을 얻으려면 다음과 같이 id를 속성으로 사용하면 된다.

```
> document.getElementsByTagName('p')[2].id;
    "closer"
```

그러나 첫 번째 단락의 class 속성을 가져오는 것은 동작하지 않는다. Class가 ECMAScript에서 예약어이기 때문에 예외가 발생한다. 대신 다음과 같이 className를 사용할 수 있다.

```
> document.getElementsByTagName('p')[0].className;
    "opener"
```

getElementsByTagName( )을 사용하면 다음과 같이 페이지의 모든 엘리먼트를 가져올 수 있다.

```
> document.getElementsByTagName('*').length;
    8
```

IE7 이전의 IE 구형 버전에서는 *를 태그 이름으로 사용할 수 없다. 모든 엘리먼트를 가져오려면 IE의 독점적인 document.all 컬렉션을 사용할 수 있지만, 모든 엘리먼트를 선택하는 것은 사실 거의 필요하지 않다.

또 다른 바로가기는 getElementById( )이다. 이것은 아마도 엘리먼트에 접근하는 가장 일반적인 방법일 것이다. 다음 코드에서 볼 수 있듯이, 다루고자 하는 엘리먼트에 ID를 할당하면 나중에 이를 사용해 쉽게 접근할 수 있다.

```
> document.getElementById('closer');
<p id="closer">final</p>
```

최신 브라우저에서 추가된 바로가기 메소드에는 다음과 같은 것들이 있다.

- getElementByClassName(): 클래스 속성을 사용하여 엘리먼트를 찾는다.
- querySelector(): CSS 셀렉터selector 문자열을 사용해 엘리먼트를 찾는다.
- querySelectorAll(): 앞의 메소드와 동일하지만 첫 번째 엘리먼트뿐만 아니라 모든 일치하는 엘리먼트를 반환한다.

sibling, body, first, last child

nextSibling과 previousSibling은 하나의 엘리먼트에 대한 참조를 가지고 있을 때 DOM 트리를 탐색하는 두 가지 편리한 속성이다.

```
> var para = document.getElementById('closer');
> para.nextSibling;
      #text
> para.previousSibling;
      #text
> para.previousSibling.previousSibling;
      <p>...</p>
> para.previousSibling.previousSibling.previousSibling;
      #text
> para.previousSibling.previousSibling.nextSibling.nextSibling;
      <p id="closer">final</p>
```

body 엘리먼트는 너무 자주 사용되어 다음과 같은 자체 바로가기가 있다.

```
> document.body;
      <body>...</body>
```

```
> document.body.nextSibling;
      null
> document.body.previousSibling.previousSibling;
      <head>...</head>
```

firstChild와 lastChild 속성도 편리하다. firstChild 속성은 childNodes[0]과 동일
하고 astChild는 childNodes[childNodes.length - 1] 속성과 동일하다.

```
> document.body.firstChild;
      #text
> document.body.lastChild;
      #text
> document.body.lastChild.previousSibling;
       <!-- and that's about it -->
> document.body.lastChild.previousSibling.nodeValue;
      " and that's about it "
```

다음 스크린샷은 body와 세 단락 간의 관계를 보여준다. 단순화를 위해 모든 공백 텍스
트 노드는 스크린샷에서 제거됐다.

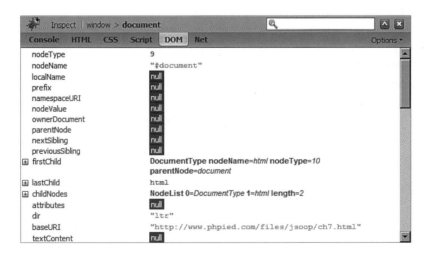

DOM 탐색

다음과 같이 주어진 노드에서 시작하여 재귀적으로 DOM 트리를 탐색하는 함수를 알아보는 것으로 마무리한다.

```
function walkDOM(n) {
  do {
    console.log(n);
    if (n.hasChildNodes()) {
      walkDOM(n.firstChild);
    }
  } while (n = n.nextSibling);
}
```

다음과 같이 함수를 테스트할 수 있다.

```
> walkDOM(document.documentElement);
> walkDOM(document.body);
```

DOM 노드 수정

DOM 트리의 모든 노드와 그 속성에 접근하는 여러 메소드들에 대해 살펴봤으니 이제 이 노드를 어떻게 수정할 수 있는지 알아보자.

마지막 단락의 포인터를 다음과 같이 변수 my에 대입한다.

```
> var my = document.getElementById('closer');
```

단락의 텍스트를 변경하는 것은 다음과 같이 innerHTML 값을 변경하면 된다.

```
> my.innerHTML = 'final!!!';
     "final!!!"
```

innerHTML이 HTML 소스 코드의 문자열을 받기 때문에 다음과 같이 DOM 트리에서 새로운 em 노드를 만들 수 있다.

```
> my.innerHTML = '<em>my</em> final';
     "<em>my</em> final"
```

새로운 em 노드는 트리의 일부가 된다. 다음 코드를 살펴보자.

```
> my.firstChild;
     <em>my</em>
> my.firstChild.firstChild;
     "my"
```

텍스트를 변경하는 또다른 방법은 다음 코드와 같이 실제 텍스트 노드를 가져와서 nodeValue를 변경하는 것이다.

```
> my.firstChild.firstChild.nodeValue = 'your';
     "your"
```

스타일 수정

종종 노드의 내용이 아니라 표현을 변경해야 할 때가 있다. 엘리먼트에는 style 속성이 있으며 각 CSS 속성에 매핑된다. 얘를 들어 다음과 같이 단락의 스타일을 변경하여 빨간색 테두리를 추가한다.

```
> my.style.border = "1px solid red";
    "1px solid red"
```

CSS 속성에 대시가 사용되는 경우가 많지만, 자바스크립트 식별자에서는 대시를 사용할 수 없다. 이 경우 대시를 건너뛰고 다음 문자를 대문자로 사용한다. 따라서 `padding-top`은 `paddingTop`이 되고 `margin-left`는 `marginLeft`가 된다. 다음 코드를 살펴보자.

```
> my.style.fontWeight = 'bold';
    "bold"
```

또한 style의 cssText 속성에 접근할 수도 있다. 이 속성을 사용하면 다음 코드와 같이 스타일을 문자열로 작업할 수 있다.

```
> my.style.cssText;
    "border: 1px solid red; font-weight: bold;"
```

또한 스타일 수정은 문자열 조작으로 할 수 있다.

```
> my.style.cssText += " border-style: dashed;"
    "border: 1px dashed red; font-weight: bold; border-style: dashed;"
```

폼

앞에서 언급했듯이 자바스크립트는 클라이언트측 입력 유효성 검사에 매우 유용하며 서버로의 왕복을 많이 줄일 수 있다. 인기있는 페이지인 www.google.com에서 폼 조작을 연습해 보자.

querySelector( ) 메소드와 CSS 셀렉터 문자열을 사용해 첫 번째 텍스트 입력을 찾는 방법은 다음과 같다.

```
> var input = document.querySelector('input[type=text]');
```

검색창에 접근하는 방법은 다음 코드와 같다.

```
> input.name;
     "q"
```

value 속성에 포함된 텍스트를 설정해 검색 쿼리를 변경하는 방법은 다음과 같다.

```
> input.value = 'my query';
  "my query"
```

이제 버튼에서 단어 Lucky를 Tricky로 바꿔 보자.

```
> var feeling = document.querySelectorAll("button")[2];
> feeling.textContent = feelingtextContent.replace(/Lu/, 'Tri');
  "I'm Feeling Tricky"
```

이제 까다로운 부분을 구현해 해당 버튼을 1초 동안 표시하고 숨겨 보자. 간단한 함수로 이 작업을 수행할 수 있다. 이 함수를 toggle()이라고 부르자. 함수를 호출할 때마다 CSS 속성 visibility의 값을 확인하고, 다음 코드와 같이 숨겨진 경우 표시하도록 설정한다.

```
function toggle() {
  var st = document.querySelectorAll('button')[2].style;
  st.visibility = (st.visibility === 'hidden')
    ? 'visible'
    : 'hidden';
}
```

함수를 수동으로 호출하는 대신 간격을 설정하여 매초마다 호출해 보자.

```
> var myint = setInterval(toggle, 1000);
```

버튼이 깜박이기 시작하면 클릭하기 어려워진다. 쫓아가는 것이 힘들다면 다음 코드를 작성해 타임아웃 간격을 제거하면 된다.

```
> clearInterval(myint);
```

새 노드 생성하기

새 노드를 생성하려면 createElement( )와 createTextNode( )메소드를 사용할 수 있다. 새 노드가 있으면 appendChild( )와 insertBefore( ), replaceChild( )를 사용해 노드를 DOM 트리에 추가할 수 있다.

http://www.phpied.com/files/jsoop/ch7.html을 다시 로드하여 시작해 보자.

다음 코드와 같이 새 p 엘리먼트를 생성하고 innerHTML을 설정한다.

```
> var myp = document.createElement('p');
> myp.innerHTML = 'yet another';
        "yet another"
```

새 엘리먼트는 style 같은 모든 디폴트 속성을 자동으로 가져온다. 이 속성은 다음과 같이 수정할 수 있다.

```
> myp.style;
        CSSStyleDeclaration
> myp.style.border = '2px dotted blue';
        "2px dotted blue"
```

appendChild( )를 사용해 새 노드를 DOM 트리에 추가할 수 있다. document.body 노드에서 이 메소드를 호출하면 다음과 같이 마지막 자식 바로 다음에 하나 이상의 자식 노드가 생성된다.

```
> document.body.appendChild(myp);
        <p style="border: 2px dotted blue;">yet another</p>
```

다음은 새 노드가 추가된 후 페이지가 어떻게 보이는지 보여주는 그림이다.

```
first paragraph

second paragraph

final

yet another
```

DOM 전용 메소드

innerHTML 속성은 순수한 DOM을 사용하는 것보다 조금 더 빠르게 처리된다. 순수한 DOM에서는 다음 단계를 수행해야 한다.

1. 텍스트를 포함하는 새 텍스트 노드를 생성한다.
2. 새 단락 노드를 생성한다.
3. 텍스트 노드를 자식으로 단락 노드에 추가한다.
4. 단락을 body에 자식으로 추가한다.

이렇게 하면 원하는 만큼 여러 텍스트 노드와 엘리먼트를 생성하고 중첩시킬 수 있다. 예를 들어 body의 끝에 다음 HTML을 추가한다고 가정해 보자.

```
<p>one more paragraph<strong>bold</strong></p>
```

앞의 코드를 계층 구조로 표현하면 다음과 같은 코드가 된다.

```
P element
    text node with value "one more paragraph"
    STRONG element
        text node with value "bold"
```

이를 수행하는 코드는 다음과 같다.

```
// P 생성
var myp = document.createElement('p');
// 텍스트 노드를 생성하고 P에 추가한다
var myt = document.createTextNode('one more paragraph');
myp.appendChild(myt);
// STRONG을 생성하고 다른 텍스트 노드를 추가한다
var str = document.createElement('strong');
str.appendChild(document.createTextNode('bold'));
// P에 STRONG을 추가한다
myp.appendChild(str);
// P를 BODY에 추가한다
document.body.appendChild(myp);
```

cloneNode() 메소드 사용하기

노드를 생성하는 또 다른 방법은 기존 노드를 복사하거나 복제하는 것이다. cloneNode() 메소드는 이 작업을 수행하고 부울 매개변수(true = 모든 자식을 포함하는 깊은 복사를 수행, false = 해당 노드만 복사하는 얕은 복사를 수행)를 받는다. 이 메소드를 테스트해 보자.

복제하려는 엘리먼트에 대한 참조를 구하는 방법은 다음과 같다.

```
> var el = document.getElementsByTagName('p')[1];
```

이제 el은 다음 코드와 같이 페이지의 두 번째 단락을 참조한다.

```
<p><em>second</em> paragraph</p>
```

el의 얕은 복제본을 생성하고 다음과 같이 body에 추가한다.

```
> document.body.appendChild(el.cloneNode(false));
```

얕은 복사는 자식 없이 P 노드만 복사하기 때문에 페이지에서 차이점을 볼 수 없다. 즉, 텍스트 노드의 자식인 단락 안의 텍스트는 복제되지 않는다. 앞의 코드는 다음 코드 줄과 동일하다.

```
> document.body.appendChild(document.createElement('p'));
```

그러나 깊은 복사본을 생성하는 경우 P에서 시작하는 전체 DOM 하위 트리가 복사되고 여기에는 텍스트 노드와 EM 엘리먼트가 포함된다. 이 줄은 두 번째 단락을 문서의 끝으로(시각적으로도) 복사한다. 다음 코드를 살펴보자.

```
> document.body.appendChild(el.cloneNode(true));
```

원하는 경우 다음 코드 줄과 같이 EM만 복사할 수도 있다.

```
> document.body.appendChild(el.firstChild.cloneNode(true));
  <em>second</em>
```

또는 다음과 같이 값이 second인 텍스트 노드만 복사할 수도 있다.

```
> document.body.appendChild(
    el.firstChild.firstChild.cloneNode(false));
      "second"
```

insertBefore( ) 메소드 사용하기

appendChild( )를 사용하면 선택한 엘리먼트의 끝에 새 자식 노드를 추가할 수 있다. 정확한 위치를 제어하려면 insertBefore( )를 사용하면 된다. appendChild( )와 동일하지만 새 노드를 삽입할 위치(어느 엘리먼트 전인지)를 지정하는 추가 매개변수를 허용한다. 예를 들어, 다음 코드는 body 엘리먼트의 끝에 텍스트 노드를 삽입한다.

```
> document.body.appendChild(document.createTextNode('boo!'));
```

게다가 이 코드는 또 다른 텍스트 노드를 생성하고 이것을 body 엘리먼트의 첫 번째 자식으로 추가한다.

```
document.body.insertBefore(
  document.createTextNode('first boo!'),
  document.body.firstChild
);
```

노드 제거

DOM 트리에서 노드를 제거하려면 removeChild( ) 메소드를 사용한다. 마찬가지로 동일한 페이지로 시작해 보자.

```
<body>
  <p class="opener">first paragraph</p>
  <p><em>second</em> paragraph</p>
  <p id="closer">final</p>
  <!-- and that's about it -->
</body>
```

두 번째 단락을 제거하는 방법은 다음과 같다.

```
> var myp = document.getElementsByTagName('p')[1];
> var removed = document.body.removeChild(myp);
```

이 메소드는 나중에 사용을 원할 경우 제거된 노드를 반환한다. 엘리먼트가 더 이상 트리에 없더라도 여전히 모든 DOM 메소드를 사용할 수 있다. 다음 코드를 살펴보자.

```
> removed;
        <p>...</p>
> removed.firstChild;
        <em>second</em>
```

노드를 제거하고 그 자리에 다른 노드를 넣는 replaceChild( ) 메소드도 있다.

노드를 제거한 후 트리는 다음과 같이 된다.

```
<body>
  <p class="opener">first paragraph</p>
  <p id="closer">final</p>
  <!-- and that's about it -->
</body>
```

이제 두 번째 단락은 다음과 같이 ID가 "closer"다.

```
> var p = document.getElementsByTagName('p')[1];
> p;
        <p id="closer">final</p>
```

이 단락을 removed 변수의 단락으로 바꾼다. 다음 코드를 살펴보자.

```
> var replaced = document.body.replaceChild(removed, p);
```

removeChild( )와 마찬가지로 replaceChild( )는 현재 트리 밖에 있는 노드에 대한 참조
를 반환한다.

```
> replaced;
        <p id="closer">final</p>
```

이제 body는 다음 코드와 같다.

```
<body>
  <p class="opener">first paragraph</p>
  <p><em>second</em> paragraph</p>
  <!-- and that's about it -->
</body>
```

하위 트리의 모든 내용을 지우는 가장 빠른 방법은 innerHTML을 빈 문자열로 설정하는
것이다. 이것은 body 엘리먼트의 모든 자식을 제거한다.

```
> document.body.innerHTML = '';
        ""
```

테스트는 다음과 같이 수행된다.

```
> document.body.firstChild;
        Null
```

innerHTML의 제거는 빠르고 쉽다. DOM 전용 방법은 모든 자식 노드를 검색하고 각 노
드를 개별적으로 제거한다. 다음은 주어진 노드에서 시작하여 모든 노드를 제거하는 함

수를 보여준다.

```
function removeAll(n) {
  while (n.firstChild) {
    n.removeChild(n.firstChild);
  }
}
```

body 엘리먼트에서 모든 자식을 삭제하고 페이지를 빈 <body></body>로 남겨두려면 다음 코드를 사용한다.

```
> removeAll(document.body);
```

HTML – 전용 DOM 객체

이미 알고 있듯이 DOM은 XML과 HTML 문서에 모두 적용된다. 앞에서 배운 트리를 탐색한 다음 노드를 추가, 제거 또는 수정하는 방법은 모든 XML 문서에도 적용된다. 그러나 몇 가지 HTML 전용 객체와 속성도 있다.

document.body는 HTML 전용 객체다. HTML 문서에 <body> 태그를 포함하는 것이 일반적이며 너무 자주 접근되므로 document.getElementsByTagName('body')[0]보다 짧고 친숙한 객체가 필요하다.

document.body 엘리먼트는 DOM 레벨 0에서 상속받고 DOM 규격의 HTML 확장으로 이전된 legacy 객체의 한 예다. 이 외에도 document.body 엘리먼트와 비슷한 객체들이 있다. 이들 중 일부는 해당하는 코어 DOM이 없으며, 일부는 해당하는 코어 DOM이 있다. 그러나 어쨌든 DOM 0 원본은 단순함과 레거시 지원 목적으로 포팅되었다. 이들 객체 중 일부를 살펴보자.

문서에 접근하는 기본 방법

주석과 공백을 포함한 모든 엘리먼트에 대한 접근을 제공하는 DOM과 달리, 처음에 자바스크립트는 HTML 문서의 엘리먼트만으로 접근을 제한했다. 이것은 다음과 같은 여러 컬렉션을 통해 수행된다.

- `document.images`: 페이지의 모든 이미지의 컬렉션이다. 해당하는 코어 DOM 엘리먼트는 `document.getElementsByTagName('img')`이다.
- `document.applets`: `document.getElementsByTagName('applet')`와 동일하다.
- `document.links`: `document.links` 컬렉션에는 href 속성을 가진 `<a>` 태그를 의미하는 페이지의 모든 `<a href="..."></a>` 태그 목록이 포함돼 있다.
- `document.anchors`: `document.anchors` 컬렉션에는 `name` 속성 (`<a name="..."></a>`)이 있는 모든 링크가 포함돼 있다.
- `document.forms`: 가장 널리 사용되는 컬렉션 중 하나는 `document.forms`이며 `<form>` 엘리먼트 목록을 포함한다.

폼과 입력이 포함된 페이지를 가지고 자세히 알아보자(http://www.phpied.com/files/jsoop/ch7-form.html). 다음 코드 줄을 사용하면 페이지의 첫 번째 폼에 접근할 수 있다.

```
> document.forms[0];
```

이것은 다음 코드 줄과 동일하다.

```
> document.getElementsByTagName('forms')[0];
```

`document.forms` 컬렉션에는 elements 속성을 통해 접근할 수 있는 입력 필드 및 버튼의 컬렉션이 포함돼 있다. 페이지의 첫 번째 입력에 접근하는 방법은 다음과 같다.

```
> document.forms[0].elements[0];
```

엘리먼트에 접근하면 해당 속성을 객체 속성으로 접근할 수 있다. 테스트 페이지에서 첫 번째 폼의 첫 번째 필드는 다음과 같다.

```
<input name="search" id="search" type="text" size="50"
    maxlength="255" value="Enter email..." />
```

다음 코드를 사용하여 필드의 텍스트(value 속성의 값)를 변경할 수 있다.

```
> document.forms[0].elements[0].value = 'me@example.org';
    me@example.org
```

필드를 동적으로 사용하지 않으려면 다음 코드를 사용한다.

```
> document.forms[0].elements[0].disabled = true;
```

폼이나 form 엘리먼트에 name 속성이 있으면, 다음 코드와 같이 이름으로도 접근할 수 있다.

```
> document.forms[0].elements['search']; // 배열 표기법
> document.forms[0].elements.search; // 객체 속성
```

document.write( ) 메소드 사용하기

document.write( ) 메소드를 사용하면 다음 코드와 같이 페이지가 로드되는 동안 페이지에 HTML을 삽입할 수 있다.

```
<p>It is now
  <script>
    document.write("<em>" + new Date( ) + "</em>");
```

```
    </script>
</p>
```

다음과 같이 HTML 문서의 소스에 날짜가 직접 입력되어 있는 것과 동일하다.

```
<p>It is now
  <em>Fri Apr 26 2013 16:55:16 GMT-0700 (PDT)</em>
</p>
```

페이지가 로드되는 동안에만 document.write( ) 메소드를 사용할 수 있다. 페이지를 로드된 후 시도하면 전체 페이지의 내용이 대체된다.

하지만 document.write( ) 메소드가 필요한 경우는 드물며 필요한 경우 다른 대안을 사용하는 것이 좋다. DOM 레벨1에서 제공하는 페이지를 수정하는 방법이 훨씬 더 유연하며 선호된다.

쿠키와 타이틀, 레퍼러 및 도메인

이 섹션에서 볼 수 있는 document의 4개의 추가 속성 역시 DOM 레벨 0에서 DOM 레벨 1의 HTML 확장으로 포팅됐다. 이전과는 달리 이들 속성에는 해당하는 코어 DOM이 없다.

document.cookie는 문자열을 포함하는 속성이다. 이 문자열은 서버와 클라이언트간에 교환되는 쿠키의 내용이다. 서버가 브라우저에 페이지를 보낼 때 Set-Cookie 헤더를 포함할 수 있다. 클라이언트가 서버에 요청을 보낼 때 Cookie 헤더를 사용해 쿠키 정보를 다시 보낸다. document.cookie를 사용하면 브라우저가 서버에 보내는 쿠키를 변경할 수 있다. 예를 들어 cnn.com을 방문하고 콘솔에 document.cookie를 입력하면 다음과 같은 결과가 출력된다.

```
> document.cookie;
"mbox=check#true#1356053765|session#1356053704195-121286#1356055565;...
```

document.title 속성을 사용하면 브라우저 창에 표시된 페이지의 제목을 변경할 수 있다. 예를 들어 다음 코드를 살펴보자.

```
> document.title = 'My title';
  "My title"
```

이것은 <title> 엘리먼트의 값을 변경하지 않고 브라우저 창의 표시만 변경하므로 document.querySelector('title')와 동일하지 않다.

document.referrer 속성은 이전에 방문한 페이지의 URL을 알려준다. 페이지를 요청할 때 브라우저가 Referer HTTP 헤더에 보내는 값과 동일하다(Referer는 HTTP 헤더에서는 맞춤법이 틀리지만 자바스크립트의 document.referrer에서는 맞다). 여러분이 야후를 먼저 검색해 CNN 페이지를 방문했다면 다음과 같이 볼 수 있다.

```
> document.referrer;
  http://search.yahoo.com/search?p=cnn&ei=UTF-8&fr=moz2
```

document.domain 속성을 사용하면 현재 로드된 페이지의 도메인 이름에 접근할 수 있다. 이것은 일반적으로 소위 도메인 완화relaxation를 수행해야 할 때 사용된다. 여러분의 페이지가 www.yahoo.com이고, 내부에 music.yahoo.com 하위 도메인에 호스팅된 iframe이 있다고 가정해 보자. 이들은 두 개의 별도 도메인이므로 브라우저의 보안 제한으로 인해 페이지와 iframe이 통신할 수 없다. 이 문제를 해결하려면 두 페이지의 document.domain 속성을 yahoo.com으로 설정하면 서로 상대방과 통신할 수 있다.

도메인은 덜 구체적인 도메인으로만 설정할 수 있다. 예를 들어 www.yahoo.com을 yahoo.com으로 변경할 수 있지만, yahoo.com을 www.yahoo.com이나 야후가 아닌 다른 도메인으로 변경할 수는 없다. 다음 코드를 살펴보자.

```
> document.domain;
   "www.yahoo.com"
> document.domain = 'yahoo.com';
   "yahoo.com"
> document.domain = 'www.yahoo.com';
   Error: SecurityError: DOM Exception 18
> document.domain = 'www.example.org';
   Error: SecurityError: DOM Exception 18
```

이 장의 앞에서 window.location 객체를 알아봤다. 같은 기능을 document.location 객체로 사용할 수도 있다.

```
> window.location === document.location;
   true
```

▌ 이벤트

라디오 프로그램을 듣고 있다고 상상해 보자. 갑자기 외계인이 지구에 착륙했다는 속보가 발표됐다. 당신은 아마 "그게 나랑 무슨 상관이야?"라고 생각할지도 모른다. 어떤 청취자들은 "그들이 평화롭게 왔어"라고 생각할 수도 있고 일부는 "우리 모두 죽을 거야"라고 생각할 수도 있다. 마찬가지로 브라우저는 이벤트를 브로드캐스트하고 코드는 청취하다가 이벤트가 발생하면 이를 통지할 수 있다. 이벤트의 예는 다음과 같다.

- 사용자가 버튼을 클릭한다.

- 사용자가 폼 필드에 문자를 입력한다.
- 페이지 로딩이 완료되었다.

이벤트 리스너 또는 이벤트 핸들러라는 자바스크립트 함수를 특정 이벤트에 첨부할 수 있으며 브라우저는 이벤트가 발생하자마자 함수를 호출한다. 어떻게 동작하는지 살펴보자.

인라인 HTML 속성

태그에 특정 속성을 추가하는 것은 가장 게으르지만 유지하기 쉬운 방법이다. 다음 코드 줄을 예로 들어 보자.

```
<div onclick="alert('Ouch!')">click</div>
```

예제의 경우 사용자가 `<div>`를 클릭하면 클릭 이벤트가 발생하고 onclick 속성에 포함된 자바스크립트 코드 문자열이 실행된다. 클릭 이벤트를 수신하는 명시적인 함수는 없다. 그러나 백그라운에서는 함수가 생성돼 있으며 onclick 속성 값으로 지정한 코드가 포함돼 있다.

엘리먼트 속성

클릭 이벤트가 발생할 때 코드가 실행되도록 하는 또 다른 방법은 DOM 노드 엘리먼트의 onclick 속성에 함수를 할당하는 것이다. 예를 들어 다음 코드를 살펴보자.

```
<div id="my-div">click</div>
<script>
  var myelement = document.getElementById('my-div');
  myelement.onclick = function () {
    alert('Ouch!');
```

```
    alert('And double ouch!');
  };
</script>
```

이렇게 하면 자바스크립트 코드에서 `<div>` 태그를 깨끗하게 유지할 수 있으므로 이 방법이 더 좋다. HTML은 콘텐츠를 위한 것이고 자바스크립트는 동작을 위한 것이며, CSS는 스타일 지정을 위한 것이므로 가능하면 이 세 가지를 분리하여 보관하는 것이 좋다.

이 방법에는 라디오 프로그램에 하나의 수신기만 있는 것처럼 하나의 함수만 이벤트에 첨부할 수 있다는 단점이 있다. 하나의 함수 내에서 여러 작업을 처리하게 할 수도 있지만, 모든 라디오 청취자가 한 방에 모여 있는 상황처럼 항상 편리한 것은 아니다.

DOM 이벤트 리스너

브라우저 이벤트를 작업하는 가장 좋은 방법은 DOM 레벨2의 이벤트 리스너를 사용하는 것이다. 여기서 이벤트를 수신하는 많은 함수를 사용할 수 있다. 이벤트가 발생하면 모든 함수가 실행된다. 모든 리스너는 서로에 대해 알 필요가 없으며 독립적으로 동작할 수 있다. 또한 언제든지 다른 리스너에 영향을 미치지 않고 조정할 수 있다.

이전 섹션과 동일한 간단한 마크업을 사용한다. 예제는 http://www.phpied.com/files/jsoop/ch7.html에서 확인할 수 있다. 이 마크업은 다음과 같은 코드를 포함한다.

```
<p id="closer">final</p>
```

자바스크립트 코드에서 addEventListener() 메소드를 사용해 클릭 이벤트에 리스너를 할당할 수 있다. 다음과 같이 두 개의 리스너를 첨부한다.

```
var mypara = document.getElementById('closer');
mypara.addEventListener('click', function () {
```

```
  alert('Boo!');
}, false);
mypara.addEventListener(
  'click', console.log.bind(console), false);
```

보다시피 addEventListeners를 사용해 이벤트 리스너를 추가한다.

캡처와 버블링

addEventListener() 호출에 세 번째 매개변수인 false가 있었다. 이것이 무엇인지 알아
보자.

정렬되지 않은 목록에 링크가 있다고 가정해 보자.

```
<body>
  <ul>
    <li><a href="http://phpied.com">my blog</a></li>
  </ul>
</body>
```

링크를 클릭하면, 실제로 리스트 항목인 <li>와 <ul> 리스트, <body> 태그, 그리고 결국
문서 전체를 클릭하는 것이다. 이를 이벤트 전파event propagation라고 한다. 링크를 클릭하면
문서를 클릭한 것으로 볼 수 있다. 이벤트를 전파하는 프로세스는 다음 두 가지 방법으로
구현된다.

- **이벤트 캡처**Event capturing: 문서에서 먼저 발생하고, body, 리스트, 리스트 항목 그
  리고 마지막으로 링크로 전파된다.
- **이벤트 버블링**Event bubbling: 링크에서 발생하고 문서로 버블링된다.

DOM 레벨2 이벤트 규격은 이벤트가 캡처, 대상, 버블링의 세 단계로 전파되도록 제안하고 있다. 즉, 이벤트가 문서에서 링크(대상)로 전파된 다음 다시 문서로 버블링된다. 이벤트 객체에는 현재 단계를 반영하는 eventPhase 속성이 있다.

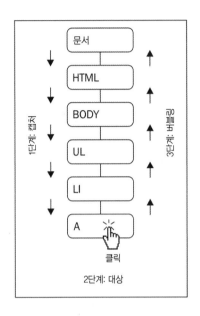

역사적으로 볼 때, IE와 넷스케이프는 정확히 반대로 구현했다(표준을 따르지 않고 독자적으로). IE는 버블링만, 그리고 넷스케이프는 캡처만 구현했다. 오늘날에는 DOM 규격에 따라 최신 브라우저는 세 단계를 모두 구현한다.

이벤트 전파와 관련한 실제적인 의미는 다음과 같다.

- addEventListener()의 세 번째 매개변수는 캡처를 사용해야 하는지 여부를 지정한다. 브라우저간 코드 이식성을 위해서는 항상 이 매개변수를 false로 설정하고 버블링만 사용하는 것이 좋다.
- 리스너에서 이벤트의 전파를 중단시켜 버블링을 멈추고 문서에 도달하지 못하게 할 수 있다. 이렇게 하려면 이벤트 객체의 stopPropagation() 메소드를 호출하면 된다. 다음 섹션에 이에 대한 예제가 있다.

- 이벤트 위임delegation을 사용할 수도 있다. <div> 안에 10개의 버튼이 있는 경우, 각 버튼에 하나씩 10개의 이벤트 리스너를 연결할 수 있다. 그러나 더 똑똑한 방법은 래핑하는 <div>에 하나의 리스너만 연결하고 이벤트가 발생하면 어떤 버튼이 클릭의 대상인지 확인하는 것이다.

참고로 setCapture( )와 releaseCapture( ) 메소드를 사용해 이전 IE에서도 이벤트 캡처를 사용할 수 있다. 하지만 이경우 마우스 이벤트만 사용할 수 있다. 다른 이벤트(키 입력 이벤트 등)는 지원되지 않는다.

전파 중단

이벤트가 버블링되는 것을 막을 수 있는 방법을 알아보자. 테스트 문서로 돌아가보면, 다음과 같은 코드를 볼 수 있다.

```
<p id="closer">final</p>
```

다음과 같이 단락의 클릭을 처리하는 함수를 정의해 보자.

```
function paraHandler() {
  alert('clicked paragraph');
}
```

이제 이 함수를 click 이벤트에 리스너로 연결해 보자.

```
var para = document.getElementById('closer');
para.addEventListener('click', paraHandler, false);
```

본문과 문서, 브라우저 창에서도 click 이벤트에 리스너를 연결한다.

```
document.body.addEventListener('click', function () {
  alert('clicked body');
}, false);
document.addEventListener('click', function () {
  alert('clicked doc');
}, false);
window.addEventListener('click', function () {
  alert('clicked window');
}, false);
```

DOM 규격은 윈도우의 이벤트에 대해서는 아무것도 기술하고 있지 않다. 이것이 DOM 이 브라우저가 아닌 문서를 다루는 이유다. 따라서 브라우저는 윈도우 이벤트를 일관되게 구현하지 않는다.

이제 단락을 클릭하면 네 개의 경고 메시지가 표시된다.

- 단락 클릭
- 본문 클릭
- 문서 클릭
- 창 클릭

이것은 동일한 하나의 클릭 이벤트가 대상에서 창까지 계속 전파(버블업)되는 방법을 보여준다.

addEventLister()의 반대는 removeEventListener()이며, 정확히 동일한 매개변수를 받는다. 다음 코드 줄을 작성해 단락에 연결된 리스너를 제거해 보자.

```
> para.removeEventListener('click', paraHandler, false);
```

이제 다시 시도하면 본문과 창에 대한 클릭 이벤트에 대해서만 경고가 표시되고 단락의 이벤트에 대해서는 표시되지 않는 것을 확인할 수 있다.

이제 이벤트 전파를 중단해 보자. 리스너로 추가하는 함수는 이벤트 객체를 매개변수로 받으며, 다음과 같이 해당 이벤트 객체의 stopPropagation() 메소드를 호출할 수 있다.

```
function paraHandler(e) {
  alert('clicked paragraph');
  e.stopPropagation();
}
```

수정된 리스너를 다음과 같이 추가한다.

```
para.addEventListener('click', paraHandler, false);
```

이제 단락을 클릭하면 이벤트가 본문, 문서, 창으로 버블링되지 않기 때문에 하나의 경고만 표시된다.

리스너를 제거할 때는 이전에 연결한 것과 동일한 함수에 대한 포인터를 전달해야 한다. 그렇지 않으면, 본문이 완전히 똑같다 하더라도 두 번째 인수가 이벤트 리스너를 추가할 때 전달한 함수가 아닌 새로운 함수이기 때문에, 다음을 수행해도 동작하지 않는다. 다음 코드를 살펴보자.

```
document.body.removeEventListener('click',
  function () {
    alert('clicked body');
  },
false); // 핸들러를 제거하지 않는다
```

디폴트 동작 방지

일부 브라우저 이벤트는 사전 정의된 동작이 있다. 예를 들어 링크를 클릭하면 브라우저는 다른 페이지로 이동한다. 링크의 클릭에 리스너를 연결해 이벤트 객체의 preventDefault( ) 메소드를 호출해서 이런 디폴트 동작을 비활성화할 수 있다.

링크를 클릭할 때마다 "이 링크를 따라 가시겠습니까?"라고 물어 사용자를 귀찮게 만들어 보겠다. 사용자가 Cancel을 클릭하면 (confirm( )이 false를 반환하게 만듦), 다음과 같이 preventDefault( ) 메소드가 호출된다.

```
// 모든 링크
var all_links = document.getElementsByTagName('a');
for (var i = 0; i < all_links.length; i++) { // 모든 링크 루프
  all_links[i].addEventListener(
    'click', // 이벤트 유형
    function (e) { // 핸들러
      if (!confirm('Sure you want to follow this link?')) {
        e.preventDefault();
      }
    },
    false // 캡처를 사용하지 않음
  );
}
```

모든 이벤트에서 디폴트 동작을 방지할 수 있는 것은 아니다. 대부분이 가능하긴 하지만, 명확히 알고 싶다면 이벤트 객체의 **cancellable** 속성을 확인한다.

크로스 브라우저 이벤트 리스너

이미 알고 있듯이, 대부분의 최신 브라우저는 DOM 레벨 1 규격을 거의 완벽하게 구현하고 있다. 그러나 이벤트는 DOM 2까지 표준화되지 않았다. 결과적으로 버전 9 이전의 IE가 이 기능을 구현하는 방법은 최신 브라우저와 비교하여 몇 가지 차이점이 있다.

클릭된 엘리먼트(대상 엘리먼트)의 **nodeName**을 콘솔에 기록하는 예제를 살펴보자.

```
document.addEventListener('click', function (e) {
  console.log(e.target.nodeName);
}, false);
```

이제 IE가 어떻게 다른지 살펴보자.

- IE 버전 5 이후부터는 동등한 attachEvent() 메소드가 있긴 하지만, IE에는 addEventListener() 메소드가 없다. 이전 버전의 경우 유일하게 할 수 있는 선택은 onclick 같이 속성에 직접 접근하는 것이다.
- attachEvent()를 사용하면 click 이벤트가 onclick이 된다.
- 구식 방식(예를 들어 onclick 속성에 함수 값을 설정하여)으로 이벤트를 수신하는 경우 콜백 함수가 호출될 때 매개변수로 전달된 이벤트 객체를 가져오지 않는다. 그러나 IE에서 리스너를 연결하는 방법에 관계없이 항상 최신 이벤트를 가리키는 전역 객체 window.event가 있다.
- IE에서 이벤트 객체는 이벤트가 발생한 엘리먼트를 알려주는 target 속성을 가져오지 않지만, srcElement라는 동등한 속성이 있다.
- 앞에서 언급했듯이, 이벤트 캡처는 모든 이벤트에 적용되지 않으므로 버블링만 사용해야 한다.
- stopPropagation() 메소드는 없지만, IE 전용 cancelBubble 속성을 true로 설정할 수 있다.
- preventDefault() 메소드는 없지만, IE 전용 returnValue 속성을 false로 설정할 수 있다.
- 이벤트 수신을 중지하려면 IE에서 removeEventListener() 대신 detachEvent()가 필요하다.

따라서 모든 브라우저에서 동작하는 수정된 코드는 다음과 같다.

```
function callback(evt) {
  // 준비 작업
  evt = evt || window.event;
  var target = evt.target || evt.srcElement;

  // 실제 콜백 작업
  console.log(target.nodeName);
}

// 클릭 이벤트 청취 시작
if (document.addEventListener) { // 최신 브라우저
  document.addEventListener('click', callback, false);
} else if (document.attachEvent) { // 구형 IE
  document.attachEvent('onclick', callback);
} else {
  document.onclick = callback; // 이전 방식
}
```

이벤트 유형

이제 크로스 브라우저에서 이벤트를 처리하는 방법을 알게 되었다. 그러나 앞의 모든 예제에서는 클릭 이벤트만 사용했다. 이 외에 어떤 이벤트가 있을까? 여러분이 추측하듯이 브라우저별로 다른 이벤트를 제공한다. 크로스 브라우저 이벤트도 있고 일부는 특정 브라우저에서만 지원하는 이벤트도 있다. 전체 이벤트 목록은 브라우저의 문서를 참조해야 하지만, 여기서는 크로스 브라우저 이벤트의 일부 목록을 살펴본다.

- 마우스 이벤트
  - mouseup, mousedown, click (mousedown–up–click 순서다), dblclick
  - mouseover(마우스가 엘리먼트 위에 있음), mouseout(마우스가 엘리먼트 위에 있다가 벗어남), mousemove

- 키보드 이벤트
  - keydown, keypress, keyup (순서대로 발생)
- 로딩/윈도우 이벤트
  - load(이미지 또는 페이지와 모든 구성 요소가 로딩 완료됨), unload(사용자가 페이지를 떠남), beforeunload(스크립트는 사용자에게 unload를 중지할 수 있는 옵션을 제공할 수 있음)
  - abort(사용자가 IE에서 페이지 또는 이미지 로드를 중지함), error(자바스크립트 오류 또는 IE에서 이미지를 로드할 수 없을 때)
  - resize(브라우저 창 크기 조정), scroll(페이지 스크롤), contextmenu(마우스 오른쪽 클릭 메뉴 표시)
- 폼 이벤트
  - focus(폼 필드 입력), blur(폼 필드에서 나감)
  - change(값이 변경된 후 필드에서 나가기), select(텍스트 필드에서 텍스트 선택)
  - reset(모든 사용자 입력 삭제), submit(폼 전송)

또한 최신 브라우저는 드래그 이벤트(dragstart, dragend, drop 등)를 제공하고, 터치 디바이스는 touchstart와 touchmove, touchend 이벤트를 제공한다.

이것으로 이벤트에 대한 논의를 끝마친다. 크로스 브라우저 이벤트를 처리하기 위해 자신만의 이벤트 유틸리티를 만들 때는 이 장의 끝에 있는 연습문제 섹션을 참조하면 도움이 될 것이다.

XMLHttpRequest

XMLHttpRequest( )는 자바스크립트에서 HTTP 요청을 보낼 수 있는 객체(생성자 함수)다. 역사적으로 보면, XHR(XMLHttpRequest)은 IE에서 도입됐으며 액티브X 객체로 구현됐다.

IE7부터는 다른 브라우저와 마찬가지로 네이티브 브라우저 객체로 구현됐다. 그 후 크로스 브라우저에서 이 객체를 공통적으로 구현하면서 소위 Ajax 애플리케이션이 탄생하게 됐다. 이제는 새로운 컨텐츠가 필요할 때마다 전체 페이지를 새로 고칠 필요가 없다. 자바스크립트를 사용하면 서버에 HTTP 요청을 하고 응답을 받고 페이지의 일부만 업데이트할 수 있다. 이렇게 하면 반응이 빠르고 데스크톱과 유사한 웹 페이지를 작성할 수 있다.

Ajax는 비동기 자바스크립트 및 XML^{Asynchronous JavaScript and XML}의 약자다.

- **비동기**: HTTP 요청을 보낸 후에 코드가 응답을 기다릴 필요가 없기 때문에 비동기적이다. 응답이 도착하면 이벤트를 통해 다른 작업을 수행하고 알림을 받을 수 있다.
- **자바스크립트**: 자바스크립트를 사용해 XHR 객체가 생성됐다.
- **XML**: 처음에는 개발자가 XML 문서에 대한 HTTP 요청을 만들고 이 데이터를 사용해 페이지를 업데이트했다. 그러나 훨씬 더 편리한 JSON 형식으로 일반 텍스트나 단순히 페이지에 삽입할 수 있는 HTML로 데이터를 요청할 수 있기 때문에 이제는 더 이상 일반적으로 사용되지는 않는다.

XMLHttpRequest 객체를 사용하기 위해서는 다음과 같은 두 단계가 필요하다.

- **요청 보내기**: 여기에는 XMLHttpRequest 객체를 생성하고 이벤트 리스너를 붙이는 작업이 포함된다.
- **응답 처리**: 이벤트 리스너가 응답이 도착했다는 알림을 받고, 코드가 응답을 처리하는 과정을 포함한다.

요청 보내기

객체를 생성하려면 다음 코드를 사용하면 된다(브라우저간 불일치를 조금 처리해야 한다).

```
var xhr = new XMLHttpRequest();
```

다음으로 객체에 의해 시작된 readystatechange 이벤트에 이벤트 리스너를 첨부한다.

```
xhr.onreadystatechange = myCallback;
```

그런 다음, 다음과 같이 open( ) 메소드를 호출해야 한다.

```
xhr.open('GET', 'somefile.txt', true);
```

첫 번째 매개변수는 GET, POST, HEAD 같은 HTTP 요청의 유형을 지정한다. GET과 POST가 가장 일반적인 요청 유형이다. 요청 시 많은 데이터를 보낼 필요가 없고 요청이 서버의 데이터를 수정(쓰기)하지 않는다면 GET을 사용하고 그렇지 않으면 POST를 사용한다. 두 번째 매개변수는 요청하는 URL이다. 이 예제에서는 페이지와 같은 디렉토리에 있는 somefile.txt라는 텍스트 파일을 사용한다. 마지막 매개변수는 요청이 비동기(true, 선호하는 방법)인지 아닌지(false, 모든 자바스크립트 실행을 차단하고 응답이 도착할 때까지 대기)를 지정하는 부울이다.

마지막으로 다음과 같이 요청을 실행한다.

```
xhr.send('');
```

send( ) 메소드는 요청 시 전송하려는 데이터를 인수로 받는다. GET 요청의 경우 데이터가 URL에 있으므로 빈 문자열이 된다. POST 요청의 경우 key=value&key2=value2 형식의 쿼리 문자열이다.

이 시점에서 요청이 전송되고 코드와 사용자는 다른 작업으로 이동할 수 있다. 콜백 함수인 myCallback은 서버에서 응답이 돌아올 때 호출된다.

응답 처리

리스너가 readystatechange 이벤트에 첨부된다. 그렇다면 준비 상태는 정확히 무엇이고 어떻게 변하는지 알아보자.

readyState라는 XHR 객체의 속성이 있다. 변경될 때마다 readystatechange 이벤트가 발생한다. readyState 속성에서 가능한 값은 다음과 같다.

- 0-uninitialized (초기화되지 않음)
- 1-loading (로딩 중)
- 2-loaded (로딩 완료)
- 3-interactive (상호작용)
- 4-complete (완료)

readyState가 4의 값이 되면 응답이 돌아와서 처리할 준비가 되었음을 의미한다. myCallback에서 readyState가 4인지 확인한 후 HTTP 요청의 상태 코드를 확인한다. 예를 들어 존재하지 않는 URL을 요청하면 404(파일을 찾을 수 없음) 상태 코드를 받는다. 우리가 관심을 가지는 코드는 200(OK)이므로 myCallback에서 이 값을 확인해야 한다. 상태 코드는 XHR 객체의 status 속성에서 사용 가능하다.

xhr.readyState가 4고 xhr.status가 200이면, xhr.responseText 속성을 사용해 요청된 URL의 컨텐츠에 접근할 수 있다. 요청된 URL의 컨텐츠를 단순히 alert( )하는 myCallback의 구현을 살펴보자.

```
function myCallback() {

  if (xhr.readyState < 4) {
    return; // 아직 준비되지 않음
  }
  if (xhr.status !== 200) {
    alert('Error!'); // HTTP 상태 코드가 OK가 아님
```

```
    return;
  }

  // 모든 작업이 수행되었음
  alert(xhr.responseText);
}
```

요청한 새 콘텐츠를 받으면 페이지에 추가하거나 계산에 사용하는 등 적합한 다른 용도로 사용할 수 있다.

이 두 단계의 프로세스(요청 보내기와 응답 처리)가 전체 XHR/Ajax 기능의 핵심이다. 이제 기본을 배웠으니 여러분이 직접 차세대 지메일을 만들 수 있을 것이다. 하지만 아직 한 가지가 더 남아있다. 브라우저 불일치에 대해 살펴보자.

버전 7 이전의 IE에서 XMLHttpRequest 객체 만들기

인터넷 익스플로러에서 버전 7 이전에는 XMLHttpRequest 객체가 액티브X 객체이기 때문에 XHR 인스턴스를 생성하는 방법이 다음과 같이 약간 다르다.

```
var xhr = new ActiveXObject('MSXML2.XMLHTTP.3.0');
```

MSXML2.XMLHTTP.3.0은 생성하려는 객체의 식별자다. XMLHttpRequest 객체에는 여러 버전이 있으며, 페이지 방문자가 최신 버전을 설치하지 않은 경우 두 개의 이전 버전을 사용해 볼 수 있다.

완전한 크로스 브라우저 솔루션의 경우, 먼저 사용자의 브라우저가 XMLHttpRequest를 네이티브 객체로 지원하는지 테스트하고, 그렇지 않으면 IE 방식으로 시도해야 한다. 따라서 XHR 인스턴스를 생성하는 전체 프로세스는 다음과 같다.

```
var ids = ['MSXML2.XMLHTTP.3.0',
        'MSXML2.XMLHTTP',
        'Microsoft.XMLHTTP'];
var xhr;
if (XMLHttpRequest) {
  xhr = new XMLHttpRequest();
} else {
  // IE: 사용할 ActiveX 객체를 찾음
  for (var i = 0; i < ids.length; i++) {
    try {
      xhr = new ActiveXObject(ids[i]);
      break;
    } catch (e) {}
  }
}
```

ids 배열에는 시도할 액티브X 프로그램 ID 목록이 들어있다. xhr 변수는 새 XHR 객체를 가리킨다. 코드는 먼저 XMLHttpRequest가 있는지 확인한다. 그렇다면 브라우저가 XMLHttpRequest()를 네이티브로 지원하므로 비교적 최신 브라우저다. 그렇지 않은 경우 코드는 루프를 돌며 id로 객체를 생성하려고 시도한다. catch(e) 블록은 조용히 실패를 무시하고 루프가 계속된다. xhr 객체가 생성되자마자 루프에서 벗어난다.

보다시피 이 코드는 긴 코드이므로 함수로 추상화하는 것이 좋다. 사실 이 장 끝의 연습문제 중 하나가 자신의 Ajax 유틸리티를 만드는 것이다.

비동기의 A

이제 XHR 객체를 생성하고 URL을 지정해 요청에 대한 응답을 처리하는 방법을 알았다. 비동기적으로 두 개의 요청을 보내면 어떤 일이 발생할까? 두 번째 요청에 대한 응답이 첫 번째 요청의 응답보다 먼저 오는 경우 어떻게 될까?

앞의 예제에서 XHR 객체는 전역이며 myCallback은 readyState, status 속성에 접근하기 위해 이 전역 객체에 전적으로 의존한다. 전역 변수에 의존하지 못하도록 하는 다른 방법은 콜백을 클로저에 래핑하는 것이다. 다음 예제를 살펴보자.

```
var xhr = new XMLHttpRequest();

xhr.onreadystatechange = (function (myxhr) {
  return function () {
    myCallback(myxhr);
  };
}(xhr));

xhr.open('GET', 'somefile.txt', true);
xhr.send('');
```

예제의 경우, myCallback()은 XHR 객체를 매개변수로 받으며 이를 전역 공간에서 찾지 않는다. 이것은 또한 응답이 수신될 때 원본 xhr이 두 번째 요청에서도 재사용 될 수 있음을 의미한다. 클로저는 계속 원본 객체를 가리킨다.

XML의 X

최근 데이터 형식으로 JSON(11장에서 알아본다)이 XML보다 선호되긴 하지만, 여전히 XML은 많이 선택되는 옵션이다. responseText 속성 외에도 XHR 객체에는 responseXML이라는 또 다른 속성이 있다. XML 문서를 요청하는 HTTP를 보내면 responseXML은 XML DOM 문서를 가리킨다. getElementsByTagName(), getElementById() 같이 앞에서 설명한 모든 코어 DOM 메소드를 사해 이 문서를 작업할 수 있다.

예제

예제로 다양한 XHR 주제를 마무리하도록 하자. http://www.phpied.com/files/ jsoop/xhr.html에서 예제 코드를 확인할 수 있다.

메인 페이지인 xhr.html은 다음과 같이 세 개의 <div> 태그만 포함하는 간단한 정적 페이지다.

```
<div id="text">Text will be here</div>
<div id="html">HTML will be here</div>
<div id="xml">XML will be here</div>
```

콘솔을 사용해 세 개의 파일을 요청하고 각 컨텐츠를 <div>에 로드하는 코드를 작성할 수 있다.

로드할 세 파일은 다음과 같다.

- content.txt: I am a text file 텍스트를 포함하는 간단한 텍스트 파일이다.
- content.html: I amformatted HTML HTML 코드를 담고 있는 파일이다.
- content.xml: 다음 코드가 포함된 XML 파일이다.

```
<?xml version="1.0" ?>
<root>
    I'm XML data.
</root>
```

모든 파일은 xhr.html과 동일한 디렉토리에 저장한다.

보안상의 이유로 원래 XMLHttpRequest를 사용하면 동일한 도메인에 있는 파일만 요청할 수 있다. 그러나 최신 브라우저는 XHR2를 지원한다. XHR2를 사용하면 적절한 Access-Control-Allow-Origin HTTP 헤더가 있는 경우 크로스 도메인간 요청을 수행할 수 있다.

먼저 요청/응답 부분을 추상화하는 함수를 작성해 보자.

```javascript
function request(url, callback) {
  var xhr = new XMLHttpRequest();
  xhr.onreadystatechange = (function (myxhr) {
    return function () {
      if (myxhr.readyState === 4 && myxhr.status === 200) {
        callback(myxhr);
      }
    };
  }(xhr));
  xhr.open('GET', url, true);
  xhr.send('');
}
```

이 함수는 요청할 URL과 응답이 도착하면 호출할 콜백 함수를 받는다. 함수를 다음과 같이 각 파일에 대해 한번씩, 총 세 번 호출한다.

```javascript
request(
  'http://www.phpied.com/files/jsoop/content.txt',
  function (o) {
    document.getElementById('text').innerHTML =
      o.responseText;
  }
);
request(
  'http://www.phpied.com/files/jsoop/content.html',
  function (o) {
```

```
    document.getElementById('html').innerHTML =
      o.responseText;
  }
);
request(
  'http://www.phpied.com/files/jsoop/content.xml',
  function (o) {
    document.getElementById('xml').innerHTML =
      o.responseXML
        .getElementsByTagName('root')[0]
        .firstChild
        .nodeValue;
  }
);
```

콜백 함수는 인라인으로 정의된다. 처음 두 개는 동일하다. 단지 해당하는 `<div>`
의 HTML을 요청한 파일의 컨텐츠로 대체한다. 세 번째는 XML 문서를 다루기 때
문에 조금 다르다. 먼저 XML DOM 객체에 `o.responseXML`로 접근한다. 그런 다음
`getElementsByTagName( )`을 사용해 `<root>` 태그(하나만 존재)의 모든 목록을 가져온다.
`<root>`의 `firstChild`는 텍스트 노드고 `nodeValue`는 여기에 담겨있는 텍스트 (I'm XML
data)다. 그런 다음 `<div id="xml">`의 HTML을 새 컨텐츠로 바꾼다. 결과는 다음 스크린
샷과 같다.

I am a text file
I am **formatted** *HTML*
I'm XML data.

480

XML 문서를 작업할 때 `o.responseXML.getElementsByTagName('root')[0]` 대신 `o.responseXML.documentElement`를 사용해 `<root>` 엘리먼트를 가져올 수 있다. `documentElement`는 XML 문서의 루트 노드를 제공한다는 것을 기억하자. HTML 문서의 루트는 항상 `<html>` 태그다.

▌ 연습문제

앞 장에서는 연습문제의 해결책을 해당 장의 본문에서 찾을 수 있었다. 그러나 이번에는 연습문제 중 일부의 해결책을 찾기 위해서 이 책 외에 더 많은 내용을 읽고 실험할 필요가 있다.

1. BOM: BOM의 연습으로, 잘못되고 사용자에게 친화적이지 않은 코딩이긴 하지만 브라우저 창을 흔드는 웹 1.0 코딩을 시도해 보자. 200×200 팝업 창을 연 다음 점진적으로 크기를 400×400으로 변경하는 코드를 구현해 보자. 그런 다음, 지진이 일어난 것처럼 창을 움직인다. 하나의 `move*()` 함수, 하나 이상의 `setInterval()` 호출, 그리고 전체 작업을 중지할 수 있는 `setTimeout()`/`clearInterval()` 호출이 필요할 것이다. 또는 `document.title`의 현재 날짜/시간을 출력하고 시계처럼 매초마다 업데이트하는 좀 더 쉬운 예도 있다.

2. DOM:

   - `walkDOM()`을 다르게 구현해 보자. 또한 `console.log()`를 하드 코딩하는 대신 콜백 함수를 받을 수 있도록 만든다.

   - `innerHTML`을 사용해 컨텐츠를 제거하는 것은 쉬운 일이지만(`document.body.innerHTML = ''`), 항상 최선은 아니다. 문제는 제거된 엘리먼트에 이벤트 리스너가 첨부된 경우다. IE에서 제거되지 않기 때문에, 브라우저가 존재하지 않는 참조를 저장하게 만들어 메모리가 누수될 수 있다. DOM 노드를 삭제할 때, 먼저 모든 이벤트 리스너를 제거하는 범용 함수를 구현

해 보자. 노드의 속성을 반복하여 값이 함수인지 확인할 수 있다. 그렇다면 onclick 같은 속성일 가능성이 크다. 트리에서 엘리먼트를 제거하기 전에 null로 설정해야 한다.

- 요청 시 외부 스크립트를 포함시키는 include( )라는 함수를 생성한다. 즉, 새로운 <script> 태그를 동적으로 생성하고 src 속성을 설정해 문서의 <head>에 추가해야 한다. 다음 코드를 사용하여 테스트한다.

```
> include('somescript.js');
```

3. 이벤트:

- 다음 메소드가 크로스 브라우저에서 동작하는 myevent라는 이벤트 유틸리티(객체)를 생성한다.
  - addListener(element, event_name, callback): element가 엘리먼트의 배열일 수 있다.
  - removeListener(element, event_name, callback)
  - getEvent(event): IE 구 버전에서 window.event를 확인
  - getTarget(event)
  - stopPropagation(event)
  - preventDefault(event)
- 사용 예는 다음과 같다.

```
function myCallback(e) {
  e = myevent.getEvent(e);
  alert(myevent.getTarget(e).href);
  myevent.stopPropagation(e);
  myevent.preventDefault(e);
}
myevent.addListener(document.links, 'click', myCallback);
```

- 예제 코드의 결과로 문서의 모든 링크가 어디에도 연결되지 않지만, href 속성에 대해서만 경고 메시지를 표시한다.
- x = 100px, y = 100px 위치에 `<div>`를 생성한다. 화살표 키 또는 J(왼쪽), K(오른쪽), M(아래), I(위) 키로 페이지에서 div를 이동할 수 있는 코드를 작성한다.

4. XMLHttpRequest:
   ajax라는 자체 XHR 유틸리티(객체)를 생성한다. 예를 들어 다음 코드를 살펴본다.

```
function myCallback(xhr) {
  alert(xhr.responseText);
}
ajax.request('somefile.txt', 'get', myCallback);
ajax.request('script.php', 'post', myCallback,
'first=John&last=Smith');
```

▌요약

10장에서 많은 것을 배웠다. 다음과 같은 크로스 브라우저 BOM 객체를 알아봤다.

- navigator, location, history, frames, screen 같은 전역 window 객체의 속성
- setInterval()와 setTimeout(); alert(), confirm(), prompt(); moveTo/By() 그리고 resizeTo/By() 같은 메소드

그런 다음, HTML 또는 XML 문서를 트리 구조로 표현하는 API인 DOM에 대해 알아봤다. 각 태그 또는 텍스트는 트리의 노드다. 또한 다음 작업을 수행하는 방법을 배웠다.

- 노드 접근:
  - parentNode와 childNodes, firstChild, lastChild, nextSibling, previousSibling 같은 부모/자식 관계 속성 사용
  - getElementsById()와 getElementsByTagName(), getElementsByName(), querySelectorAll() 사용
- 노드 변경:
  - innerHTML 또는 innerText/textContent 사용
  - nodeValue 또는 setAttribute()를 사용하거나 어트리뷰트[attribute]를 객체 속성으로 사용
- removeChild() 또는 replaceChild()로 노드 제거
- appendChild()와 cloneNode(), insertBefore()로 새로운 노드 추가

또한 DOM 레벨1으로 포팅된 다음과 같은 DOM 0 (사전 표준화) 속성을 배웠다.

- document.forms, images, links, anchors, applets 같은 컬렉션. DOM1에는 훨씬 더 유연한 getElementsByTagName() 메소드가 있기 때문에 이들의 사용을 권장하지 않는다.
- <body>에 대한 편리한 접근을 제공하는 document.body 엘리먼트
- document.title과 cookie, referrer, domain

다음으로, 브라우저가 청취할 수 있는 이벤트를 브로드캐스팅하는 방법을 배웠다. 크로스 브라우저간 방식으로 이를 수행하는 것이 간단하지는 않지만 가능한 일이다. 이벤트는 버블링이 됨으로 이벤트 위임을 사용해 전역으로 더 많은 이벤트를 청취할 수 있다. 또한 이벤트 전파를 중지하고 디폴트 브라우저 동작을 방지할 수도 있다.

마지막으로 XMLHttpRequest 객체에 대해 배웠다. 이제 다음 작업을 수행하는 반응형 웹 페이지를 작성할 수 있게 되었다.

- 서버에 HTTP 요청을 만들어 데이터 가져오기
- 페이지의 일부를 업데이트하는 응답 처리

11

코딩과 디자인 패턴

지금까지 자바스크립트의 객체와 프로토타입, 상속에 대한 모든 것과 특정 브라우저 객체를 사용하는 몇 가지 실용적인 예제를 살펴봤다. 이제 한 단계 더 나아가 일반적인 자바스크립트 패턴을 몇 가지 살펴보자.

그런데 먼저 패턴이란 무엇인가? 간단히 말해, 패턴은 공통적인 문제에 대한 좋은 해결책이다. 솔루션을 패턴으로 코드화하면 반복 사용이 가능해진다.

새로운 프로그래밍 문제에 직면했을 때 이전에 유사한 다른 문제를 해결 했었던 것을 바로 인식할 때가 종종 있다. 이런 경우, 이런 문제의 부류를 분리해서 공통적인 해결책을 찾아 볼 만한 가치가 있다. 패턴은 바로 이런 문제의 부류에 대해 이미 입증되고 재사용 가능한 솔루션(또는 솔루션에 대한 접근법)이다.

패턴이 아이디어나 이름에 불과한 경우도 있다. 때로는 이름만 사용해도 문제에 대해 더 명확하게 생각하는 데 도움이 되기도 한다. 또한 팀의 다른 개발자와 협력할 때 모든 사람이 동일한 용어를 사용하면 문제 또는 해결책을 논의할 때 의사 소통이 훨씬 쉬워진다.

때로는 이전에 본적이 없거나 알려진 패턴에 잘 맞지 않는 고유한 문제에 직면할 수 있다. 패턴을 사용할 목적으로 맹목적으로 패턴을 적용하는 것은 좋은 생각이 아니다. 알려진 패턴을 사용하기 위해 기존의 솔루션에 적합하도록 문제를 조정하는 것은 좋지 않다.

11장은 다음과 같은 두 가지 유형의 패턴에 대해 설명한다.

- **코딩 패턴**: 주로 자바스크립트에 관련된 우수 사례다.
- **디자인 패턴**: 언어 독립적 패턴으로, GoF^Gang of Four 책으로 유명해졌다.

▌ 코딩 패턴

자바스크립트의 고유한 기능을 반영하는 패턴부터 시작해 보자. 일부 패턴은 네임스페이스^namespace와 같이 코드를 구성하는 데 도움이 되는 것을 목표로 한다. 다른 것들은 지연 정의^lazy definition와 초기화 시간 분기^init-time branching와 같은 성능 향상과 관련이 있다. 일부는 비공개^private 속성과 같은 누락된 기능을 보완한다. 이 섹션에서 설명하는 패턴에는 다음과 같은 주제가 포함된다.

- 동작 분리^Separating behavior
- 네임스페이스^Namespaces
- 초기화 시간 분기^Init-time branching
- 지연 정의^Lazy definition
- 구성 객체^Configuration objects
- 비공개 변수와 메소드

- 권한 있는^{Privileged} 메소드
- 공개 메소드로서의 비공개 함수
- 즉시실행 함수$^{Immediate\ functions}$
- 체이닝^{Chaining}
- JSON

동작 분리

앞에서 설명한 것처럼, 웹 페이지의 세 가지 구성요소는 다음과 같다.

- 컨텐츠(HTML)
- 프레젠테이션(CSS)
- 동작(자바스크립트)

컨텐츠

HTML은 웹 페이지의 컨텐츠로, 실제 텍스트다. 이상적으로는 컨텐츠의 시맨틱^{semantic}한 의미를 충분히 설명하는 HTML 태그를 최소한 적게 사용해 컨텐츠를 마크업해야 한다. 예를 들어, 네비게이션 메뉴를 작성하는 경우, 네비게이션 메뉴는 본질적으로 링크의 목록일 뿐이므로 <ul>과 <li> 태그를 사용하는 것이 좋다.

컨텐츠(HTML)에는 서식 지정 엘리먼트가 없어야 한다. 시각적 형식은 프레젠테이션 레이어에 속하므로 CSS$^{Cascading\ Style\ Sheets}$를 사용해 구현해야 한다. 이것은 다음을 의미한다.

- 가능한 HTML 태그의 style 속성을 사용하지 않아야 한다.
- <font>와 같은 프레젠테이션 HTML 태그는 전혀 사용하지 않아야 한다.
- 태그는 브라우저가 어떻게 렌더링하는지에 대한 의미가 아니며, 시맨틱한 의미로만 사용돼야 한다. 예를 들어, 개발자는 종종 <p>가 적합한 곳에 <div> 태그

를 사용한다. 마찬가지로 의미보다는 시각적 프레젠테이션을 설명하는 <b>나 <i>보다는 <strong>과 <em>을 대신 사용하는 것이 좋다.

프레젠테이션

컨텐츠에서 프레젠테이션 분리하는 좋은 방법은 야후 UI 라이브러리 등을 사용해 모든 브라우저 디폴트를 재설정하거나 무효화하는 것이다. 이렇게 하면 브라우저의 디폴트 렌더링이 여러분이 적합한 시맨틱 태그를 선택하는 것을 방해하지 못하게 해준다.

동작

웹 페이지의 세 번째 구성요소는 동작이다. 동작은 컨텐츠와 프레젠테이션 모두와 분리돼 있어야 한다. 일반적으로 분리된 <script> 태그에 자바스크립트를 사용하여 추가하며, 가급적 외부 파일을 사용하는 것이 좋다. 이것은 onclick과 onmouseover 같은 인라인 속성을 사용하지 않는 것을 의미한다. 대신 앞 장에서 살펴본 addEventListener/attachEvent 메소드를 사용할 수 있다.

컨텐츠와 동작을 분리하는 가장 좋은 전략은 다음과 같다.

- <script> 태그의 수를 최소화한다.
- 인라인 이벤트 핸들러를 사용하지 않는다.
- CSS 표현식을 사용하지 않는다.
- 컨텐츠가 끝나고 <body> 태그를 닫을 준비가 됐을 때 하나의 external.js 파일을 삽입한다.

동작 분리 예제

페이지에 검색 폼이 있고 자바스크립트로 폼의 유효성을 검사하려고 한다고 가정해 보자. 다음과 같이 form 태그에 자바스크립트가 없도록 유지한 다음, </body> 태그를 닫기 직전에 외부 파일에 연결되는 <script> 태그를 삽입한다.

```
<body>
  <form id="myform" method="post" action="server.php">
  <fieldset>
    <legend>Search</legend>
    <input
      name="search"
      id="search"
      type="text"
    />
    <input type="submit" />
    </fieldset>
  </form>
  <script src="behaviors.js"></script>
</body>
```

behaviors.js에서 이벤트 리스너를 submit 이벤트에 첨부한다. 리스너에서 텍스트 입력
필드가 비어 있는지 확인하고, 그렇다면 폼 제출을 중지한다. 이 방법을 사용하면 서버와
클라이언트간에 라운드 트립을 줄이고 애플리케이션을 즉시 응답하게 만들 수 있다.

behaviors.js의 내용은 다음 코드와 같다. 앞장의 연습문제에서 myevent 유틸리티를
작성했다고 가정한다.

```
// 초기화
myevent.addListener('myform', 'submit', function (e) {
  // 더 이상 전파할 필요 없음
  e = myevent.getEvent(e);
  myevent.stopPropagation(e);
  // 유효성 검사
  var el = document.getElementById('search');
  if (!el.value) { // 필드가 비어있음
    myevent.preventDefault(e); // 폼 제출을 방지함
```

```
    alert('Please enter a search string');
  }
});
```

비동기 자바스크립트 로딩

HTML의 body 태그를 닫기 직전에 자바스크립트가 로드되는 것을 확인했다. 그 이유는 자바스크립트가 페이지의 DOM 구성을 차단하고 심지어 일부 브라우저에서는 필요한 다른 구성요소의 다운로드도 차단하기 때문이다. 스크립트를 페이지의 맨 아래로 이동하면, 스크립트가 방해가 되지 않도록 하면서 스크립트의 로딩이 끝나면 이미 로드한 페이지를 향상시킬 수 있도록 해준다.

외부 자바스크립트 파일이 페이지를 차단하지 못하게 하는 또 다른 방법은 비동기적으로 로드하는 것이다. 이렇게 하면 로딩을 빨라지게 할 수 있다. HTML5는 이 목적을 위해 defer 속성을 가지고 있다. 다음 코드 줄을 살펴보자.

```
<script defer src="behaviors.js"></script>
```

아쉽게도 defer 속성은 구형 브라우저에서는 지원되지 않는다. 하지만 최신 브라우저와 구형 브라우저 모두에서 동작하는 솔루션이 있다. 해결 방법은 script 노드를 동적으로 만들고 DOM에 추가하는 것이다. 즉, 인라인 자바스크립트를 사용하여 외부 자바스크립트 파일을 로드할 수 있다. 다운로드가 빨리 시작하도록 문서의 맨 위에 이 스크립트 로더를 위치한다. 다음 예제 코드를 살펴보자.

```
...
<head>
<script>
(function () {
  var s = document.createElement('script');
```

490

```
    s.src = 'behaviors.js';
    document.getElementsByTagName('head')[0].appendChild(s);
}());
</script>
</head>
...
```

네임스페이스

변수 이름 충돌 가능성을 줄이려면 전역 변수의 사용을 피해야 한다. 변수와 함수에 네임
스페이스를 지정하면 전역의 수를 최소화할 수 있다. 아이디어는 간단하다. 단 하나의 전
역 객체만 만들고 다른 모든 변수와 함수는 이 객체의 속성이 되게 한다.

네임스페이스로서의 객체

MYAPP이라는 전역 객체를 생성해 보자.

```
// 전역 네임스페이스
var MYAPP = MYAPP || {};
```

이제 전역 myevent 유틸리티(앞 장에서 작성한) 대신, 다음과 같이 MYAPP 객체의 event 속
성으로 만들 수 있다.

```
// 서브 객체
MYAPP.event = {};
```

event 유틸리티에 메소드를 추가하는 것은 여전히 동일하다. 다음 예제를 살펴보자.

```
// 객체와 메소드 선언
MYAPP.event = {
  addListener: function (el, type, fn) {
    // .. 작업을 수행
  },
  removeListener: function (el, type, fn) {
    // ...
  },
  getEvent: function (e) {
    // ...
  }
  // ... 다른 메소드 또는 속성
};
```

네임스페이스 생성자

네임스페이스를 사용해서도 생성자 함수를 만들 수 있다. 다음은 DOM 엘리먼트를 쉽게 생성할 수 있게 해주는 Element 생성자를 가지는 DOM 유틸리티를 만드는 방법을 보여준다.

```
MYAPP.dom = {};
MYAPP.dom.Element = function (type, properties) {
  var tmp = document.createElement(type);
  for (var i in properties) {
    if (properties.hasOwnProperty(i)) {
      tmp.setAttribute(i, properties[i]);
    }
  }
  return tmp;
};
```

마찬가지로, 텍스트 노드를 생성하는 Text 생성자를 가질 수 있다. 다음 예제 코드를 살펴보자.

```
MYAPP.dom.Text = function (txt) {
  return document.createTextNode(txt);
};
```

다음과 같이 생성자를 사용하여 페이지 하단에 링크를 만들 수 있다.

```
var link = new MYAPP.dom.Element('a',
  {href: 'http://phpied.com', target: '_blank'});
var text = new MYAPP.dom.Text('click me');
link.appendChild(text);
document.body.appendChild(link);
```

namespace( ) 메소드

다음과 같이 보다 편리한 구문을 사용할 수 있게 해주는 네임스페이스 유틸리티를 만들수 있다.

```
MYAPP.namespace('dom.style');
```

위의 구문은 다음과 같은 보다 자세한 구문을 대체할 수 있다.

```
MYAPP.dom = {};
MYAPP.dom.style = {};
```

이런 namespace( ) 메소드를 작성하는 방법은 다음과 같다. 먼저 마침표(.)를 구분 기호로 사용해 입력 문자열을 분할해서 배열을 만든다. 그런 다음 새 배열의 모든 요소에 대해 다음과 같이 전역 객체에 속성을 추가한다(아직 없는 경우).

```
var MYAPP = {};
MYAPP.namespace = function (name) {
  var parts = name.split('.');
  var current = MYAPP;
  for (var i = 0; i < parts.length; i++) {
    if (!current[parts[i]]) {
      current[parts[i]] = {};
    }
    current = current[parts[i]];
  }
};
```

새 메소드 테스트는 다음과 같이 수행된다.

```
MYAPP.namespace('event');
MYAPP.namespace('dom.style');
```

위 코드의 결과는 다음을 수행한 것과 동일하다.

```
var MYAPP = {
  event: {},
  dom: {
    style: {}
  }
};
```

초기화 시간 분기

이전 장에서 때로는 동일하거나 유사한 기능이 브라우저 별로 서로 다르게 구현한다는

494

것을 알았다. 이런 경우 현재 실행중인 스크립트의 브라우저 지원에 따라 코드를 분기해야 한다. 프로그램에 따라 이 분기가 너무 자주 발생할 수 있으며, 이는 결과적으로 스크립트 실행 속도를 느리게 만든다.

런타임 중 보다는 스크립트가 로드되고 초기화될 때 코드의 일부분을 분기하면 이 문제를 완화시킬 수 있다. 함수를 동적으로 정의하는 기능을 기반으로, 브라우저에 따라 동일한 함수를 다른 본문으로 분기하도록 정의할 수 있다. 어떻게 하는지 알아보자.

먼저 event 유틸리티의 네임스페이스 및 자리표시자placeholder 메소드를 정의해 보자.

```
var MYAPP = {};
MYAPP.event = {
  addListener: null,
  removeListener: null
};
```

이 시점에서, 리스너를 추가하거나 제거하는 메소드는 아직 구현되지 않았다. 기능 스니핑의 결과에 따라 이들 메소드는 다음과 같이 다르게 정의된다.

```
if (window.addEventListener) {
  MYAPP.event.addListener = function (el, type, fn) {
    el.addEventListener(type, fn, false);
  };
  MYAPP.event.removeListener = function (el, type, fn) {
    el.removeEventListener(type, fn, false);
  };
} else if (document.attachEvent) { // IE
  MYAPP.event.addListener = function (el, type, fn) {
    el.attachEvent('on' + type, fn);
  };
  MYAPP.event.removeListener = function (el, type, fn) {
   el.detachEvent('on' + type, fn);
  };
```

```
} else { // 구형 브라우저
  MYAPP.event.addListener = function (el, type, fn) {
    el['on' + type] = fn;
  };
  MYAPP.event.removeListener = function (el, type) {
    el['on' + type] = null;
  };
}
```

이 스크립트가 실행되면 브라우저에 종속적인 방법으로 addListener()와 remove Listener() 메소드가 정의된다. 이제 이 메소드 중 하나를 호출하면 더 이상 기능 스니핑이 없으므로 작업이 줄어들고 실행이 빨라진다.

스니핑 기능을 사용할 때 주의해야 할 사항은 기능 하나를 확인한 것으로 너무 많은 것을 가정하지 말아야 한다는 것이다. 앞의 예제에서 addEventListener 지원 여부만 검사한 후 addListener()와 removeListener()를 모두 정의하였기 때문에 이 규칙이 깨졌다. 이 경우 브라우저가 addEventListener()를 구현하면 removeEvent Listener()도 구현한다고 가정하는 것이 어느 정도 타당하지만, 브라우저가 stopPropagation()는 구현하고 preventDefault()는 구현하지 않은 경우, 이들을 개별적으로 확인하지 않는다면 어떻게 될지 상상해 보자. addEventListener()가 정의되지 않았기 때문에, 브라우저가 구형 IE이고 IE가 동작하는 방식을 가정하여 코드를 작성할 것이다. 현재 브라우저가 동작하는 방식에 기반을 두고 작성한 코드가 미래에도 제대로 동작할지 보장하지는 않는다는 것을 명심하자. 따라서 새로운 브라우저 버전이 출시될 때마다 코드를 다시 작성하지 않으려면 사용하려는 기능을 개별적으로 확인하고 특정 브라우저가 지원하는 기능을 일반화하여 사용하지 않는 것이 좋다.

지연 정의

지연 정의 패턴은 앞에서 살펴본 초기화 시간 분기 패턴과 유사하다. 차이점은 함수가 처

496

음 호출될 때만 분기가 발생한다는 것이다. 함수가 호출되면 자신을 최상의 구현으로 재정의한다. 로딩 시 한 번만 발생하는 초기화 시간 분기와 달리, 지연 정의는 함수가 호출되지 않는 경우에는 전혀 발생하지 않을 수도 있다. 지연 정의는 또한 초기화 시간 분기 작업을 수행하지 않아도 되기 때문에 초기화 프로세스가 더 가벼워진다.

addListener() 함수의 정의를 통해 이를 설명하는 예제를 살펴보자. 이 함수는 먼저 일반 본문으로 정의된다. 처음 호출될 때 브라우저가 지원하는 기능을 확인한 후 가장 적합한 구현을 사용해 자신을 다시 정의한다. 첫 번째 호출이 끝날 때 함수는 자신을 호출하므로 첨부된 실제 이벤트가 수행된다. 다음 번에 동일한 함수를 호출하면, 이미 새로운 본문으로 정의되었고 사용할 준비가 되었기 때문에 더 이상 분기할 필요가 없다. 코드는 다음과 같다.

```javascript
var MYAPP = {};
MYAPP.myevent = {
  addListener: function (el, type, fn) {
    if (el.addEventListener) {
      MYAPP.myevent.addListener = function (el, type, fn) {
        el.addEventListener(type, fn, false);
      };
    } else if (el.attachEvent) {
      MYAPP.myevent.addListener = function (el, type, fn) {
        el.attachEvent('on' + type, fn);
      };
    } else {
      MYAPP.myevent.addListener = function (el, type, fn) {
        el['on' + type] = fn;
      };
    }
    MYAPP.myevent.addListener(el, type, fn);
  }
};
```

구성 객체

이 패턴은 많은 선택적 매개변수를 허용하는 함수 또는 메소드에서 편리하다. 몇 개의 매개변수를 많다라고 판단할지는 여러분에게 달려있다. 그러나 일반적으로 세 개 이상의 매개변수를 가진 함수는 매개변수의 순서를 기억해야 하기 때문에 호출하기가 편리하지 않으며, 매개변수 중 일부가 선택사항일 때는 더욱 불편하다.

많은 매개변수를 갖는 대신, 하나의 매개변수를 사용해 객체로 만들 수 있다. 객체의 속성이 실제 매개변수다. 이 경우 매개변수가 많고 옵션(디폴트값과 함께)일 가능성이 크므로 구성 객체를 사용하기에 적합하다. 복수의 매개변수 대신 단일 매개변수를 사용하는 장점은 다음과 같다.

- 순서에 신경 쓰지 않아도 된다.
- 설정하고 싶지 않은 매개변수는 쉽게 건너뛸 수 있다.
- 선택적인 구성 속성을 쉽게 추가할 수 있다.
- 구성 객체의 속성이 이름과 함께 호출 코드에 제공되기 때문에 코드의 가독성을 높여준다.

멋진 버튼을 만들어 주는 UI 위젯 생성자가 있다고 가정해 보자. 이 위젯은 버튼 안에 넣을 텍스트(`<input>` 태그의 `value` 속성)와 선택적인 버튼의 **type**을 매개변수를 받는다. 간단하게 말해, 이 멋진 버튼은 일반 버튼과 동일한 구성을 사용한다고 가정해 보자.

```
// 버튼을 생성하는 생성자
MYAPP.dom.FancyButton = function (text, type) {
  var b = document.createElement('input');
  b.type = type || 'submit';
  b.value = text;
  return b;
};
```

생성자를 사용하는 것은 간단하다. 문자열만 주면 된다. 그런 다음, 문서의 본문에 다음과 같이 새 버튼을 추가할 수 있다.

```
document.body.appendChild(
  new MYAPP.dom.FancyButton('puuush')
);
```

모든 것이 잘 동작한다. 색상과 폰트 같은 버튼의 스타일 속성 일부를 설정하기로 결정했다면 다음과 같이 정의하면 된다.

```
MYAPP.dom.FancyButton =
  function (text, type, color, border, font) {
  // ...
};
```

이제 이 생성자를 사용하는 것이 약간 불편해졌다. 특히 세 번째와 다섯 번째 매개변수는 설정하지만 두 번째나 네 번째 매개변수는 설정하지 않기를 원할 때 불편하다. 다음 예제를 살펴보자.

```
new MYAPP.dom.FancyButton(
  'puuush', null, 'white', null, 'Arial');
```

더 나은 방법은 모든 설정에 하나의 config 객체 매개변수를 사용하는 것이다. 함수 정의는 다음 코드와 같아진다.

```
MYAPP.dom.FancyButton = function (text, conf) {
  var type = conf.type || 'submit';
  var font = conf.font || 'Verdana';
  // ...
};
```

생성자를 사용하는 방법은 다음과 같다.

```
var config = {
  font: 'Arial, Verdana, sans-serif',
  color: 'white'
};
new MYAPP.dom.FancyButton('puuush', config);
```

또 다른 사용 예는 다음과 같다.

```
document.body.appendChild(
  new MYAPP.dom.FancyButton('dude', {color: 'red'})
);
```

보다시피 일부 매개변수만 설정하거나 순서를 쉽게 변경할 수 있다. 또한 메소드를 호출하는 곳에서 매개변수의 이름을 볼 수 있어 코드가 더 친숙하고 이해하기 쉽다.

이 패턴의 단점은 견고함에 있다. 더 많은 매개변수를 추가하는 것이 쉽기 때문에 이 기술을 남용하기 쉽다. 이 만능 속성을 추가할 핑계가 생겼다면 완전히 선택적이지 않거나 다른 속성에 종속적인 것들도 계속 추가하고 싶은 유혹을 받게 될 것이다.

일반적으로 이런 속성은 독립적이고 선택사항이어야 한다. 함수 내에서 가능한 모든 조합을 확인해야 하는 경우("A가 설정되었지만, B도 설정되어 있는 경우에만 A가 사용된다"), 이는 큰 함수 본문을 만드는 방법이며, 불가능하지는 않더라도 모든 가능한 조합 때문에 혼란스럽고 어렵게 된다.

비공개 속성과 메소드

자바스크립트에는 객체의 속성에 대한 권한을 설정하는 접근 한정자^{access modifier}의 개념의 없다. 다른 언어들은 보통 다음과 같은 접근 한정자를 가지고 있다.

- Public(공개): 객체의 모든 사용자가 이들 속성이나 메소드에 접근할 수 있다.

- Private(비공개): 객체 자체만 이들 속성에 접근할 수 있다.

- Protected(보호된): 해당 객체를 상속한 객체만이 이들 속성에 접근할 수 있다.

자바스크립트에는 비공개 속성이나 메소드를 나타내는 특수 구문이 없지만, 3장에서 알아본 것처럼 함수 내에서 지역 변수와 메소드를 사용하면 동일한 보호[protection] 수준을 달성할 수 있다.

FancyButton 생성자의 예제를 계속 사용한다. 디폴트 값과 지역 setStyle( ) 함수를 포함하는 지역 변수 styles이 있다. 이들은 생성자 외부의 코드에서는 보이지 않는다. FancyButton이 지역 비공개 속성을 사용하는 방법은 다음과 같다.

```
var MYAPP = {};
MYAPP.dom = {};
MYAPP.dom.FancyButton = function (text, conf) {
  var styles = {
    font: 'Verdana',
    border: '1px solid black',
    color: 'black',
    background: 'grey'
  };
  function setStyles(b) {
    var i;
    for (i in styles) {
      if (styles.hasOwnProperty(i)) {
        b.style[i] = conf[i] || styles[i];
      }
    }
  }
  conf = conf || {};
  var b = document.createElement('input');
  b.type = conf.type || 'submit';
  b.value = text;
```

```
    setStyles(b);
    return b;
};
```

이 구현에서 styles은 비공개 속성이며 setStyle( )은 비공개 메소드다. 생성자는 내부적으로 이를 사용하지만(생성자 내부에서는 무엇이든 접근할 수 있다), 함수 외부의 코드에서는 사용할 수 없다.

권한 있는 메소드

권한 있는 메소드[Privileged method](이 용어는 더글라스 크록포드[Douglas Crockford]에 의해 만들어졌다)는 비공개 메소드나 속성에 접근할 수 있는 일반적인 공개 메소드다. 권한 있는 메소드로 래핑해 제어된 방식으로 비공개 함수 접근을 가능하게 하는 가교 역할을 할 수 있다.

공개 메소드로서의 비공개 함수

그대로 유지해야 하는 함수를 정의하여 비공개로 설정했다고 가정해 보자. 그러나 동시에 코드 외부에서도 이 함수에 접근해 함수를 사용할 수 있도록 하고자 한다. 이 경우 비공개 함수에 공개 가능한 속성을 할당할 수 있다.

_setStyle( )과 _getStyle( )을 비공개 함수로 정의하고 setStyle( )과 getStyle( )을 공개로 할당해 보자. 다음 예제를 살펴보자.

```
var MYAPP = {};
MYAPP.dom = (function ( ) {
  var _setStyle = function (el, prop, value) {
    console.log('setStyle');
  };
  var _getStyle = function (el, prop) {
```

```
    console.log('getStyle');
  };
  return {
    setStyle: _setStyle,
    getStyle: _getStyle,
    yetAnother: _setStyle
  };
}());
```

이제 MYAPP.dom.setStyle( )을 호출하면, 비공개 _setStyle( ) 함수가 호출된다. 다음과
같이 외부에서 setStyle( )을 덮어 쓸 수도 있다.

```
MYAPP.dom.setStyle = function () {alert('b');};
```

이제 결과는 다음과 같다.

- MYAPP.dom.setStyle이 새 함수를 가리킨다.
- MYAPP.dom.yetAnother는 여전히 _setStyle( )을 가리킨다.
- _setStyle( )은 외부 코드와 관계없이, 다른 내부 코드가 의도한 대로 동작하도
  록 하는 데 항상 사용할 수 있다.

비공개를 노출하면 객체(함수와 배열도 역시 객체다)는 참조로 전달되므로 외부에서도 수정
할 수 있음을 명심해라.

즉시 실행 함수

전역 네임스페이스를 깨끗하게 유지하는 데 도움이 되는 또 다른 패턴으로 코드를 익명
함수로 래핑하고 해당 함수를 즉시 실행하는 방법이 있다. 이렇게 하면, 함수 내부의 모
든 변수는 var 문을 사용하는 한 지역 변수이므로 클로저의 일부가 아니라면 함수가 반

환될 때 소멸된다. 이 패턴은 3장에서 자세히 알아보았다. 다음 코드를 살펴보자.

```
(function () {
  // 코드 작성...
}());
```

이 패턴은 스크립트가 로드될 때 수행되는 on-off 초기화 작업에 특히 적합하다.

즉시 자체 실행 함수immediate self-executing function 패턴을 확장해 객체를 생성하고 반환할 수 있다. 이런 객체의 생성이 더 복잡하고 초기화 작업이 필요한 경우, 다음과 같이 자체 실행 함수의 첫 번째 부분에서 이 작업을 수행하여 모든 비공개 속성에서 접근하여 사용할 수 있는 단일 객체를 반환할 수 있다.

```
var MYAPP = {};
MYAPP.dom = (function () {
  // 코드 초기화...
  function _private() {
    // ...
  }
  return {
    getStyle: function (el, prop) {
      console.log('getStyle');
      _private();
    },
    setStyle: function (el, prop, value) {
      console.log('setStyle');
    }
  };
}());
```

모듈

앞의 패턴 몇 가지를 결합하면 일반적으로 모듈 패턴으로 불리는 새로운 패턴을 얻을 수 있다. 프로그래밍의 모듈 개념은 퍼즐 조각처럼 개별 코드 조각이나 라이브러리를 코딩하고 필요에 따라 결합할 수 있으므로 편리하다.

모듈 패턴에는 다음이 포함된다.

- 모듈 간 명명 충돌을 줄이기 위한 네임스페이스
- 비공개 범위와 초기화를 제공하는 즉시 실행 함수
- 비공개 속성과 메소드

 ES5에는 모듈에 대한 개념이 내장되어 있지 않다. http://www.commonjs.org에서 require( ) 함수와 exports 객체를 정의하는 모듈 규격을 확인할 수 있다.

그러나 ES6는 모듈을 지원한다. 8장에서 모듈에 대해 상세히 알아봤다.

- 다음과 같이 모듈의 공개 API를 가진 객체를 반환한다.

```
namespace('MYAPP.module.amazing');
MYAPP.module.amazing = (function () {

    // 의존성을 위한 짧은 이름
    var another = MYAPP.module.another;

    // 지역/비공개 변수
    var i, j;

    // 비공개 함수
    function hidden() {}

    // 공개 API
    return {
      hi: function () {
```

```
        return "hello";
      }
    };
  }());
```

다음과 같은 방법으로 모듈을 사용할 수 있다.

```
MYAPP.module.amazing.hi(); // "hello"
```

체이닝

체이닝^{chaining}은 메소드가 체인이 연결된 것처럼 한 번에 여러 메소드를 호출할 수 있는 패턴이다. 이것은 여러 관련된 메소드를 호출할 때 편리하다. 체이닝을 사용하면 중간 변수를 사용하지 않고 이전 결과로 다음 메소드를 호출할 수 있다.

DOM 엘리먼트로 작업하는 데 도움이 되는 생성자를 생성했다고 가정해 보자. \<body> 태그에 추가된 새 \<span> 태그를 만드는 코드는 다음과 같다.

```
var obj = new MYAPP.dom.Element('span');
obj.setText('hello');
obj.setStyle('color', 'red');
obj.setStyle('font', 'Verdana');
document.body.appendChild(obj);
```

알다시피 생성자는 생성한 this 키워드로 참조되는 객체를 반환한다. setText()와 setStyle() 같은 메소드도 this 키워드를 반환하도록 만들 수 있다. 이 키워드를 사용하면 이전 메소드에서 반환한 인스턴스에서 다음 메소드를 호출할 수 있다. 이렇게 하면 다음과 같이 메소드 호출을 연결(체이닝)할 수 있다.

506

```
nvar obj = new MYAPP.dom.Element('span');
obj.setText('hello')
    .setStyle('color', 'red')
    .setStyle('font', 'Verdana');
document.body.appendChild(obj);
```

새로운 엘리먼트가 트리에 추가된 후에도 obj 변수를 사용할 계획이 없다면, 이 변수조
차 필요하지 않으므로 코드는 다음과 같아진다.

```
document.body.appendChild(
  new MYAPP.dom.Element('span')
    .setText('hello')
    .setStyle('color', 'red')
    .setStyle('font', 'Verdana')
);
```

이 패턴의 단점은 긴 체인의 어딘가에서 오류가 발생할 때 디버깅하기가 더 어려워지며
모든 링크가 동일 선상에 있기 때문에 어떤 링크가 잘못되었는지 알 수 없다는 것이다.

JSON

이 장의 코딩 패턴 섹션을 JSON에 대해 알아보는 것으로 마무리하자. JSON은 기술적으
로 보면 코딩 패턴은 아니지만 JSON을 사용하는 것이 좋은 패턴이라고 말할 수 있다.

JSON은 데이터 교환에 널리 사용되는 경량의 포맷이다. XMLHttpRequest()를 사용해 서
버에서 데이터를 가져올 때 XML보다 선호되는 경우가 많다. JSON이 편리하다는 것 외
에 특별히 흥미로운 것은 없다. JSON 포맷은 객체와 배열 리터럴을 사용해 정의된 데이
터로 구성된다. 다음은 XHR 요청에 서버가 응답하는 JSON 문자열의 예를 보여준다.

```
{
  'name': 'Stoyan',
  'family': 'Stefanov',
  'books': ['OOJS', 'JSPatterns', 'JS4PHP']
}
```

이에 해당하는 XML 코드는 다음과 같다.

```
<?xml version="1.1" encoding="iso-8859-1"?>
<response>
  <name>Stoyan</name>
  <family>Stefanov</family>
  <books>
    <book>OOJS</book>
    <book>JSPatterns</book>
    <book>JS4PHP</book>
  </books>
</response>
```

먼저 JSON이 바이트 크기로 봤을 때 얼마나 가벼운지 알 수 있다. 그러나 주요 이점은 작은 바이트 크기가 아니라 자바스크립트에서 JSON을 사용하기가 쉽다는 것이다. 예를 들어, XHR 요청을 만들고 XHR 객체의 responseText 속성으로 JSON 문자열을 받으면, eval()을 사용해 이 데이터 문자열을 간단히 자바스크립트 객체로 변환할 수 있다. 다음 예제를 살펴보자.

```
// 경고: 반대 사례
var response = eval('(' + xhr.responseText + ')');
```

이제 다음과 같이 객체 속성으로 obj의 데이터에 접근할 수 있다.

```
console.log(response.name); // "Stoyan"
console.log(response.books[2]); // "JS4PHP"
```

문제는 eval( )이 안전하지 않다는 것이다. 따라서 JSON 객체를 사용해 JSON 데이터를 파싱하는 것이 가장 좋다(구형 브라우저를 위한 폴백은 http://json.org/에서 사용 가능하다). JSON 문자열에서 객체를 생성하는 것은 다음과 같이 간단하다.

```
var response = JSON.parse(xhr.responseText);
```

반대, 즉 객체를 JSON 문자열로 변환하려면 다음과 같이 stringify( ) 메소드를 사용하면 된다.

```
var str = JSON.stringify({hello: "you"});
```

단순성 덕분에 JSON은 언어 독립적인 데이터 교환 포맷으로 빠르게 인기를 얻었으며, 선호하는 언어를 사용해 서버측에서 JSON을 쉽게 생성할 수 있다. 예를 들어, PHP에서 json_encode( )와 json_decode( ) 함수를 사용하면, PHP 배열이나 객체를 JSON 문자열로 직렬화 할 수 있으며 그 반대의 경우도 가능하다.

고차원 함수

함수형 프로그래밍은 지금까지는 제한된 언어에만 국한돼 있었다. 함수형 프로그래밍을 지원하는 언어들이 늘어남에 따라 해당 주제에 대한 관심이 커지고 있다. 자바스크립트는 함수형 프로그래밍의 일반적인 기능을 지원하도록 진화하고 있다. 점차적으로 이 스타일로 작성된 많은 코드를 보게 될 것이다. 여러분의 코드에서 아직 사용하지 않는다 하더라도 함수형 프로그래밍 스타일을 이해하는 것은 충분히 의미가 있다.

고차원 함수$^{Higher\ order\ function}$는 함수형 프로그래밍의 중요한 주된 요소 중 하나다. 고차원 함수는 다음 중 적어도 하나를 수행하는 함수다.

- 하나 이상의 함수를 인수로 받는다.
- 함수를 결과로 반환한다.

함수는 자바스크립트에서 제일 객체$^{first\ class\ object}$이기 때문에 함수를 주고 받는 함수를 전달하는 것은 매우 일반적인 일이다. 콜백은 고차원 함수다. 이 두 가지 원리를 어떻게 조합해 고차원 함수를 작성하는지 살펴보자.

filter 함수를 작성해 보겠다. 이 함수는 함수에서 정한 기준에 따라 배열의 값을 필터링한다. 이 함수는 부울 값을 반환하는 함수와 이 엘리먼트를 유지하는 true의 두 개의 인수를 받는다.

예를 들어, 이 함수를 사용하여 배열에서 모든 홀수 값을 필터링한다. 다음 코드 줄을 살펴보자.

```
console.log([1, 2, 3, 4, 5].filter(function(ele){
  return ele % 2 == 0; }));
//[2,4]
```

filter 함수에 첫 번째 인수로 익명 함수를 전달한다. 이 함수는 엘리먼트가 홀수인지 짝수인지를 확인하는 조건에 따라 부울 값을 반환한다.

이것은 ECMAScript5에 추가된 몇 가지 고차원 함수 중 하나의 예다. 여기서 이야기하고 싶은 요점은 자바스크립트에서 이런 유사한 패턴의 사용이 점차 증가할 것이라는 점이다. 먼저 고차원 함수가 어떻게 동작하는지 이해하고, 일단 개념에 익숙해지면 여러분의 코드에서 사용하도록 시도해 보자.

ES6 함수 구문 변경으로 고차원 함수의 작성이 훨씬 더 수월해진다. ES5에서 작은 예제를 하나 살펴보고 이것이 ES6에서 어떻게 전환되는지 알아보자.

```
function add(x){
  return function(y){
    return y + x;
  };
}
var add3 = add(3);
console.log(add3(3)); // => 6
console.log(add(9)(10)); // => 19
```

add 함수는 x를 받아, y를 인수로 받는 함수를 반환한 다음 표현식 y+x의 값을 반환한다.

화살표 함수에 대해 살펴볼 때, 화살표 함수는 암시적으로 단일 표현식의 결과를 반환한다고 말했다. 따라서 앞의 함수는 화살표 함수의 본문을 다른 화살표 함수로 만들어서 화살표 함수로 바꿀 수 있다. 다음 예제를 살펴보자.

```
const add = x => y => y + x;
```

예제에서 외부 함수 x => [x를 인자로 가지는 내부 함수]가 있고, 내부 함수 y => y+x가 있다.

이 소개가 고차원 함수의 사용 증가와 자바스크립트에서의 중요성 증대를 이해하는 데 도움이 됐기를 바란다.

▌ 디자인 패턴

이 장의 두 번째 파트에서는 4명의 저자를 따서 GoF^{Gang of Four}라고도 불리는 영향력 있는 책인 《디자인 패턴: 재사용 가능한 객체 지향 소프트웨어의 요소》[1]에 의해 도입된 디자인

---

1 이 책의 한국어판은 《GoF의 디자인 패턴》이라는 이름으로 피어슨 애듀케이션코리아에서 출간되었다. - 역자주

패턴의 자바스크립트 접근 방식을 설명한다. GoF 책에서 논의된 패턴은 다음의 세 그룹으로 나뉜다.

- **생성 패턴**^{Creational pattern} : 객체 생성(인스턴스 생성)방법을 다룬다.
- **구조 패턴**^{Structural pattern} : 새로운 기능을 제공하기 위해 서로 다른 객체를 구성하는 방법을 설명한다.
- **행동 패턴**^{Behavioral pattern} : 객체가 서로 통신하는 방법을 설명한다.

GoF의 책에는 23가지 패턴이 소개됐으며 책 출판 이후 더 많은 패턴이 확인됐다.[2] 이들 모든 패턴을 설명하는 것은 이 책의 범위를 넘으므로 여기서는 자바스크립트로 구현한 예제와 함께 이 중에서 4개만을 소개한다. 패턴은 구현이 아니라 인터페이스와 관계에 관한 것임을 기억하자. 디자인 패턴을 이해하고 나면, 특히 자바스크립트 같은 동적 언어에서 구현하기 어렵지 않을 것이다.

이 책에서 설명하는 디자인 패턴은 다음과 같다.

- 단일체^{Singleton}[3]
- 팩토리^{Factory}
- 장식자^{Decorator}
- 감시자^{Observer}

단일체 패턴

단일체^{singleton}는 생성 디자인 패턴의 일종으로 객체를 생성하는 데 중점을 둔다. 객체나 주어진 클래스가 하나만 있는지 확인하고자 할 때 도움이 된다. 고전적 언어에서는 클래

---

2   전체 23개 디자인 패턴과 추가된 디자인 패턴에 대해서는 에이콘출판사에서 출간된 《자바스크립트 디자인 패턴》을 참조한다. – 역자주

3   여기서 사용된 용어는 《자바스크립트 디자인 패턴》을 따랐다. 단일체 패턴의 경우 일반적으로 싱글톤 패턴이라는 용어로도 많이 사용된다. – 역자주

스의 인스턴스가 한 번만 생성되고 동일한 클래스의 새 객체를 생성하는 이후의 모든 시도는 원래 인스턴스를 반환한다는 것을 의미한다.

자바스크립트에서는 클래스가 없으므로, 단일체가 디폴트이며 가장 자연스러운 패턴이다. 모든 객체는 단일체 객체다.

자바스크립트에서 단일체의 가장 기본적인 구현은 객체 리터럴이다. 다음 코드 줄을 살펴보자.

```
gle = {};
```

정말 쉽지 않은가?

단일체2 패턴

클래스와 유사한 구문을 사용하면서 단일체 패턴을 구현하고 싶다면, 상황이 조금 더 재미있어진다. 예를 들어 Logger()라는 생성자가 있고 다음과 같은 작업을 수행하려고 한다고 가정해 보자.

```
var my_log = new Logger();
my_log.log('some event');

// ... 다른 범위에서 1000 줄의 코드...

var other_log = new Logger();
other_log.log('some new event');
console.log(other_log === my_log); // true
```

여기서 아이디어는 new를 사용하더라도 한 인스턴스만 생성해야 하고, 이 인스턴스는 연속 호출로 반환된다는 것이다.

전역 변수

한 가지 방법은 전역 변수를 사용하여 단일 인스턴스를 저장하는 것이다. 생성자는 다음 코드와 유사하다.

```
function Logger() {
  if (typeof global_log === "undefined") {
    global_log = this;
  }
  return global_log;
}
```

이 생성자를 사용하면 다음과 같은 예상 결과를 얻을 수 있다.

```
var a = new Logger();
var b = new Logger();
console.log(a === b); // true
```

단점은 전역 변수를 사용한다는 것이다. 실수로 덮어 쓸 수 있으며, 인스턴스를 잃어버릴 수도 있다. 반대로 이 전역 변수가 다른 전역 변수를 덮어 쓰는 것도 가능하다.

생성자의 속성

알다시피 함수는 객체이며 속성을 가진다. 다음과 같이 단일 인스턴스를 생성자 함수의 속성에 지정할 수 있다.

```
function Logger() {
  if (!Logger.single_instance) {
    Logger.single_instance = this;
  }
  return Logger.single_instance;
}
```

var a = new Logger( )를 작성하면, a는 새롭게 생성된 Logger.single_instance 속성을 가리킨다. 후속 var b = new Logger( ) 호출은 동일한 Logger.single_instance 속성을 가리키는 b를 결과로 얻는다.

이 방법은 전역 변수가 생성되지 않기 때문에 전역 네임스페이스 문제를 확실히 해결한다. 유일한 단점은 Logger 생성자의 속성이 공개적으로 보이므로 언제든지 덮어 씌워질 수 있다는 것이다. 이 경우, 단일 인스턴스는 유실되거나 수정될 수 있다. 물론 동료 프로그래머의 보호를 제공 받을 수도 있다. 하지만 누군가가 단일 인스턴스 속성을 엉망으로 만들면, 결국 Logger 생성자 역시 직접 엉망으로 만들 수 있다.

비공개 속성

공개적으로 보이는 속성을 덮어 쓰는 문제에 대한 해결책은 공개 속성 대신 비공개 속성을 사용하는 것이다. 여러분은 이미 클로저로 변수를 보호하는 방법을 알고 있다. 연습 삼아 단일체 패턴에 이 접근법을 구현해 볼 수 있다.

팩토리 패턴

팩토리factory는 객체를 생성하는 데 사용되는 또 다른 디자인 패턴이다. 팩토리는 유사한 유형의 객체를 가지고 있으나 어떤 객체를 사용할지 미리 알지 못할 때 도움을 줄 수 있다. 사용자 입력이나 또는 다른 기준에 기반하여 코드가 즉석에서 필요한 객체 유형을 결정한다.

유사한 기능을 구현하는 세 가지 다른 생성자가 있다고 가정해 보자. 이들이 생성하는 모든 객체는 URL을 받아 이것으로 다른 작업을 수행한다. 하나는 텍스트 DOM 노드를 생성하고, 두 번째는 링크를 생성한다. 세 번째는 다음과 같이 이미지를 생성한다.

```
var MYAPP = {};
MYAPP.dom = {};
```

```
MYAPP.dom.Text = function (url) {
  this.url = url;
  this.insert = function (where) {
    var txt = document.createTextNode(this.url);
    where.appendChild(txt);
  };
};
MYAPP.dom.Link = function (url) {
  this.url = url;
  this.insert = function (where) {
    var link = document.createElement('a');
    link.href = this.url;
    link.appendChild(document.createTextNode(this.url));
    where.appendChild(link);
  };
};
MYAPP.dom.Image = function (url) {
  this.url = url;
  this.insert = function (where) {
    var im = document.createElement('img');
    im.src = this.url;
    where.appendChild(im);
  };
};
```

서로 다른 세 생성자를 사용하는 방법은 정확히 동일하다. url 변수를 전달하고 다음과
같이 insert( ) 메소드를 호출한다.

```
var url = 'http://www.phpied.com/images/covers/oojs.jpg';

var o = new MYAPP.dom.Image(url);
o.insert(document.body);

var o = new MYAPP.dom.Text(url);
```

```
o.insert(document.body);

var o = new MYAPP.dom.Link(url);
o.insert(document.body);
```

프로그램이 어떤 유형의 객체가 필요한지 미리 알지 못한다고 가정해 보자. 사용자는 런타임 중에, 예를 들어 버튼을 클릭하여 결정한다. type에 필요한 객체 유형이 포함되어 있는 경우, if 또는 switch문을 사용해 다음 코드와 같이 작성한다.

```
var o;
if (type === 'Image') {
  o = new MYAPP.dom.Image(url);
}
if (type === 'Link') {
  o = new MYAPP.dom.Link(url);
}
if (type === 'Text') {
  o = new MYAPP.dom.Text(url);
}
o.url = 'http://...';
o.insert();
```

이 코드는 잘 동작한다. 그러나 생성자가 많은 경우 코드가 너무 길어져 유지 관리가 어려워진다. 또한 확장이나 플러그인을 허용하는 라이브러리 또는 프레임워크를 작성하는 경우, 사전에 모든 생성자 함수의 정확한 이름을 알지 못한다. 이 경우 동적으로 결정된 유형의 객체를 만드는 팩토리 함수가 편리하다.

MYAPP.dom 유틸리티에 팩토리 메소드를 추가해 보자.

```
MYAPP.dom.factory = function (type, url) {
  return new MYAPP.dom[type](url);
};
```

이제 다음과 같이 세 개의 if 함수를 더 간단한 코드로 바꿀 수 있다.

```
var image = MYAPP.dom.factory("Image", url);
image.insert(document.body);
```

앞의 코드의 `factory()` 메소드 예제는 간단했다. 그러나 실제 시나리오에서는 유형 값
(예, `MYAPP.dom[type]`이 존재하는지 확인)에 대해 유효성을 검사하고 선택적으로 모든 객체
유형(예, 모든 생성자가 사용하는 URL 설정)에 공통적인 설정 작업이 필요할 것이다.

장식자 패턴

장식자 디자인 패턴^{decorator design pattern}은 구조 패턴이다. 이 패턴은 객체가 어떻게 생성되
는지와 관련이 없으며 기능이 확장되는 방법과 관련 있다. 선형 방식(부모-자식-손자)으로
확장하는 상속을 사용하는 대신, 하나의 기본 객체와 추가 기능을 제공하는 다양한 장식
자 객체들을 가질 수 있다. 프로그램은 원하는 장식자와 순서를 선택할 수 있다. 다른 프
로그램이나 코드 경로의 경우, 요구사항이 다르며 동일한 풀에서 다른 장식자를 선택할
수 있다. 장식자 패턴을 구현하는 방법을 보여주는 다음 코드를 살펴보자.

```
var obj = {
  doSomething: function () {
    console.log('sure, asap');
  }
  // ...
};
obj = obj.getDecorator('deco1');
obj = obj.getDecorator('deco13');
obj = obj.getDecorator('deco5');
obj.doSomething();
```

doSomething( ) 메소드를 가진 간단한 객체로 시작한다. 그런 다음 이름으로 식별할 수 있는 장식자 객체 중 하나를 선택한다. 모든 장식자는 이전 장식자의 동일한 메소드를 먼저 호출한 다음 자체 코드로 처리하는 doSomething( ) 메소드를 제공한다. 장식자를 추가할 때마다 기본 obj를 개선된 버전으로 덮어 쓴다. 마지막으로 장식자를 추가하고 나면 doSomething( )을 호출한다. 결과적으로 모든 장식자의 모든 doSomething( ) 메소드가 순서대로 실행된다. 예제를 살펴보자.

크리스마스 트리 장식

크리스마스 트리를 장식하는 예로 장식자 패턴을 설명해 보자. 다음과 같이 decorate( ) 메소드로 시작한다.

```
var tree = {};
tree.decorate = function () {
  alert('Make sure the tree won't fall');
};
```

이제 추가 장식자를 추가하는 getDecorator( ) 메소드를 구현해 보자. 장식자는 생성자 함수로 구현되며, 다음과 같이 기본 tree 객체에서 상속받는다.

```
tree.getDecorator = function (deco) {
  tree[deco].prototype = this;
  return new tree[deco];
};
```

이제 전역 네임스페이스를 깨끗하게 유지하기 위해 tree의 속성으로 첫 번째 장식자인 RedBalls( )를 생성한다. 빨간색 공 객체도 decorate( ) 메소드를 제공하지만, 부모의 decorate( )를 먼저 호출해야 한다. 예를 들어 다음 코드를 살펴본다.

```
tree.RedBalls = function () {
  this.decorate = function () {
    this.RedBalls.prototype.decorate();
    alert('Put on some red balls');
  };
};
```

마찬가지로 BlueBalls( )과 Angel( ) 장식자를 다음과 같이 구현한다.

```
tree.BlueBalls = function () {
  this.decorate = function () {
    this.BlueBalls.prototype.decorate();
    alert('Add blue balls');
  };
};
tree.Angel = function () {
  this.decorate = function () {
    this.Angel.prototype.decorate();
    alert('An angel on the top');
  };
};
```

이제 다음 코드와 같이 모든 장식자를 기본 객체에 추가한다.

```
tree = tree.getDecorator('BlueBalls');
tree = tree.getDecorator('Angel');
tree = tree.getDecorator('RedBalls');
```

마지막으로 다음과 같이 decorate( ) 메소드를 실행한다.

```
tree.decorate();
```

이 단일 호출로 다음 순서로 경고 메시지가 출력된다.

1. 나무가 쓰러지지 않도록 한다.
2. 파란색 공을 추가한다.
3. 꼭대기에 천사를 추가한다.
4. 빨간색 공을 몇 개 추가한다.

보다시피, 이 기능을 사용하면 원하는 만큼 장식자를 사용할 수 있으며 원하는 방식으로 장식자를 선택하고 결합할 수 있다.

감시자 패턴

구독자−발행자 패턴subscriber-publisher pattern이라고도 하는 감시자 패턴observer pattern은 행동 패턴이다. 이는 서로 다른 객체가 서로 상호작용하는 방식을 다루는 것을 의미한다. 감시자 패턴을 구현할 때 다음과 같은 객체가 필요하다.

- 중요한 작업을 할 때 이를 알리는 하나 이상의 발행자publisher 객체
- 하나 이상의 발행자에게 맞춰진 하나 이상의 구독자subscribers 객체. 발행자의 알림을 듣고 적절한 행동을 한다.

감시자 패턴은 앞 장에서 알아본 브라우저 이벤트와 유사하다. 브라우저 이벤트는 감시자 패턴의 한 예제 애플리케이션이기 때문에 감시자 패턴은 친숙해 보인다. 브라우저가 발행자에게 click 같은 이벤트가 발생했다고 알린다. 이 유형의 이벤트를 청취하기 위해 등록된 이벤트 리스너 함수는 이벤트가 발생하면 통지를 받는다. 브라우저−발행자는 모든 구독자에게 이벤트 객체를 보낸다. 여러분의 구현에서는 적절한 임의의 형식의 데이터를 보낼 수 있다.

감시자 패턴에는 푸시push와 풀pull의 두 가지 하위 유형이 있다. 푸시는 발행자가 각 구독자에게 알릴 책임이 있는 곳이고, 풀은 구독자가 발행자의 상태 변화를 모니터링하는 곳이다.

푸시 모델의 예제 구현을 살펴보자. 감시자 관련 코드를 별도의 객체에 보관하고 이 객체를 믹스인으로 사용해 발행자로 결정되는 다른 객체에 이 기능을 추가한다. 이 방법으로 모든 객체가 발행자가 될 수 있으며 모든 함수가 구독자가 될 수 있다. 감시자 객체에는 다음 속성과 메소드가 있다.

- 콜백 함수인 subscribers의 배열
- subscribers 컬렉션에 추가하고 제거하는 addSubscriber()와 removeSubscriber() 메서드
- 데이터를 가져와 모든 구독자를 호출하고 데이터를 전달하는 publish() 메소드
- 객체를 가져와서 앞에서 언급한 모든 메소드를 추가하여 발행자로 전환시키는 make() 메소드

다음은 모든 구독 관련 메소드가 포함되어 있고 객체를 발행자로 전환하는 데 사용할 수 있는 감시자 믹스인 객체를 보여준다.

```
var observer = {
  addSubscriber: function (callback) {
    if (typeof callback === "function") {
      this.subscribers[this.subscribers.length] = callback;
    }
  },
  removeSubscriber: function (callback) {
    for (var i = 0; i < this.subscribers.length; i++) {
      if (this.subscribers[i] === callback) {
        delete this.subscribers[i];
      }
    }
  },
  publish: function (what) {
    for (var i = 0; i < this.subscribers.length; i++) {
      if (typeof this.subscribers[i] === 'function') {
        this.subscribers[i](what);
```

```
        }
      }
    },
    make: function (o) { // 객체를 발행자로 변환한다
      for (var i in this) {
        if (this.hasOwnProperty(i)) {
          o[i] = this[i];
          o.subscribers = [];
        }
      }
    }
};
```

이제 발행자를 생성해 보자. 발행자는 어떤 객체도 될 수 있으며 중요한 일이 발생할 때마다 publish( ) 메소드를 호출하는 것이 유일한 임무다. 다음은 새로운 블로그 게시가 준비될 때 마다 publish( )를 호출하는 blogger 객체를 보여준다.

```
var blogger = {
  writeBlogPost: function( ) {
    var content = 'Today is ' + new Date();
    this.publish(content);
  }
};
```

또 다른 객체는 새로운 신문 이슈가 나올 때마다 publish( )를 호출하는 LA Times 신문이 될 수 있다. 다음 코드를 살펴보자.

```
var la_times = {
  newIssue: function( ) {
    var paper = 'Martians have landed on Earth!';
    this.publish(paper);
  }
};
```

이들 객체를 다음과 같이 발행자로 설정할 수 있다.

```
observer.make(blogger);
observer.make(la_times);
```

이제 jack과 jill이라는 두 개의 간단한 객체를 만들어 보자.

```
var jack = {
  read: function(what) {
    console.log("I just read that " + what)
  }
};
var jill = {
  gossip: function(what) {
    console.log("You didn't hear it from me, but " + what)
  }
};
```

jack과 jill 객체는 다음과 같이 무엇인가가 발행될 때 호출할 콜백 메소드를 제공해 blogger 객체를 구독할 수 있다.

```
blogger.addSubscriber(jack.read);
blogger.addSubscriber(jill.gossip);
```

이제 blogger 객체가 새 게시물을 작성하면 어떤 일이 일어날까? 결과로 jack과 jill에게 알림이 전송된다.

```
> blogger.writeBlogPost();
    I just read that Today is Fri Jan 04 2013 19:02:12 GMT-0800 (PST)
    You didn't hear it from me, but Today is Fri Jan 04 2013 19:02:12 GMT-0800
    (PST)
```

jill은 언제든지 구독을 취소할 수 있다. 그러면 다른 블로그 게시물이 등록되어도 구독 취소된 객체는 더 이상 알림을 받지 않는다. 다음 코드를 살펴보자.

```
> blogger.removeSubscriber(jill.gossip);
> blogger.writeBlogPost();
I just read that Today is Fri Jan 04 2013 19:03:29 GMT-0800 (PST)
```

jill 객체는 여러 발행자의 구독자가 될 수 있으므로 다음과 같이 LA Times를 구독할 수 있다.

```
> la_times.addSubscriber(jill.gossip);
```

그런 다음 LA Times가 새로운 이슈를 게시하면 jill이 알림을 받고 jill.gossip( )이 다음과 같이 실행된다.

```
> la_times.newIssue();
You didn't hear it from me, but Martians have landed on Earth!
```

▌ 요약

11장에서는 일반적인 자바스크립트 코딩 패턴에 대해 배우고 다른 프로그램과 라이브러리를 사용해 프로그램을 더욱 빠르고 깨끗하게 만드는 방법을 배웠다. 그런 다음 GoF 책에서 나온 몇 가지 디자인 패턴에 대한 논의와 샘플 구현을 살펴봤다. 자바스크립트가 어떻게 완전한 기능을 갖춘 동적인 프로그래밍 언어인지를 알아봤고 느슨한 유형의 언어로 고전적인 패턴을 구현하는 것이 얼마나 쉬운지 배웠다. 패턴은 일반적으로 큰 주제이며 JSPatterns.com에서 자바스크립트 패턴에 대한 토론에 참여하거나 자바스크립트 패턴 책을 참고하는 것이 좋다. 12장에서는 테스트와 디버깅 방법론에 중점을 둔다.

12

테스트와 디버깅

자바스크립트 애플리케이션을 작성하다 보면 곧 적합한 테스트 전략을 수립하는 것이 반드시 필요하다는 것을 깨닫게 될 것이다. 사실 충분한 테스트를 하지 않는 것은 대부분 옳은 결정이 아니다. 다음과 같은 점을 확인하기 위해 코드의 중요한 기능을 모두 테스트하는 것이 반드시 필요하다.

- 기존 코드가 규격에 따라 동작한다.
- 새로운 코드가 규격에 정의된 동작을 위반하지 않는다.

이 두 가지 사항 모두 아주 중요하다. 많은 엔지니어들이 충분한 테스트로 코드를 다룰 수 있다는 한 가지 이유만으로 첫 번째 사항만 고려하는 경우가 많다. 테스트의 가장 확실한 이점은 제품으로 출시되는 코드가 오류가 없는지 확인해주는 것이다. 코드의 최대 기능을 스마트하게 테스트할 수 있는 테스트 케이스를 작성하면 코드의 전반적인 품질을

좋게 만들 수 있다. 이점에 있어서 논쟁이나 타협이 있어서는 안 된다. 많은 제품 생산 시스템에 적절한 코드 적용 범위가 없다는 것은 불행한 일이다. 개발자가 코드 작성에 고민하는 만큼 테스트 작성에 대해서도 고민하는 엔지니어링 문화를 구축하는 것이 아주 중요하다.

두 번째 사항이 훨씬 더 중요하다. 일반적으로 레거시 시스템은 관리하기가 매우 어렵다. 다른 사람이나 대규모 분산 팀이 작성한 코드로 작업할 때 버그가 발생하고 코드가 중단되기 쉽다. 최고의 엔지니어 조차도 실수를 한다. 익숙하지 않은 대규모 코드베이스에서 작업할 때 적합한 테스트 범위가 없다면 버그가 발생하기 쉽다. 변경을 확인할 수 있는 테스트 케이스가 없으므로 변경 사항에 대해 확신할 수 없고 따라서 코드 릴리스가 불안정하고 느려지며 숨겨진 버그로 가득 차게 된다.

코드의 변경으로 인해 잠재적으로 무언가 잘못될 수 있는지 확신할 수 없기 때문에(변경 사항을 확인할 수 있는 테스트 케이스가 없기 때문에) 리팩토링이나 코드 최적화를 자제할 것이다. 이 모든 것이 악순환된다. 이것은 마치 토목 기사가 '내가 이 다리를 건설했지만 건설의 품질에 대한 확신이 없습니다' 라고 말하는 것과 같다. 즉시 붕괴되거나 결코 붕괴되지 않을 수도 있다. 비록 이것이 과장된 것처럼 들리겠지만, 나는 충분히 테스트 되지 않은 영향력이 높은 제품 코드를 많이 보아 왔다. 이것은 위험하고 반드시 피해야 한다. 기능 코드의 대부분을 커버하는 충분한 테스트 케이스를 작성하면, 코드를 변경해도 이 새로운 변경 사항에 문제가 있는지를 즉시 알 수 있다. 변경 사항으로 인해 테스트 케이스가 실패하면, 문제를 인식할 수 있다. 리팩터링이 테스트 시나리오를 깨뜨리면 문제를 인식하게 할 수 있다. 이 모든 것이 코드가 제품으로 출시되기 훨씬 전에 일어난다.

최근에는 테스트 주도 개발^{test-driven development}과 자체 테스트 코드^{self-testing code} 같은 아이디어가 특히 애자일^{agile} 방법론에서 두각을 내고 있다. 이들 방법론은 근본적으로 좋은 아이디어며 여러분이 믿을 수 있는 견고한 코드를 작성하는 데 도움이 된다. 이번 장에서 이런 모든 아이디어를 알아볼 것이다. 현대 자바스크립트에서 어떻게 좋은 테스트 케이스를 작성할 수 있는지 알게 될 것이다. 또한 코드를 디버깅할 수 있는 몇 가지 도구와 방법을 살펴본다. 자바스크립트는 전통적으로 도구가 부족하여 테스트하고 디버그하기 어려웠지만, 현대의 도구들은 테스트와 디버그를 쉽고 자연스럽게 만들어준다.

▌ 단위 테스트

테스트 케이스에 대해 말할 때 이는 대개 단위 테스트^{unit test}를 의미한다. 테스트하고자 하는 단위가 항상 함수라고 가정하는 것은 올바르지 않다. 단위 또는 작업 단위는 단일 동작을 구성하는 논리 단위다. 이 단위는 공개 인터페이스를 통해 호출할 수 있어야 하며 독립적으로 테스트할 수 있어야 한다.

따라서 단위 테스트는 다음 기능을 수행할 수 있어야 한다.

- 단일 논리 함수를 테스트한다.
- 특정 실행 순서없이 실행할 수 있다.
- 자체 의존성과 모의^{mock} 데이터를 처리한다.
- 항상 동일한 입력에 대해 동일한 결과를 반환한다.
- 자명하고 유지보수가 가능하며 가독성이 좋아야 한다.

마틴 파울러^{Martin Fowler}의 테스트 피라미드^{Test Pyramid} 옹호(http://martinfowler.com/bliki/TestPyramid.html) 전략을 사용해 최대한의 코드 커버리지를 보장할 수 있는 단위 테스트를 많이 확보해야 한다. 12장에서는 두 가지 중요한 테스트 전략을 다룬다.

테스트 주도 개발

테스트 주도 개발^{TDD; Test driven development}은 지난 몇 년간 많은 주목을 받아 왔다. 이 개념은 극단적인 프로그래밍 방법론의 일부로 처음 제안되었다. 이 개념의 아이디어는 테스트 케이스를 먼저 작성하는 데 집중하는 짧은 반복 개발 주기를 갖는 것이다. 주기는 다음과 같다.

1. 특정 코드 단위에 대한 규격에 따라 테스트 케이스를 추가한다.
2. 기존 테스트 케이스 스위트suite를 실행해 작성한 새 테스트 케이스가 실패하는지 확인한다. 아직 이 새로운 단위에 대한 코드가 없기 때문에 실패할 것이다. 이 단계는 현재 테스트 하네스Harness가 잘 동작하는지 확인한다.
3. 주로 테스트 케이스를 확인하는 코드를 작성한다. 이 코드는 최적화되거나 리팩토링되지 않았으며 아직 완전히 수정되지도 않았다. 그러나 이 시점에는 괜찮다.
4. 테스트를 다시 실행하고 모든 테스트 케이스가 통과하는지 확인한다. 이 단계가 끝나면 새 코드가 아무것도 위배하지 않는다고 확신할 수 있다.
5. 코드를 리팩토링해 단위를 최적화하고 모든 코너 케이스를 처리하는지 확인한다.

이 단계를 추가되는 모든 새 코드에 대해 반복한다. 이것은 애자일 방법론에서 아주 잘 동작하는 우아한 전략이다. TDD는 테스트할 수 있는 코드 단위가 작고 테스트 케이스만 확인하는 경우에만 성공한다.

행동 주도 개발

TDD를 따를 때 가장 일반적인 문제는 어휘와 정확성의 정의다. BDD(행동 주도 개발)는 TDD를 따를 때 테스트 케이스를 작성하면서 유비쿼터스 언어를 도입한다. 이 언어는 비즈니스와 기술이 모두 동일한 것을 가리키도록 확신시켜준다.

여기서는 자스민Jasmine을 기본 BDD 프레임워크로 사용하고 다양한 테스트 전략을 모색해 본다.

https://github.com/jasmine/jasmine/releases/download/v2.3.4/jasmine-standalone-2.3.4.zip에서 독립형 패키지를 다운로드하여 자스민을 설치할 수 있다.

이 패키지의 압축을 풀면 다음 디렉토리 구조를 볼 수 있다.

lib 디렉토리에는 자스민 테스트 케이스 작성을 시작하는 데 필요한 자바스크립트 파일이 들어 있다. SpecRunner.html을 열면, 다음 자바스크립트 파일이 포함되어 있다.

```
<script src="lib/jasmine-2.3.4/jasmine.js"></script>
<script src="lib/jasmine-2.3.4/jasmine-html.js"></script>
<script src="lib/jasmine-2.3.4/boot.js"></script>

<!--여기에 소스 파일을 포함시킨다 -->
<script src="src/Player.js"></script>
<script src="src/Song.js"></script>
<!--여기에 규격 파일을 포함시킨다... -->
<script src="spec/SpecHelper.js"></script>
```

```
<script src="spec/PlayerSpec.js"></script>
```

처음 세 개는 자스민의 프레임워크 파일이다. 다음 섹션에는 테스트할 소스 파일과 실제 테스트 규격이 포함된다.

아주 일반적인 예를 통해 자스민을 실험해 보자. bigfatjavascriptcode.js 파일을 생성하고 src/ 디렉토리에 저장한다. 테스트할 함수는 다음과 같다.

```
function capitalizeName(name){
  return name.toUpperCase();
}
```

이것은 단일 작업을 수행하는 간단한 함수다. 문자열을 받아 대문자로 만들어 반환한다. 이 함수를 가지고 다양한 시나리오를 테스트한다. 이것이 앞에서 논의한 코드의 단위다.

그런 다음 테스트 규격을 생성한다. 하나의 자바스크립트 파일 test.spec.js를 작성해 spec/ 디렉토리에 넣는다. SpecRunner.html에 다음 두 줄을 추가한다.

```
<script src="src/bigfatjavascriptcode.js"></script>
<script src="spec/test.spec.js"></script>
```

포함되는 순서는 중요하지 않다. SpecRunner.html을 실행하면 다음과 같은 이미지가 표시된다.

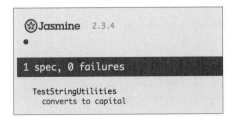

그림은 실행된 테스트 수와 실패 및 성공 횟수에 대한 세부 정보를 보여주는 자스민 보고서다. 이제 테스트 케이스를 실패하게 만들어 보자. 함수에 undefined 변수가 전달되는 경우를 테스트해 보자. 다음과 같이 테스트 케이스를 하나 더 추가한다.

```
it("can handle undefined", function() {
    var str= undefined;
    expect(capitalizeName(str)).toEqual(undefined);
});
```

이제 SpecRunner를 실행하면 다음 결과가 표시된다.

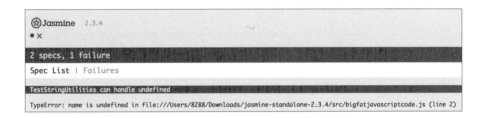

보다시피 테스트 케이스의 실패가 오류 스택에 자세히 표시된다. 이제 이 문제를 해결해 보자. 원본 JS 코드에서 다음과 같이 undefined를 처리한다.

```
function capitalizeName(name){
  if(name){
    return name.toUpperCase();
  }
}
```

이 변경으로 테스트 케이스가 통과되고 자스민 보고서에 다음 결과가 표시된다.

이것은 테스트 주도 개발과 아주 유사하다. 테스트 케이스를 작성한 다음 필요한 코드를 작성하여 규격을 확인하고 테스트 스위트를 다시 실행한다. 자스민 테스트의 구조를 이해해 보자.

테스트 규격은 다음 코드와 같다.

```
describe("TestStringUtilities", function() {
    it("converts to capital", function() {
        var str = "albert";
        expect(capitalizeName(str)).toEqual("ALBERT");
    });
    it("can handle undefined", function() {
        var str= undefined;
        expect(capitalizeName(str)).toEqual(undefined);
    });
});
```

describe("TestStringUtilities")가 테스트 스위트다. 테스트 스위트의 이름은 테스트 하는 코드 단위를 설명해야 한다. 이것은 함수 또는 관련 기능들의 그룹일 수 있다. 규격 안에서 전역 자스민 함수 it을 호출한다. 이 함수에 규격의 제목과 테스트 케이스의 조건을 검증하는 함수를 전달한다. 이 함수가 실제 테스트 케이스다. expect 함수를 사용해 하나 이상의 어설션^{assertion}이나 일반적인 예상치^{expectation}를 확인할 수 있다. 모든 예상치 가 true이면, 규격이 통과된 것이다. describe와 it 함수 안에는 어떤 유효한 자바스크립트 코드도 작성할 수 있다. 예상치의 일부로 확인하는 값은 매처^{matcher}를 사용해 매칭한다. 이 예에서 toEqual은 두 값이 일치하는지 비교하는 매처다. 자스민은 대부분의 일반적인 테스트 케이스에 적합한 풍부한 매칭 세트를 포함하고 있다. 자스민이 지원하는 일반적인 매처는 다음과 같다.

- toBe: 비교 대상인 두 객체가 동일한지를 확인한다. === 비교와 동일하다. 예를 들어 다음 코드를 살펴보자.

```
var a = { value: 1};
var b = { value: 1 };
expect(a).toEqual(b); // 성공,  == 비교와 동일
expect(b).toBe(b); // 실패, === 비교와 동일
expect(a).toBe(a); // 성공, === 비교와 동일
```

- not: not 프리픽스로 매처를 부정할 수 있다. 예를 들어 expect(1).not.toEqual(2)는 toEqual()에 의한 일치를 부정한다.
- toContain: 엘리먼트가 배열의 일부인지 확인한다. toBe 같은 정확한 객체 매칭이 아니다. 예를 들어 다음 코드를 살펴보자.

```
expect([1, 2, 3]).toContain(3);
expect("astronomy is a science").toContain("science");
```

- toBeDefined와 toBeUndefined: 변수가 undefined인지 아닌지 확인하는 데 편리하다.
- toBeNull: 변수 값이 null인지 확인한다.
- toBeGreaterThan과 toBeLessThan: 숫자 비교를 수행한다(문자열에서도 동작함). 예를 들어 다음 코드를 살펴보자.

```
expect(2).toBeGreaterThan(1);
expect(1).toBeLessThan(2);
expect("a").toBeLessThan("b");
```

자스민의 흥미로운 기능은 스파이^{spy}다. 규모가 큰 시스템을 작성하는 경우, 모든 시스템이 항상 사용할 수 있고 올바르게 동작하는지 확인하는 것은 불가능하다. 또한 의존성 때문에 단위 테스트가 실패하지 않기를 원할 것이다. 테스트할 코드 단위의 모든 의존성이 가용한 상황을 시뮬레이션하기 위해, 이런 의존성을 모의 실험(모킹)할 것이다. 모킹^{Moking}은 테스트의 중요한 부분이며, 대부분의 테스트 프레임워크는 모킹을 지원한다. 자스민은 스파이^{spy}라는 기능을 사용하여 모킹을 지원한다. 자스민의 스파이는 본질적으로 테스트 케이스를 작성하는 시점에 가용하지 않은 함수를 스텁^{stub}하지만, 기능의 일부로 이런 의존성의 실행을 무시하지 않고 추적해야 한다. 다음 예제를 살펴보자.

```
describe("mocking configurator", function() {
  var cofigurator = null;
  var responseJSON = {};

  beforeEach(function() {
    configurator = {
      submitPOSTRequest: function(payload) {
        // 이것은 실제 서비스로 대체될
        // 모의 서비스다
        console.log(payload);
        return {"status": "200"};
      }
    };
    spyOn(configurator, 'submitPOSTRequest').and.returnValue
      ({"status": "200"});
    configurator.submitPOSTRequest({
      "port":"8000",
      "client-encoding":"UTF-8"
    });
  });

  it("the spy was called", function() {
    expect(configurator.submitPOSTRequest).toHaveBeenCalled();
```

```
  });

  it("the arguments of the spy's call are tracked", function() {
    expect(configurator.submitPOSTRequest).toHaveBeenCalledWith(
      {"port":"8000", "client-encoding":"UTF-8"});
  });
});
```

이 예제에서 테스트 케이스를 작성할 때 configurator.submitPOSTRequest() 의존성이 실제 구현돼 있지 않거나, 누군가가 이 의존성을 수정하고 있다. 어떤 경우든 의존성을 사용할 수 없다. 테스트가 제대로 동작하게 하려면 이 의존성을 모의^{mock}해야 한다. 자스민 스파이는 모의 함수로 대체하고 실행을 추적할 수 있게 해준다.

이 경우 의존성이 호출되었는지 확인해야 한다. 실제 의존성이 준비되면 이 테스트 케이스를 다시 검토하여 규격에 맞는지 확인한다. 그러나 지금 시점에서는 의존성이 호출되도록 해야 한다. 자스민 함수 tohaveBeenCalled()를 사용하면 모의할 수 있는 함수의 실행을 추적할 수 있다. toHaveBeenCalledWith()를 사용하면 스텁 함수가 올바른 매개변수로 호출됐는지 판단할 수 있다. 자스민 스파이를 사용해 만들 수 있는 여러 흥미로운 시나리오가 있다. 여기서 모두를 다루지는 못하지만, 여러분 스스로 이 분야를 탐구해 보기를 권장한다.

모카와 차이, 시논

자스민이 가장 잘 알려진 자바스크립트 프레임워크긴 하지만, Node.js 환경에서는 모카^{mocha}와 차이^{chai}가 많이 사용되고 있다.

- 모카는 테스트 케이스를 기술하고 실행하는 데 사용되는 테스트 프레임워크다.
- 차이는 모카가 지원하는 어서션^{assertion} 라이브러리다.
- 테스트를 위해 모의^{mock}과 스텁^{stub}을 만들 때 시논^{sinon}이 편리하게 사용된다.

여기서 이들 프레임워크에 대해 설명하지는 않는다. 그러나 자스민에서의 경험이 이들 프레임워크로 작업하는 데 도움이 될 것이다.

▌ 자바스크립트 디버깅

여러분이 처음 프로그래밍에 입문한 초보자가 아니라면, 여러분 자신이나 다른 사람이 작성한 코드를 디버깅하는 데 꽤 많은 시간을 소비했을 것이다. 디버깅은 예술에 가깝다. 모든 언어는 디버깅과 관련한 다양한 도구와 도전 과제를 가지고 있다. 자바스크립트는 전통적으로 디버깅하기 어려운 언어다. 나 역시 alert( ) 함수를 사용해 잘못 작성된 자바스크립트 코드를 디버깅하면서 밤을 지새운 경험이 있다. 다행히 모질라와 파이어폭스, 구글 크롬 같은 최신 브라우저는 자바스크립트를 디버깅하는 데 도움이 되는 우수한 **개발자 도구**^{Developer Tools}를 제공한다. 자바스크립트와 Node.js에서 디버깅을 지원하는 Intellij IDEA와 웹스톰^{Webstorm} 같은 뛰어난 IDE도 있다. 이 장에서는 주로 구글 크롬의 내장된 개발자 도구에 중점을 둘 것이다. 파이어폭스 역시 파이어버그^{Firebug} 확장을 통해 구글 크롬의 개발자 도구와 거의 동일하게 동작하는 내장 개발자 도구를 지원한다. 여기서는 두 도구 모두에서 사용할 수 있는 일반적인 디버깅 방법을 설명한다.

특정 디버깅 기술에 대해 이야기하기 전에 먼저 코드를 디버깅할 때 관심을 가실만한 오류의 유형에 대해 알아보자.

구문 오류

코드에 자바스크립트 언어 문법을 따르지 않는 부분이 있으면 인터프리터는 해당 코드의 실행을 거부한다. IDE가 구문 검사를 도와준다면 쉽게 찾아낼 수 있다. 대부분의 IDE는 이런 오류를 해결해준다. 앞에서 코드에서 구문 오류를 찾는 JSLint와 JSHint 같은 유용한 도구를 알아보았다. 이들 도구는 코드를 분석하고 구문에서 오류를 표시한다. 예를 들어, 다음 출력은 코드에서 많은 변경이 필요함을 보여준다. 다음 코드는 내가 작업했던 기존 프로젝트에서 일부를 발췌한 것이다.

```
temp git:(dev_branch) X jshint test.js
test.js: line 1, col 1, Use the function form of "use strict".
test.js: line 4, col 1, 'destructuring expression'
  is available in ES6 (use esnext option) or
  Mozilla JS extensions (use moz).
test.js: line 44, col 70, 'arrow function syntax (=>)'
  is only available in ES6 (use esnext option).
test.js: line 61, col 33, 'arrow function syntax (=>)'
  is only available in ES6 (use esnext option).
test.js: line 200, col 29, Expected ')' to match '(' from
  line 200 and instead saw ':'.
test.js: line 200, col 29, 'function closure expressions'
  is only available in Mozilla JavaScript extensions (use moz option).
test.js: line 200, col 37, Expected '}' to match '{' from
  line 36 and instead saw ')'.
test.js: line 200, col 39, Expected ')' and instead saw '{'.
test.js: line 200, col 40, Missing semicolon.
```

엄격 모드 사용

앞 장에서 엄격strict 모드에 대해 간단히 알아봤다. 엄격 모드를 사용하면 자바스크립트가 코드에서 구문 오류를 허용하지 않는다. 조용히 실패하는 대신 엄격 모드는 이런 실패를 오류로 던진다. 이는 작은 실수가 실제 오류로 발전되는 것을 방지하는 데도 도움이 된다. 엄격 모드를 적용하는 두 가지 방법이 있다. 전체 스크립트에 엄격 모드를 원할 경우 자바스크립트 프로그램의 첫 번째 줄에 use strict문(따옴표 포함)을 추가하면 된다. 특정 함수가 엄격 모드로 실행되도록 하려면 함수의 첫 번째 행에 지시문을 추가하면 된다. 예를 들어 다음 코드를 살펴보자.

```
function strictFn(){
  // 이 줄은 전체 스크립트를 엄격 모드에서 실행되도록 만든다
  'use strict';
  ...
  function nestedStrictFn() {
    // 이 함수의 모든 내용도 중첩되어 있음
    ...
  }
}
```

런타임 예외

이런 오류는 코드를 실행하거나, undefined 변수를 참조하거나 또는 null을 처리하려고 할 때 발생한다. 런타임 예외가 발생하면 예외가 발생한 해당 특정 라인 다음의 모든 코드가 실행되지 않는다. 코드에서 이런 예외적인 시나리오를 처리해야 한다. 예외 처리는 충돌을 방지하는 데 도움이 될 뿐만 아니라 디버깅에도 도움이 된다. 런타임 예외가 발생할 수 있는 코드를 try{} 블록으로 래핑할 수 있다. 이 블록 안에 있는 코드에서 런타임 예외가 발생하면 대응하는 핸들러가 이를 캡처한다. 핸들러는 catch(exception){} 블록으로 정의된다. 다음 예제를 통해 자세히 알아보자.

```
try {
  var a = doesnotexist; // 런타임 예외를 던진다
} catch(e) {
  console.log(e.message); //예외 처리
  // 출력 - "doesnotexist is not defined"
}
```

이 예제에서 var a = doesnotexist줄은 undefined 변수인 doesnotexist를 다른 변수인 a에 할당하려고 시도한다. 이로 인해 런타임 예외가 발생한다. 이 문제가 되는 코드를

try{}catch( ){} 블록으로 래핑했을 때 예외가 발생하면 try{} 블록에서 실행이 중지되고 catch( ) {} 핸들러로 직접 이동한다. catch 핸들러는 예외적인 시나리오 처리를 담당한다. 예제의 경우, 디버깅을 위해 콘솔에 오류 메시지를 표시한다. 명시적으로 예외를 발생시켜 코드에서 처리되지 않은 시나리오를 트리거할 수 있다. 다음 예제를 살펴보자.

```
function engageGear(gear){
  if(gear==="R"){ console.log ("Reversing");}
  if(gear==="D"){ console.log ("Driving");}
  if(gear==="N"){ console.log ("Neutral/Parking");}
  throw new Error("Invalid Gear State");
}
try
{
  engageGear("R"); //후진
  engageGear("P"); //유효하지 않은 기어 상태
}
catch(e){
  console.log(e.message);
}
```

이 예제에서 기어 변속의 유효한 상태인 R과 N, D를 처리하고 있다. 그러나 유효하지 않은 상태를 받으면 명시적으로 그 이유와 함께 예외를 던지고 있다. 예외가 발생할 수 있다고 생각되는 함수를 호출할 때 코드를 try{} 블록으로 래핑하고 catch( ){} 핸들러를 첨부한다. catch( ) 블록에서 예외를 잡으면 예외 조건을 적절하게 처리한다.

Console.log와 asserts

콘솔에서 실행 상태를 표시하는 것은 디버깅 시 매우 유용하다. 최신 개발자 도구를 사용하면 중단점을 지정하고 런타임 시 실행을 중단하고 특정 값을 검사할 수 있지만 여전히 콘솔에 몇 가지 변수 상태를 기록하여 작은 문제를 빠르게 감지할 수 있다.

이런 개념으로 크롬 개발자 도구를 사용하여 자바스크립트 코드를 디버깅하는 방법을 알아보자.

크롬 개발자 도구

크롬 개발자 도구는 **메뉴 › 도구 더 보기 › 개발자 도구**를 클릭하면 시작할 수 있다. 다음 스크린샷을 참고한다.

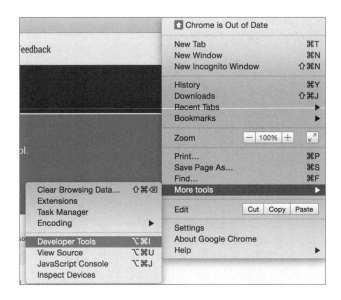

크롬 개발자 도구는 브라우저의 아래쪽 창에 열리며, 아주 유용한 섹션을 많이 가지고 있다. 다음 스크린샷을 참고한다.

Elements 패널을 사용하면 DOM 트리 및 각 구성 요소의 관련 스타일 시트를 검사하고 모니터링할 수 있다.

Network 패널은 네트워크 상황을 분석하는 데 유용하다. 예를 들어 실시간으로 네트워크를 통해 다운로드되는 리소스를 모니터링할 수 있다.

가장 중요한 패널은 Sources 패널이다. 이 패널에 자바스크립트와 디버거가 표시된다. 다음 내용으로 샘플 HTML을 작성해 보자.

```html
<!DOCTYPE html>
<html>
<head>
  <meta charset="utf-8">
  <title>This test</title>
  <script type="text/javascript">
  function engageGear(gear){
    if(gear==="R"){ console.log ("Reversing");}
    if(gear==="D"){ console.log ("Driving");}
    if(gear==="N"){ console.log ("Neutral/Parking");}
    throw new Error("Invalid Gear State");
  }
  try
  {
    engageGear("R"); //후진
    engageGear("P"); //유효하지 않은 기어 상태
  }
  catch(e){
    console.log(e.message);
  }
  </script>
</head>
<body>
</body>
</html>
```

이 HTML 파일을 저장하고 크롬에서 연다. 브라우저에서 **개발자 도구**를 열면 다음 화면이 표시된다.

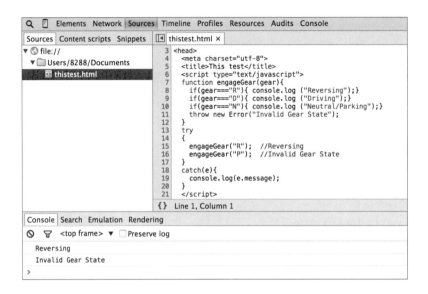

이것이 Sources 패널의 화면이다. 이 패널에서 HTML과 자바스크립트 소스를 볼 수 있다. Console 창도 볼 수 있으며, 파일이 실행되고 결과가 콘솔에 표시된다.

오른쪽에는 다음 스크린샷과 같이 디버거 창이 표시된다.

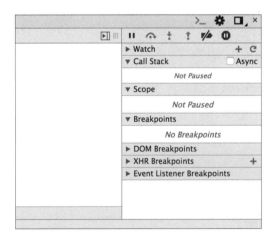

Sources 패널에서 줄 번호 8과 15를 클릭해 중단점을 추가한다. 중단점으로 지정된 지점에서 스크립트의 실행을 중지할 수 있다. 다음 스크린샷을 참조한다.

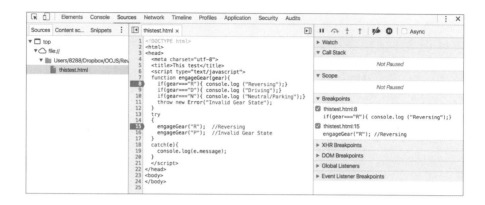

디버그 패널에서 모든 중단점을 볼 수 있다. 다음 스크린샷을 참고한다.

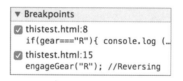

이제 동일한 페이지를 다시 실행하면, 디버그 지점에서 실행이 중지되는 것을 볼 수 있다. 다음 스크린샷을 참고한다.

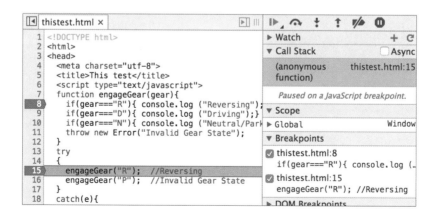

이제 이 창에서 모든 작업을 할 수 있다. 실행이 15행에서 일시 중지됐음을 알 수 있다. 디버그 창에서 어떤 중단점이 트리거되는지 볼 수 있다. 또한 Call Stack을 보고 여러 가지 방법으로 실행을 다시 시작할 수도 있다. 디버그 명령 창은 일련의 작업을 가지고 있다. 다음 스크린샷을 참고한다.

다음 버튼을 클릭하여 다음 종단점까지 실행을 다시 시작할 수 있다.

이렇게 하면 실행은 다음 중단점을 만날 때까지 계속된다. 예제의 경우 8번째 줄에서 멈춘다. 다음 스크린샷을 참조한다.

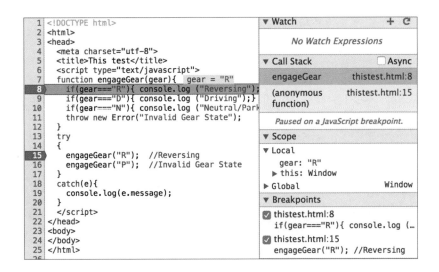

Call Stack 창에서 어떻게 8번째 줄에 도착했는지 알 수 있다. Scope 패널에는 중단점에 도달했을 때 범위의 변수를 볼 수 있는 Local 범위가 표시된다. 또한 함수 안으로 들어가거나(Step-Into), 다음 함수로 넘어갈 수 있다(Step-Over).

크롬 개발자 도구는 코드를 디버그하고 프로파일을 작성하는 매우 유용한 메커니즘도 제공한다. 이 도구를 실험해보고 여러분의 개발의 일부로 삼을 것을 제안한다.

▌ 요약

테스트와 디버깅 단계는 모두 자바스크립트 코드 개발에 필수적이다. TDD와 BDD는 애자일 방법론과 밀접한 관련이 있으며 자바스크립트 개발자 커뮤니티에서 널리 수용됐다. 12장에서는 TDD와 관련된 모범 사례와 자스민을 테스트 프레임워크로 사용하는 방법을 알아봤다. 또한 크롬 **개발자 도구**를 사용하여 자바스크립트를 디버깅하는 다양한 방법을 살펴봤다.

다음 13장에서는 ES6의 새롭고 흥미로운 세계인 DOM 조작과 크로스 브라우저 전략에 대해 알아본다.

13

리액티브 프로그래밍과 리액트

ES6와 함께 몇 가지 새로운 아이디어가 등장하고 있다. 더욱 간소화된 코드와 디자인으로 강력한 시스템을 구축하는 데 도움이 되는 강력한 아이디어가 있다. 13장에서는 리액티브 프로그래밍reactive programming과 리액트react라는 두 가지 아이디어를 소개한다. 이름 때문에 비슷하게 보일지 몰라도 이 둘은 매우 다르다. 이번 장에서는 이런 아이디어의 세부 내용을 자세히 다루지는 못하지만 이들로 무엇을 할 수 있는지 아는 데 필요한 정보를 제공한다. 이 정보를 가지고, 이들 아이디어와 프레임워크를 여러분의 프로젝트에 통합할 수 있을 것이다. 리액티브 프로그래밍의 기본 아이디어에 대해 논의하고 리액트에 대해 좀더 자세히 알아보겠다.

▌ 리액티브 프로그래밍

최근 리액티브 프로그래밍Reactive programming이 주목을 받고 있다. 이 아이디어는 비교적 새로운 것으로, 다른 새로운 아이디어와 마찬가지로 혼란스럽고 조금은 모순되는 정보가 많이 돌아다니고 있다. 이 책의 앞부분에서 비동기 프로그래밍에 대해 알아봤다. 자바스크립트는 비동기 프로그래밍을 지원하는 일급first-class 언어 구조를 제공함으로써 비동기 프로그래밍을 새로운 차원으로 끌어올린다.

리액티브 프로그래밍은 기본적으로 비동기 이벤트 스트림을 사용해 프로그래밍한다. 이벤트 스트림은 시간의 흐름에 따라 발생하는 일련의 이벤트다. 다음 다이어그램을 살펴보자.

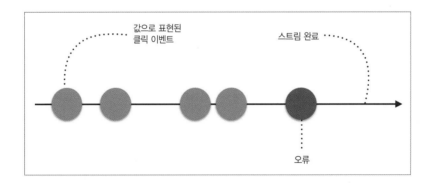

앞의 다이어그램에서 시간은 왼쪽에서 오른쪽으로 흘러가고 시간의 흐름에 따라 다른 이벤트가 발생한다. 이벤트가 시간의 흐름에 따라 발생하므로 이 전체 시퀀스에 이벤트 리스너를 추가할 수 있다. 이벤트가 발생 할 때 작업을 수행함으로써 이벤트에 반응할 수 있다.

자바스크립트에서 시퀀스의 또 다른 유형은 배열이다. 예를 들어 다음 코드를 살펴보자.

```
var arr = [1,1,13,'Rx',0,0];
console.log(arr);
>>> [1, 1, 13, "Rx", 0, 0]
```

이 경우 전체 시퀀스가 동시에 메모리에 저장된다. 그러나 이벤트 스트림의 경우 이벤트는 시간의 흐름에 따라 발생하며, 이 시점에는 상태가 없다. 다음 코드 줄을 살펴보자.

```
var arr = Rx.Observable.interval(500).take(9).map(
  a=>[1,1,13,'Rx',0,0][a]);
var result = arr;
result.subscribe(x=>console.log(x));
```

이 예제에서 어떤 일이 벌어지고 있는지 아직 걱정할 필요 없다. 예제에서는 시간이 지남에 따라 이벤트가 발생하고 있다. 배열에 고정된 수의 요소를 가지는 대신 500밀리초가 지나면 발생한다.

이벤트 리스너를 arr 이벤트 스트림에 추가하고, 이벤트가 발생하면 콘솔에 요소를 출력한다. 배열의 메소드와 이벤트 스트림 사이의 유사성을 볼 수 있다. 이제 이 유사성을 확장하기 위해 이 목록에서 숫자가 아닌 모든 것을 필터링한다고 가정해 보자. 배열에서 사용할 때와 마찬가지로 map 함수를 이 이벤트 스트림에 사용할 수 있다. 그런 다음 결과를 필터링하여 정수만 표시할 수 있다. 다음 코드 줄을 살펴보자.

```
var arr = [1,1,13,'Rx',0,0];
var result = arr.map(x => parseInt(x)).filter(x => !isNan(x));
console.log(result);
```

흥미롭게도 동일한 메소드가 이벤트 스크림에도 적용된다. 다음 코드 예제를 살펴보자.

```
var arr = Rx.Observable.interval(500).take(9).map(
  a=>[1,1,13,'Rx',0,0][a]);
var result = arr.map(x => parseInt(x)).filter(x => !isNaN(x));
result.subscribe(x=>console.log(x));
```

이벤트 스트림이 시간 경과에 따라 어떻게 흐르고 있는지 보기 위한 간단한 예제다. 아직 문법과 구조에 대해 신경 쓰지 말자. 자세히 살펴보기 전에 리액티브 프로그래밍에 대해 이해할 필요가 있다. 이벤트 스트림은 리액티브 프로그래밍의 기본이다. 선언 시간 declaration time(안드레 스탈츠Andre Staltz의 블로그에서 가져온 정의)에 값의 동적 동작을 정의할 수 있다.

초기값이 3인 변수 a가 있다고 가정해 보자. 그리고 변수 b는 10*a이다. b를 콘솔에 출력하면 30이 표시된다. 다음 코드 줄을 살펴보자.

```
let a = 3;
let b = a * 10;
console.log(b); //30
a = 4;
console.log(b); // 여전히 30임
```

결과는 아주 간단하다. a의 값을 4로 변경해도 b의 값은 변경되지 않는다. 이것이 정적 선언이 동작하는 방법이다. 리액티브 프로그래밍과 이벤트 스트림에 대해 이야기할 때, 많은 사람들이 이벤트 흐름을 이해하는 데 어려움을 겪는다. 이상적으로는 b=a*10의 수식을 만들고 시간이 지나 값이 변경될 때마다 변경된 값이 수식에 반영되도록 하고 싶다.

이벤트 스트림으로 이를 달성할 수 있다. a가 값 3의 이벤트 스트림이라고 가정해 보자. 그리고 streamA 매핑된 streamB가 있다. 이들의 a값은 각각 10*a에 매핑된다.

streamB에 이벤트 리스너를 추가하고 로그를 콘솔에 출력하면 b가 30이라는 것을 알 수 있다. 다음 예제를 살펴보자.

```
var streamA = Rx.Observable.of(3, 4);
var streamB = streamA.map(a => 10 * a);
streamB.subscribe(b => console.log(b));
```

이렇게 하면 이벤트가 두 개뿐인 이벤트 스트림을 가진다. 이벤트 3이 있고 그 다음 이벤트 4가 있다. b는 a가 변경될 때마다 그에 따라 변경된다. 이를 실행하면 b는 30과 40이 된다.

리액티브 프로그래밍의 기초를 닦는 데 시간을 들였으므로 아마도 다음 질문을 할 수 있을 것이다.

왜 리액티브 프로그래밍을 고려하는가?

최신 웹과 모바일에서 반응이 빠르고 인터렉티브한 UI 애플리케이션을 작성할 때, UI에서 사용자 상호작용을 중단하지 않고 실시간 이벤트를 처리할 수 있는 방법을 찾아야 한다. 많은 UI와 서버 이벤트를 처리할 때, 이런 이벤트를 처리하는 코드를 작성하는 데 대부분의 시간을 소비하게 된다. 이것은 지루한 작업이다. 리액티브 프로그래밍은 최소한의 코드로 비동기 이벤트를 처리하는 구조화된 프레임워크를 제공하며 애플리케이션에서는 비즈니스 로직에 집중할 수 있도록 해준다.

리액티브 프로그래밍은 자바스크립트에만 국한되지 않는다. 리액티브 확장은 자바, 스칼라^{Scala}, 클로저^{Clojure}, 루비^{Ruby}, 파이썬^{Python}, 오브젝트 C$^{Object\ C}$/코코아^{Cocoa} 같은 많은 플랫폼 및 언어에서 사용할 수 있다. Rx.js 와 Bacon.js는 리액티브 프로그래밍을 지원하는 인기있는 자바스크립트 라이브러리다.

Rx.js에 대한 자세한 소개가 13장의 목표는 아니다. 이 장의 목적은 리액티브 프로그래밍의 아이디어를 소개하는 것이었다. 여러분의 프로젝트에 리액티브 프로그래밍을 채택하고 싶다면 안드레 스탈츠의 훌륭한 소개글(https://gist.github.com/staltz/868e7e9bc2a7b8c1f754)을 살펴보면 많은 도움이 될 것이다.

▋ 리액트

리액트^{React}는 자바스크립트 세계를 폭풍 속으로 몰아 넣고 있다. 페이스북은 **모델-뷰-컨트롤러** 애플리케이션의 뷰 부분을 효율적으로 처리하는 방법에 대한 오래된 문제를 해결하기 위해 리액트 프레임워크를 만들었다.

리액트는 선언적이고 유연한 사용자 인터페이스 구축 방법을 제공한다. 리액트에 대해 기억해야 할 가장 중요한 점은 뷰(또는 UI) 하나만 처리한다는 것이다. 리액트는 데이터와 데이터 바인딩을 다루지 않는다. 데이터와 바인딩, UI를 처리하는 앵귤러 같은 완전한 프레임워크도 있지만 리액트는 그렇지 않다.

리액트는 HTML을 렌더링하기 위한 템플릿 언어와 함께 작은 함수 세트를 제공한다. 리액트 구성요소는 자신의 상태를 메모리에 저장할 수 있다. 리액트는 해당 애플리케이션의 뷰 부분만 처리하기 때문에 본격적인 애플리케이션 프로그램을 작성하려면 다른 부분도 필요하다.

복잡한 UI를 작성할 때 큰 도전 과제는 모델이 변경될 때 UI 엘리먼트의 상태를 관리하는 것이다. 리액트는 선언적 API를 제공하므로 모든 업데이트에서 변경사항이 정확히 무엇인지 염려하지 않아도 된다. 따라서 애플리케이션을 훨씬 쉽게 작성할 수 있다. 리액트는 **가상**^{Virtual} **DOM**과 **디핑**^{diffing} 알고리즘을 사용하므로 고성능 애플리케이션에 충분히 빠르며 구성요소의 업데이트를 예측할 수 있다.

▋ 가상 DOM

가상 DOM이 무엇인지 잠시 살펴보겠다. 앞에서 웹 페이지에서 HTML 엘리먼트의 트리 구조인 **DOM**$^{Document Object Model}$에 대해 알아보았다. 사실상 DOM은 웹의 기본 렌더링 메커니즘이다. getElementById( ) 같은 DOM API를 사용하면 DOM 트리의 엘리먼트를 탐색하고 수정할 수 있다. DOM은 트리이며 이 구조는 엘리먼트의 탐색 및 업데이트와 잘 맞는다. 그러나 DOM의 탐색과 업데이트는 그다지 빠르지 않다. 큰 페이지의 경우 DOM 트리가 상당히 클 수 있다. 사용자 상호작용이 많은 복잡한 UI를 원할 때 DOM 엘리먼트의 업데이트가 지루하고 느릴 수 있다. 잦은 DOM 수정에 대한 지루한 구문을 줄이기 위해 제이쿼리 및 기타 라이브러리로 작업을 시도해 왔지만, DOM 구조 자체가 매우 제한적이다.

엘리먼트를 수정하기 위해 DOM을 반복해서 탐색하지 않아도 된다면 어떨까? 구성요소가 무엇인지를 선언하고, 다른 누군가가 해당 구성요소를 렌더링하는 로직을 처리하게 한다면 어떨까? 리액트가 바로 이런 일을 해준다. 리액트를 사용하면 UI 엘리먼트를 어떻게 보이게 할 것인지를 선언하고 하위 수준 DOM 조작 API를 추상화할 수 있다. 이 유용한 추상화 외에도 래액트는 성능 문제를 아주 영리하게 해결한다.

리액트는 가상^{Virtual} DOM을 사용한다. 가상 DOM은 HTML DOM의 경량화된 추상화다. HTML DOM의 로컬 메모리 내 사본이라고 생각할 수 있다. 리액트는 이를 사용하여 UI 구성요소의 상태를 렌더링 하는 데 필요한 모든 계산을 수행한다.

이 최적화에 대한 자세한 내용은 https://facebook.github.io/react/docs/reconciliation.html에서 확인할 수 있다.

그러나 리액트의 주요 강점은 가상 DOM만이 아니다. 리액트는 대규모 애플리케이션을 개발할 때 구성, 단방향 데이터 흐름 및 정적 모델링을 보다 쉽게 만들 수 있게 해주는 환상적인 추상화를 제공한다.

▌ 리액트 설치와 실행

먼저 리액트를 설치하자. 예전에는 리액트를 설치하려면 주의를 기울여야 할 많은 의존성이 필요했다. 그러나 여기서는 상대적으로 빠른 방법으로 리액트를 설치하고 실행할 것이다. create-react-app을 사용해 빌드 구성 없이 리액트를 설치할 수 있다. 설치는 다음과 같이 npm을 통해 수행된다.

```
npm install -g create-react-app
```

여기서는 create-react-app 노드 모듈을 전역으로 설치한다. create-react-app이 설치되면 애플리케이션의 디렉토리를 설정할 수 있다. 다음 명령을 살펴보자.

```
create-react-app react-app
cd react-app/
npm start
```

그런 다음 http://localhost:3000/을 열어 앱을 확인한다. 다음 스크린샷을 볼 수 있다.

편집기에서 디렉토리를 열면 다음 스크린샷과 같이 여러 파일이 생성된다.

이 프로젝트에서 node_modules는 이 프로젝트를 실행하는 데 필요한 의존성과 리액트 자체의 의존성이다. 중요한 디렉토리는 소스코드가 보관되는 src다. 이 예에서는 App.js와 index.js라는 두 파일만 보관하도록 하자. /public/index.html 파일에는 리액트 구성요소의 타겟으로 사용될 루트 div만 포함해야 한다. 다음 코드를 살펴보자.

```html
<!doctype html>
<html lang="en">
  <head>
    <title>React App</title>
  </head>
  <body>
    <div id="root"></div>
  </body>
</html>
```

이 변경을 수행하면 다음 오류가 표시된다.

@ ./src/App.js 14:12-33

Error in ./src/App.js
Module not found: ./App.css in /Users/8288/source_code/react-app/src

리액트로 개발하는 장점은 코드 변경이 실시간으로 다시 로드된다는 것과 즉각적인 피드백을 얻을 수 있다는 것이다.

다음으로 App.js의 모든 내용을 지우고 다음 코드 행으로 바꾼다.

```
import React from 'react';
const App = () => <h1>Hello React</h1>
export default App
```

이제 index.js로 이동해 import ./index.css; 라인을 삭제한다. 서버를 재시작하거나 브라우저를 새로 고치지 않아도 브라우저에 수정된 페이지가 표시된다. 다음 스크린샷을 참고한다.

HelloWorld 리액트 구성요소를 생성하기 전에, 주목해야 할 몇 가지 중요한 사항을 설명한다. App.js와 index.js에서 리액트 구성요소를 생성하는 데 필요한 두 개의 라이브러리를 가져온다. 다음 코드를 살펴보자.

```
import React from 'react';
import ReactDOM from 'react-dom';
```

여기에서 리액트 구성요소를 빌드할 수 있게 해주는 라이브러리인 React를 가져오고 있다. 또한 DOM 컨텍스트에서 구성요소를 배치하고 함께 사용할 수 있는 라이브러리인 ReactDOM을 가져오고 있다. 그런 다음 방금 작업한 구성요소인 App 구성요소를 가져온다.

또한 App.js에서 첫 번째 구성요소를 생성했다. 다음 코드 줄을 살펴보자.

```
const App = () => <h1>Hello React</h1>
```

이것은 상태 비저장stateless 함수 구성요소다. 구성요소를 생성하는 또 다른 방법은 클래스 구성요소를 만드는 것이다. 앞의 구성요소를 다음 클래스 구성요소로 바꿀 수 있다.

```
class App extends React.Component {
  render(){
    return <h1>Hello World</h1>
  }
}
```

여기서 흥미로운 일들이 일어난다. 먼저 React.Component 수퍼클래스에서 확장되는 class 키워드를 사용해 클래스 구성요소를 생성한다.

App 구성요소는 리액트 구성요소 클래스 또는 리액트 구성요소 타입이다. 구성요소는 props이라고도 불리는 매개변수를 받아 render 함수를 통해 표시할 뷰의 계층구조를 반환한다.

render 메소드는 렌더링할 내용에 대한 설명description을 반환한 다음 리액트가 이 설명을 가져와 화면에 렌더링한다. 특히 render는 렌더링 대상에 대한 간단한 설명인 react 엘리먼트를 반환한다. 대부분의 리액트 개발자는 JSX라는 특수 구문을 사용해 이런 구조를 쉽게 작성한다. <div /> 구문은 빌드 시 React.createElement('div')로 변환된다. JSX 표현식인 <h1>Hello World</h1>은 빌드 시 다음과 같이 변환된다.

```
return React.createElement('h1', null, 'Hello World');
```

클래스 구성요소와 상태 비저장 함수 구성요소의 차이점은 클래스 구성요소에는 상태가 포함될 수 있지만, 상태 비저장함수 구성요소에는 포함될 수 없다(그 이름처럼).

리액트 구성요소의 render 메소드는 단일 노드만 반환할 수 있다. 다음과 같이 하면,

```
return <h1>Hello World</h1><p>React Rocks</p>
```

다음과 같은 오류가 발생한다.

```
Error in ./src/App.js
Syntax error: Adjacent JSX elements must be wrapped in
  an enclosing tag (4:31)
```

이는 본질적으로 두 개의 React.createElement 함수를 반환하기 때문이며, 유효한 자바 스크립트가 아니다. 중요한 문제로 보일 수 있지만 이 문제는 쉽게 해결할 수 있다. 노드를 부모 노드로 감싸고 그 부모 노드를 render 함수에서 반환할 수 있다. 부모 div를 생성하고 그 아래에 다른 노드를 감쌀 수 있다. 다음 예제를 살펴보자.

```
render(){
    return (
      <div>
        <h1>Hello World</h1>
        <p>React Rocks</p>
      </div>
      )
}
```

구성요소와 props

구성요소는 개념적으로 자바스크립트 함수로 간주될 수 있다. 일반 함수처럼 임의의 수의 입력을 받는다. 이런 입력을 props라고 부른다. 다음 함수를 살펴보자.

```
function Greet(props) {
  return <h1>Hello, {props.name}</h1>;
}
```

이것은 일반 함수이며 유효한 리액트 구성요소다. props라는 입력을 받아서 유효한 JSX를 반환한다. 중괄호와 표준 객체 표기법을 사용하는 name 같은 속성을 사용해 JSX 내에서 props을 사용할 수 있다. 이제 Greet가 일급 리액트 구성요소이므로 render() 함수에서 다음과 같이 사용할 수 있다.

```
render(){
  return (
   return <Greet name="Joe"/>
  )
}
```

Greet()를 일반 구성요소로 호출하고 this.props를 전달한다. 자체 구성요소는 대문자로 써야 한다. 리액트는 소문자로 시작하는 구성요소 이름을 표준 HTML 태그로 간주하고, 사용자정의의 구성요소 이름은 대문자로 시작될 것으로 예상한다. 앞에서 살펴본 것처럼, ES6 클래스를 사용하여 클래스 구성요소를 생성할 수 있다. 이 구성요소는 React.component의 하위 클래스다. Greet 함수와 동등한 구성요소는 다음과 같다.

```
class Greet extends React.Component {
  render(){
    return <h1>Hello, {this.props.name}</h1>
  }
}
```

모든 실질적인 목적에서 이 구성요소 생성 방법을 사용하도록 한다. 곧 이유를 알게 될 것이다.

한가지 명심해야 할 중요한 점은 구성요소가 자체 props를 수정할 수 없다는 것이다. 거의 모든 애플리케이션에서 UI 구성요소 상태가 변경되는 사용자 상호작용(예를 들면, 입력 폼에서 생년월일을 업데이트함)이 필요하기 때문에 이는 제한 사항처럼 보일 수 있다. props은 읽기 전용이지만 UI 업데이트를 처리할 수 있는 강력한 매커니즘이 있다.

상태

상태state는 props와 비슷하지만, 비공개이며 구성요소에서 완전히 제어할 수 있다. 앞에서 리액트에서는 기능과 클래스 구성요소가 동일하다는 것을 알았다. 한가지 중요한 차이는 클래스 구성요소에서만 상태를 사용할 수 있다는 것이다. 따라서 모든 실질적인 목적에서 클래스 구성요소를 사용한다.

기존의 greeting 예제를 상태를 사용하도록 변경한다. 그리고 상태가 변경될 때마다 변경된 값을 반영하도록 Greet 구성요소를 업데이트한다.

먼저 다음과 같이 App.js 내부에서 상태를 설정한다.

```
class Greet extends React.Component {
    constructor(props) { super(props);
    this.state = { greeting: "this is default greeting text" }
    }
  render( ){
      return <h1>{this.state.greeting}, {this.props.name} </h1>
  }
}
```

이 예제에서 주의해야 할 몇 가지 중요한 사항이 있다. 먼저 클래스 constructor를 호출해 this.state를 초기화한다. 또한 기본 클래스 생성자인 super( )를 호출하고 props를 전달한다. super()를 호출한 후, this.state를 객체로 생성하여 디폴트 상태를 초기화한다. 예를 들어 예제에서는 greeting 속성에 값을 할당한다. render 메소드에서 {this.state.greeting}을 사용해 이 속성을 사용한다. 초기 상태를 설정하면 UI 엘리먼트를 추가해 이 상태를 업데이트할 수 있다. 입력 상자를 추가하고, 이 입력 상자를 변경하면 상태와 greeting 엘리먼트가 업데이트된다. 다음 코드를 살펴보자.

```
class Greet extends React.Component {
  constructor(props) {
    super(props);
    this.state = {
      greeting: "this is default greeting text"
    }
  }
updateGreeting(event){ this.setState({ greeting:
  event.target.value, }) }
  render(){
    return (
    <div>
      <input type="text" onChange={this.updateGreeting.bind(this)}/>
      <h1>{this.state.greeting}, {this.props.name} </h1>
    </div>
    )
  }
}
```

여기에서 입력상자를 추가하고 입력 상자의 onChange 메소드가 호출될 때 구성요소의 상태를 업데이트한다. 사용자정의 updateGreeting() 메소드를 사용해 this.setState를 호출하여 상태를 업데이트하고 속성을 업데이트한다. 이 예제를 실행하면, 텍스트 상자에 무언가를 입력할 때 name이 아닌 greeting 엘리먼트만 업데이트 된다는 것을 알 수 있다. 다음 스크린샷을 살펴보자.

리액트의 중요한 특징은 리액트 구성요소가 다른 리액트 구성요소를 출력하거나 렌더링할 수 있다는 사실이다. 여기 아주 간단한 구성요소가 있다. 상태값은 텍스트다. 이벤트에서 텍스트의 값을 업데이트하는 update 메소드가 있다. 우리가 할 일은 새로운 구성요소를 만드는 것이다. 이것은 비상태 저장stateless 함수 구성요소가 될 것이다. 이것을 위젯이라고 부르자. 위젯은 props을 받는다. 이 JSX 입력을 여기에서 반환한다. 다음 코드를 살펴보자.

```
render(){
    return (
      <div>
      <Widget update={this.updateGreeting.bind(this)} />
      <Widget update={this.updateGreeting.bind(this)} />
      <Widget update={this.updateGreeting.bind(this)} />
      <h1>{this.state.greeting}, {this.props.name} </h1>
      </div>
    )
  }
}
const Widget = (props) => <input type="text"
  onChange={props.update}/>
```

먼저 입력 엘리먼트를 상태 비저장 함수 구성요소로 추출해 Widget이라고 부른다. 이 구성요소에 props를 전달한다. 그런 다음 onChange를 props.update를 사용하도록 변경한다. 이제 render 메소드에서 Widget 구성요소를 사용하고 updateGreeting() 메소드를 바인딩하는 prop update를 전달한다. 이제는 Widget이 하나의 구성요소이기 때문에

Greet 구성요소 어디에서든 Widget을 재사용할 수 있다. Widget의 세 인스턴스를 생성하고, Widget이 업데이트되면 다음 스크린샷과 같이 greeting 텍스트가 업데이트된다.

라이프 사이클 이벤트

몇 가지 상태 변경과 이벤트가 포함된 구성요소가 여러 개 있을 때 이에 대한 관리가 중요해진다. 리액트는 구성요소의 라이프 사이클 이벤트를 처리하는 여러 구성요소 라이프 사이클 후크[hook]를 제공한다. 구성요소 라이프 사이클을 이해하면 구성요소가 생성되거나 삭제될 때 특정 동작을 수행할 수 있다. 또한 구성요소를 처음부터 업데이트해야 하는지 결정하고 이에 따라 props나 상태 변화에 반응할 수 있는 기회를 제공한다.

구성요소는 마운트, 업데이트, 마운트 해제의 3단계로 진행된다. 각 단계마다 후크가 있다. 다음 다이어그램을 살펴보자.

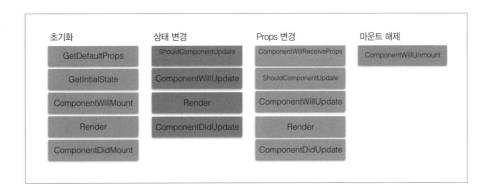

구성요소가 처음 렌더링될 때 getDefaultProps와 getInitialState의 두 개 메소드가 호출된다. 이름에서 알 수 있듯이 이들 메소드에서 구성요소의 디폴트 props와 초기 상태를 설정할 수 있다.

render 메소드가 실행되기 전에 componentWillMount가 호출된다. 이미 render가 렌더링될 구성요소를 반환하는 곳이라는 것을 알고 있다. render 메소드가 끝나면, componentDidMount 메소드가 호출된다. 이 메소드에서 DOM에 접근할 수 있으며, 이 메소드에서 DOM 상호작용을 수행하는 것이 좋다.

상태 변경은 몇 가지 메소드를 호출한다. shouldComponentUpdate 메소드는 render 메소드보다 먼저 호출되며 다시 렌더링을 허용할지 또는 건너뛸지를 결정할 수 있다. 이 메소드는 초기 렌더링시 호출되지 않는다. shouldComponentUpdate 메소드가 true를 반환하면 componentDidUpdate 메소드가 즉시 호출된다. render가 완료된 후 componentDidUpdate 메소드가 렌더링된다.

props 객체를 변경하면 상태 변경과 유사한 메소드가 트리거된다. 또 다른 메소드 componentWillReceiveProps가 추가로 호출된다. 이 메소드는 초기 렌더링시가 아닌 props이 변경되었을 때만 호출된다. 이 메소드에서 새 props와 이전 props를 기반으로 상태를 업데이트할 수 있다.

구성요소가 DOM에서 제거되면 componentWillUnmount가 호출된다. 이는 정리를 수행하는 데 유용한 메소드다.

리엑트에서 좋은 점은 이 프레임워크를 사용하기 시작하면, 프레임워크가 매우 자연스럽게 느껴진다는 것이다. 학습해야 할 변경되는 부분이 거의 없으며, 추상화에 좋다.

▌ 요약

13장에서는 요즘 많은 주목을 받고 있는 몇 가지 중요한 새로운 아이디어를 알아봤다.

리액티브 프로그래밍과 리액트 모두 프로그래머의 생산성을 크게 높여준다. 리액트는 페이스북과 넷플릭스가 사용하는 가장 중요한 신기술 중 하나다.

이번 장의 목적은 이 두 기술에 대해 소개하고 자세히 탐구하는데 도움을 주는 데 있다.

부록 **A**

예약어

이 부록에서는 ECMAScript 5 (ES5)에 정의된 예약어의 두 가지 목록을 제공한다. 첫 번째는 현재 예약어의 목록이고, 두 번째는 향후 구현을 위해 예약된 단어 목록이다.

이전 ES3에서 사용됐지만 이제는 더 이상 예약어로 사용되지 않는 단어도 있다.

예약어는 변수 이름으로 사용할 수 없다.

```
var break = 1; // 구문 오류
```

예약어를 객체 속성으로 사용하는 경우, 따옴표를 사용해야 한다.

```
var o = {break: 1}; // 많은 브라우저 OK, IE에서는 오류 발생
var o = {"break": 1}; // 항상 OK
```

```
alert(o.break); // IE에서 오류
alert(o["break"]); // OK
```

키워드

현재 ES5의 예약어는 다음과 같다.

- break
- case
- catch
- continue
- debugger
- default
- delete
- do
- else
- finally
- for
- function
- if

- in
- instanceof
- new
- return
- switch
- this
- throw
- try
- typeof
- var
- void
- while
- with

ES6 예약어

다음 키워드는 ES6의 예약어다.

- class
- const
- enum
- export
- extends
- implements
- import
- interface

- let
- package
- private
- protected
- public
- static
- super
- yield

미래의 예약어

이 키워드는 현재 사용되지는 않지만 미래용으로 예약돼 있다.

- enum

- await

▌ 이전의 예약어

다음 단어는 ES5부터 더 이상 예약어로 사용되지 않지만 구형 브라우저를 위해 사용하지 않는 것이 좋다.

- abstract
- boolean
- byte
- char

- double
- final
- float
- goto

- int
- long
- native
- short

- synchronized
- throws
- transient
- volatile

내장 함수

이 부록에서는 3장에서 설명한 내장 함수(전역 객체의 메소드) 목록을 제공한다.

함수	설명

parseInt( )	입력 객체와 기수(radix)의 두 매개변수를 받는다. 그런 다음 입력값의 정수 표현을 반환한다. 지수(exponent)는 입력으로 처리하지 않는다. 디폴트 기수는 10(10진수)이다. 실패시 NaN을 반환한다. 기수를 생략하면 예상치 않은 결과가 발생할 수 있으므로(예, 08 같은 입력) 항상 지정하는 것이 좋다.
	
	`> parseInt('10e+3');`
	`10`
	`> parseInt('FF');`
	`NaN`
	`> parseInt('FF', 16);`
	`255`

함수	설명
parseFloat( )	매개변수를 받아 부동 소수점 숫자 표현을 반환한다. 입력으로 지수를 받을 수 있다. > parseFloat('10e+3'); 10000 > parseFloat('123.456test'); 123.456
isNaN( )	"Is Not a Number(숫자가 아닙니다)"의 약자다. 매개변수를 받아 유효한 숫자가 아니면 true를 반환하고, 그렇지 않으면 false를 반환한다. 입력을 먼저 숫자로 변환한다. > isNaN(NaN); true > isNaN(123); false > isNaN(parseInt('FF')); true > isNaN(parseInt('FF', 16)); false
isFinite( )	입력이 숫자(또는 숫자로 변환할 수 있으면)면 true를 반환한다. 무한대(Infinity)나 숫자가 아닌 경우 false를 반환한다. > isFinite(1e+1000); false > isFinite(−Infinity); false > isFinite("123"); true
encodeURIComponent( )	입력을 URL로 인코딩된 문자열로 반환한다. URL 인코딩 방식에 대한 자세한 내용은 http://en.wikipedia.org/wiki/Url_encode에서 위키피디아 문서를 참조한다. > encodeURIComponent ('http://phpied.com/'); "http%3A%2F%2Fphpied.com%2F" > encodeURIComponent ('some script?key=v@lue'); "some%20script%3Fkey%3Dv%40lue"

함수	설명
decodeURIComponent( )	URL로 인코딩된 문자를 가져와서 디코딩한다. > decodeURIComponent('%20%40%20'); " @ "
encodeURI( )	입력을 URL로 인코딩 하지만 전체 URL이 주어진 것으로 가정하므로 프로토콜(예, http://)과 호스트 이름(예, www.phpied.com)은 인코딩 하지 않고 유효한 URL을 반환한다. > encodeURI('http://phpied.com/'); "http://phpied.com/" > encodeURI('some script?key=v@lue'); "some%20script?key=v@lue"
decodeURI( )	encodeURI( )의 반대다. > decodeURI("some%20script?key=v@lue"); "some script?key=v@lue"
eval( )	자바스크립트 코드 문자열을 받아 실행한다. 입력 문자열에서 마지막 표현식의 결과를 반환한다. 보안상의 이유로 가능하면 사용하지 않는 것이 좋다. > eval('1 + 2'); 3 > eval('parseInt("123")'); 123 > eval('new Array(1, 2, 3)'); [1, 2, 3] > eval('new Array(1, 2, 3); 1 + 2;'); 3

내장 객체

이 부록에서는 ECMAScript(ES) 표준에 설명된 내장 생성자 함수와 이런 생성자로 생성된 객체의 속성 및 메소드가 나열되어 있다. ES5 특화 API는 별도로 제공한다.

객체

Object( )는 다음과 같이 객체를 생성하는 생성자다.

```
> var o = new Object();
```

객체 리터럴을 사용하는 것과 동일하다.

```
> var o = {}; // 추천
```

생성자에 인수를 전달할 수 있으며, 생성자는 인수를 추측하고 더 적절한 생성자를 사용하려고 시도한다. 예를 들어, `new Object()`에 문자열을 전달하면 `new String()` 생성자를 사용하는 것과 동일하다. 실제 사용시 권장되는 방법은 아니지만 (명시적으로 지시하는 것이 낫다), 여전히 가능하다.

```
> var o = new Object('something');
> o.constructor;
function String() { [native code] }
> var o = new Object(123);
> o.constructor;
function Number() { [native code] }
```

다른 모든 객체(내장 또는 사용자정의)는 `Object`에서 상속받는다. 따라서 다음 섹션에 나열된 속성과 메소드는 모든 유형의 객체에 적용된다.

Object 생성자의 멤버

다음은 `Object` 생성자의 멤버다.

속성/메소드	설명

Object.prototype	모든 객체(객체 자체 포함)의 프로토타입이다. 이 프로토타입에 추가하는 항목은 다른 모든 객체에 상속되므로 주의해야 한다.
	
	`> var s = new String('noodles');`
	`> Object.prototype.custom = 1;`
	`1`
	`> s.custom;`
	`1`

Object.prototype 멤버

"Object의 생성자로 생성한 객체의 멤버"라고 표현하는 대신 "Object.prototype" 멤버라고 표현할 수도 있다. 이 부록에서 Array.prototype과 동일하다.

속성/메소드	설명

constructor	객체를 생성하는 데 사용된 생성자 함수를 가리킨다. 여기서는 Object다.
	
	`> Object.prototype.constructor === Object;`
	`true`
	`> var o = new Object( );`
	`> o.constructor === Object;`

toString(radix)	객체의 문자열 표현을 반환한다. 객체가 Number 객체인 경우, 기수(radix) 매개변수는 반환되는 숫자의 기준을 정의한다. 디폴트 기수는 10 이다.
	
	`> var o = {prop: 1};`
	`> o.toString( );`
	`"[object Object]"`
	`> var n = new Number(255);`
	`> n.toString( );`
	`"255"`
	`> n.toString(16);`
	`"ff"`

toLocaleString( )	toString( )과 같지만 현재 로켈(locale)에 일치시킨다. Date( ), Number( ), Array( ) 같은 객체별로 사용자정의하고 서로 다른 날짜 형식 같은 로켈 값을 제공한다. 대부분의 다른 경우와 마찬가지로 Object( ) 인스턴스의 경우에는 toString( )을 호출한다.
	
	브라우저에서 네비게이터 BOM 객체의 language 속성(또는 IE에서 userLanguage)을 사용하여 언어를 확인할 수 있다.
	
	`> navigator.language;`
	`"en-US"`

속성/메소드	설명

valueOf( )	가능한 경우 this의 원시(primitive) 표현을 반환한다. 예를 들어 Number 객체는 원시 숫자를 반환하고 Date 객체는 타임스탬프를 반환한다. 적절한 원시 데이터 유형이 없으면 단순히 this를 반환한다.
	
	`> var o = {};`
	`> typeof o.valueOf( );`
	`"object"`
	`> o.valueOf( ) === o;`
	`true`
	`> var n = new Number(101);`
	`> typeof n.valueOf( );`
	`"number"`
	`> n.valueOf( ) === n;`
	`false`
	`> var d = new Date( );`
	`> typeof d.valueOf( );`
	`"number"`
	`> d.valueOf( );`
	`1357840170137`

hasOwnProperty(prop)	속성이 객체의 자체 속성이면 true를 반환하고 프로토타입 체인에서 상속된 것이면 false를 반환한다. 또한 속성이 존재하지 않으면 false를 반환한다.
	
	`> var o = {prop: 1};`
	`> o.hasOwnProperty('prop');`
	`true`
	`> o.hasOwnProperty('toString');`
	`false`
	`> o.hasOwnProperty('fromString');`
	`false`

isPrototypeOf(obj)	객체가 다른 객체의 프로토타입으로 사용되는 경우 true를 반환한다. 프로토타입 체인의 모든 객체는 테스트 가능하다.
	
	`> var s = new String('');`
	`> Object.prototype.isPrototypeOf(s);`
	`true`
	`> String.prototype.isPrototypeOf(s);`
	`true`
	`> Array.prototype.isPrototypeOf(s);`
	`false`

속성/메소드	설명
propertyIsEnumerable(prop)	for...in 루프에 속성이 표시되면 true를 반환한다. > var a = [1, 2, 3]; > a.propertyIsEnumerable('length'); false > a.propertyIsEnumerable(0); true

객체에 대한 ECMAScript 5 추가사항

ECMAScript 3에서는 몇 가지 내장 속성(예. Math.PI)을 제외하고 모든 객체 속성을 언제든지 변경, 추가, 삭제할 수 있다. ES5에서는 기존에 내장용으로 예약된 권한을 변경하거나 삭제할 수 없는 속성으로 정의할 수 있다. ES5는 정의한 속성을 보다 강력하게 제어할 수 있는 **속성 서술자**property descriptor의 개념을 도입했다.

속성 서술자를 속성의 특징을 지정하는 객체로 생각하자. 이런 특징을 설명하는 구문은 일반 객체 리터럴이므로 속성 서술자는 자체 속성과 메소드를 갖지만, 혼동을 피하기 위해 **어트리뷰트**attribute로 부르자. 어트리뷰트는 다음과 같다.

- value – 속성에 접근할 때 얻는 값
- writable – 속성을 변경할 수 있는지 여부
- enumerable – for...in 루프에 나타나는지 여부
- configurable – 삭제 가능 여부
- set( ) – 값을 업데이트할 때 마다 호출되는 함수
- get( ) – 속성 값에 접근할 때 호출됨

또한 **데이터 서술자**data descriptor(enumerable, configurable, value, writable 속성 정의)와 **접근자 서술자**accessor descriptor(enumerable, configurable, set( ), get( ) 정의)가 구분된다. set( ) 또는 get( )을 정의하면 서술자가 접근자로 간주되고 value 또는 writable을 정의하려고

하면 오류가 발생한다.

일반적인 구식 ES3 스타일 정의는 다음과 같다.

```
var person = {};
person.legs = 2;
```

ES5 서술자를 사용한 동일한 정의는 다음과 같다.

```
var person = {};
Object.defineProperty(person, "legs", {
  value: 2,
  writable: true,
  configurable: true,
  enumerable: true
});
```

디폴트로 undefined로 설정된 경우 value 값은 모두 false다. 따라서 나중에 이 속성을 변경할 수 있게 하려면 명시적으로 true로 설정해야 한다.

또는 ES5 접근자 서술자를 사용하는 동일한 속성은 다음과 같다.

```
var person = {};
Object.defineProperty(person, "legs", {
  set: function (v) {this.value = v;},
  get: function (v) {return this.value;},
  configurable: true,
  enumerable: true
});
person.legs = 2;
```

보다시피 속성 서술자는 코드가 길어지기 때문에, 누군가 여러분의 코드를 엉망으로 만들지 못하도록 막으려는 경우에만 사용하고, ES3 브라우저와의 호환성은 잊어버려라. 구형 브라우저에서 이 기능의 심^{shim}을 제공할 수 없다.

다음은 서술자가 동작할 때(변경 불가능한 속성 정의)의 힘을 보여준다.

```
> var person = {};
> Object.defineProperty(person, 'heads', {value: 1});
> person.heads = 0;
0
> person.heads;
1
> delete person.heads;
false
> person.heads;
1
```

다음은 Object 에 대한 모든 ES5의 추가 목록이다.

속성/메소드	설명
Object.getPrototypeOf(obj)	ES3에서는 Object.prototype.isPrototypeOf( ) 메소드를 사용해 주어진 객체의 프로토타입이 무엇인지 추측했어야 하지만, ES5에서는 프로토타입을 직접 물어 볼 수 있다. > Object.getPrototypeOf([ ]) === Array.prototype; true

속성/메소드	설명

Object.create(obj, descr)	7장에서 살펴본 것처럼, 새 객체를 생성하고 속성 서술자를 사용해 이 객체의 프로토타입을 설정하고 속성을 정의한다.
	
	`> var parent = {hi: 'Hello'};`
	`> var o = Object.create(parent,`
	`{ prop: {value: 1 }});`
	`> o.hi;`
	`"Hello"`
	
	심지어 ES3에서는 할 수 없었던 완전히 비어있는 객체를 생성할 수도 있다.
	`> var o = Object.create(null);`
	`> typeof o.toString;`
	`"undefined"`

Object.getOwnProperty Descriptor(obj, property)	속성의 정의 방법을 검사할 수 있다. 내장(build-in)을 들여다보고 이전에 숨겨진 모든 어트리뷰트를 볼 수도 있다.
	
	`> Object.getOwnProperty`
	`  Descriptor (Object.prototype,`
	`  'toString');`
	`Object`
	`configurable: true`
	`enumerable: false`
	`value: function toString( ) {`
	`[native code] }`
	`writable: true`

Object. getOwnPropertyNames (obj)	모든 자체 열거형, 비열거형 속성 이름(문자열)을 반환한다. 열거형만 가져오려면 Object.keys( )를 사용한다.
	
	`> Object.getOwnPropertyNames(`
	`  Object.prototype);`
	`["constructor", "toString",`
	`"toLocaleString", "valueOf",`

Object.defineProperty (obj, descriptor)	속성 서술자를 사용해 객체의 속성을 정의한다. 이 표 앞의 설명을 참조한다.

속성/메소드	설명

Object.defineProperties (obj, descriptors)	defineProperty( )와 동일하지만, 한번에 여러 속성을 정의할 수 있다.
	
	``
	> var glass =
	  Object.defineProperties({}, {
	    "color": {
	      value: "transparent",
	      writable: true
	    },
	    "fullness": {
	      value: "half",
	      writable: false
	    }
	  });
	> glass.fullness;
	"half"
	``

Object. preventExtensions(obj) Object.isExtensible(obj)	preventExtensions( )은 객체에 추가 속성을 추가할 수 없도록 막으며, isExtensible( )은 속성을 추가할 수 있는지 여부를 확인한다. ``` > var deadline = {}; > Object.isExtensible(deadline); true > deadline.date = "yesterday"; "yesterday" > Object.preventExtensions(deadline); > Object.isExtensible(deadline); false > deadline.date = "today"; "today" > deadline.date; "today" ``` 확장할 수 없는 객체에 속성을 추가하려고 시도하면 오류가 발생하는 것이 아니라 단순히 동작하지 않는다. ``` > deadline.report = true; > deadline.report; undefined ```

속성/메소드	설명
Object.seal(obj) Object.isSealed(obj)	seal( )은 preventExtensions( )과 동일하게 동작하며 추가로 기존의 모든 속성을 구성 불가능하게 만든다. 즉, 기존 속성의 값을 변경할 수는 있지만, 이를 삭제하거나 다시 구성할 수는 없다(defineProperty( )는 동작하지 않음). 예를 들어 열거형 속성을 비열거형으로 만들 수는 없다.
Object.freeze(obj) Object.isFrozen(obj)	seal( )이 수행하는 모든 작업은 속성 값 변경을 방지한다. > var deadline = Object.freeze({date: "yesterday"}); > deadline.date = "tomorrow"; > deadline.excuse = "lame"; **> deadline.date;"yesterday"> deadline.excuse;undefined> Object.isSealed(deadline);true**
Object.keys(obj)	for...in 루프의 대안. 자신의 속성만 반환한다(for...in과 다르다). 속성을 표시하기 위해서는 열거 가능해야 한다(Object.getOwnProperty Names( )와 다르다). 반환 값은 문자열 배열이다. **>Object.prototype.customProto = 101; > Object.getOwnPropertyNames(Object.prototype); ["constructor", "toString", ..., "customProto"] > Object.keys(Object.prototype); ["customProto"] > var o = {own: 202}; > o.customProto; 101 > Object.keys(o); "own"]**

▌ 객체에 대한 ES6 추가사항

ES6에는 몇 가지 흥미로운 객체 정의와 속성 구문이 있다. 이 새로운 구문은 객체 작업을 보다 쉽고 간결하게 만든다.

약식 속성

ES6는 공통 객체 정의에 더 짧은 구문을 제공한다.

```
ES5: obj = { x: x, y: y };
ES6: obj = {x,y};
```

계산된 속성 이름

새로운 ES6 객체 정의 구문에서는 속성 이름을 계산할 수 있다.

```
let obj = {
  foo: "bar",
  [ "baz" + q( ) ]: 42
}
```

여기에서 속성 이름은 "baz"가 함수 호출의 결과와 합쳐질 때 계산된다.

Object.assign

Object.assign( ) 메소드는 열거 가능한 모든 자신의 속성을 하나 이상의 소스 객체로부터 대상 객체로 복사하는 데 사용된다.

```
var dest = { quux: 0 }
var src1 = { foo: 1, bar: 2 }
var src2 = { foo: 3, baz: 4 }
Object.assign(dst, src1, src2)
```

▌ 배열

Array 생성자는 배열 객체를 생성한다.

```
> var a = new Array(1, 2, 3);
```

이는 배열 리터럴과 같다.

```
> var a = [1, 2, 3]; //추천
```

Array 생성자에 하나의 숫자 값만 전달하면 배열의 길이로 간주한다.

```
> var un = new Array(3);
> un.length;
3
```

원하는 길이의 배열을 얻고 각 배열 요소의 값을 물으면 undefined 값을 받는다.

```
> un;
[undefined, undefined, undefined]
```

요소가 가득찬 배열과 요소가 없는 배열 사이에는 길이 외에도 미묘한 차이가 있다.

```
> '0' in a;
true
> '0' in un;
false
```

하나 이상의 매개변수를 지정하면 Array( ) 생성자의 동작과는 다르게 예상치 못한 결과
가 발생할 수 있다. 예를 들어 다음의 배열 리터럴은 유효하다.

```
> var a = [3.14];
> a;
[3.14]
```

그러나 Array 생성자에 부동 소수점 숫자를 전달하면 오류가 발생한다.

```
> var a = new Array(3.14);
Range Error: invalid array length
```

Array.prototype 멤버

다음은 Array 의 모든 요소 목록이다.

속성/메소드	설명
length	배열의 요소 수: > [1, 2, 3, 4].length; 4
concat(i1, i2, i3,...)	배열을 병합한다. > [1, 2].concat([3, 5], [7, 11]); [1, 2, 3, 5, 7, 11]
join(separator)	배열을 문자열로 바꾼다. 구분기호 매개변수는 쉼표가 디폴트 값인 문자열이다. > [1, 2, 3].join( ); "1,2,3" > [1, 2, 3].join('|'); "1|2|3" > [1, 2, 3].join(' is less than '); "1 is less than 2 is less than 3"

속성/메소드	설명
pop( )	배열의 마지막 요소를 제거하고 반환한다. > var a = ['une', 'deux', 'trois']; > a.pop( ); "trois" > a; ["une", "deux"]
push(i1, i2, i3,...)	배열의 끝에 요소를 추가하고 수정된 배열의 길이를 반환한다. > var a = []; > a.push('zig', 'zag', 'zebra','zoo'); 4
reverse( )	배열 요소를 반대로 하고 수정된 배열을 반환한다. > var a = [1, 2, 3]; > a.reverse( ); [3, 2, 1] > a; [3, 2, 1]
shift( )	pop( )과 같지만 마지막 요소가 아닌 첫 번째 요소를 제거한다. > var a = [1, 2, 3]; > a.shift( ); 1 > a; [2, 3]
slice(start_index, end_index)	소스 배열을 수정하지 않고 배열의 일부를 추출하여 새 배열로 반환한다. > var a = ['apple', 'banana', 'js', 'css', 'orange']; > a.slice(2,4); ["js", "css"] > a; ["apple", "banana", "js", "css", "orange"]

속성/메소드	설명

sort(callback)	배열을 정렬한다. 선택적으로 사용자정의 정렬을 위한 콜백 함수를 허용한다. 콜백 함수는 두 개의 배열 요소를 인수로 받아, 같으면 0, 첫 번째가 더 크면 양수, 두 번째가 더 크면 음수를 반환한다.
	
	다음은 적절한 숫자 정렬을 수행(디폴트 값이 문자 정렬이므로)하는 사용자 정의 정렬 함수의 예다.
	
	`function customSort(a, b) {`
	`        if (a > b) return 1;`
	`        if (a < b) return −1;`
	`        return 0;`
	`}`
	`Example use of sort( ):`
	`> var a = [101, 99, 1, 5];`
	`> a.sort( );`
	`[1, 101, 5, 99]`
	`> a.sort(customSort);`
	`[1, 5, 99, 101]`
	`> [7, 6, 5, 9].sort(customSort);`
	`[5, 6, 7, 9]`

splice(start, delete_count, i1, i2, i3,...)	요소를 동시에 제거하고 추가한다. 첫 번째 매개변수는 제거를 시작할 위치이고, 두 번째는 제거할 항목의 수와 나머지 매개변수는 제거된 항목의 위치에 삽입할 새 요소다.
	
	`> var a = ['apple', 'banana',`
	`    'js', 'css', 'orange'];`
	`> a.splice(2, 2, 'pear', 'pineapple');`
	`["js", "css"]`
	`> a;`
	`["apple", "banana", "pear",`
	`    "pineapple", "orange"]`

unshift(i1, i2, i3,...)	push( )와 비슷하지만 배열의 끝이 아닌 시작 부분에 요소를 추가한다. 수정한 배열의 길이를 반환한다.
	
	`> var a = [1, 2, 3];`
	`> a.unshift('one', 'two');`
	`5`
	`> a;`
	`["one", "two", 1, 2, 3]`

배열에 대한 ECMAScript 5 추가사항

다음은 Array에 대한 ECMAScript 5 추가사항이다.

속성/메소드	설명
Array.isArray(obj)	객체가 배열인지 알려준다. typeof로 충분하지 않기 때문에 사용한다. ``` > var arraylike = {0: 101, length: 1}; > typeof arraylike; "object" > typeof []; "object" ``` 덕 타이핑(duck-typing)('오리처럼 걷고 오리처럼 꽥꽥거린다면 오리라고 간주한다'는 데서 유래)도 마찬가지다. ``` typeof arraylike.length; "number" ``` ES3에서는 자세한 설명이 필요하다. ``` > Object.prototype.toString .call ([]) === "[object Array]"; true > Object.prototype.toString.call (arraylike) === "[object Array]"; false ``` ES5에서는 다음과 같이 간단하다. ``` Array.isArray([]); true Array.isArray(arraylike); false ```

속성/메소드	설명

Array.prototype.
indexOf(needle, idx)
	배열을 검색하고 첫 번째 일치 항목의 인덱스를 반환한다. 일치하는 것이 없으면 −1을 반환한다. 선택적으로 지정된 인덱스에서 검색을 시작할 수 있다.
	
	`> var ar = ['one', 'two',`
	`  'one', 'two'];`
	`> ar.indexOf('two');`
	`1`
	`> ar.indexOf('two', 2);`
	`3`
	`> ar.indexOf('toot');`
	`−1`

Array.prototype.
lastIndexOf(needle, idx)
	indexOf( )와 비슷하지만 끝에서만 검색한다.
	
	`> var ar = ['one', 'two',`
	`'one', 'two'];`
	`> ar.lastIndexOf('two');`
	`3`
	`> ar.lastIndexOf('two', 2);`
	`1`
	`> ar.indexOf('toot');`
	`−1`

Array.prototype.
forEach(callback, this_
obj)
	루프의 대안으로 배열의 각 요소에 대해 호출할 콜백 함수를 지정한다. 콜백 함수는 인수로 요소와 해당 인덱스, 전체 배열을 받는다.
	
	`> var log =`
	`  console.log.bind(console);`
	`> var ar = ['itsy', 'bitsy',`
	`  'spider'];`
	`> ar.forEach(log);`
	`itsy 0 ["itsy",`
	`"bitsy", "spider"]`
	`bitsy 1 ["itsy",`
	`"bitsy", "spider"]`
	`spider 2 ["itsy",`
	`"bitsy", "spider"]`
	
	필요에 따라 콜백 함수 내부에 바인딩할 객체를 두 번째 매개변수를 지정할 수 있다. 따라서 이것 역시 동작한다.
	
	`> ar.forEach(console.log,`
	`  console);`

속성/메소드	설명
Array.prototype. every(callback, this_ obj)	배열의 각 요소를 테스트하는 콜백 함수를 제공한다. 콜백에는 forEach( ) 와 동일한 인수가 주어지며, 주어진 요소가 테스트를 충족시키는지 여부 에 따라 true 또는 false를 반환해야 한다. 모든 요소가 테스트를 만족하면 every( )는 true를 반환한다. 하나라도 만족하지 못하면 every( )는 false를 반환한다.

```
> function hasEye(el, idx,
ar) {
 return el.indexOf('i') !==
  −1;
 }
> ['itsy', 'bitsy',
 'spider'].
every(hasEye);
true
> ['eency', 'weency',
'spider'].every(hasEye);
False
```

루프의 어느 시점에서 결과가 false가 된다는 것이 확실해지면, 루프가 중지되고 false를 반환한다.

```
> [1,2,3].every(function (e)
 {
   console.log(e);
   return false;
 });
1
 false
```

Array.prototype. some(callback, this_ obj)	every( )와 유사하지만, 적어도 하나의 요소가 테스트를 만족하면 true를 반환한다.

```
> ['itsy', 'bitsy',
 'spider'].some(hasEye);
 true
> ['eency', 'weency',
 'spider'].some(hasEye);
 true
```

속성/메소드	설명

Array.prototype.
filter(callback, this_obj)
	some( ) 및 every( )와 비슷하지만, 테스트를 충족시키는 모든 요소의 새로운 배열을 반환한다.
	
	``
	> ['itsy', 'bitsy',
	  'spider'].filter(hasEye);
	["itsy", "bitsy",
	"spider"]
	> ['eency', 'weency',
	  'spider'].filter(hasEye);
	["spider"]
	``

Array.prototype.
map(callback, this_obj)
	각 요소에 대해 콜백을 실행하기 때문에 forEach( )와 유사하지만, 추가로 콜백의 반환 값으로 새로운 배열을 생성하고 이것을 반환한다. 배열의 모든 문자열을 대문자로 바꿔보자.
	
	``
	> function uc(element, index,
	array) {
	return
	element.toUpperCase( );
	}
	> ['eency', 'weency',
	'spider'].map(uc);
	["EENCY", "WEENCY", "SPIDER"]
	``

Array.prototype.
reduce(callback, start)
	배열의 각 요소에 대한 콜백을 실행한다. 콜백은 값을 반환한다. 이 값은 다음 반복시 콜백으로 다시 전달된다. 전체 배열은 결국 하나의 값으로 줄어든다.
	
	``
	> function sum(res, element,
	  idx, arr) {
	  return res + element;
	}
	> [1, 2, 3].reduce(sum);
	 6
	``
	
	선택적으로 첫 번째 콜백 호출에서 사용할 시작 값을 전달할 수 있다.
	
	``
	> [1, 2, 3].reduce(sum, 100);
	106
	``

속성/메소드	설명

Array.prototype.reduceRight(callback, start)	reduce( )와 같지만, 배열의 끝에서 루프가 시작한다.
	
	``
	> function concat(
	result_so_far, el) {
	return "" + result_so_far
	+ el;
	}
	> [1, 2, 3].reduce(concat);
	"123"
	> [1, 2, 3].reduceRight
	(concat);
	"321"
	``

배열에 대한 ES6 추가사항

다음이 배열에 추가된다.

속성/메소드	설명

Array.from(arrayLike, mapFunc?, thisArg?)	Array.from( ) 메소드의 기본 기능은 두 종류의 값(arrayLike 값과 Iterable 값)을 배열로 변환하는 것이다.
	
	``
	const arrayLike = { length:
	 2, 0: 'a', 1: 'b' };
	const arr =
	Array.from(arrayLike);
	for (const x of arr) {
	 // OK, 이터러블
	console.log(x);
	}
	// 출력:
	// a
	// b
	``

속성/메소드	설명

Array.of(...items)	메소드에 전달된 항목으로부터 배열을 생성한다.
	
	``js
	let a = Array.of(
	  1,2,3,'foo');
	console.log(a); //[1, 2,
	 3, "foo"]
	``

Array.prototype.
entries( )
 	
Array.prototype.keys( )
 	
Array.prototype.
values( )
	이 메소드의 결과는 일련의 값이다. 이 메소드는 각각 키, 값, 그리고 항목의 이터레이터를 반환한다.
	
	``js
	let a = Array.of(1,2,
	3,'foo');
	let k,v,e;
	for (k of a.keys( )) {
	console.log(k); //0 1 2 3
	}
	for (v of a.values( )) {
	console.log(v); //1 2
	3 foo
	}
	for (e of a.entries( )){
	console.log(e);
	}
	//[[0,1],[1,2],[2,3]
	[3,'foo']]
	``

Array.prototype.
find(predicate,
thisArg?)
	콜백 함수가 true를 반환하는 첫 번째 배열 요소를 반환한다. 그런 요소가 없으면 undefined를 반환한다.
	
	``js
	[1, -2, 3].find(x => x < 0)
	//-2
	``

Array.prototype.
findIndex(predicate,
thisArg?)
	콜백 함수가 true를 반환하는 첫 번째 요소의 인덱스를 반환한다. 그런 요소가 없으면 -1을 반환한다.
	
	``js
	[1, -2, 3].find(x => x < 0)
	//1
	``

속성/메소드	설명
Array.prototype. fill(value : any, start=0, end=this. length) : This	주어진 값으로 배열을 채운다. const arr = ['a', 'b', 'c']; arr.fill(7) [7, 7, 7] 시작 및 끝 범위를 지정할 수 있다. ['a', 'b', 'c'].fill(7, 1, 2) ['a', 7, 'c']

▌함수

자바스크립트 함수는 객체다. 다음과 같이 Function 생성자를 사용해 정의할 수 있다.

```
var sum = new Function('a', 'b', 'return a + b;');
```

이것은 함수 리터럴(함수 표현식이라고도 함)의 대안이다(일반적으로 권장되지는 않음).

```
var sum = function (a, b) {
  return a + b;
};
```

또는 보다 일반적인 함수 정의를 사용한다.

```
function sum(a, b) {
  return a + b;
}
```

Function.prototype 멤버

다음은 Function 생성자의 멤버 목록이다.

속성/메소드	설명

apply(this_obj, params_array)	다른 함수의 this 값을 덮어 쓰면서 다른 함수를 호출할 수 있다. apply( )의 첫 번째 매개변수는 함수 내부에 바인딩될 객체고, 두 번째 매개변수는 호출할 함수에 전송할 인수 배열이다.
	
	`function whatIsIt( ){`
	`  return this.toString( );`
	`}`
	`> var myObj = {};`
	`> whatIsIt.apply(myObj);`
	`"[object Object]"`
	`> whatIsIt.apply(window);`
	`"[object Window]"`

call(this_obj, p1, p2, p3, ...)	apply( )와 같지만, 하나의 배열이 아니라 인수를 하나씩 받는다.

length	함수가 기대하는 매개변수의 수:
	
	`> parseInt.length;`
	`2`
	
	call( )과 apply( )의 차이점을 잊어버린 경우:
	
	`> Function.prototype.call.length;`
	`1`
	`> Function.prototype.apply.length;`
	`2`
	
	첫 번째 매개변수를 제외한 모든 인수는 선택 사항이므로 call( ) 속성의 길이는 1이다.

Function에 대한 ECMAScript 5 추가사항

다음은 Function 생성자에 대한 ECMAScript 5 추가사항이다.

속성/메소드	설명
Function.prototype.bind()	이 함수를 내부적으로 사용하는 함수를 호출하고, 이 함수가 무엇인지 정의하려고 할 때 사용한다. 반면에 bind()가 새로운 함수를 반환하는 반면에 call()과 apply() 메소드는 함수를 호출한다. 메소드를 다른 객체의 메소드에 대한 콜백으로 제공하고, 이 객체를 원하는 객체로 만들고자 할 때 유용하다. > whatIsIt.apply(window); "[object Window]"

Function에 대한 ECMAScript 6 추가사항

다음은 Function 생성자에 대한 ECMAScript 6 추가사항이다.

화살표 함수	

화살표 함수 표현식은 함수 표현식에 비해 구문이 짧고 this, arguments, super 또는 new.target을 자체 바인딩하지 않는다. 화살표 함수는 항상 익명이다.	```
	( ) => { ... }
	// 매개변수 없음
	x => { ... }
	// 하나의 매개변수,
	식별자
	(x, y) =>
	{ ... }
	// 여러
	매개변수
	const squares =
	[1, 2, 3].map(
	x => x * x);
	arr.forEach(v =>
	{ if (v % 5
	 ===0)
	filtered:ist.push(v)
	 })
	``

| 문의 본문은 보다 표현적이고 간결한 클로저 구문이다. | ```
arr.forEach(v =>
  { if (v % 5
    ===0)
filtered:ist.push(v)
  })
``` |
| --- | --- |

▌ Boolean

Boolean 생성자는 부울 객체를 생성한다(부울 원시값과 혼동하지 말라). Boolean 객체는 그다지 유용하지는 않지만, 전체 목록의 완성을 위해 기술한다.

```
> var b = new Boolean( );
> b.valueOf( );
false
> b.toString( );
"false"
```

Boolean 객체는 Boolean 원시 값과 동일하지 않다. 알다시피 모든 객체는 참인 값이다.

```
> b === false;
false
> typeof b;
"object"
```

Boolean 객체는 Object 에서 상속받지 않은 속성을 가지지 않는다.
```

▌ Number

숫자 객체를 생성한다.

```
> var n = new Number(101);
> typeof n;
"object"
> n.valueOf();
101
```

Number 객체는 원시 객체는 아니지만 원시 숫자에 Number.prototype 메소드를 사용하면, 백그라운드에서 원시가 Number 객체로 변환되어 코드가 동작한다.

```
> var n = 123;
> typeof n;
"number"
> n.toString();
"123"
```

new 없이 사용하면, Number 생성자는 원시 숫자를 반환한다.

```
> Number("101");
101
> typeof Number("101");
"number"
> typeof new Number("101");
"object"
```

Number 생성자의 멤버

Number 생성자의 다음 멤버를 살펴보자.

속성/메소드	설명
Number.MAX_VALUE	허용되는 최대 수를 포함하는 상수 속성(변경할 수 없음) > Number.MAX_VALUE; 1.7976931348623157e+308
Number.MIN_VALUE	자바스크립트에서 사용할 수 있는 가장 작은 숫자 > Number.MIN_VALUE; 5e-324
Number.NaN	NaN 숫자를 포함함. 전역 NaN과 동일 > Number.NaN; NaN NaN은 그 자체를 포함 어떤 것과도 같지 않다. > Number.NaN === Number.NaN; false
Number.POSITIVE_ INFINITY	전역 Infinity 숫자와 동일하다.
Number.NEGATIVE_ INFINITY	-Infinity와 동일하다.

Number.prototype 멤버

다음은 Number 생성자의 멤버다.

속성/메소드	설명
toFixed(fractionDigits)	숫자의 고정 소수점 표현식 문자열을 반환한다. 반환값을 반올림한다. > var n = new Number(Math.PI); > n.valueOf( ); 3.141592653589793 > n.toFixed(3); "3.142"
toExponential (fractionDigits)	숫자 객체의 지수 표기법 표현식을 사용하여 문자열을 반환한다. 반환값을 반올림한다. > var n = new Number(56789); > n.toExponential(2); "5.68e+4"
toPrecision(precision)	숫자 객체에 따른 지수 또는 고정 소수점의 숫자 객체의 문자열 표현 > var n = new Number(56789); > n.toPrecision(2); "5.7e+4" > n.toPrecision(5); "56789" > n.toPrecision(4); "5.679e+4" > var n = new Number(Math.PI); > n.toPrecision(4); "3.142"

▌ String

String( ) 생성자는 문자열 객체를 생성한다. 원시 문자열은 메소드를 호출하면 마치 객체인 것처럼 백그라운드에서 객체로 변경된다. new를 생략하면 원시 문자열을 얻는다.

다음은 문자열 객체와 원시 문자열을 생성한다.

```
> var s_obj = new String('potatoes');
> var s_prim = 'potatoes';
> typeof s_obj;
"object"
> typeof s_prim;
"string"
```

객체와 원시는 ===로 비교하면 형식이 다르지만, 형식을 강제하는 ==로 비교하면 동일하다.

```
> s_obj === s_prim;
false
> s_obj == s_prim;
true
```

length는 문자열 객체의 속성이다.

```
> s_obj.length;
8
```

원시 문자열의 length에 접근하면, 백그라운드에서 원시가 객체로 변환되고 연산이 성공적으로 수행된다.

```
> s_prim.length;
8
```

문자열 리터럴도 잘 동작한다.

```
> "giraffe".length;
7
```

String 생성자의 멤버

다음은 String 생성자의 멤버다.

속성/메소드	설명
String.fromCharCode (code1, code2, code3, ...)	입력의 유니코드 값을 사용하여 만든 문자열을 반환한다. > String.fromCharCode(115, 99, 114, 105, 112, 116); "script"

String.prototype 멤버

다음 String.prototype 멤버를 살펴보자.

속성/메소드	설명
length	문자열의 문자 수 > new String('four').length; 4
charAt(position)	지정된 위치의 문자를 반환한다. 위치는 0에서 시작한다. > "script".charAt(0); "s" ES5 이후 동일한 목적으로 배열 표기법을 사용할 수도 있다(이 기능은 ES5 이전부터 IE를 제외한 많은 브라우저에서 지원돼 왔다). > "script"[0]; "s"

속성/메소드	설명
charCodeAt(position)	지정된 위치에 있는 문자의 숫자코드(유니코드)를 반환한다. > "script".charCodeAt(0); 115
concat(str1, str2, ...)	입력 조각을 붙여 새로운 문자열을 반환한다. > "".concat('zig', '-', 'zag'); "zig-zag"
indexOf(needle, start)	Needle이 문자열의 일부와 일치하면, 일치된 위치가 반환된다. 선택사항인 두 번째 매개변수는 검색을 시작할 위치를 정의한다. 일치하는 항목이 없으면 -1을 반환한다. > "javascript".indexOf('scr'); 4 > "javascript".indexOf('scr', 5); -1
lastIndexOf(needle, start)	indexOf( )와 같지만 문자열의 끝에서 검색을 시작한다. a의 마지막 일치는 다음과 같다. > "javascript".lastIndexOf('a'); 3
localeCompare(needle)	현재 로케일에서 두 문자열을 비교한다. 두 문자열이 같으면 0을 반환하고, needle이 문자열 객체보다 먼저 정렬되면 1을, 그렇지 않으면 -1을 반환한다. > "script".localeCompare('crypt'); 1 > "script".localeCompare('sscript'); -1 > "script".localeCompare('script'); 0
match(regexp)	정규 표현식 객체를 받아 일치하는 배열을 반환한다. > "R2-D2 and C-3PO".match(/[0-9]/g); ["2", "2", "3"]

속성/메소드	설명
replace(needle, replacement)	정규식 패턴의 일치하는 결과를 바꿀 수 있다. 대체는 콜백 함수일 수 있다. 캡처 그룹은 $1, $2,...$9로 가능하다. > "R2-D2".replace(/2/g, '-two'); "R-two-D-two" > "R2-D2".replace(/(2)/g,'$1$1'); "R22-D22"
search(regexp)	첫 번째 일치하는 정규 표현식의 위치를 반환한다. > "C-3PO".search(/[0-9]/); 2
slice(start, end)	시작 및 끝 위치로 식별되는 문자열 부분을 반환한다. start가 음수이면 시작 위치는 length + start이고, 마찬가지로 end 매개변수가 음수이면 끝 위치는 length + end다. > "R2-D2 and C-3PO".slice(4, 13); "2 and C-3" > "R2-D2 and C-3PO".slice(4, -1); "2 and C-3P"
split(separator, limit)	문자열을 배열로 변환한다. 두 번째 매개변수 limit은 선택사항이다. replace( ), search( ), match( )와 마찬가지로 구분 기호는 정규 표현식이지만 문자열도 가능하다. > "1,2,3,4".split(/,/); ["1", "2", "3", "4"] > "1,2,3,4".split(',', 2); ["1", "2"]
substring(start, end)	slice( )와 유사하다. 시작 또는 끝이 음수이거나 유효하지 않은 경우 0으로 간주된다. 문자열 길이보다 큰 경우 길이로 간주된다. end가 start보다 큰 경우 값은 서로 바뀐다. > "R2-D2 and C-3PO".substring(4, 13); "2 and C-3" > "R2-D2 and C-3PO".substring(13, 4); "2 and C-3"
toLowerCase( ) toLocaleLowerCase( )	문자열을 소문자로 변환한다. > "Java".toLowerCase( ); "java"

속성/메소드	설명
toUpperCase( ) toLocaleUpperCase( )	문자열을 대문자로 변환한다. > "Script".toUpperCase( ); "SCRIPT"

String에 대한 ECMAScript 5 추가사항

다음은 String에 대한 ECMAScript 5의 추가사항이다.

속성/메소드	설명
String.prototype.trim( )	정규식을 사용해 문자열 앞 뒤의 공백을 제거하는 대신(ES에서와 같이), ES5에서는 trim( ) 메소드를 사용할 수 있다. > " \t beard \n".trim( ); "beard" Or in ES3: > " \t beard \n".replace(/\s/g, ""); "beard"

String에 대한 ECMAScript 6 추가사항

다음은 String에 대한 ECMAScript 6의 추가사항이다.

템플릿 리터럴은 한 줄 또는 여러 줄의 문자열을 보간하는 데 사용된다.
 	
템플릿 리터럴은 이중 따옴표나 작은 따옴표 대신 백틱(` `) (grave accent) 문자로 묶는다. 템플릿 문자열에는 자리표시자가 포함될 수 있다. 이것들은 달러 기호와 중괄호 (${expression})로 표시된다. 자리표시자의 표현식과 그 사이의 텍스트는 함수로 전달된다. 디폴트 함수는 부분을 단일 문자열로 합친다.
	var a = 5;
	var b = 10;
	console.log(`Fifteen is ${a + b}`);

String.prototype.repeat– 이 메소드를 사용하면 문자열을 n번 반복할 수 있다.	" ".repeat(4 *
	   depth)
	  "foo".repeat(3)

String.prototype.startsWith
String.prototype.endsWith
String.prototype.includes
 	
새로운 문자열 검색 메소드다.
	"hello".startsWith(
	  "ello", 1) // true
	   "hello".endsWith(
	  "hell",4) // true
	"hello".includes(
	 "ell")
	// true
	"hello".includes(
	  "ell", 1) // true
	"hello".includes(
	  "ell", 2) // false

█ Date

Date 생성자는 여러 유형의 입력에서 사용될 수 있다.

- 다음과 같이 년, 월, 일, 시, 분, 초, 밀리초의 값을 전달할 수 있다.

```
> new Date(2015, 0, 1, 13, 30, 35, 505);
Thu Jan 01 2015 13:30:35 GMT-0800 (PST)
```

- 입력 매개변수를 건너뛸 수 있다. 이 경우 입력 매개변수는 0으로 가정한다. 월 값은 0(1월)에서 11(12월)까지고, 시간은 0에서 23, 분과 초는 0에서 59, 밀리초는 0에서 999까지다.
- 타임스탬프를 전달할 수 있다.

```
> new Date(1420147835505);
Thu Jan 01 2015 13:30:35 GMT-0800 (PST)
```

- 아무것도 전달하지 않으면 현재 날짜/시간으로 가정한다.

```
> new Date();
Fri Jan 11 2013 12:20:45 GMT-0800 (PST)
```

- 문자열을 전달하면 파싱해 가능한 날짜 값을 추출한다.

```
> new Date('May 4, 2015');
Mon May 04 2015 00:00:00 GMT-0700 (PDT)
```

new를 생략하면 현재 날짜의 문자열 버전이 제공된다.

```
> Date() === new Date().toString();
true
```

Date 생성자의 멤버

다음은 Date 생성자의 멤버다.

속성/메소드	설명
Date.parse(string)	새로운 Date() 생성자에 문자열을 전달하는 것과 마찬가지로, 이 메소드는 유효한 날짜 값을 추출하기 위해 입력 문자열을 파싱한다. 성공 시 타임스탬프를, 실패시 NaN을 반환한다. > Date.parse('May 5, 2015'); 1430809200000 > Date.parse('4th'); NaN
Date.UTC(year, month, date, hours, minutes, seconds, ms)	타임스탬프는 현지 시간이 아닌 UTC(세계 표준시)로 반환한다. > Date.UTC (2015, 0, 1, 13, 30, 35, 505); 1420119035505

Date.prototype 멤버

다음은 Date.prototype 멤버의 목록이다.

속성/메소드	설명
toUTCString( )	toString( )과 동일하지만 표준시다. 태평양 표준시(PST)가 UTC 가 다른 점은 다음과 같다. > var d = new Date(2015, 0, 1); > d.toString( ); "Thu Jan 01 2015 00:00:00 GMT−0800 (PST)" > d.toUTCString( ); "Thu, 01 Jan 2015 08:00:00 GMT"
toDateString( )	toString( )의 날짜 부분만 반환한다. > new Date(2015, 0, 1).toDateString( ); "Thu Jan 01 2010"
toTimeString( )	toString( )의 시간 부분만 반환한다. > new Date(2015, 0, 1).toTimeString( ); "00:00:00 GMT−0800 (PST)"
toLocaleString( ) toLocaleDateString( ) toLocaleTimeString( )	각각 toString( ), toDateString( ), toTimeString( )과 동등하지만, 현재 사용자의 로케일에 따라 더 친숙한 형식으로 나타난다. > new Date(2015, 0, 1).toString( ); "Thu Jan 01 2015 00:00:00 GMT−0800 (PST)" > new Date(2015, 0, 1).toLocaleString( ); "1/1/2015 12:00:00 AM"
getTime( ) setTime(time)	타임스탬프를 사용하여 날짜 객체의 시간을 가져오거나 설정한다. 다음 예제에서는 날짜를 생성하고 하루를 앞으로 이동한다. > var d = new Date(2015, 0, 1); > d.getTime( ); 1420099200000 > d.setTime(d.getTime( ) + 1000 * 60 * 60 * 24); 1420185600000 > d.toLocaleString( ); "Fri Jan 02 2015 00:00:00 GMT−0800 (PST)"

속성/메소드	설명
getFullYear( ) getUTCFullYear( ) setFullYear(year, month, date) setUTCFullYear(year, month, date)	현지 시간 또는 UTC 시간을 사용해 전체 연도를 가져오거나 설정한다. getYear( )도 있지만 Y2K를 준수하지 않으므로 대신 getFullYear( )를 사용한다. > var d = new Date(2015, 0, 1); > d.getYear( ); 115 > d.getFullYear( ); 2015 > d.setFullYear(2020); 1577865600000 > d; Wed Jan 01 2020 00:00:00 GMT−0800 (PST)
getMonth( ) getUTCMonth( ) setMonth(month, date) setUTCMonth(month, date)	0(1월)부터 시작해 월을 가져오거나 설정한다. > var d = new Date(2015, 0, 1); > d.getMonth( ); 0 > d.setMonth(11); 1448956800000 > d.toLocaleDateString( ); "12/1/2015"
getDate( ) getUTCDate( ) setDate(date) setUTCDate(date)	월의 날짜를 가져오거나 설정한다. > var d = new Date(2015, 0, 1); > d.toLocaleDateString( ); "1/1/2015" > d.getDate( ); 1 > d.setDate(31); 1422691200000 > d.toLocaleDateString( ); "1/31/2015"

속성/메소드	설명
getHours( ) getUTCHours( ) setHours(hour, min, sec, ms) setUTCHours(hour, min, sec, ms) getMinutes( ) getUTCMinutes( ) setMinutes(min, sec, ms) setUTCMinutes(min, sec, ms) getSeconds( ) getUTCSeconds( ) setSeconds(sec, ms) setUTCSeconds(sec, ms) getMilliseconds( ) getUTCMilliseconds( ) setMilliseconds(ms) setUTCMilliseconds(ms)	시간, 분, 초, 밀리초를 가져오거나 설정한다. 모두 0부터 시작한다. > var d = new Date(2015, 0, 1); > d.getHours( ) + ':' + d.getMinutes( ); "0:0" > d.setMinutes(59); 1420102740000 > d.getHours( ) + ':' + d.getMinutes( ); "0:59"

getTimezoneOffset( )	분 단위로 측정한 지역과 표준(UTC) 시간의 차이를 반환한다. 예를 들어 PST(태평양 표준시)와 UTC의 차이는 다음과 같다.
	
	> new Date( ).getTimezoneOffset( );
	480
	> 420 / 60; // hours
	8

getDay( ) getUTCDay( )	0(일요일)부터 시작하는 요일을 반환한다. > var d = new Date(2015, 0, 1); > d.toDateString( ); "Thu Jan 01 2015" > d.getDay( ); 4 > var d = new Date(2015, 0, 4); > d.toDateString( ); "Sat Jan 04 2015" > d.getDay( ); 0

Date에 대한 ECMAScript 5 추가사항

다음은 Date 생성자에 대한 추가사항이다.

속성/메소드	설명
Date.now( )	현재 타임스탬프를 얻는 편리한 방법이다. > Date.now( ) === new Date( ).getTime( ); true
Date.prototype.toISOString( )	또 다른 toString( )이다. > var d = new Date(2015, 0, 1); > d.toString( ); "Thu Jan 01 2015 00:00:00 GMT−0800 (PST)" > d.toUTCString( ); "Thu, 01 Jan 2015 08:00:00 GMT" > d.toISOString( ); "2015−01−01T00:00:00.000Z"
Date.prototype.toJSON( )	JSON.stringify( ) (이 부록의 마지막 참조)에서 사용하며 toISOString( )과 동일한 결과를 반환한다. > var d = new Date( ); > d.toJSON( ) === d.toISOString( ); true

█ Math

Math는 객체를 생성하는 생성자로 사용할 수 없기 때문에 다른 내장 객체와 다르다. 이 것은 정적 함수와 상수의 모음일 뿐이다. 차이점을 설명하기 위한 몇 가지 예는 다음과 같다.

```
> typeof Date.prototype;
"object"
```

```
> typeof Math.prototype;
"undefined"
> typeof String;
"function"
> typeof Math;
"object"
```

Math 객체의 멤버

다음은 Math객체의 멤버다.

속성/메소드	설명
Math.E Math.LN10 Math.LN2 Math.LOG2E Math.LOG10E Math.PI Math.SQRT1_2 Math.SQRT2	몇 가지 유용한 수학 함수이며 모두 읽기 전용이다. 값은 다음과 같다. > Math.E; 2.718281828459045 > Math.LN10; 2.302585092994046 > Math.LN2; 0.6931471805599453 > Math.LOG2E; 1.4426950408889634 > Math.LOG10E; 0.4342944819032518 > Math.PI; 3.141592653589793 > Math.SQRT1_2; 0.7071067811865476 > Math.SQRT2; 1.4142135623730951

속성/메소드	설명
Math.acos(x) Math.asin(x) Math.atan(x) Math.atan2(y, x) Math.cos(x) Math.sin(x) Math.tan(x)	삼각함수
Math.round(x) Math.floor(x) Math.ceil(x)	round( )는 가장 가까운 정수를 제공하고(반올림), ceil( )은 올림하고 floor( )는 버림 한다. > Math.round(5.5); 6 > Math.floor(5.5); 5 > Math.ceil(5.1); 6
Math.max(num1, num2, num3, ...) Math.min(num1, num2, num3, ...)	max( )는 가장 큰 수를 반환하고 min( )은 전달된 숫자 중 가장 작은 숫자를 인수로 반환한다. 입력 매개변수 중 적어도 1개가 NaN인 경우, 결과는 NaN이 된다. > Math.max(4.5, 101, Math.PI); 101 > Math.min(4.5, 101, Math.PI); 3.141592653589793
Math.abs(x)	절대 값 > Math.abs(-101); 101 > Math.abs(101); 101
Math.exp(x)	지수 함수: x의 제곱에 대한 Math.E > Math.exp(1) === Math.E; true
Math.log(x)	x의 자연 로그 > Math.log(10) === Math.LN10; true

속성/메소드	설명
Math.sqrt(x)	x의 제곱근 > Math.sqrt(9); 3 > Math.sqrt(2) === Math.SQRT2; **true**
Math.pow(x, y)	x의 y승 > Math.pow(3, 2); 9
Math.random( )	0과 1 사이의 임의의 숫자(0 포함) > Math.random( ); 0.8279076443185321 For an random integer in a range, say between 10 and 100: > Math.round(Math.random( ) * 90 + 10); 79

▌ RegExp

RegExp( ) 생성자를 사용해 정규 표현식 객체를 생성할 수 있다. 첫 번째 매개변수로 표현식 패턴을 전달하고 두 번째 매개변수로 패턴 한정자^{modifier}를 전달한다.

```
> var re = new RegExp('[dn]o+dle', 'gmi');
```

이것은 "noodle", "doodle", "doooodle" 등과 일치한다. 정규 표현식 리터럴을 사용하는 것과 같다.

```
> var re = ('/[dn]o+dle/gmi'); // 추천
```

정규 표현식과 패턴에 대한 더 자세한 내용은 4장과 부록 D를 참고한다.

RegExp.prototype 멤버

다음은 RegExp.prototype 멤버다.

속성/메소드	설명
global	읽기전용. Regexp 객체를 생성할 때 g 한정자가 설정된 경우 true다.
ignoreCase	읽기전용. Regexp 객체를 생성할 때 i 한정자가 설정된 경우 true다.
multiline	읽기전용. Regexp 객체를 생성할 때 m 한정자가 설정된 경우 true다.
lastIndex	다음 일치 항목이 시작되어야 하는 문자열의 위치를 포함한다. test( )와 exec( )는 성공적인 일치 후에 이 위치를 설정한다. g(전역) 한정자가 사용된 경우에만 관련이 있다. > var re = /[dn]o+dle/g; > re.lastIndex; 0 > re.exec("noodle doodle"); ["noodle"] > re.lastIndex; 6 > re.exec("noodle doodle"); ["doodle"] > re.lastIndex; 13 > re.exec("noodle doodle"); null > re.lastIndex; 0
source	읽기 전용. 정규 표현식 패턴을 반환한다(한정자 없음). > var re = /[nd]o+dle/gmi; > re.source; "[nd]o+dle"

속성/메소드	설명

exec(string)	입력 문자열을 정규 표현식과 일치시킨다. 일치가 성공하면 일치 항목과 캡처 그룹을 포함하는 배열을 반환한다. g 한정자를 사용하면 첫 번째 항목과 일치시키며 lastIndex 속성을 설정한다. 일치하는 것이 없으면 null을 반환한다.
	
	`> var re = /([dn])(o+)dle/g;`
	`> re.exec("noodle doodle");`
	`["noodle", "n", "oo"]`
	`> re.exec("noodle doodle");`
	`["doodle", "d", "oo"]`
	
	exec( )에 의해 반환된 배열은 인덱스(일치 항목의)와 입력(검색 중인 입력 문자열)이라는 두 가지 추가 속성을 가진다.

test(string)	exec( )와 동일하지만 true 또는 false만 반환한다.
	
	`> /noo/.test('Noodle');`
	`false`
	`> /noo/i.test('Noodle');`
	`true`

▌ Error 객체

오류 객체는 환경(브라우저) 또는 코드에 의해 생성된다.

```
> var e = new Error('jaavcsritp is _not_ how you spell it');
> typeof e;
"object"
```

Error 생성자 외에 6개의 추가 생성자가 존재하며 모두 Error를 상속받는다.

- EvalError
- RangeError
- ReferenceError

- SyntaxError

- TypeError

- URIError

Error.prototype 멤버

다음은 `Error.prototype` 멤버다.

속성/메소드	설명
name	객체를 생성하는 데 사용된 오류 생성자의 이름이다. > var e = new EvalError('Oops'); > e.name; "EvalError"
message	추가 오류 정보: > var e = new Error('Oops... again'); > e.message; "Oops... again"

▌ JSON

JSON 객체는 ES5의 새로운 객체다. 생성자가 아니며 (Math와 유사) `parse()`와 `stringify()`의 두 가지 메소드만 있다. JSON을 기본으로 지원하지 않는 ES3 브라우저의 경우 http://json.org의 "심shim"을 사용할 수 있다.

JSON은 JavaScript Object Notation(자바스크립트 객체 표기법)의 약자다. 경량의 데이터 교환 포맷으로 원시, 객체 리터럴, 배열 리터럴만 지원하는 자바스크립트의 하위 집합이다.

JSON 객체의 멤버

다음은 JSON 객체의 멤버다.

속성/메소드	설명

parse(text, callback)	JSON으로 인코딩된 문자열을 가져와서 객체를 반환한다.
	
	``
	> var data = '{"hello": 1, "hi": [1, 2, 3]}';
	> var o = JSON.parse(data);
	> o.hello;
	1
	> o.hi;
	[1, 2, 3]
	``
	
	선택사항인 콜백을 사용하면 결과를 수정할 수 있는 고유한 함수를 제공할 수 있다. 콜백은 key와 value 인수를 사용해 value를 수정하거나 삭제할 수 있다(undefined를 반환하여).
	
	``
	> function callback(key, value) {
	    console.log(key, value);
	    if (key === 'hello') {
	      return 'bonjour';
	    }
	    if (key === 'hi') {
	      return undefined;
	    }
	    return value;
	  }
	> var o = JSON.parse(data, callback);
	hello 1
	0 1
	1 2
	2 3
	hi [1, 2, 3]
	Object {hello: "bonjour"}
	> o.hello;
	"bonjour"
	> 'hi' in o;
	false
	``

속성/메소드	설명

stringify(value, callback, white)	값(일반적으로 객체나 배열)을 받아 JSON 문자열로 인코딩한다.
	
	``
	> var o = {
	hello: 1,
	hi: 2,
	when: new Date(2015, 0, 1)
	};
	> JSON.stringify(o);
	"{"hello":1,"hi":2,"when":
	"2015-01-01T08:00:00.000Z"}"
	``
	
	두 번째 매개변수를 사용하면 반환 값을 사용자정의하는 콜백(또는 허용된 배열)을 제공할 수 있다.
	
	``
	JSON.stringify(o, ['hello', 'hi']);
	"{"hello":1,"hi":2}"
	``
	
	마지막 매개변수를 사용하면 사람이 읽을 수 있는 버전을 만들 수 있다. 공백의 수를 문자열 또는 숫자로 지정한다.
	
	``
	> JSON.stringify(o, null, 4);
	"{
	"hello": 1,
	"hi": 2,
	"when": "2015-01-01T08:00:00.000Z"
	}"
	``

정규 표현식

정규 표현식을 사용하면 다음과 같이 리터럴 문자열을 매칭할 수 있다.

```
> "some text".match(/me/);
["me"]
```

그러나 정규 표현식의 진정한 힘은 리터럴 문자열이 아닌 패턴 매칭에서 온다. 다음 표는 패턴에서 사용할 수 있는 다양한 구문을 설명하고 패턴을 사용하는 몇 가지 예를 제공한다.

패턴	설명
[abc]	**문자 클래스와 매칭** > "some text".match(/[otx]/g); ["o", "t", "x", "t"]
[a-z]	범위로 정의된 문자 클래스. 예를 들어 [a-d]는 [abcd]와 같고, [a-z]는 모든 소문자와 매칭되며, [a-zA-Z0-9]는 모든 문자 및 숫자, 밑줄 문자와 매칭된다. > "Some Text".match(/[a-z]/g); ["o", "m", "e", "e", "x", "t"] > "Some Text".match(/[a-zA-Z]/g); ["S", "o", "m", "e", "T", "e", "x", "t"]
[^abc]	문자 클래스와 매칭하지 않는 모든 항목을 찾는다. > "Some Text".match(/[^a-z]/g); ["S", " ", "T"]
a|b	a 또는 b와 매칭한다. 파이프 문자는 OR을 의미하며 한 번 이상 사용할 수 있다. > "Some Text".match(/t|T/g); ["T", "t"] > "Some Text".match(/t|T|Some/g); ["Some", "T", "t"]
a(?=b)	다음에 b가 뒤따라 오는 경우에만 a와 매칭한다. > "Some Text".match(/Some(?=Tex)/g); null > "Some Text".match(/Some(?=Tex)/g); ["Some"]
a(?!b)	b가 뒤따라 오지 않는 경우에만 a와 매칭한다. > "Some Text".match(/Some(?!Tex)/g); null > "Some Text".match(/Some(?!Tex)/g); ["Some"]

패턴	설명
\	패턴에서 사용된 특수 문자를 리터럴과 매칭하는 데 사용되는 이스케이프 문자다. > "R2-D2".match(/[2-3]/g); ["2", "2"] > "R2-D2".match(/[2\-3]/g); ["2", "-", "2"]
\n \r \f \t \v	새 행 캐리지 리턴 폼 피드 탭 세로 탭
\s	공백 또는 이전의 다섯 개의 이스케이프 시퀀스 중 하나 > "R2\n D2".match(/\s/g); ["\n", " "]
\S	위와 반대. 공백을 제외한 모든 것을 매칭한다. [^\s]와 동일하다. > "R2\n D2".match(/\S/g); ["R", "2", "D", "2"]
\w	모든 문자, 숫자 또는 밑줄. [A-Za-z0-9_]와 동일하다. > "S0m3 text!".match(/\w/g); ["S", "0", "m", "3", "t", "e", "x", "t"]
\W	\w의 반대 > "S0m3 text!".match(/\W/g); [" ", "!"]
\d	숫자를 찾는다. [0-9]와 동일하다. > "R2-D2 and C-3PO".match(/\d/g); ["2", "2", "3"]
\D	\d의 반대. 숫자가 아닌 것과 매칭. [^0-9] 또는 [^\d] 와 동일. > "R2-D2 and C-3PO".match(/\D/g); ["R", "-", "D", " ", "a", "n", "d", " ", "C", "-", "P", "O"]

패턴	설명
\b	공백이나 구두점 같은 단어 경계를 찾는다. R 또는 D 뒤에 2가 뒤따르는 값을 찾는다. > "R2D2 and C-3PO".match(/[RD]2/g); ["R2", "D2"] 위와 같지만 단어의 끝에서만 찾는다. > "R2D2 and C-3PO".match(/[RD]2\b/g); ["D2"] 같은 패턴이지만 입력에는 단어의 끝인 대시가 있다. > "R2-D2 and C-3PO".match(/[RD]2\b/g); ["R2", "D2"]
\B	\b와 반대 > "R2-D2 and C-3PO".match(/[RD]2\B/g); null > "R2D2 and C-3PO".match(/[RD]2\B/g); ["R2"]
[\b]	백 스페이스 문자와 매칭한다.
\0	null 문자
\u0000	4자리 16진수로 표현된 유니코드 문자를 찾는다. > "стоян".match(/\u0441\u0442\u043E/); ["сто"]
\x00	4자리 16진수로 표현된 문자 코드를 찾는다. > "\x64"; "d" > "dude".match(/\x64/g); ["d", "d"]
^	찾은 문자열의 시작이다. m 한정자(여러 줄)를 설정하면, 각 행의 시작에서 매칭한다. > "regular\nregular\nexpression".match(/r/g); ["r", "r", "r", "r", "r"] > "regular\nregular\nexpression".match(/^r/g); ["r"] > "regular\nregular\nexpression".match(/^r/mg); ["r", "r"]

패턴	설명
$	입력의 끝, 또는 여러 줄 한정자를 사용하면 각 줄의 끝을 매칭한다. > "regular\nregular\nexpression".match(/r$/g); null > "regular\nregular\nexpression".match(/r$/mg); ["r", "r"]
.	새 줄과 줄 바꿈을 제외한 모든 단일 문자를 찾는다. > "regular".match(/r./g); ["re"] > "regular".match(/r.../g); ["regu"]
*	이전 패턴이 0번 이상 나타나는 경우 매칭한다. 예를 들어 /.*/는 아무것도 포함하지 않은 항목(빈 입력)과 매칭한다. > "".match(/.*/); [""] > "anything".match(/.*/); ["anything"] > "anything".match(/n.*h/); ["nyth"] 패턴은 욕심이 많아서 가능한 많이 매칭시킨다는 것을 염두에 둔다. > "anything within".match(/n.*h/g); ["nything with"]
?	이전 패턴이 0번 또는 1번 나타나면 매칭한다. > "anything".match(/ny?/g); ["ny", "n"]
+	이전 패턴이 적어도 1번 이상 나타나면 매칭한다. > "anything".match(/ny+/g); ["ny"] > "R2-D2 and C-3PO".match(/[a-z]/gi); ["R", "D", "a", "n", "d", "C", "P", "O"] > "R2-D2 and C-3PO".match(/[a-z]+/gi); ["R", "D", "and", "C", "PO"]

패턴	설명
{n}	이전 패턴이 정확히 n번 발생하면 매칭한다. > "regular expression".match(/s/g); ["s", "s"] > "regular expression".match(/s{2}/g); ["ss"] > "regular expression".match(/\b\w{3}/g); ["reg", "exp"]
{min,max}	앞의 패턴이 최소 횟수와 최대 횟수 사이에 발생하면 매칭한다. 최대값을 의미하는 max는 생략하여 최소값만 지정할 수는 있지만, 최소값 min은 생략할 수 없다. 다음은 "o"가 10번 반복되는 "doodle"이 입력인 예를 보여준다. > "doooooooooodle".match(/o/g); ["o", "o", "o", "o", "o", "o", "o", "o", "o", "o"] > "doooooooooodle".match(/o/g).length; 10 > "doooooooooodle".match(/o{2}/g); ["oo", "oo", "oo", "oo", "oo"] > "doooooooooodle".match(/o{2,}/g); ["oooooooooo"] > "doooooooooodle".match(/o{2,6}/g); ["oooooo", "oooo"]
(pattern)	패턴이 괄호 안에 있으면 교체용으로 사용할 수 있도록 기억된다. 이런 패턴을 캡처링 패턴(capturing pattern)이라고도 한다. 캡처된 매칭은 $1, $2,… $9 같이 사용할 수 있다. 모든 "r"을 매칭치시키고 반복한다. > "regular expression".replace(/(r)/g, '$1$1'); "rregularr exprression" "re"를 매칭하고 "er"로 바꾼다. > "regular expression".replace(/(r)(e)/g, '$2$1'); "ergular experssion"

패턴	설명
(?:pattern)	비 캡처 패턴은 기억되지 않고 $1, $2⋯ 에서 사용할 수 없다. 다음은 "re"가 어떻게 매칭하는지 보여주는 예다. "r"은 기억되지 않고, 두 번째 패턴은 $1 이 된다. > "regular expression".replace(/(?:r)(e)/g, '$1$1'); "eegular expeession"

^, ?, \b와 같이 특수 문자가 두 가지 의미를 가질 수 있는 경우 주의를 기울여야 한다.

연습문제 해답

이 부록에는 각 장의 끝에 있는 연습문제의 해답을 제시한다. 여기서 제시한 답이 유일한 답은 아니므로 솔루션이 다르다고 걱정할 필요는 없다.

이 책의 다른 부분과 마찬가지로, 콘솔에서 시도해 보고 다양한 실험을 해 보는 것이 좋다.

첫 장과 마지막 장에는 연습문제 섹션이 없으므로 2장부터 시작한다.

▌ 2장. 원시 데이터 형식, 배열, 루프 및 조건

다음 연습문제를 해결해 보자.

연습문제

1. 결과는 다음과 같다.

```
> var a; typeof a;
"undefined"
```

변수를 선언했지만 값으로 초기화하지 않으면 자동으로 undefined 값을 얻는다. 다음과 같이 확인해 볼 수 있다.

```
> a === undefined;
true
```

v의 값은 다음과 같다.

```
> var s = '1s'; s++;
NaN
```

'1s' 문자열에 1을 더하면 숫자가 아닌 '1s1 문자열이 반환되지만, ++ 연산자는 숫자를 반환해야 하므로 득수 NaN 숫자를 반환한나.

프로그램은 다음과 같다.

```
> !!"false";
true
```

문제에서 까다로운 부분은 "false"가 문자열이고 모든 문자열이 부울로 변환될 때 true가 된다는 것이다(빈 문자열 "" 제외). 문제에서 문자열 "false"가 아닌 부울 false라면, 이중 부정 !!은 같은 부울을 반환한다.

```
> !!false;
false
```

예상대로 단일 부정은 반대를 반환한다.

```
> !false;
true
> !true;
false
```

어떤 문자열로도 테스트할 수 있으며, 빈 문자열을 제외하고 부울 true로 변환된다.

```
> !!"hello";
true
> !!"0";
true
> !!"";
false
```

undefined를 실행한 결과는 다음과 같다.

```
> !!undefined;
false
```

여기서 undefined는 거짓 값 중 하나이며 false로 변환된다. 앞의 예제에서 빈 문자열 ""이나 NaN 또는 0 같은 다른 거짓 값으로 시도할 수 있다.

```
> typeof -Infinity;
"number"
```

숫자 유형에는 모든 숫자와 NaN, 양수 및 음수의 Infinity가 포함된다.

다음 예제를 실행한 결과다.

```
> 10 % "0";
NaN
```

문자열 "0"은 숫자 0으로 변환된다. 0으로 나눈 값은 Infinity이며 나머지는 없다.

다음 예제를 실행한 결과다.

```
> undefined == null;
true
```

== 연산자와 비교하면 유형을 검사하지 않지만 피연산자를 변환한다. 이 경우 둘 다 거짓 값이다. 엄격한 비교 역시 유형을 검사한다.

```
> undefined === null;
false
```

다음은 코드와 그 결과다.

```
> false === "";
false
```

다른 유형(이 경우 부울과 문자열)간의 엄격한 비교는 값이 무엇이든 상관없이 실패하게 된다.

다음은 코드와 그 결과다.

```
> typeof "2E+2";
"string"
```

따옴표 안의 모든 내용은 문자열이다.

```
> 2E+2;
200
> typeof 2E+2;
"number"
```

다음은 코드와 그 결과다.

```
> a = 3e+3; a++;
3000
```

3e+3은 세 개의 0을 가진 3이며, 즉 3000을 의미한다. ++는 후행 증가로 이전 값을 반환한 후 값을 증가시키고 a에 할당한다. 따라서 지금은 3001이지만 콘솔에서 반환 값은 3000이 된다.

```
> a;
3001
```

2. 다음을 실행한 후의 v 값은 다음과 같다.

```
> var v = v || 10;
> v;
10
```

v가 선언되지 않은 경우에 값은 undefined다. 따라서 다음과 같다.

```
> var v = undefined || 10;
> v;
10
```

그러나 v가 이미 정의되어 있고 거짓이 아닌 값으로 초기화된 경우 이전 값을 얻는다.

```
> var v = 100;
> var v = v || 10;
> v;
100
```

var를 두 번째 사용할 때는 변수를 "재설정"하지 않는다.

v가 이미 거짓 값(100이 아님)이면, v || 10은 10을 반환한다.

```
> var v = 0;
> var v = v || 10;
> v;
10
```

3. 곱셈표를 인쇄하려면 다음을 수행한다.

```
for (var i = 1; i <= 12; i++) {
  for (var j = 1; j <= 12; j++) {
    console.log(i + ' * ' + j + ' = ' + i * j);
  }
}
```

또는 다음을 수행한다.

```
var i = 1, j = 1;
while (i <= 12) {
  while (j <= 12) {
    console.log(i + ' * ' + j + ' = ' + i * j);
    j++;
  }
  i++;
  j = 1;
}
```

▌ 3장. 함수

다은 연습문제를 해결해 보자.

연습문제

1. 16진수 색상을 RGB로 변환하려면 다음을 수행한다.

```
function getRGB(hex) {
  return "rgb(" +
    parseInt(hex[1] + hex[2], 16) + ", " +
    parseInt(hex[3] + hex[4], 16) + ", " +
    parseInt(hex[5] + hex[6], 16) + ")";
}
Testing:
> getRGB("#00ff00");
      "rgb(0, 255, 0)"
> getRGB("#badfad");
      "rgb(186, 223, 173)"
```

이 솔루션의 한 가지 문제점은 많은 브라우저가 오랫동안 지원해 왔고 ES5에 포함됐음에도 불구하고 hex[0] 같은 문자열에 대한 배열 접근이 ECMAScript 3에 없다는 것이다.

그러나 이 책에서 객체와 메소드에 대한 논의는 아직 없었다. 다른 방법은 ES3 호환 솔루션은 charAt( ), substring( ), slice( ) 같은 문자열 메소드 중 하나를 사용하는 것이다. 너무 많은 문자열 결합을 피하기 위해 배열을 사용할 수도 있다.

```
function getRGB2(hex) {
  var result = [];
  result.push(parseInt(hex.slice(1, 3), 16));
  result.push(parseInt(hex.slice(3, 5), 16));
  result.push(parseInt(hex.slice(5), 16));
  return "rgb(" + result.join(", ") + ")";
}
```

보너스 연습: parseInt( )를 세 번 입력할 필요가 없도록 루프를 사용해 앞의 함수를 다시 작성하라.

2. 결과는 다음과 같다.

```
> parseInt(1e1);
10
Here, you're parsing something that is already an integer:
> parseInt(10);
10
> 1e1;
10
```

여기서 문자열의 파싱은 첫 번째 비정수 값에서 중단된다. parseInt( )는 지수 리터럴을 이해하지 못하기 때문에 정수 표기법이 필요하다.

```
> parseInt('1e1');
1
```

지수를 포함하여 10진수 표기법으로 간주하고 '1e1 문자열을 파싱한다.

```
> parseFloat('1e1');
10
```

다음은 코드와 그 결과다.

```
> isFinite(0 / 10);
true
```

0/10은 0이고, 0은 유한값이다.

다음은 코드와 결과다.

```
> isFinite(20 / 0);
false
```

0으로 나눈 값은 Infinity이다.

```
> 20 / 0;
Infinity
```

다음은 코드와 결과다.

```
> isNaN(parseInt(NaN));
true
```

특별한 NaN 값을 파싱한 결과는 NaN이다.

3. 다음의 결과는 무엇인가?

```
var a = 1;
function f() {
  function n() {
    alert(a);
  }
  var a = 2;
  n();
}
f();
```

a = 2를 할당하기 전에 n()이 정의됐더라도 이 코드는 2를 출력한다. 함수 n() 안에
는 동일한 범위에 있는 변수 a가 있으며 f() 호출 시 가장 최근 값에 접근한다(따라서
n()). 호이스팅으로 인해 f()는 마치 다음과 같이 동작한다.

```
function f() {
  var a;
  function n() {
    alert(a);
  }
  a = 2;
  n();
}
```

다음 코드를 살펴보면 더 흥미로워진다.

```
var a = 1;
function f() {
  function n() {
```

```
      alert(a);
    }
  n();
  var a = 2;
  n();
}
f();
```

undefined 를 출력한 후 2를 출력한다. 첫 번째 결과로 1을 예상했을 수도 있지만, 변수 호이스팅으로 인해 a의 선언(초기화 아님)이 함수의 맨 위로 이동한다. 따라서 f()는 마치 다음과 같이 된다.

```
var a = 1;
function f() {
  var a; // a는 이제 undefined 다.
  function n() {
    alert(a);
  }
  n(); // undefined를 출력
  a = 2;
  n(); // 2를 출력
}
f();
```

지역 a는 맨 아래 있더라도 전역 a에 영향을 미친다.

4. 왜 모든 메시지가 "Boo!"일까?

다음은 예제1의 결과다.

```
var f = alert;
eval('f("Boo!")');
```

다음은 예제2의 결과다. 함수를 다른 변수에 할당할 수 있다. 따라서 f( )는 alert( )를 가리킨다. 이 문자열의 평가는 다음과 같다.

```
> f("Boo");
```
다음은 eval( )을 실행한 결과다.

```
var e;
var f = alert;
eval('e=f')('Boo!');
```

다음은 예제3의 결과다. eval( )은 평가 결과를 반환한다. 이 경우에는 e의 새 값을 반환하는 e = f 할당이다. 다음과 같다.

```
> var a = 1;
> var b;
> var c = (b = a);
> c;
1
```

따라서 eval('e=f')는 "Boo!"로 즉시 실행되는 alert( )에 대한 포인터를 제공한다. 직접(자체 호출) 익명 함수는 매개변수 "Boo!"로 즉시 호출되는 alert( ) 함수에 대한 포인터를 반환한다.

```
(function(){
  return alert;
})()('Boo!');
```

▌ 4장. 객체

다음 연습문제를 풀어보자.

연습문제

1. 무슨 일이 일어나는가? this는 무엇이고 o는 무엇인가?

```
function F() {
  function C() {
    return this;
  }
  return C();
}
var o = new F();
```

여기서 C()가 new 없이 호출되었기 때문에 this === window다.

또한 new F()가 C()가 반환하는 객체 this를 반환하고, this는 window이기 때문에 o === window다.

C()의 호출을 생성자 호출로 만들 수 있다.

```
function F() {
  function C() {
    return this;
  }
  return new C();
}
var o = new F();
```

여기서 this는 C() 생성자가 생성한 객체다. 따라서 o는 다음과 같다.

```
> o.constructor.name;
"C"
```

ES5의 엄격 모드를 사용하면 더욱 흥미로워진다. 엄격 모드에서 비 생성자 호출의 결과로 this는 전역 객체가 아니고 undefined가 된다. F( ) 또는 C( ) 생성자 본문에서 "use strict"를 사용하면 this는 C( )에서 undefined가 된다. 따라서 return C( )는 객체가 아닌 undefined를 반환할 수 없으며 (모든 생성자 호출은 객체를 반환해야 한다), F 인스턴스의 this(클로저 범위에 있는)를 반환한다. 다음을 시도해 보자.

```
function F( ) {
  "use strict";
  this.name = "I am F( )";
  function C( ) {
    console.log(this); // undefined
    return this;
  }
  return C( );
}
```

테스트 결과는 다음과 같다.

```
> var o = new F( );
> o.name;
"I am F( )"
```

2. new를 사용해 이 생성자를 호출하면 어떻게 될까?

```
function C( ) {
  this.a = 1;
  return false;
```

```
}
And testing:
> typeof new C();
"object"
> new C().a;
1
```

생성자 호출은 항상 객체를 생성하기 때문에 new C()는 부울이 아닌 객체다. 생성자에서 다른 객체를 반환하지 않는 한 this 객체다. 객체가 아닌 것을 반환할 수 없으며 여전히 this를 얻는다.

3. 결과는 어떻게 될까?

```
> var c = [1, 2, [1, 2]];
> c.sort();
> c;
[1, Array[2], 2]
```

이것은 sort()가 문자열을 비교하기 때문이다. [1, 2].toString()은 "1,2"이므로, "1" 뒤에 그리고 "2" 앞에 온다.

join()도 마찬가지다.

```
> c.join('--');
> c;
"1--1,2--2"
```

4. String()이 존재하지 않는 것으로 가정하고 String()을 모방한 MyString()을 작성한다. 입력 원시 문자열을 배열로 처리한다(ES5에서 지원하는 배열 접근).

다음은 연습문제의 해답 메소드의 구현을 보여준다. 나머지 메소드는 계속 사용한다.

전체 목록은 부록C를 참조한다.

```javascript
function MyString(input) {
  var index = 0;

  // 문자열로 변환
  this._value = '' + input;
  // 배열 접근에 대한 모든 숫자 속성 설정
  while (input[index] !== undefined) {
    this[index] = input[index];
    index++;
  }

  // length를 저장
  this.length = index;
}

MyString.prototype = {
  constructor: MyString,
  valueOf: function valueOf() {
    return this._value;
  },
  toString: function toString() {
    return this.valueOf();
  },
  charAt: function charAt(index) {
    return this[parseInt(index, 10) || 0];
  },
  concat: function concat() {
    var prim = this.valueOf();
    for (var i = 0, len = arguments.length; i < len; i++) {
      prim += arguments[i];
    }
    return prim;
  },
```

```
slice: function slice(from, to) {
  var result = '',
      original = this.valueOf();
  if (from === undefined) {
    return original;
  }
  if (from > this.length) {
    return result;
  }
  if (from < 0) {
    from = this.length - from;
  }
  if (to === undefined || to > this.length) {
    to = this.length;
  }
  if (to < 0) {
    to = this.length + to;
  }
  // 검증 끝, 실제 슬라이싱 루프 시작
  for (var i = from; i < to; i++) {
    result += original[i];
   }
   return result;
},
split: function split(re) {
  var index = 0,
     result = [],
      original = this.valueOf(),
      match,
      pattern = '',
      modifiers = 'g';

  if (re instanceof RegExp) {
    // 정규식으로 분할하지만 항상 "g"로 설정
    pattern = re.source;
    modifiers += re.multiline ? 'm' : '';
```

```javascript
      modifiers += re.ignoreCase ? 'i' : '';
    } else {
      // 아마도 정규식이 아니고 문자열일 것임. 이것을 변환
      pattern = re;
    }
    re = RegExp(pattern, modifiers);

    while (match = re.exec(original)) {
      result.push(this.slice(index, match.index));
      index = match.index + new MyString(match[0]).length;
    }
    result.push(this.slice(index));
    return result;
  }
};
```

테스트 결과다.

```
> var s = new MyString('hello');
> s.length;
 5
> s[0];
"h"
 > s.toString();
 "hello"
> s.valueOf();
 "hello"
> s.charAt(1);
 "e"
> s.charAt('2');
"l"
> s.charAt('e');
"h"
> s.concat(' world!');
"hello world!"
```

```
> s.slice(1, 3);
"el"
> s.slice(0, -1);
"hell"
> s.split('e');
 ["h", "llo"]
> s.split('l');
 ["he", "", "o"]
```

자유롭게 정규 표현식을 사용해 나눌 수 있다.

5. MyString( )을 reverse( ) 메소드로 업데이트한다.

```
> MyString.prototype.reverse = function reverse() {
    return this.valueOf().split("").reverse().join("");
  };
> new MyString("pudding").reverse();
 "gniddup"
```

6. Array( )가 없어져서 MyArray( )를 구현해야 하는 경우를 상상해 보자. 시작하는 데 도움이 될 몇 가지 메소드는 다음과 같다.

```
function MyArray(length) {
  // 하나의 숫자 인수는 length를 의미한다
  if (typeof length === 'number' &&
      arguments[1] === undefined) {
    this.length = length;
    return this;
  }
  // 일반적인 경우
    this.length = arguments.length;
  for (var i = 0, len = arguments.length; i < len; i++) {
    this[i] = arguments[i];
```

```
    }
    return this;
    // 책의 뒷부분에서 지원 방법을 배운다
    // 생성자가 아닌 호출
}

MyArray.prototype = {
  constructor: MyArray,
  join: function join(glue) {
    var result = '';
    if (glue === undefined) {
      glue = ',';
    }
    for (var i = 0; i < this.length - 1; i++) {
      result += this[i] === undefined ? '' : this[i];
      result += glue;
    }
    result += this[i] === undefined ? '' : this[i];
    return result;
  },
  toString: function toString() {
    return this.join();
  },
  push: function push() {
    for (var i = 0, len = arguments.length; i < len; i++) {
      this[this.length + i] = arguments[i];
    }
    this.length += arguments.length;
    return this.length;
  },
  pop: function pop() {
    var poppd = this[this.length - 1];
    delete this[this.length - 1];
    this.length--;
    return poppd;
  }
```

```
};
```

테스트 결과다.

```
> var a = new MyArray(1, 2, 3, "test");
> a.toString();
"1,2,3,test"
> a.length;
 4
> a[a.length - 1];
"t est"
> a.push('boo');
5
> a.toString();
"1,2,3,test,boo"
> a.pop();
"boo"
> a.toString();
"1,2,3,test"
> a.join(',');
"1,2,3,test"
> a.join(' isn't ');
"1 isn't 2 isn't 3 isn't test"
```

이 연습이 재미있게 느껴졌다면 join()에서 멈추지 말고, 가능한 많은 메소드를 시도
해 보자.

7. rand(), min([]), max([])를 가지는 MyMath라는 객체를 생성한다.

여기서 핵심은 Math가 생성자가 아니라 "정적" 속성과 메소드를 가진 객체라는 것
이다. 다음은 시작하는 데 도움이 될 몇 가지 메소드다.

즉시 함수를 사용해 몇 개의 유틸리티 함수를 비공개로 유지해 보자. 이 접근 방법을
this._value가 실제로 비공개일 수 있는 위의 MyString에도 적용할 수 있을 것이다.

```
var MyMath = (function () {

  function isArray(ar) {
      return
        Object.prototype.toString.call(ar) ===
          '[object Array]';
  }

  function sort(numbers) {
    // `arguments`가 배열이 아니고 sort( )가 없기 때문에
    // numbers.sort( )를 직접 사용하지 않는다
    return Array.prototype.sort.call(numbers, function (a, b) {
      if (a === b) {
        return 0;
      }
      return 1 * (a > b) - 0.5; // returns 0.5 또는 -0.5
    });
  }

  return {
    PI: 3.141592653589793,
    E: 2.718281828459045,
    LN10: 2.302585092994046,
    LN2: 0.6931471805599453,
    // ... 더 많은 상수
    max: function max() {
      // 무제한의 인자를 허용
      // 또는 첫 번째 인수로 숫자 배열
      var numbers = arguments;
      if (isArray(numbers[0])) {
        numbers = numbers[0];
      }
      // 배열에서 숫자를 정렬하고 마지막을 선택한다
      return sort(numbers)[numbers.length - 1];
    },
```

```javascript
min: function min( ) {
  // 인자를 다루는 다른 접근 방법
  // 동일한 함수를 다시 호출한다
  if (isArray(numbers)) {
    return this.min.apply(this, numbers[0]);
  }

  // min을 선택하는 다른 접근 방법:
  // 정렬에 대해 신경 쓰는 것이 아니라
  // 가장 작은 숫자에만 신경쓰기 때문에
  // 배열을 정렬하는 것은 과잉이다
  // 따라서 루프를 사용하자
  var min = numbers[0];
  for (var i = 1; i < numbers.length; i++) {
    if (min > numbers[i]) {
      min = numbers[i];
    }
  }
  return min;
},
rand: function rand(min, max, inclusive) {
  if (inclusive) {
    return Math.round(Math.random( ) * (max - min) + min);
    // 10 에서 100 사이의 난수에 테스트
    // 경계 포함:
    // Math.round(0.000000 * 90 + 10); // 10
    // Math.round(0.000001 * 90 + 10); // 10
    // Math.round(0.999999 * 90 + 10); // 100
  }
  return Math.floor(Math.random( ) * (max - min - 1) + min + 1);
  // 10 에서 100 사이의 난수에 테스트
  // 경계 비포함:
  // Math.floor(0.000000 * (89) + (11)); // 11
  // Math.floor(0.000001 * (89) + (11)); // 11
  // Math.floor(0.999999 * (89) + (11)); // 99
}
```

```
    };
  })();
```

이 책을 마치고 ES5에 대해 잘 알게 되면 defineProperty( )를 사용해 내장 객체들에 대해 보다 강력한 제어와 복제를 시도할 수 있을 것이다.

▌ 5장. ES6 이터레이터와 제너레이터

다음 연습문제를 해결해 보자.

연습문제

1. type 속성과 getType( ) 메소드를 가진 shape라는 객체를 생성한다.

```
var shape = {
  type: 'shape',
  getType: function () {
    return this.type;
  }
};
```

2. 다음은 Triangle ( ) 생성자를 위한 프로그램이다.

```
function Triangle(a, b, c) {
  this.a = a;
  this.b = b;
  this.c = c;
}
```

```
Triangle.prototype = shape;
Triangle.prototype.constructor = Triangle;
Triangle.prototype.type = 'triangle';
```

3. getPerimeter( ) 메소드를 추가하려면 다음 코드를 사용한다.

```
Triangle.prototype.getPerimeter = function () {
  return this.a + this.b + this.c;
};
```

4. 다음 코드를 테스트한다.

```
> var t = new Triangle(1, 2, 3);
> t.constructor === Triangle;
true
> shape.isPrototypeOf(t);
true
> t.getPerimeter();
6
> t.getType();
"triangle"
```

5. 자신의 속성과 메소드만 보여주는 t를 루프로 반복한다.

```
for (var i in t) {
  if (t.hasOwnProperty(i)) {
    console.log(i, '=', t[i]);
  }
}
```

6. 다음 코드를 사용하여 배열 요소를 랜덤화한다.

```
Array.prototype.shuffle = function () {
  return this.sort(function () {
    return Math.random() - 0.5;
  });
};
```

테스트 결과다.

```
> [1, 2, 3, 4, 5, 6, 7, 8, 9].shuffle();
  [4, 2, 3, 1, 5, 6, 8, 9, 7]
> [1, 2, 3, 4, 5, 6, 7, 8, 9].shuffle();
  [2, 7, 1, 3, 4, 5, 8, 9, 6]
> [1, 2, 3, 4, 5, 6, 7, 8, 9].shuffle();
  [4, 2, 1, 3, 5, 6, 8, 9, 7]
```

▌ 6장. 프로토타입

다음 연습문제를 해결해 보자.

연습문제

1. 프로토타입과 혼합한 다중 상속이다. 예를 들면 다음과 같다.

```
var my = objectMulti(obj, another_obj, a_third, {
  additional: "properties"
});
A possible solution:
function objectMulti() {
  var Constr, i, prop, mixme;
```

```
// 자신의 속성을 설정하는 생성자
var Constr = function (props) {
  for (var prop in props) {
      this[prop] = props[prop];
    }
  };

  // 프로토타입으로 혼합한다
  for (var i = 0; i < arguments.length - 1; i++) {
    var mixme = arguments[i];
    for (var prop in mixme) {
      Constr.prototype[prop] = mixme[prop];
    }
  }

  return new Constr(arguments[arguments.length - 1]);
}
```

테스트 결과다.

```
> var obj_a = {a: 1};
> var obj_b = {a: 2, b: 2};
> var obj_c = {c: 3};
> var my = objectMulti(obj_a, obj_b, obj_c, {hello: "world"});
> my.a;
 2
```

obj_b가 obj_a에서 같은 이름의 속성을 덮어 썼기 때문에 속성 a는 2다(마지막 속성이
이긴다).

```
> my.b;
2
> my.c;
```

```
3
> my.hello;
"world"
> my.hasOwnProperty('a');
false
> my.hasOwnProperty('hello');
true
```

2. http://www.phpied.com/files/canvas/에서 캔버스 예제를 연습할 수 있다.

   다음 코드를 사용해 몇 개의 삼각형을 그린다.

```
new Triangle(
  new Point(100, 155),
  new Point(30, 50),
  new Point(220, 00)).draw();

new Triangle(
  new Point(10, 15),
  new Point(300, 50),
  new Point(20, 400)).draw();
```

   다음 코드를 사용해 몇 개의 사각형을 그린다.

```
new Square(new Point(150, 150), 300).draw();
new Square(new Point(222, 222), 222).draw();
```

   다음 코드를 사용해 몇 개의 직사각형을 그린다.

```
new Rectangle(new Point(100, 10), 200, 400).draw();
new Rectangle(new Point(400, 200), 200, 100).draw();
```

3. Rhombus(마름모), Kite(가오리연 모양의 사각형), Pentagon(오각형), Trapezoid(사다리꼴), Circle(원)을 추가(draw( )를 재구현)하려면, 다음 코드를 사용한다.

```
function Kite(center, diag_a, diag_b, height) {
  this.points = [
    new Point(center.x - diag_a / 2, center.y),
    new Point(center.x, center.y + (diag_b - height)),
    new Point(center.x + diag_a / 2, center.y),
    new Point(center.x, center.y - height)
  ];
  this.getArea = function () {
    return diag_a * diag_b / 2;
  };
}

function Rhombus(center, diag_a, diag_b) {
  Kite.call(this, center, diag_a, diag_b, diag_b / 2);
}

function Trapezoid(p1, side_a, p2, side_b) {
  this.points = [p1, p2, new Point(p2.x + side_b, p2.y),
  new Point(p1.x + side_a, p1.y)
  ];

  this.getArea = function () {
    var height = p2.y - p1.y;
    return height * (side_a + side_b) / 2;
  };
}
// 모든 모서리 길이가 같은 정오각형
function Pentagon(center, edge) {
  var r = edge / (2 * Math.sin(Math.PI / 5)),
      x = center.x,
      y = center.y;
  this.points = [new Point(x + r, y),
```

```javascript
    new Point(x + r * Math.cos(2 * Math.PI / 5), y - r *
     Math.sin(2 * Math.PI / 5)),
    new Point(x - r * Math.cos( Math.PI / 5), y - r *
     Math.sin( Math.PI / 5)),
    new Point(x - r * Math.cos( Math.PI / 5), y + r *
     Math.sin( Math.PI / 5)),
    new Point(x + r * Math.cos(2 * Math.PI / 5), y + r *
     Math.sin(2 * Math.PI / 5))
      ];

    this.getArea = function () {
      return 1.72 * edge * edge;
    };
}


function Circle(center, radius) {
  this.getArea = function () {
    return Math.pow(radius, 2) * Math.PI;
  };
  this.getPerimeter = function () {
    return 2 * radius * Math.PI;
  };
  this.draw = function () {
    var ctx = this.context;
    ctx.beginPath();
    ctx.arc(center.x, center.y, radius, 0, 2 * Math.PI);
    ctx.stroke();
  };
}


(function () {
  var s = new Shape();
  Kite.prototype = s;
  Rhombus.prototype = s;
  Trapezoid.prototype = s;
  Pentagon.prototype = s;
```

```
  Circle.prototype = s;
}());
```

테스트 결과다.

```
new Kite(new Point(300, 300), 200, 300, 100).draw();
new Rhombus(new Point(200, 200), 350, 200).draw();
new Trapezoid(
  new Point(100, 100), 100,
  new Point(50, 250), 400).draw();
new Pentagon(new Point(400, 400), 100).draw();
new Circle(new Point(500, 300), 270).draw();
```

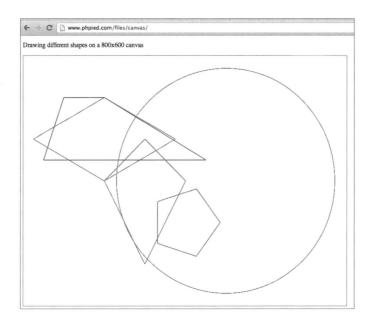

4. 상속하는 또 다른 방법을 생각해 보자. uber를 사용하면 자식들이 부모와 연락할 수
   있다. 또한 부모가 자식을 알고 있게 된다.

모든 자식이 Shape를 상속받는 것은 아니다. 예를 들어 Rhombus는 Kite를 상속받고, Square는 Rectangle을 상속받는다. 다음과 같이 된다.

```
// inherit(Child, Parent)
inherit(Rectangle, Shape);
inherit(Square, Rectangle);
```

이번 장과 앞의 예제에서는, 모든 자식들이 동일한 프로토타입을 공유하고 있다. 예를 들면 다음과 같다.

```
var s = new Shape();
Kite.prototype = s;
Rhombus.prototype = s;
```

편리하지만 다른 사람의 프로토타입에도 영향을 주기 때문에 아무도 프로토타입을 만질 수 없다는 것을 의미한다. 단점은 모든 사용자정의 메소드가 속성을 가져야 한다는 것이다(예. this.getArea).

메소드를 인스턴스간에 공유하고 모든 객체에 대해 메소드를 다시 작성하는 대신 프로토타입에 정의하는 것이 좋다. 다음 예제에서는 사용자정의 getArea() 메소드를 프로토타입으로 옮긴다.

상속 함수에서는 자식이 부모의 프로토타입만 상속받는 것을 볼 수 있다. 따라서 this.lines 같은 자체 속성은 설정되지 않는다. 따라서 각 자식 생성자가 자신의 속성을 가져오기 위해 uber를 호출해야 한다. 예를 들면 다음과 같다.

```
Child.prototype.uber.call(this, args...)
```

또 다른 멋진 기능은 이미 자식에게 추가된 프로토타입 속성을 넘겨 주는 것이다. 이렇게 하면 자식이 처음 상속된 다음 더 많은 사용자정의를 추가하거나 다른 방법으로 쉽게 추가할 수 있다. 조금 더 편리한 방법이다.

```javascript
function inherit(Child, Parent) {
  // 프로토타입을 기억
  var extensions = Child.prototype;

  // 중재자 F()로 상속
  var F = function () {};
  F.prototype = Parent.prototype;
  Child.prototype = new F();
  //생성자 리셋
  Child.prototype.constructor = Child;
  // 부모를 기억
  Child.prototype.uber = Parent;

  // 누가 부모를 상속하는지 추적
  if (!Parent.children) {
    Parent.children = [];
  }
  Parent.children.push(Child);
  // 프로토타입이 이제 완전히 덮어 써지기 때문에
  // 이전에 프로토타입에 추가된 것들을 옮긴다
  for (var i in extensions) {
    if (extensions.hasOwnProperty(i)) {
      Child.prototype[i] = extensions[i];
    }
  }
}
```

Shape()와 Line(), Point()의 모든 것은 동일하게 유지된다. 변경은 자식에게만 해당된다.

```javascript
function Triangle(a, b, c) {
  Triangle.prototype.uber.call(this);
  this.points = [a, b, c];
```

```
}

Triangle.prototype.getArea = function () {
  var p = this.getPerimeter(), s = p / 2;
  return Math.sqrt(s * (s - this.lines[0].length) *
(s - this.lines[1].length) * (s - this.lines[2].length));
};

function Rectangle(p, side_a, side_b) {
  // 부모 Shape( ) 호출
  Rectangle.prototype.uber.call(this);

  this.points = [ p,
    new Point(p.x + side_a, p.y),
    new Point(p.x + side_a, p.y + side_b),
    new Point(p.x, p.y + side_b)
  ];
}

Rectangle.prototype.getArea = function () {
      // 이전에는 생성자 클로저 안에서 side_a와 side_b에 접근할 수 있었지만,
      // 더 이상은 아니다
    // 옵션 1: this.side_a와 this.side_b를 자신의 속성으로 추가
    // 옵션 2: 이미 가지고 있는 것을 사용
    var lines = this.getLines();
    return lines[0].length * lines[1].length;
};

  function Square(p, side) {
    this.uber.call(this, p, side, side);
    // 이 호출은 Square.prototype.uber.call( ) 보다 짧다
    // 그러나 Square에서 상속받고
    // uber를 호출하는 경우 역효과를 낼 수 있다
    // 시도해 보자
  }
```

상속:

```
inherit(Triangle, Shape);
inherit(Rectangle, Shape);
inherit(Square, Rectangle);
```

테스트:

```
> var sq = new Square(new Point(0, 0), 100);
> sq.draw();
> sq.getArea();
10000
```

instanceof가 올바른지 테스트한다.

```
> sq.constructor === Square;
true
> sq instanceof Square;
true
> sq instanceof Rectangle;
true
> sq instanceof Shape;
true
```

children 배열:

```
> Shape.children[1] === Rectangle;
true
> Rectangle.children[0] === Triangle;
false
> Rectangle.children[0] === Square;
true
```

```
> Square.children;
undefined
```

uber도 괜찮아 보인다.

```
> sq.uber === Rectangle;
true
```

isPrototypeOf( )를 호출해도 예상한 결과가 반환된다.

```
Shape.prototype.isPrototypeOf(sq);
true
Rectangle.prototype.isPrototypeOf(sq);
true
Triangle.prototype.isPrototypeOf(sq);
false
```

이전 연습문제의 Kite( ), Circle( ) 등을 함께 사용한 전체 코드는 http://www.phpied.com/files/canvas/index2.html에서 볼 수 있다.

▌ 7장. 상속

다음 연습문제를 해결해 보자.

연습문제

1. 타이틀 클릭 프로그램은 다음과 같다.

```
setInterval(function () {
  document.title = new Date().toTimeString();
}, 1000);
```

2. 200×200 팝업 크기를 400×400으로 조정하려면, 다음 코드를 사용한다.

```
var w = window.open(
    'http://phpied.com', 'my',
    'width = 200, height = 200');

var i = setInterval((function () {
  var size = 200;
  return function () {
    size += 5;
    w.resizeTo(size, size);
    if (size === 400) {
      clearInterval(i);
    }
  };
}()), 100);
```

100ms(1/10초)마다 팝업 크기가 5픽셀씩 증가한다. 간격 i에 대한 참조를 유지하고 완료되면 지울 수 있다. 변수 size는 팝업 크기를 추적한다(클로저안에 비공개로 유지할 수도 있다).

3. 지진 프로그램은 다음과 같다.

```
var i = setInterval((function () {
  var start = +new Date(); // Date.now() in ES5
  return function () {
    w.moveTo(
      Math.round(Math.random() * 100),
```

```
        Math.round(Math.random( ) * 100));
      if (new Date( ) - start > 5000) {
        clearInterval(i);
      }
    };
}( )), 20);
```

모두 시도해 보지만, setInterval( ) 대신 requestAnimationFrame( )을 사용한다.

4. 콜백을 사용한 다른 walkDOM( )은 다음과 같다.

```
function walkDOM(n, cb) {
  cb(n);
  var i,
      children = n.childNodes,
      len = children.length,
      child;
  for (i = 0; i < len; i++) {
  child = n.childNodes[i];
    if (child.hasChildNodes( )) {
      walkDOM(child, cb);
    }
  }
}
```

테스트 결과다.

```
  > walkDOM(document.documentElement,
  console.dir.bind(console));
html
head
title
body
h1
```

...

---

5. 컨텐츠를 제거하고 함수를 정리하려면, 다음 코드를 사용한다.

```javascript
// 헬퍼
function isFunction(f) {
  return Object.prototype.toString.call(f) ===
    "[object Function]";
}

function removeDom(node) {
  var i, len, attr;

  // 먼저 자식을 검사하고
  // 그 이후에만 현재 노드를 제거한다
  while (node.firstChild) {
    removeDom(node.firstChild);
  }

  //모든 노드가 속성을 가지고 있지는 않다 예, 텍스트 노드
  len = node.attributes ? node.attributes.length : 0;

  // 루프 정리
  // 예. node === <body>,
  // node.attributes[0].name === "onload"
  // node.onload === function()...
  // node.onload는 열거할 수 없으므로
  // for-in 루프를 사용할 수 없으며 속성 라우트를 사용해야 한다
  for (i = 0; i < len; i++) {
    attr = node[node.attributes[i].name];
    if (isFunction(attr)) {
      // console.log(node, attr);
      attr = null;
    }
  }
}
```

```
    node.parentNode.removeChild(node);
}
```

테스트 결과다.

```
> removeDom(document.body);
```

6. 스크립트를 동적으로 포함시키려면, 다음 코드를 사용한다.

```
function include(url) {
  var s = document.createElement('script');
  s.src = url;
  document.getElementsByTagName('head')[0].
  appendChild(s);
}
```

테스트 결과다.

```
> include("http://www.phpied.com/files/jinc/1.js");
> include("http://www.phpied.com/files/jinc/2.js");
```

7. **이벤트**: 이벤트 유틸리티 프로그램은 다음과 같다.

```
var myevent = (function () {

  // 비공개를 클로저에 래핑한다
  var add, remove, toStr = Object.prototype.toString;

  // 헬퍼
  function toArray(a) {
    // 이미 배열임
```

```
      if (toStr.call(a) === '[object Array]') {
        return a;
    }
    // 덕 타이핑 HTML 컬렉션, 인수 등
    var result, i, len;
    if ('length' in a) {
      for (result = [], i = 0, len = a.length; i < len; i++)
      {
        result[i] = a[i];
      }
      return result;
    }

    // 원시와 배열과 유사하지 않은 객체가
    // 첫 번째 및 단일 배열 요소가 된다
    return [a];
}


// 브라우저의 기능에 따라
// add() 와 remove()를 정의
if (document.addEventListener) {
  add = function (node, ev, cb) {
    node.addEventListener(ev, cb, false);
  };
  remove = function (node, ev, cb) {
    node.removeEventListener(ev, cb, false);
  };
} else if (document.attachEvent) {
  add = function (node, ev, cb) {
    node.attachEvent('on' + ev, cb);
  };
  remove = function (node, ev, cb) {
    node.detachEvent('on' + ev, cb);
  };
} else {
  add = function (node, ev, cb) {
```

```
      node['on' + ev] = cb;
    };
    remove = function (node, ev) {
      node['on' + ev] = null;
    };
  }

  // 공개 API
  return {

    addListener: function (element, event_name, callback) {
      // 요소는 또한 요소의 배열일 수 있음
      element = toArray(element);
      for (var i = 0; i < element.length; i++) {
        add(element[i], event_name, callback);
      }
    },

    removeListener: function (element, event_name, callback) {
        // add( )와 같이 다른 루프만 테스트한다
        var i = 0, els = toArray(element), len = els.length;
      for (; i < len; i++) {
          remove(els[i], event_name, callback);
        }
  },

    getEvent: function (event) {
      return event || window.event;
    },
    getTarget: function (event) {
      var e = this.getEvent(event);
      return e.target || e.srcElement;
    },

    stopPropagation: function (event) {
      var e = this.getEvent(event);
```

```
      if (e.stopPropagation) {
        e.stopPropagation( );
      } else {
        e.cancelBubble = true;
      }
    },

    preventDefault: function (event) {
      var e = this.getEvent(event);
      if (e.preventDefault) {
        e.preventDefault( );
      } else {
        e.returnValue = false;
      }
    }
  };
}( ));
```

테스트: 링크가 있는 페이지로 이동하여 다음을 실행하고 아무 링크나 클릭한다.

```
function myCallback(e) {
  e = myevent.getEvent(e);
  alert(myevent.getTarget(e).href);
  myevent.stopPropagation(e);
  myevent.preventDefault(e);
}
myevent.addListener(document.links, 'click', myCallback);
```

---

8. 다음 코드를 사용하여 키보드로 div를 움직인다.

```
// 페이지 하단에 div 추가
var div = document.createElement('div');
div.style.cssText = 'width: 100px; height:
```

```
100px; background: red; position: absolute;';
document.body.appendChild(div);

// 좌표 저장
var x = div.offsetLeft;
var y = div.offsetTop;

myevent.addListener(document.body,
 'keydown', function (e) {
  // 스크롤 방지
  myevent.preventDefault(e);

  switch (e.keyCode) {
    case 37: // left
      x--;
      break;
    case 38: // up
      y--;
      break;
    case 39: // right
      x++;
      break;
    case 40: // down
      y++;
      break;
    default:
      // not interested
  }

  // 이동
  div.style.left = x + 'px';
  div.style.top = y + 'px';
});
```

9. 자신만의 Ajax 유틸리티를 만든다.

```
var ajax = {
  getXHR: function () {
    var ids = ['MSXML2.XMLHTTP.3.0',
      'MSXML2.XMLHTTP', 'Microsoft.XMLHTTP'];
    var xhr;
    if (typeof XMLHttpRequest === 'function') {
      xhr = new XMLHttpRequest();
    } else {
      // IE: 사용할 ActiveX 객체를 찾는다
      for (var i = 0; i < ids.length; i++) {
        try {
          xhr = new ActiveXObject(ids[i]);
          break;
        } catch (e) {}
      }
    }
    return xhr;

  },
  request: function (url, method, cb, post_body) {
    var xhr = this.getXHR();
    xhr.onreadystatechange = (function (myxhr) {
      return function () {
        if (myxhr.readyState === 4 && myxhr.status === 200) {
          cb(myxhr);
        }
      };
    }(xhr));
    xhr.open(method.toUpperCase(), url, true);
    xhr.send(post_body || '');
  }
};
```

테스트할 때 동일한 도메인 제한 사항이 적용되므로, 동일한 도메인을 사용해야 한다는 것을 기억하자. 디렉토리 목록인 http://www.phpied.com/files/jinc/로 이동하여 콘솔에서 테스트할 수 있다.

```
function myCallback(xhr) {
  alert(xhr.responseText);
}
ajax.request('1.css', 'get', myCallback);
ajax.request('1.css', 'post', myCallback,
 'first=John&last=Smith');
```

두 결과는 동일하지만 웹 인스펙터의 Network 탭을 살펴보면 두 번째 프레임이 본문을 포함한 실제 POST 요청이라는 것을 알 수 있다.

| 찾아보기 |

multi-threaded model　387

N

named function expression　141
NaN　72
new 연산자　92
NFE　141
Node.js　38
Node Package Manager, npm　43
Non-Equality comparison　89

O

object literal notation　176
OOP　45
Operator　61
operator precedence　85
overriding　49

P

parameter　121
parasitic inheritance　344
parseFloat( ) 함수　130
parseInt( ) 함수　128
PhantomJS　39
PhoneGap　38
polyfill　74, 302
polymorphism　49
Privileged method　502
progressive enhancement　37
property descriptor　581
prototypal inheritance　339
prototype　46
pseudo-classical inheritance pattern　333
push notification　38

R

React　38

read-eval-print loop　42
regexp　248
regexp literal notation　248
REPL　42
rest parameter　124
Rhino　38
round trip　34

S

scope chain　155
separator　237
service worker　38
setter　164
shell　53
shim　302
single threaded asynchronous model　386
Slack　38
stealing a constructor　346
strict comparison　89
strict mode　40
Structural pattern　512
switch 문　106
synchronous model　385
syntactic sugar　365

T

Tagged Template Literal　80
TDD; Test driven development　529
Titanium　38
transpiler　41, 42
typeof 연산자　66

U

uber 속성　322
underscore　212
URI　133
URL　133

에이콘출판의 기틀을 마련하신 故 정완재 선생님 (1935-2004)

객체지향 자바스크립트 3/e

객체지향 프로그래밍의 기초부터 함수, 객체, 프로토타입까지

발   행 | 2017년 10월 24일

지은이 | 베드 안타니 · 스토얀 스테파노프
옮긴이 | 류 영 선

펴낸이 | 권 성 준
편집장 | 황 영 주
편   집 | 이 지 은
디자인 | 박 주 란

에이콘출판주식회사
서울특별시 양천구 국회대로 287 (목동)
전화 02-2653-7600, 팩스 02-2653-0433
www.acornpub.co.kr / editor@acornpub.co.kr

한국어판 © 에이콘출판주식회사, 2017, Printed in Korea.
ISBN 979-11-6175-063-7
ISBN 978-89-6077-210-6 (세트)
http://www.acornpub.co.kr/book/object-oriented-javascript

이 도서의 국립중앙도서관 출판시도서목록(CIP)은 서지정보유통지원시스템 홈페이지(http://seoji.nl.go.kr)와
국가자료공동목록시스템(http://www.nl.go.kr/kolisnet)에서 이용하실 수 있습니다.(CIP제어번호: CIP2017026470)

책값은 뒤표지에 있습니다.